AF904514

LES PRATIQUES RESTRICTIVES

L'application de l'article L. 442-6 du Code de commerce à travers la jurisprudence

Erwann Kerguelen

Avant-propos de Nathalie Homobono

Préface de Didier Ferrier

© Institut de droit de la concurrence, Septembre 2015

ISBN 979-10-94201-05-3

Cette œuvre est protégée par les dispositions du Code de la propriété intellectuelle, notamment par celles de ses disposition relatives à la propriété littéraire et artistique et aux droits d'auteur. Ces droits sont la propriété exclusive de l'Institut de droit de la concurrence SARL.
Toute reproduction intégrale ou partielle, par quelque moyen que ce soit, non autorisée par l'Institut de droit de la concurrence SARL ou ses ayants droit, est strictement interdite.

L'Institut de droit de la concurrence SARL se réserve notamment tous droits au titre de la reproduction par reprographie destinée à réaliser des copies de la présente œuvre sous quelque forme que ce soit aux fins de ventes, de location, de publicité, de promotion ou de toute utilisation commerciale conformément aux dispositions de l'article L. 122-10 du Code de la propriété intellectuelle relatives à la gestion collective du droit de reproduction par reprographie.

Avertissement de l'éditeur : " *Toute utilisation ou traitement automatisé, par des tiers, de données personnelles pouvant figurer dans cette revue sont formellement interdits* "

DANGER LE PHOTOCOPILLAGE TUE LE LIVRE

qui figure ci-contre mérite une explication. Son objet est d'alerter le ıace que représente pour l'avenir de l'écrit, particulièrement dans le ›n technique et universitaire, le développement massif du photocopillage. a propriété intellectuelle du 1er juillet 1992 interdit ment la photocopie à unsage collectif sans autorisation des ayants ratique s'est généralisée dans les établissements d'enseignement supérieur, provoquant une baisse brutale des achats de livres et de revues, au point que la possibilité même pour les auteurs de créer des œuvres nouvelles et de les faire éditer correctement est aujourd'hui menacée.

Nous rappelons donc que toute reproduction partielle ou totale, de la présente publication est interdite sans autorisation, de son éditeur ou du Centre français d'exploitation du droit de copie (CFC, 20, rue des Grands-Augustins, 75006 Paris).

ABSTRACT

Article L. 442-6 French Code of Commerce is the main provision of the French mechanism for the public enforcement against unfair trade practices. It aims at balancing commercial relationships between stakeholders. Although this provision gives place to a massive case law, no overall synthesis of court decisions had been published until now. This book aims at helping every stakeholder assessing the equilibrium of a specific commercial relationship, and, through the relevant criteria set by the courts, the risk of a breach of the law and its financial consequences. Decisions reviewed cover the 2004 to 2013 period.

A François

Le présent ouvrage constitue une version remaniée d'une première édition publiée à compte d'auteur en avril 2014, et qui a été mise à jour des décisions de 2010 à début 2014. Je remercie Mme Laurence Idot pour ses précieux conseils qui ont permis de restructurer le plan de manière plus pertinente, ainsi que M. Nicolas Charbit pour sa confiance pour la production de cette nouvelle édition.

Avant-propos

Longtemps qualifié de « petit droit de la concurrence » de manière quelque peu dépréciative, le droit des pratiques restrictives de concurrence (PCR) s'est émancipé au fil du temps pour prendre une place à part entière parmi les outils de la politique économique. S'est ainsi développé un droit favorisant l'équilibre et la loyauté des relations commerciales au bénéfice de l'ordre public économique, qui n'est pas concurrent mais complémentaire des autres outils.

En quoi l'objectif d'équilibre des relations commerciales est-il favorable à l'économie ? Dans ce rôle confié à la puissance publique, il ne s'agit pas de se porter au secours du plus faible, victime de pratiques abusives et paralysé par la crainte de perdre son client ou son fournisseur plus puissant. Il s'agit plutôt d'empêcher qu'un déséquilibre des rapports de force ne se traduise par un déséquilibre de la relation commerciale susceptible de compromettre, dans la durée, l'efficacité économique d'une des parties et de porter préjudice *in fine* au consommateur.

Cette approche est désormais reconnue par la jurisprudence : la Cour de cassation, le Conseil constitutionnel et la Cour européenne des droits de l'homme ont consacré l'autonomie de l'action du Ministre de l'Economie par rapport à celle des victimes de pratiques. C'est parce que le Ministre agit dans un objectif de protection de l'ordre public économique et de bon fonctionnement du marché qu'il est autorisé par la loi à s'immiscer dans des relations entre acteurs privés, régies par le principe de la liberté contractuelle.

Le droit des PCR prohibe et sanctionne des pratiques condamnables *per se*, sans nécessité de démontrer la réalité des atteintes portées au marché. Celles-ci sont pourtant bien réelles. En effet, l'obtention d'avantages disproportionnés voire sans contrepartie peut faire obstacle à une répartition équilibrée de la valeur ajoutée entre les différents maillons d'une filière économique, au prix de l'écrasement de la marge commerciale des sociétés victimes. Il en est de même de la notion de soumission ou de tentative de soumission à un « *déséquilibre significatif dans les droits et obligations des parties* », introduite en droit national par la loi de modernisation de l'économie (LME) du 4 août 2008, afin de sanctionner toute clause ou pratique abusive. La rupture brutale de relations commerciales est encore plus visiblement nocive pour l'entreprise qui la subit. Celle-ci peut rapidement être contrainte à licencier ou même faire face à des difficultés financières faute de temps pour s'organiser afin de trouver de nouveaux clients ou de nouveaux fournisseurs.

Ainsi ces pratiques nuisent directement au bon fonctionnement du marché, c'est-à-dire à l'innovation, à l'investissement, à l'emploi, et peuvent, dans des cas extrêmes, être à l'origine de défaillances d'entreprises pourtant efficaces, au détriment de l'ensemble de l'économie.

Cette appréhension nouvelle du droit des PCR n'en fait pas un outil concurrent mais complémentaire des outils au service de l'ordre public économique. Alors que le droit des pratiques anticoncurrentielles (PAC) permet de sanctionner des pratiques qui sont le fait d'acteurs économiques dominants, le droit des PCR prohibe des pratiques tout aussi nocives pour le marché, commises par des entreprises qui, sans être nécessairement en position dominante, détiennent une réelle puissance de marché.

Longtemps cantonné aux relations entre la grande distribution et ses fournisseurs, le droit des PCR irrigue désormais l'ensemble de l'économie et permet de sanctionner les atteintes à l'équilibre et à la loyauté des relations entre entreprises quel que soit le domaine d'activité de leur auteur.

L'économie numérique, en évolution constante, est un nouveau terrain d'application de cette branche du droit. Dans la période récente, le Ministre a agi contre les plateformes de réservation d'hôtels en ligne, dont les pratiques contractuelles à l'égard des hôteliers lui apparaissaient illicites. Ces plateformes, quasi incontournables aujourd'hui pour les voyageurs comme pour les hôteliers, imposent à ces derniers des conditions contractuelles très contraignantes et considérées comme déséquilibrées.

Particulièrement adapté pour lutter contre les dérives liées à la puissance d'achat, le droit des PCR permet de corriger de manière générale un déséquilibre majeur né de la puissance de négociation, même lorsque celui-ci est le fait du vendeur. Ainsi, le Ministre a récemment agi afin de faire cesser les pratiques imposées aux opérateurs téléphoniques par un puissant fournisseur de téléphones mobiles, qui, fort de sa situation privilégiée sur le marché aux yeux des consommateurs, soumet ses clients à des conditions contractuelles qui lui sont favorables à l'excès.

Le Ministre chargé de l'économie, gardien de l'ordre public économique, se doit d'exercer une vigilance de chaque instant afin de manifester clairement l'importance qu'il attache à la préservation de la loyauté des relations commerciales. Sous réserve de l'appréciation qu'en auront les tribunaux, les acteurs économiques savent que tout abus dans la relation commerciale quels que soient le positionnement de son auteur dans la filière, sa taille et son secteur d'activité, peut aujourd'hui être poursuivi et puni. Cette possible action du Ministre constitue pour les professionnels une invitation permanente à s'interroger sur la conformité de leurs pratiques à l'impératif de respect de l'équilibre des relations commerciales.

Depuis peu, la Commission européenne reconnaît l'existence de telles pratiques. Le Livre vert sur ce sujet diffusé en janvier 2013 en pressentait l'impact néfaste sur l'économie européenne dans son ensemble. Les contributions des parties prenantes ont confirmé cette analyse et conduit la Commission, dans sa communication du 15 juillet 2014, intitulée « *Lutter contre les pratiques commerciales déloyales dans la chaîne d'approvisionnement alimentaire interentreprises* » à encourager Etats membres et entreprises à s'engager dans une démarche volontaire de lutte contre les pratiques commerciales déloyales entre entreprises.

Le travail de synthèse de la jurisprudence entrepris par Erwann Kerguelen, revêt donc une importance toute particulière dans ce contexte rénové, en ce qu'il contribuera à mieux faire connaitre ce droit et à favoriser le développement d'une « culture de l'équilibre contractuel », dans l'intérêt économique général.

Nathalie Homobono
Directrice Générale, DGCCRF

Préface

Près de trois décennies après l'Ordonnance du 1er décembre 1986 qui a distingué le domaine particulier des pratiques restrictives de concurrence, de nombreuses questions se posent toujours qui tiennent à l'évolution des comportements des acteurs économiques comme à celle de la législation marquée par une production pléthorique.

Dès lors, l'étude des solutions jurisprudentielles dans ce domaine est aussi utile, comme l'illustrent par ailleurs les rapports annuels demandés par le Parlement à la Commission d'Examen des Pratiques Commerciales, que délicate comme l'illustrent les nombreux commentaires qui accompagnent systématiquement leur publication.

C'est le mérite de M. Erwann Kerguelen de l'avoir entreprise dans une approche à la fois pratique et didactique de ce « petit » droit de la concurrence qui prend une place de plus en plus importante entre le « grand » droit de la concurrence qui sanctionne les pratiques anti-concurrentielles affectant le marché et ce nouveau droit de la concurrence qui, dans le prolongement de la concurrence déloyale, sanctionne désormais les pratiques commerciales déloyales.

On saluera ce travail de grande qualité conduit avec la finesse et la sûreté que donne une bonne expérience de la matière et qui contribue à faciliter la compréhension et par voie de conséquence l'application de ces dispositions par le juge, par l'administration et par tous les acteurs économiques dans leurs relations commerciales comme civiles.

Didier Ferrier

Professeur émérite de l'Université de Montpellier

Sommaire

SECONDE PARTIE
La mise en œuvre du dispositif

Abréviations

[A]	Société mise en cause, auteure présumée des pratiques
Adlc	Autorité de la concurrence
CA	Cour d'appel
Cass. Com.	Cour de cassation, chambre commerciale
Cass. Crim.	Cour de cassation, chambre criminelle
CDD	contrat à durée déterminée
CDI	contrat à durée indéterminée
CE	Conseil d'Etat
CEDH	Cour européenne des droits de l'homme
CEPC	Commission d'examen des pratiques commerciales
CESDH	Convention européenne de sauvegarde des droits de l'homme
CJUE	Cour de justice de l'Union européenne
CGV	conditions générales de vente
Cons. Const.	Conseil Constitutionnel
DGCCRF	Direction générale de la Concurrence, de la Consommation et de la Répression des Fraudes
LME	Loi de modernisation de l'économie
MDD	produits sous marque de distributeur
PME	petites et moyennes entreprises
QPC	question prioritaire de constitutionnalité
RFA	ristourne de fin d'année
TC	Tribunal de commerce
TGI	Tribunal de grande instance
TMC	Tribunal maritime commercial
VPC	vente par correspondance
[X]	Société victime présumée des pratiques

Introduction générale

1. Pierre angulaire du dispositif sanctionnant les pratiques commerciales restrictives[1], l'article L. 442-6 du code de commerce a pour principal objectif de rééquilibrer les relations commerciales entre opérateurs économiques.

2. Si la légitimité de ces dispositions semble indiscutable en cas de rupture brutale de relation commerciale, eu égard aux conséquences économiques et sociales qu'elle peut engendrer, en revanche, celle des autres dispositions, et notamment celles interdisant l'obtention d'un avantage sans contrepartie ou manifestement disproportionné, ou encore celle des pratiques discriminatoires[2], a pu être décriée.

3. Avant 2008, et en l'absence de discrimination possible entre acheteurs, la différenciation découlait alors d'avantage consentis sous forme de marge arrière au travers de services commerciaux, quand parallèlement d'autres dispositions bloquaient à un niveau artificiellement élevé le seuil de revente à perte, limite en-dessous de laquelle les distributeurs ne pouvaient pas descendre leurs prix de vente au détail[3]. Outre le fait d'avoir introduit un point focal nuisible à la concurrence[4], ces dispositions ont pu avoir un coût élevé pour le consommateur, en ne permettant pas la répercussion des avantages arrière dans le seuil de revente à perte, et donc en limitant la faculté des distributeurs à baisser leurs prix.

4. Afin de procurer davantage de souplesse aux entreprises, plusieurs dispositions législatives ont été prises dans le but notamment, de permettre aux distributeurs de réintégrer une partie[5], puis la totalité des marges arrière dans le calcul du seuil de revente à perte[6]. Parallèlement, la loi de Modernisation de l'Economie[7] a abrogé les dispositions sanctionnant les pratiques discriminatoires en introduisant « *la*

---

[1] Aussi appelées pratiques commerciales déloyales.

[2] Anciennes dispositions de l'article L. 442-6-I-1° du code de commerce avant la LME de 2008 interdisant le fait de « *de pratiquer, à l'égard d'un partenaire économique, ou d'obtenir de lui des prix, des délais de paiement, des conditions de vente ou des modalités de vente ou d'achat discriminatoires et non justifiés par des contreparties réelles en créant, de ce fait, pour ce partenaire, un désavantage ou un avantage dans la concurrence* ».

[3] Article L. 442-2 du code de commerce suivant lequel « *le fait, pour tout commerçant, de revendre ou d'annoncer la revente d'un produit en l'état à un prix inférieur à son prix d'achat effectif est puni de 75 000 euros d'amende* ».

[4] Voir par exemple Adlc, décision n°07-D-50 du 20 décembre 2007 relative à des pratiques mises en œuvre dans le secteur de la distribution de jouets.

[5] Avec la loi Dutreil II - n° 2005-882 du 2 août 2005 en faveur des petites et moyennes entreprises.

[6] Avec la loi Chatel II - n° 2008-3 du 3 janvier 2008 pour le développement de la concurrence au service des consommateurs.

[7] Loi n° 2008-776 du 4 août 2008 de modernisation de l'économie (LME).

négociabilité » des conditions générales de vente. Toutefois, afin de préserver l'équilibre de la négociation commerciale, la loi a aussi introduit le manquement de déséquilibre significatif entre les droits et obligations des parties. L'objectif du législateur était ainsi de libérer les acteurs économiques des différentes rigidités qui pouvaient entraver les négociations commerciales, tout en posant un garde-fou au bénéfice de la partie la plus faible.

5. Désormais, les dispositions prévues par les textes sont davantage équilibrées dans la mesure où elles octroient une grande liberté commerciale aux différents acteurs, tout en les responsabilisant par l'exigence d'un équilibre contractuel, et ce, afin de ne pas créer de situation préjudiciable au fonctionnement du tissu économique. Dès lors, l'application de l'article L. 442-6 du code de commerce, en ce qu'elle constitue le contrepoids mesuré au pouvoir de négociation de certains acteurs économiques, trouve pleinement son sens.

6. En pratique, les manquements à l'article L. 442-6 du code de commerce peuvent être sanctionnés *per se*, c'est-à-dire indépendamment de l'existence ou non d'une position dominante au regard du droit de la concurrence. Il s'agit bien là d'une des spécificités fondamentales de ce texte, lequel permet finalement de corriger un déséquilibre dans les relations commerciales dans des situations où le droit des pratiques anticoncurrentielles peut être impuissant. Il est en effet envisageable que, sans être en position dominante au sens du droit des pratiques anticoncurrentielles, certains opérateurs économiques bénéficient d'un pouvoir de marché élevé vis-à-vis de leurs fournisseurs ou clients, d'où ils pourraient tirer des avantages indus, propres à déséquilibrer l'ensemble d'un secteur, voire de manière plus générale de l'économie. A ce titre, on retrouve alors un autre fondement de l'application du texte à travers la possibilité pour le ministre d'agir de manière autonome devant les instances judiciaires au titre de la protection de l'ordre public économique.

7. Le champ d'application de ce dispositif est large, et il peut potentiellement viser la plupart des relations commerciales. En effet, bien que ces dispositions aient le plus souvent été présentées comme un dispositif propre aux relations entre fournisseurs et acteurs de la grande distribution, elles n'en demeurent pas moins applicables à la plupart des opérateurs économiques, ce qu'illustre d'ailleurs parfaitement l'appropriation par les entreprises des dispositions sanctionnant la rupture brutale de relation commerciale. Ainsi, le dispositif est non seulement souple dans les conditions de sa mise en œuvre, mais aussi large dans son champ d'application.

8. De manière générale, les pratiques commerciales restrictives constituent une problématique nouvelle avec laquelle composent la plupart des gouvernements, sans pour autant tous disposer du même dispositif qu'en France. Le fait que la Commission européenne ait publié en janvier 2013 un livre vert sur ce type de

pratiques[8], quand certains pays comme l'Italie[9] ou l'Allemagne[10] par exemple, se dotaient de dispositifs de sanction spécifiques, montrent que les pratiques commerciales restrictives sont au cœur des préoccupations des acteurs de la vie économique, notamment au regard des effets néfastes qu'elles peuvent engendrer.

9. En définitive, le présent ouvrage vise à établir un bilan de la jurisprudence portant sur l'application de l'article L. 442-6 du code de commerce, étant donné d'une part les enjeux que revêt l'application de ces dispositions, et d'autre part le fait qu'il puisse être difficile de connaître la position de la jurisprudence en la matière. Il devrait ainsi permettre à chaque opérateur économique d'apprécier l'équilibre de son contrat, ou bien de déterminer dans quelle mesure et sous quelles conditions, notamment de préavis, il pourra faire évoluer une relation commerciale. Finalement, l'ouvrage a pour but de donner une grille de lecture permettant d'apprécier les conditions retenues par la jurisprudence pour l'application du texte, la qualification d'un manquement et ses conséquences, notamment financières.

A. Les limites des voies de régulation classiques

10. Indépendamment de toute appréciation juridique, laquelle fait l'objet d'une partie *infra* (voir § 1063 et suivants), l'efficacité du dispositif sanctionnant les pratiques commerciales restrictives est régulièrement remise en cause, et ce, principalement au regard de deux facteurs.

11. Premièrement, du fait de l'existence d'un dispositif sanctionnant l'abus de position dominante ou de dépendance économique en application de l'article L. 420-2 du code de commerce ou de l'article 102 du Traité de Fonctionnement de l'Union Européenne, certains considèrent que le dispositif sanctionnant les pratiques commerciales déloyales fait double emploi. Deuxièmement, il est régulièrement avancé que la sanction de ce type de pratiques s'oppose à la libre entreprise, d'où il résulterait des contraintes trop importantes vis-à-vis des acteurs économiques.

12. Pour autant, force est de constater que la plupart des pays européens ont mis en place des textes visant à prévenir un spectre plus ou moins large de pratiques commerciales déloyales. A ce titre, la sanction de ces pratiques vise à protéger non pas les perspectives à long terme de la société, mais bien celles à court terme, ce qui est d'ailleurs parfaitement illustré par le fait que l'interdiction de rupture brutale de relation commerciale ne vise pas à interdire la rupture des relations commerciales, et ainsi lier de manière définitive des partenaires commerciaux dans un carcan rigide, mais uniquement à interdire son caractère brutal.

---

8 Livre vert sur les pratiques commerciales déloyales tout au long de la chaîne d'approvisionnement alimentaire et non-alimentaire en Europe du 31 janvier 2013.

9 Article 62 de la Loi n°27/2012 qui autorise l'*Autorità Garante della concorrenza e del Mercato* à sanctionner un comportement relevant d'un exercice indu du pouvoir de négociation de la demande au détriment des fournisseurs.

10 Interdiction de contraindre les fournisseurs à consentir un avantage sans une contrepartie objective (« *Anzapfverbot* »).

13. A l'instar des autres dispositifs européens, l'article L. 442-6 du code de commerce apparaî ainsi important, en raison des limites intrinsèques des voies de la régulation classiques, et no tamment du droit de la concurrence (1), et la crainte de représailles (2).

1. Les limites du droit de la concurrence

14. Le droit de la concurrence peut être inopérant dans des cas où il n'en demeure pas moin que des problèmes existent. Notamment, dans le cas de la grande distribution à dominant alimentaire par exemple, l'absence de position dominante s'oppose à la démonstration d'u manquement au titre du droit de la concurrence, sauf éventuellement sous la forme d'u abus de position dominante collectif, lui-même difficile à démontrer.

15. A ce titre, l'état de dépendance économique peut rarement être caractérisé, la jurisprudenc soumettant sa démonstration à un standard de preuve relativement strict, ce qui en restrein d'autant l'application à un nombre limité de cas (voir § 360 et suivants). La sanction d l'abus de position dominante ne constitue donc pas une alternative crédible pour sanctionne les pratiques commerciales déloyales.

2. La crainte de représailles et l'action autonome du ministre

16. Il s'agit du principal obstacle à la sanction des pratiques commerciales déloyales. En effe en présence d'un déséquilibre de pouvoir de marché dans la relation commerciale, il est pe probable que la partie la plus faible entreprenne elle-même la démarche consistant demander la sanction des comportements dommageables, ne souhaitant pas prendre l risque de subir des représailles, comme la rupture des relations commerciales par exemple.

17. Ce facteur s'illustre parfaitement dans le constat qu'à l'exception des dispositions relative à la rupture brutale des relations commerciales (L. 442-6-I 4° et 5°) ou celles ayant trait à l violation d'un système de distribution exclusive (L. 442-6-I 6°), les autres dispositions n sont mises en œuvre que de manière marginale par les entreprises elles-mêmes. Et lorsqu c'est le cas, il s'agit souvent de demandes accessoires faisant suite à la rupture des relation commerciales, soit une situation où l'entreprise n'a finalement plus rien à perdre[11].

18. Ce constat légitime à lui seul l'action autonome du ministre qui, si elle n'est pas parfaite, au moins le mérite de permettre la sanction de comportements répréhensibles, chos impossible si l'action était laissée à la discrétion des seuls acteurs économiques. Cela rejoin d'ailleurs les conclusions de l'étude menée pour le compte de la Commission européenne[12] suivant laquelle les seuls pays connaissant un niveau significatif de litiges, e vraisemblablement un dispositif efficace pour mettre fin aux pratiques commerciale restrictives, sont ceux où la sanction de ce type de pratiques se fait au renfort d'un administration pouvant instruire des cas tout en protégeant l'anonymat des plaignants, e faire sanctionner ou agir dans le cadre d'une médiation crédible.

---

[11] Voir à titre d'illustration : CA Paris du 24 mai 2012 RG n°09/10725 ; Cass. Com. du 11 septembre 2012 Pourvoi n°11-14-620.

[12] « *Study on the legal framework covering business-to-business unfair trading practices in the retail supply chain* » du 26 février 2014 (DG MARKT/2012/049/E).

B. Le pouvoir de marché et ses manifestations

19. Le dispositif issu de l'application de l'article L. 442-6 du code de commerce vise à sanctionner les abus découlant d'un pouvoir de marché important d'un des cocontractants. Ce pouvoir de marché, s'il ne correspond pas nécessairement à une position dominante tel qu'appréhendée par le droit de la concurrence, peut tout de même être suffisant pour créer, en cas d'abus, une situation dommageable pour la partie la plus faible. Il peut résulter de la combinaison de plusieurs facteurs, parmi lesquels les « *switching costs* » (1), l'incertitude (2), ou encore l'asymétrie d'informations (3).

1. Les « switching costs »

20. Il s'agit des coûts que la société aura à supporter dans le cas où elle décide de changer de partenaire commercial, en nouant une nouvelle relation commerciale, et lesquels, suivant leur importance, peuvent freiner sa capacité à changer de partenaire commercial. Ces coûts peuvent dépendre de plusieurs facteurs parmi lesquels la part de chiffre d'affaires impactée par la relation commerciale (a), le type de produit (b) ou le type de secteur (c), ou encore le fait qu'il existe des investissements à la fois spécifiques à la relation commerciale, et non encore amortis (d).

a) La part de chiffre d'affaires impactée

21. Lorsqu'il existe un état de dépendance économique, il ne peut être contesté l'existence d'un pouvoir de marché significatif vis-à-vis de l'entreprise dépendante. Cet état est généralement issu de la conjonction de plusieurs facteurs, à savoir la part de chiffre d'affaires réalisé avec le cocontractant, la notoriété de la marque, l'importance de la part de marché, l'absence d'alternatives, et l'historique de la relation commerciale (voir § 360 et suivants). Lorsqu'il est caractérisé, la société est complètement liée à son partenaire, ce dernier pouvant user de son pouvoir de marché pour lui faire accepter des conditions commerciales déloyales, avec un risque, en cas de rupture, quant à la pérennité de la société.

22. L'état de dépendance économique est cependant un cas « *extrême* », et quand bien même un tel état ne pourrait être démontré au sens de la jurisprudence, il est possible qu'existe un pouvoir de marché significatif. Notamment, si la société réalise une part importante de son chiffre d'affaires avec son cocontractant, en l'absence de diversification possible à court terme, et devant la nécessité de couvrir ses coûts fixes, ces éléments peuvent contribuer à renforcer le pouvoir de marché du cocontractant.

b) Le type de produit

23. Suivant le produit considéré, la diversification peut être difficile. Tel est le cas par exemple si une entreprise souhaite passer de produits à marque nationale vers des produits sous marque de distributeur, ou réciproquement. Bien que cela soit techniquement possible, en raison des différences substantielles dans les structures de coûts et les obligations logistiques, suivant qu'il s'agisse de produits à marque nationale, ou de produits sous marque de distributeur, certains

fournisseurs considèrent qu'un tel changement ne constitue pas une alternative économiquement viable[13].

24. De même, le caractère périssable des produits peut diminuer la marge de manœuvre du fournisseur dans la mesure où le délai de commercialisation des produits est court, ce qui est particulièrement vrai dans le domaine alimentaire vis-à-vis de la grande distribution. Dans ce cas, quand bien même une alternative existe à moyen terme, le fournisseur peut être réticent à trouver d'autres débouchés en raison des conséquences économiques à court terme sur son activité.

c) Le type de secteur

25. La diversification de l'activité peut aussi être freinée par les caractéristiques intrinsèques du secteur. Dans le cas de la distribution alimentaire par exemple, il résulte d'une étude menée en 2014 par le *Bundeskartellamt*, que certains opérateurs doutent de la capacité d'absorption d'un canal de distribution alternatif[14]. De manière empirique, cette étude souligne par exemple que le taux de pénétration des ventes en dehors des canaux classiques est très faible, et que certaines alternatives, comme la vente directe par exemple, sont très coûteuses.

26. Le comportement de la société victime de pratiques commerciales restrictives consistant à minimiser ses pertes sera d'ailleurs d'autant plus adopté que les autres clients potentiels utilisent le même type de pratiques, si elles sont généralisées dans le secteur. Le comportement individuel agrégé peut ainsi avoir un effet encore plus sensible sur le marché, ce qui est précisément une des motivations de la Commission européenne dans le livre vert précité, du fait que de telles pratiques puissent conduire à une baisse du bien-être du consommateur.

---

13 Résumé de l'étude menée par le Bundeskartellamt dans le secteur de la distribution alimentaire en Allemagne « *Buyer power in the food retail sector* » du 24 septembre 2014.

14 Ibid.

d) Les investissements spécifiques

27. Dans l'hypothèse où l'un des cocontractants effectue des investissements à la fois significatifs et spécifiques à la relation commerciale, eu égard à la nécessité de les amortir, si le cocontractant menace de ne pas poursuivre la relation commerciale par exemple, cela peut contraindre la partie la plus faible à accepter de nouvelles conditions significativement déséquilibrées.

2. L'incertitude

28. La maîtrise de l'incertitude est un élément clé dans la gestion d'une relation commerciale. Afin de permettre un pilotage adéquat de l'activité, le contrat doit permettre une certaine prévisibilité que ce soit par rapport à la poursuite du courant d'affaires, ou par rapport aux profits en résultant. En effet, plus le niveau d'incertitude est élevé, plus il renforcera le pouvoir de marché de la partie disposant du pouvoir de négociation le plus important. Dans des cas extrêmes, l'absence de prévisibilité peut aller jusqu'à impacter directement la pérennité de la société, comme en cas de rupture brutale par exemple.

3. L'asymétrie d'information

29. L'asymétrie d'information peut aussi favoriser un comportement opportuniste de la partie disposant du pouvoir de marché le plus important, et dès lors contribuer à son pouvoir de marché. Une telle asymétrie peut concerner autant les composantes essentielles de la relation commerciale (prix, volumes), que des composantes subsidiaires comme les clauses contractuelles régissant le fonctionnement général de la relation commerciale.

30. Concernant les composantes essentielles, tels le prix ou les volumes de commande, il s'agit d'un critère déterminant de l'économie du contrat. Dans le cadre d'un appel d'offres par exemple, si le donneur d'ordre surestime volontairement ses besoins, tout en refusant de renégocier le prix par la suite, cela peut conduire le fabricant à mobiliser des capacités de production sans qu'elles puissent être rentabilisées par des volumes suffisants. La négociation du contrat joue alors un rôle essentiel en ce qu'il doit permettre de limiter le risque d'opportunisme de la part du partenaire disposant du pouvoir de marché le plus important.

31. L'approche est identique en ce qui concerne les composantes subsidiaires comme les clauses contractuelles de manière générale, ces dernières devant être les plus transparentes possibles vis-à-vis des deux partenaires. Les PME par exemple, ne disposant pas des mêmes ressources juridiques que les grands groupes, peuvent ne pas appréhender toutes les obligations découlant de clauses contractuelles. Dans l'hypothèse où des clauses soient ambigües, la latitude donnée à leur interprétation peut donc profiter à l'opérateur disposant du plus fort pouvoir de marché, et ainsi favoriser un comportement déloyal.

32. En définitive, l'enjeu consiste à permettre aux partenaires de faire évoluer les conditions régissant leur relation commerciale, notamment en l'adaptant au marché, tout en les dissuadant d'adopter des comportements déloyaux.

PREMIERE PARTIE

L'appréciation des manquements

Pour plus de clarté, les sigles suivants désigneront les parties prenantes :

*[**A**] désigne l'auteur présumé des manquements, mis en cause en vertu de l'article L.442-6 du code de commerce (ou défendeur) ;*

*[**X**] désigne la victime présumée des agissements de la société [A] (ou demandeur).*

TITRE 1

LA RUPTURE BRUTALE DE RELATIONS COMMERCIALES ETABLIES

33. L'article L. 442-6 du code de commerce prévoit qu'« *engage la responsabilité de son auteur et l'oblige à réparer le préjudice causé le fait, par tout producteur, commerçant, industriel ou personne immatriculée au répertoire des métiers : [...]*

5° De rompre brutalement, même partiellement, une relation commerciale établie, sans préavis écrit tenant compte de la durée de la relation commerciale et respectant la durée minimale de préavis déterminée, en référence aux usages du commerce, par des accords interprofessionnels. Lorsque la relation commerciale porte sur la fourniture de produits sous marque de distributeur, la durée minimale de préavis est double de celle qui serait applicable si le produit n'était pas fourni sous marque de distributeur. A défaut de tels accords, des arrêtés du ministre chargé de l'économie peuvent, pour chaque catégorie de produits, fixer, en tenant compte des usages du commerce, un délai minimum de préavis et encadrer les conditions de rupture des relations commerciales, notamment en fonction de leur durée. Les dispositions qui précèdent ne font pas obstacle à la faculté de résiliation sans préavis, en cas d'inexécution par l'autre partie de ses obligations ou en cas de force majeure. Lorsque la rupture de la relation commerciale résulte d'une mise en concurrence par enchères à distance, la durée minimale de préavis est double de celle résultant de l'application des dispositions du présent alinéa dans les cas où la durée du préavis initial est de moins de six mois, et d'au moins un an dans les autres cas ».

34. Ce manquement est certainement celui qui a produit le plus de jurisprudence car il est essentiellement mis en œuvre par les entreprises elles-mêmes, contrairement aux autres manquements comme l'avantage sans contrepartie ou le déséquilibre significatif, quant à eux plutôt mis en œuvre par le ministre. En effet, la relation commerciale rompue, le demandeur ne peut plus subir d'éventuelles mesures de rétorsion, à l'inverse des autres dispositions qui peuvent être mises en œuvre au cours de la relation commerciale. Ces dispositions s'appliquent ainsi que la rupture soit due à la décision du client ou à celle de son fournisseur en produits ou en services[15].

35. La rupture brutale est souvent invoquée en sus des dispositions de l'article 1382 du code civil selon lequel « *tout fait quelconque de l'homme, qui cause à autrui un dommage, oblige celui par la faute duquel il est arrivé à le réparer* » en référence notamment à l'article 1134 du même code qui précise « *les conventions légalement formées tiennent lieu de loi à ceux qui les ont faites. Elles ne peuvent être révoquées que de leur consentement mutuel, ou pour les causes que la loi autorise. Elles doivent être exécutées de bonne foi* ».

36. Le texte vise uniquement à interdire et sanctionner le caractère brutal de la rupture des relations commerciales, et non la rupture en elle-même[16]. Il ne s'agit pas pour le législateur de verrouiller les parties prenantes dans un carcan économique qui ne saurait évoluer, l'article L. 442-6 du code de commerce ne fait donc pas obstacle à la rupture des re-

---

[15] Cass. Com. 6 mai 2008 Pourvoi n°07-11.735 ; CA Paris du 17 juin 2009 RG n°07/05995.

[16] CA Lyon du 30 avril 2008 RG n° 07/00791 ; CA Reims du 24 novembre 2008 RG n°08/01512 ; CA Paris du 6 juillet 2007 RG n°05/14409; CA Angers du 24 janvier 2006 RG n°05/00067; CA Paris du 23 juin 2005 RG n°03/11769 ; CA Versailles du 18 mai 2006 RG n°05/03952 ; CA Paris du 20 novembre 2008 RG n°08/03801.

lations commerciales[17], et donc au libre arbitre des entreprises. Il impose seulement à la société rompant la relation commerciale de laisser un temps raisonnable à son partenaire, en le prévenant à l'avance[18], et ce, afin de lui permettre d'anticiper la situation pour trouver de nouveaux débouchés ou sources d'approvisionnement sans que cela ne porte préjudice à son activité.

37. Pour les mêmes raisons, la légitimité de la rupture n'a pas à être appréciée. Aussi, à l'exception des cas où la dispense de préavis est invoquée, il n'est pas nécessaire à la société rompant les relations commerciales de se justifier[19], si bien que la pertinence du motif est sans incidence sur la validité de la rupture[20]. Si l'analyse menée par la juridiction vise à déterminer si la rupture est légitime, cela risque de priver sa décision de base légale[21]. La société [A] devra se justifier uniquement si elle invoque des manquements graves ou un cas de force majeure, ce qui lui permettra de s'exonérer d'avoir octroyé un préavis insuffisant (cf. § 426 et suivants).

38. A l'instar des autres manquements prévus par l'article L. 442-6 du code de commerce, celui sanctionnant la rupture brutale de relation commerciale a une finalité importante pour le fonctionnement du tissu économique. Il vise à donner un cadre aux relations commerciales afin d'éviter les abus, et les conséquences économiques en résultant. En effet, plus encore que pour d'autres manquements, la rupture brutale a des conséquences directes sur le niveau d'activité de la société qui en est victime. Dans des cas extrêmes, et suivant le poids de la relation dans son activité, une rupture trop brutale peut entraîner une mise en redressement pouvant aller jusqu'à la mise en liquidation de la société, avec toutes les conséquences économiques et sociales que cela implique. Une gestion équilibrée des relations commerciales est donc nécessaire, et elle passe par l'octroi d'un préavis raisonnable et suffisant au regard de la situation économique[22].

39. Par ailleurs, la cour de cassation a eu l'occasion de rappeler que ces dispositions n'entraient pas en contradiction avec les articles 8 et 4 de la Déclaration des droits de l'homme et du citoyen de 1789. Refusant la transmission d'une QPC, elle a précisé que « *l'article L. 442-6, I, 5° du code de commerce énonce des conditions d'incrimination dénuées d'ambiguïté, claires et précises, [...] que l'application des critères qu'elle fixe dépend des situations particulières de chaque cas d'espèce et n'est nullement livrée à l'arbitraire des juges du fond dont les décisions sont soumises au contrôle des cours d'appel et à un contrôle de l'application de la disposition dans tous ses éléments constitutifs par la Cour de cassation ; qu'enfin, si l'article 4 de la Déclaration de 1789 énonce le principe de la liberté du citoyen d'exercer ses droit naturels entre les seules bornes déterminées par la loi, l'article L. 442-6, I, 5°, ne fait que fixer une borne à la*

17 CA Rouen du 26 mai 2005 RG n°04/04404.

18 CA Amiens du 30 novembre 2001 RG n°00/00407.

19 CA Versailles du 14 octobre 2004 RG n°03/04512.

20 CA Versailles du 5 décembre 2007 RG n°07/05922 et 07/06396.

21 Cass. Com. du 9 octobre 2007 Pourvoi n°06-17.744.

22 CA Paris du 3 juillet 2009 RG n°06/10552.

liberté de rompre une relation contractuelle, constituée par le préjudice causé à autrui par l'abus de cette liberté »[23].

40. Dans le cadre de la démonstration d'un manquement en rupture brutale de relations commerciales, dans un premier temps, il appartient à la société victime de la rupture de démontrer son caractère brutal soit par l'absence de préavis, ou par le fait que le préavis était trop court[24], et en tous cas insuffisant pour lui permettre d'adapter son activité et son organisation[25].

41. Dans un second temps, l'auteur de la rupture pourra se défendre en démontrant que le préavis était suffisant ou que les conditions justifiant l'absence de préavis étaient remplies. A ce titre, il importe peu que la société victime de la rupture ait tenté d'en contester les modalités ou non, par exemple en invoquant, sur le moment ou tardivement, la nécessité pour elle de disposer d'un préavis plus long[26]. En définitive, il appartient à l'agent économique, auteur de la rupture de la relation commerciale établie, de prouver soit qu'il a octroyé un préavis suffisant eu égard notamment à l'ancienneté de la relation commerciale, ou alors que d'autres éléments de contexte démontraient qu'un préavis plus long ne pouvait raisonnablement pas être octroyé.

42. Dans un premier temps, les règles générales d'application du texte seront développées (sous-titre 1), suivies des règles applicables dans certains cas particuliers, comme dans le cadre d'appels d'offres ou de fabrication de produits sous marque de distributeur par exemples (sous-titre 2).

---

23 Cass. Com. du 5 avril 2011 Pourvoi n°10-25.323.

24 CA Montpellier du 24 janvier 2006 RG n°04/05929 ; CA Paris du 19 octobre 2006 RG n°03/01717.

25 Ibid.

26 Cass. Com. 27 octobre 2009 Pourvoi n°07-19.396.

SOUS-TITRE 1

LES REGLES GENERALES D'APPLICATION DU TEXTE

43. Afin d'invoquer un manquement de rupture brutale au sens de l'article L. 442-6 du code de commerce, plusieurs conditions doivent être remplies. Les deux cocontractants doivent être liés par une relation commerciale établie (1), laquelle devra avoir été rompue brutalement que ce soit au regard de l'évolution des conditions d'exercice de la relation (2) ou en terme de durée, ce qui peut impliquer la détermination du préavis raisonnable en fonction des caractéristiques de la relation commerciale (3). Il faut toutefois que les motifs de dispense de préavis, à savoir les manquements graves aux obligations contractuelles ou la force majeure, ne puissent être légitimement invoqués (4).

Chapitre 1
La notion de relation commerciale établie

44. Le manquement de rupture brutale a vocation à s'appliquer à toute relation économique pour autant que la relation commerciale soit établie. Il s'agit de la première condition permettant l'application du texte, et à ce titre, elle est particulièrement importante étant donné la disparité de fonctionnement et de formalisation pouvant exister entre les différentes relations commerciales.

45. Une fois clairement définie la notion de relation commerciale (1), les critères à prendre en compte pour démontrer son caractère établi seront explicités (2), le cas de la succession de contrats à durée déterminée faisant l'objet de développement plus spécifiques (3).

Section 1.
La notion de relation commerciale

46. La notion de relation commerciale revêt un sens très large, et comprend aussi bien la vente de produits que de prestations de services[27]. Il s'agit donc d'échanges qui sont mutuellement profitables pour les deux parties, quand bien même ils relèvent d'échanges entre un groupement d'intérêt économique et l'un de ses adhérents[28]. Cette notion est aussi applicable à un organisme donnant des cours de soutien scolaire qui achète des encarts publicitaires pour communiquer[29], quand bien même son activité ne soit pas commerciale en tant que telle, car la rupture peut occasionner une perte de visibilité qui soit néfaste à son activité.

47. L'appréciation de la relation n'a pas à se limiter aux statuts respectifs des parties mais doit être faite au regard du fonctionnement concret de la relation commerciale. Par exemple[30], si une société oppose le fait de n'être qu'un centre de facturation pour contes-

---

27 Cass. Com. du 23 avril 2003 Pourvoi n°01-11.664.

28 CA Nîmes du 21 avril 2005 RG n°03/00331.

29 CA Paris du 29 février 2008 RG n°06/03934.

30 CA Paris du 11 octobre 2012 RG n°11/17299.

ter le fait qu'existe une relation commerciale, le fait qu'elle ait été destinataire des commandes et établit des listes de colisage peut démontrer le contraire.

48. Néanmoins dans un certain nombre de cas, la nature des relations entre des sociétés a pu échapper à la notion de relation commerciale et dès lors sortir du champ d'application de l'article L. 442-6 du code de commerce (pour plus de précisions, voir § 1220 à 1246).

Section 2.
La démonstration du caractère établi

49. Le caractère établi dépend essentiellement de la durée, de la stabilité et de la continuité de la relation commerciale (1). L'appréciation de ce critère peut être délicate en cas de changement d'identité juridique d'un des partenaires (2), suivant le niveau du courant d'affaires (3), ou les produits/prestations concernés (4). Suivant ces paramètres, la détermination du point de départ de la relation pourra être différente (5).

§1. Le caractère établi en tant que tel

50. Cette notion constitue une condition nécessaire à l'application de l'article L. 442-6 du code de commerce. Il est donc indispensable que la relation présente non seulement un caractère suivi, stable, et habituel, mais aussi qu'elle laisse les partenaires dans la croyance légitime d'une continuité dans le courant d'affaires. La notion de prévisibilité quant à la poursuite de la relation commerciale est ainsi déterminante pour démontrer le caractère établi. Et, en l'absence de caractère établi, tout grief de rupture brutale des relations commerciales sera rejeté.

51. Il est aussi nécessaire que la responsabilité de la société [A] soit régulièrement engagée. Tel n'est pas le cas par exemple si la société [X] était liée avec elle par l'intermédiaire de l'un de ses salariés qui réalisait lui-même les paiements sur un compte bancaire à son nom, et ce, sans autorisation à des fins étrangères à ses fonctions, ce qui par ailleurs conduit à son licenciement pour faute. Dès lors, il n'a pu engager la responsabilité de son employeur dans une relation commerciale établie[31].

52. De manière générale, le caractère établi dépendra de la durée et la stabilité de la relation d'affaires (A), et de la continuité de la relation commerciale (B), indépendamment de l'existence ou non d'un contrat (C).

---

[31] CA Aix en Provence du 20 décembre 2012 RG n°10/18601.

A. La durée et la stabilité de la relation d'affaires

53. Afin de démontrer le caractère établi, il est d'abord nécessaire de prendre en compte la durée de la relation[32]. A ce titre, il n'existe pas de durée minimum[33], mais une relation de quelques mois seulement peut être jugée comme non établie[34], et ce, à plus forte raison si les volumes ont présenté certains mois un caractère sporadique[35] ou si la relation a été émaillée de nombreux incidents sur la période rendant sa poursuite très peu probable[36].

54. Une relation n'ayant pas débuté n'est pas établi. Ainsi, le simple envoi d'un bulletin d'adhésion à un salon qui ne constitue pas une offre de participation[37], ou la signature d'un précontrat[38], ou encore des négociations n'ayant pas abouti[39], ne sont pas suffisants pour démontrer l'existence d'une relation établie.

55. Il doit aussi être tenu compte de l'étroitesse de la collaboration entre les partenaires[40], de l'intensité et de la stabilité de la relation commerciale[41]. La démonstration du caractère établi peut donc résulter du fait que la relation de plusieurs années s'inscrive dans les conditions d'achat et de vente respectives des sociétés[42], ou que la société [X] a bénéficié de remises de fin d'année attestant de sa fidélisation[43].

B. La continuité de la relation commerciale

56. En premier lieu, la question de la continuité peut se poser lorsque par exemple l'activité est matérialisée par une succession de commandes (1), ou variable du fait du caractère saisonnier de l'activité (2), ou encore en cas d'interruption du courant d'affaires (3).

1. La relation comme succession de commandes

57. Afin de déterminer si une relation matérialisée par une succession de commandes est établie, il est nécessaire d'apprécier le caractère prévisible de la poursuite de la relation commerciale eu égard au contexte. En effet, si la fin de la relation commerciale est prévi-

---

32 CA Rouen du 14 décembre 2006 RG n°05/03484.

33 CA Paris du 16 novembre 2005 RG n°05/07002.

34 CA Paris du 24 septembre 2009 RG n°09/10508.

35 CA Paris du 10 juin 2010 RG n°08/07071 – Voir aussi CA Versailles du 28 janvier 2010 RG n°08/07540 ; CA Montpellier du 8 juin 2010 RG n°09/3004.

36 CA Versailles du 25 février 2010 RG n°08/09721.

37 CA Paris du 16 novembre 2010 RG n°10/18978.

38 CA Montpellier du 11 décembre 2012 RG n°11/07154.

39 CA Paris du 23 janvier 2013 RG n°10/21751.

40 L'étroitesse des relations peut être déduite du fait que la société [X] fabrique des produits spécifiques à la société [A] – CA Angers du 26 octobre 2010 RG n°09/02138.

41 CA Aix en Provence du 2 juillet 2010 RG n°08/16620.

42 TGI Béthune du 14 juin 2006 inédit.

43 CA Rennes du 26 mai 2009 RG n°08/07916.

sible, la société [X] ne peut prétendre entretenir une relation commerciale établie avec son partenaire.

58. L'absence de prévisibilité quant à la poursuite de la relation commerciale, et partant, l'absence de caractère établi, a pu être démontrée dans les affaires suivantes :

- La société [X] avait signé un contrat pour la réalisation d'un épisode pilote, dans le but de nouer ensuite une relation pour la production des 26 épisodes suivants. Le projet ne concernant que le premier épisode, la société [X] ne pouvait prétendre au caractère établi de la relation, et ce, d'autant que le contrat spécifiait son client puisse faire appel à d'autres prestataires s'il estimait que la société [X] n'avait pas respecté ledit contrat[44] ;
- Le caractère exceptionnel du niveau de commandes réalisées a pu permettre d'écarter tout caractère établi, ces dernières étant uniquement liées à une promotion nationale[45], ou à la commande pendant une seule année de produits à la marque du distributeur[46] ;
- Un distributeur avait contractualisé avec un éditeur pour la distribution d'un magazine, mais le contrat n'avait pas été mis en œuvre. Ainsi, la relation n'était pas établie car le distributeur [X] avait distribué les numéros 6, 7, 9 et 10 en dehors du cadre du contrat initial signé, et sans qu'il soit prouvé qu'il ait distribué le numéro 8[47] ;
- Un distributeur avait fait appel sur une période de deux années à un commissionnaire de transport, mais eu égard au caractère discontinu des relations, et de leur très forte variabilité, en l'absence de tout contrat, il n'a pas été considéré que la relation commerciale était établie[48] ;
- Un sous-traitant avait réalisé durant deux ans des prestations pour le compte d'un donneur d'ordres, dont l'activité dépendait des marchés obtenus après appel d'offres, et d'où découlait un aléa significatif quant à la régularité des commandes passées au sous-traitant[49] ;
- Les relations entre les cotraitants d'un marché public occasionnel de maîtrise d'œuvre peuvent ne pas être établies suivant les circonstances de l'espèce[50].

59. Ainsi, une relation commerciale résultant simplement de commandes discontinues dans le temps, et sans engagement de volume, ne donne pas de garantie sur sa continuité, et donc ne relève pas d'une relation commerciale établie[51]. A ce titre, le critère de prévisibilité peut aussi être pris en compte cumulativement avec d'autres critères, comme la nature des produits ou des prestations par exemple (voir § 113 et 114). A titre d'illustration[52], si

---

44 CA Paris du 19 février 2009 RG n°08/07725.

45 CA Versailles du 2 décembre 2004 RG n°03/04269.

46 CA Paris du 10 décembre 2010 RG n°08/02598.

47 Cass. Com. 15 décembre 2009 Pourvoi n°08-20.242.

48 CA Paris du 16 mars 2011 RG n°09/14881.

49 CA Aix en Provence du 23 juin 2011 RG n°10/00314.

50 CA Colmar du 25 septembre 2012 RG n°10/05501.

51 CA Riom du 20 septembre 2006 RG n°05/02399 ; CA Besançon du 27 mars 2007 RG n°04/02743.

52 CA Paris du 27 octobre 2006 RG n°05/24084.

la société [X] fournit une prestation de service à chaque fois spécifique, résultant de commandes opérées au coup par coup, sans qu'aucune rémunération forfaitaire mensuelle ou trimestrielle, ni aucune garantie de volume d'affaires ne soient prévues, alors le prestataire [X] ne pouvait ignorer le caractère non établi de la relation commerciale. De même, le caractère non établi de la relation peut aussi découler du fait que les produits commandés sont très hétérogènes, et répondant aux besoins spécifiques du distributeur[53].

60. Le manque de prévisibilité peut aussi être inhérent au mode de fonctionnement de la relation commerciale. Par exemple, quand il s'agit d'un appel d'offre avec mise en concurrence à un terme univoque et dont la société [X] a été informée, cette dernière ne peut dès lors prétendre à une rupture brutale des relations commerciales si elle n'est finalement pas retenue (voir pour de plus amples développements § 579 à 584).

61. En revanche, si la relation commerciale découle d'une succession de commandes relativement stables dans le temps, pour des produits ou des prestations homogènes, la relation commerciale peut être établie même en l'absence d'un contrat, ou d'engagement de volumes (voir § 69 à 72). En effet, « *même en cas de succession de contrats ponctuels, la qualification de relation commerciale établie peut être retenue dès lors qu'est démontrée la régularité, le caractère significatif et la stabilité de cette relation* »[54]. Tel est le cas par exemple d'un restaurant qui servait dans les faits de cantine pour l'ensemble du personnel et des acteurs d'une société de production d'ouvrages télévisuels pendant plus de deux années[55].

62. Ce raisonnement demeure d'ailleurs valable en cas de succession de contrats à durée déterminée (voir § 125 à 137), et il interdit par exemple qu'un appel d'offres puisse être utilisé comme alibi pour justifier la brutalité de la rupture si le fonctionnement de la relation ne relevait pas de ce type de procédure (voir § 589 à 592).

2. Les activités saisonnières

63. Certaines relations commerciales sont spécifiques dans le sens où le courant d'affaires est discontinu en raison du caractère saisonnier de l'activité. Cependant, au même titre que dans le cadre d'une succession de commandes, suivant les caractéristiques *in concreto* de la relation commerciale, il est possible de considérer ces relations comme continues du fait du caractère prévisible de la poursuite de la relation.

64. Le caractère établi n'est en effet pas conditionné à un échange permanent et continu entre les sociétés[56]. Il est alors nécessaire de savoir si la relation est véritablement nouvelle, ou bien si elle s'inscrit dans le prolongement des relations antérieures. Là encore, c'est la prévisibilité de la poursuite de la relation qui détermine son caractère établi ou non. Aussi, dans l'hypothèse où la poursuite de la relation soit raisonnablement prévisible, les activités sai-

---

53 CA Paris du 10 décembre 2010 RG n°08/02598.

54 CA Rouen 9 décembre 2010 RG n°10/00274.

55 CA Aix en Provence du 2 juillet 2010 RG n°08/16620.

56 CA Versailles du 12 juin 2008 RG n°07/01247 ; Cass. Com. 15 septembre 2009 Pourvoi n°08-19.200.

sonnières peuvent constituer une relation établie[57]. Par exemple, l'interruption du contrat correspondant à une production audiovisuelle pendant la période estivale ne constitue pas une interruption significative du courant d'affaire[58].

65. Afin de démontrer la prévisibilité de la poursuite de la relation, et donc son caractère établi, les intentions des parties peuvent être prises en compte. Dans le cadre de location saisonnière par exemple[59], l'intention des parties de poursuivre la relation commerciale se déduisait d'une part du fait que la société [X] continuait d'occuper les lieux à l'expiration du contrat avec son matériel en s'acquittant des charges y afférant, et d'autre part que la société [A] n'avait pas demandé la restitution de la licence 4ème gamme et n'avait pas reversé le dépôt de garantie.

66. Les salons commerciaux qui se tiennent généralement une fois dans l'année constituent un autre exemple. Dans un cas[60], ce type de relation a pu être considéré comme étant continu. Le salon ne se tenant que quelques jours dans l'année, il n'était matériellement pas possible à la société [X] de poursuivre la relation commerciale en dehors de cette période. Ensuite, eu égard à l'antériorité des relations commerciales, la société [X] ayant participé au salon depuis plus de 10 ans, elle avait fondé sa stratégie commerciale sur cet évènement majeur, si bien que ces éléments ont démontré la régularité, la stabilité et le caractère significatif de la relation commerciale entre les deux sociétés. Pour autant, dans un autre cas, la position a été différente[61]. La société [A] étant confrontée à une réduction du nombre d'emplacement, son choix d'éviction s'est porté sur les exposants qui n'avaient pas respecté leur contrat à la lettre, bien que le manquement soit mineur. Le contrat prévoyant des stipulations permettant à l'organisateur de ne pas renouveler l'inscription, et les relations étant discontinues, la cour a pu estimer qu'il n'y avait pas de rupture brutale des relations commerciales, la société [X] ayant par ailleurs été prévenue très en amont de la manifestation. Finalement, dans cette affaire, c'est donc autant le caractère raisonnable du préavis, que le caractère discontinu de la relation qui a permis de démontrer l'absence de manquement.

3. En cas d'interruption temporaire

67. Dans le cas d'une interruption significative du courant d'affaires, le juge peut limiter la relation commerciale à la durée continue, en considérant que l'interruption a fait naître une nouvelle relation commerciale. Tel est le cas si la relation s'est interrompue pendant 3 ans[62] ou 5 ans[63] sans que la société [X] n'en impute la faute à sa cocontractante. A plus forte raison, si cela fait plusieurs années que les relations ont été rompues, la société [X]

---

57 CA Reims du 24 novembre 2008 RG n°08/01512.

58 CA Paris du 20 janvier 2011 RG n°10/01509.

59 CA Aix en Provence du 20 mars 2009 RG n°08/12983.

60 Cass. Com. 15 septembre 2009 Pourvoi n°08-19.200.

61 CA Colmar du 20 juin 2006 RG n°05/02968 - L'action initiale invoquait un manquement sur la base de l'article L. 420-2 du code de commerce, que le premier juge avait requalifié ensuite sous la forme de rupture brutale des relations commerciales.

62 Cass. Com. du 15 novembre 2011 Pourvoi n°10-25.472.

63 CA Paris du 30 mai 2013 RG n°10/24267.

est alors mal fondée à demander réparation alors qu'elle n'a jamais réagi auparavant[64]. En tout état de cause, et comme précisé dans la partie précédente, l'arrêt de l'activité ne doit pas être dû à son caractère saisonnier.

68. Par ailleurs, si l'activité entre les deux sociétés s'est poursuivie durant une période par l'intermédiaire d'un courtier, cela est indifférent quant à la détermination de l'antériorité des relations entre les deux sociétés, l'ensemble devant ainsi être considéré[65].

C. Le contrat n'est pas nécessaire à la démonstration du caractère établi

69. De jurisprudence constante[66], tout courant d'affaires continu, même s'il n'est pas formalisé contractuellement par un écrit, peut constituer une relation commerciale établie. Suivant la même logique, le fait que les entreprises aient initialement prévu de contractualiser mais qu'elles ne le font finalement pas[67], ou qu'une relation se soit poursuivie de manière continue après le terme du contrat initialement conclu[68], ou encore que réciproquement les entreprises aient seulement contractualisé les trois dernières années alors qu'elles entretenaient une relation d'affaires depuis plus de 15 ans[69], ne sont pas de nature à remettre en cause le caractère établi de la relation commerciale.

70. Par ailleurs, le fait qu'au moment de la contractualisation, la société [X] soit en cours de création ne permet pas d'écarter le contrat dès lors qu'une telle entité a, de jurisprudence constante, la possibilité de prendre des engagements[70].

71. Enfin, si un contrat a été établi pour une prestation principale mais que des prestations accessoires ont été rendues, et que ces dernières représentent une part significative du volume d'affaires, l'ensemble de la relation doit être pris en compte, quand bien même les prestations accessoires n'aient pas fait l'objet d'un contrat[71].

72. En définitive, à partir du moment où en l'absence de contrat, le caractère établi et continu de la relation est démontré, la durée totale de la relation devra être prise en compte, étant alors généralement considérée comme un contrat à durée indéterminée[72]. A ce titre, la re-

---

64 CA Poitiers du 28 janvier 2011 RG n°09/03574 - Dans cette affaire le niveau d'affaires engagé était par ailleurs très faible.

65 CA Bordeaux du 8 mars 2012 RG n°10/06656.

66 Cass. Com. du 17 mars 2004 Pourvoi n°02-11.751 ; Cass. Com. du 28 février 1995 Pourvoi n°93-14.437 , Cass. Com. du 20 janvier 2009 Pourvoi n°07-17.556.

67 CA Toulouse du 4 mars 2004 RG n°03/00223 ; CA Besançon du 14 juin 2006 RG n°04/00674.

68 CA Dijon du 15 novembre 2007 RG n°07/00144 ; CA Paris du 20 avril 2005 RG n°02/12212 ; CA Rennes du 16 janvier 2009 RG n°08/00159 ; CA Pau du 5 avril 2005 RG n°03/02538.

69 CA Paris du 16 septembre 2009 RG n°07/13021.

70 CA Douai du 26 février 2008 RG n°06/06140.

71 CA Lyon du 8 octobre 2009 RG n°08/07766.

72 CA Lyon du 5 mars 2009 RG n°08/01917.

lation peut être considérée comme un contrat à durée indéterminée dès lors que le courant d'affaires entre les parties est significatif et constant pendant plus de deux années[73].

§2. La continuité suite à un changement d'identité juridique

73. Dans un certain nombre d'affaires, le changement d'identité juridique (suite à un rachat par exemple) d'une des parties a pu être invoqué afin de démontrer le caractère discontinu de la relation commerciale, et ce, dans le but soit de réduire la durée de la relation commerciale à prendre en compte pour la détermination du préavis raisonnable, soit de justifier l'absence de responsabilité de la société [A] visée dans le processus de rupture. Cependant, la jurisprudence précise que l'article L. 442-6 du code de commerce fait référence au « *partenaire économique* » et non à « *l'identité juridique* »[74].

74. Le changement de forme sociale d'un des deux partenaires commerciaux est donc indifférent sur l'appréciation de la continuité de la relation commerciale[75]. Par conséquent, s'il est prouvé que le partenaire économique est identique, l'ensemble de la relation commerciale avec ce partenaire économique devra alors être prise en compte, quand bien même l'identité juridique de cocontractants ait pu évoluer au cours du temps. En définitive, il s'agit de vérifier la continuité économique et non juridique, existant entre les différentes relations commerciales.

75. A ce titre, la question de la reprise de l'antériorité peut se poser en cas de changement de partenaire commercial (A), en cas de fusion acquisition (B), ou en cas de changement du contrôle social ou du statut (C), un certain nombre d'éléments pouvant être utilement produit pour la déterminer (D).

A. Le changement de partenaire commercial

76. La question de la continuité économique est généralement soulevée lorsqu'une cession a eu lieu, mais elle peut aussi se poser dans d'autres cas, et notamment quand le statut de la société a évolué au fur et à mesure de son développement. Il peut alors être nécessaire d'apprécier l'activité de l'entreprise *in concreto*. Pour autant, il est bien entendu nécessaire qu'un lien existe entre la nouvelle et l'ancienne entité juridique, qu'il soit de nature juridique, économique, ou bien au niveau des personnes physiques qui sont intervenues.

77. Par exemple, si une société décide de donner à une société tierce la gestion de la régie publicitaire de ses périodiques, mais que ce tiers maintient les mêmes missions à la société [X], et lui confère les mêmes droits et obligations, alors la continuité économique du

---

[73] CA Douai du 13 mars 2008 RG n°06/01549.

[74] CA Caen du 2 juin 2005 RG n°03/03155.

[75] CA Rennes du 28 juin 2011 RG n°10/01515.

contrat ne peut être contestée, de telle sorte que la société reprenant la gestion de la régie à son compte ne peut arguer de l'intervention du tiers pour justifier la non-reprise de l'antériorité de la relation[76].

78. De même, si les relations consistent à assurer une prestation identique, et qu'elles sont confiées à la même personne, il importe peu que la personne en question ait eu la qualité de salarié, dirigeant de son cocontractant ou dirigeant d'un sous-traitant de celui-ci. En l'espèce[77], la même personne avait été chargée par un fabricant, et ce, pendant plusieurs dizaines d'années, du suivi de l'impression de son catalogue, et s'il avait été lié au départ directement avec le fabricant, il ne l'était à la fin qu'indirectement étant le sous-traitant. Cela n'a toutefois pas fait obstacle à ce que la relation soit considérée dans son ensemble eu égard aux liens très étroits entretenus avec le fabricant.

79. En revanche, si les deux entités qui se sont succédé sont juridiquement distinctes, il importe peu qu'elles aient été animées par les mêmes personnes pour le compte du même donneur d'ordre, en l'absence de toute transmission d'actifs[78]. Une telle appréciation se justifie d'autant plus dans l'hypothèse où la seconde société ait été créée dans le but d'échapper aux conséquences de l'ouverture d'une procédure collective à l'encontre de la première[79].

80. Le même raisonnement prévaut lorsque le fabricant décide de rompre avec son importateur pour réaliser lui-même la distribution de ses produits, le revendeur ne peut alors faire valoir sa relation passée avec l'importateur[80], ou réciproquement si un distributeur décide de ne plus passer par le négociant mais directement par le producteur[81], ou encore si le donneur d'ordre est passé par la suite par un mandataire[82]. Dans ces différents cas, la relation a changé de manière substantielle, en l'absence de lien entre l'ancien et le nouveau partenaire commercial, si bien que chaque relation devra être analysée isolément avec l'antériorité qui lui est propre[83], et seule l'ancienneté avec la seconde entité devra donc être prise en compte.

81. Dans une affaire toutefois, il a été considéré que la filiation entre les deux sociétés par associé unique pouvait justifier la reprise de l'antériorité, dans un contexte où ce point n'a pas fait l'objet de contestation par la partie mise en cause[84].

---

76 CA Paris du 4 mars 2011 RG n°09/22982.

77 CA Paris du 26 avril 2013 RG n°11/18131.

78 CA Aix en Provence du 22 avril 2010 RG n°09/02227 ; CA Aix en Provence du 7 mars 2012 RG n°11/02049.

79 CA Paris du 24 novembre 2011 RG n°09/10323 ; CA Paris du 4 avril 2012 RG n°10/15960.

80 CA Chambéry du 8 février 2011 RG n°10/00353.

81 CA Versailles du 3 juillet 2012 RG n°10/08577.

82 CA Versailles du 14 octobre 2010 RG n°09/05403.

83 CA Lyon du 25 novembre 2010 RG n°09/06091.

84 CA Nîmes du 14 mars 2013 RG n°11/05456.

B. En cas de fusion-acquisition

82. Une société issue de la cession ou d'une fusion avec une première société est généralement considérée comme un même partenaire économique, étant donné la continuité de la relation commerciale inhérente à la reprise d'activité. Cela peut concerner aussi bien les sociétés [X] et [A] [85], voire les deux suivant leur évolution et ainsi permettre de remonter à l'antériorité réelle de la relation commerciale entre les deux entités économiques. A titre d'illustration[86], dans une affaire, bien qu'à la fois la société [A] et la société [X] aient été rachetées, la relation commerciale a été considérée comme étant établie depuis l'origine, peu importe les cessions opérées et la signature d'un nouveau contrat en résultant. Finalement, s'il est possible de prendre en compte la relation antérieure, la cession ne peut justifier la rupture brutale de la relation commerciale.

83. Pour autant, la cession ou la fusion ne permet pas nécessairement d'invoquer la continuité de la relation commerciale antérieurement à la reprise d'activité.

84. Premièrement, il est nécessaire que l'activité soit la même (voir § 93 et suivants). Par exemple, si la société [X] fournissait auparavant des produits à sa marque, et que le contrat avec la nouvelle entité consiste en la fourniture de produits à la marque du distributeur, la relation commerciale peut être considérée comme significativement différente, ce qui implique d'écarter l'antériorité avec l'ancienne entité[87]. En revanche, si la prestation de service a toujours consisté à fournir le même type de prestation pour le compte d'un groupe de distribution, la relation peut être jugée continue[88].

85. Deuxièmement, il est nécessaire que la reprise concerne une part significative de l'activité de la société, car si elle concerne seulement une partie limitée de l'activité, suite à un redressement judiciaire par exemple, il est alors possible de ne pas prendre en compte l'antériorité de la relation avec la précédente entité juridique[89]. A ce titre[90], le fait que le contrat liant [X] à [A] ne faisait pas partie de ceux listés par le juge comme étant nécessaires dans le cadre du redressement judiciaire, a pu justifier l'absence d'engagement de la société [A] vis-à-vis de la société [X], et partant la non prise en compte de l'antériorité de la relation en tant que telle[91].

86. Néanmoins, il semble exister une exception à cette règle dans le secteur particulier de l'assurance, en cas de transfert du portefeuille d'assurés, dans la mesure où cette opération a pu justifier la fin de la relation commerciale avec un prestataire[92]. En l'espèce, une

---

[85] CA Douai du 29 septembre 2005 RG n°04/00265 et 04/0003 ; CA Nîmes du 25 février 2010 RG n°07/00606 ; CA Versailles du 17 décembre 2009 RG n°07/04811 ; CA Metz du 30 juin 2011 RG n°11/00511.

[86] CA Lyon du 19 novembre 2009 RG n°09/04247 ; Cass. Com. du 2 novembre 2011 Pourvoi n°10-25.323.

[87] CA Douai du 13 mars 2008 RG n°06/01549.

[88] Cass. Com. du 2 novembre 2011 Pourvoi n°10-25.323.

[89] CA Paris du 9 avril 2008 RG n°06/05722.

[90] CA Bordeaux du 7 février 2007 RG n°05/06654.

[91] Néanmoins, la société [A] avait demandé à la société [X] un investissement important eu égard à l'antériorité de la relation commerciale avec la société précédent la reprise, le passif de la relation a donc été partiellement pris en compte dans le cadre du calcul du préjudice.

[92] CA Paris du 8 septembre 2009 RG n°07/07582.

société d'expertise automobile [X] assignait l'assureur, qui avait repris le portefeuille d'assurance d'un premier organisme avec qui elle travaillait depuis de nombreuses années. L'antériorité de la relation commerciale n'a pas été prise en compte car d'une part le contrat de cession ne prévoyait pas la transmission des contrats de partenariat conclus par l'organisme d'assurance cédant, et d'autre part, l'article L. 324-1 du code des assurances listant les opérateurs à qui le transfert du portefeuille est opposable, ne vise nullement les partenaires commerciaux.

87. Troisièmement, si la relation commerciale est liée au caractère *intuitu personae* du gérant, comme dans le cadre d'un contrat de distribution par exemple, le franchiseur n'a pas l'obligation d'agréer le cessionnaire du fonds de commerce. Dès lors, en raison du caractère individuel de l'agrément, le fait pour ce dernier de ne pas être agréé n'est pas opposable au franchiseur quand bien même il signifie en pratique la fin de la relation commerciale[93]. A l'inverse, s'il ne ressort d'aucun document contractuel que la relation avait un caractère *intuitu personae*, du fait par exemple de compétences particulières compte tenu des prestations à accomplir, la relation doit être considérée comme continue et dès lors le changement de cocontractant n'est pas interruptif par rapport à la durée de relation à prendre en compte[94]. En tout état de cause, quand bien même le contrat présente un caractère *intuitu personae*, il doit prévoir la faculté de résiliation en cas de changement de dirigeant. Dans le cas contraire[95], en raison du principe d'autonomie de la personne morale, la relation reste inchangée en cas de cession de la totalité des parts ou actions ou de changement de ses dirigeants. Le contrat étant maintenu, il ne peut être rompu brutalement, sauf à constituer un manquement de rupture brutale des relations commerciales.

C. En cas de changement du contrôle social ou de statut

88. Il est possible que, sans aller jusqu'à une cession totale, un changement du contrôle social intervienne au sein du capital de la société [A]. Pour autant, il ne peut pas plus être opposé à la société [X] comme justifiant de la prévisibilité d'une future rupture des relations commerciales[96]. Réciproquement, la société [A] ne peut pas plus invoquer le fait que la société [X] ait été rachetée par un concurrent de la société [A] dès lors que la société victime de la rupture continuait à réaliser 20% de son chiffre d'affaires en produits concurrents[97].

89. Une telle approche demeure valable pour le changement de statut si l'activité est identique. Par exemple, la société sous forme de SAS reprenant l'activité de la centrale de référencement, anciennement sous forme de coopérative, continue ce faisant les relations commerciales précédemment établies par la coopérative au bénéfice de ses adhérents[98].

---

93 CA Rennes du 22 janvier 2008 RG n°06/07220.

94 CA Amiens du 14 janvier 2010 RG n°08/01311.

95 Cass. Com. du 29 janvier 2013 Pourvoi n°11-23.676.

96 CA Aix en Provence du 7 septembre 2006 RG n°06/01066.

97 CA Douai du 7 décembre 2006 RG n°05/01333.

98 CA Paris du 26 novembre 2008 RG n°08/11939.

De même, il importe peu que le fonds de commerce ait été exploité sous forme d'une entreprise individuelle puis dans le cadre d'une société, l'objet de de la relation demeurant identique[99].

90. De même, le fait que le contrat soit conclu *intuitu personae* et que plusieurs dirigeants se soient succédés n'est pas opposable pour empêcher la prise en compte globale de la relation au titre de la relation établie, s'agissant d'une notion économique et non juridique[100], ce critère ne pouvant finalement être utilisé qu'au moment d'un changement de le personne physique (voir § 87).

D. Les éléments justifiant la reprise de l'antériorité

1. En cas de cession ou rachat

91. Dans ce cadre, le plan de cession peut mentionner les éléments essentiels de l'acte, comme la clientèle par exemple. Dans l'hypothèse où la société [A] fasse partie de ces clients, et comme les relations commerciales entre les deux sociétés ont perduré, l'antériorité des relations commerciales peut alors être prise en compte, nonobstant le changement de propriétaire[101].

92. Le fait que le plan de cession ne prévoit pas expressément la transmission des contrats ne s'oppose pas nécessairement à la reprise de l'antériorité, notamment si la relation s'est ensuite poursuivie dans des conditions similaires[102]. En revanche, si le repreneur n'avait en outre pas appliqué le contrat tel qu'en vigueur auparavant, cela peut s'opposer à la reprise de l'antériorité[103].

2. La nature de la relation commerciale

93. La nature de la relation commerciale peut être invoquée pour remettre en cause l'antériorité de la relation à prendre en compte non seulement en cas de cession, mais aussi en cas d'évolution de l'activité d'un des deux partenaires.

94. En premier lieu, en cas de cession, il est nécessaire de comparer l'activité nouée avec la nouvelle entité, et celle entretenue avec l'entité précédente. Il appartient alors au juge de déterminer si les nouveaux engagements sont comparables avec ceux appliqués avant l'opération.

95. Le fait que les clients[104] ou les fournisseurs[105] des deux sociétés soient similaires peut contribuer à démontrer la continuité économique existant entre les différentes entités juridiques, quand bien même la relation ait été étendue à un moment donné à d'autres parte-

---

99 CA Paris du 12 septembre 2013 RG n°11/20191.

100 CA Limoges du 9 février 2012 RG n°10/01700.

101 CA Orléans du 16 septembre 2010 RG n°10/00242 ; CA Paris du 22 janvier 2009 RG n°07/05197.

102 CA Poitiers du 26 mars 2013 RG n°12/02513.

103 CA Versailles du 2 septembre 2010 RG n°09/03196.

104 CA Caen du 2 juin 2005 RG n°03/03155.

105 TC Lille du 19 juin 2008 RG n°2006/02092.

naires commerciaux[106]. Ensuite, si le changement d'entité juridique est la conséquence de la décision de deux sociétés, dont l'une était déjà liée à la société [X], de créer une joint-venture, un tel changement n'est pas suffisant pour limiter la relation à celle entretenue avec la nouvelle entité[107].

96. Inversement si les deux relations sont substantiellement différentes, seule sera prise en compte la dernière relation. Tel est le cas lorsque les deux contrats ne concernent pas le même marché, par exemple les particuliers pour l'un et les professionnels pour l'autre, ou encore si les conditions financières et le secteur géographique sont différents[108].

97. La continuité de la prestation peut aussi être appréciée par la volonté du successeur du cocontractant de poursuivre les relations dans des termes similaires[109]. Il importe peu que les modalités contractuelles aient pu évoluer dans la mesure où l'économie générale du contrat est restée globalement constante. Dans une affaire par exemple[110], l'objet du contrat, le périmètre d'exclusivité, et les conditions de rémunérations étaient demeurés identiques, si bien que le fait que l'obligation de non-concurrence soit rédigée dans des termes différents ou que le contrat ne soit plus à tacite reconduction, étaient insuffisants pour justifier d'une nouvelle relation commerciale.

98. En second lieu, en cas d'évolution de l'activité d'un des cocontractants, il est aussi nécessaire d'analyser les deux périodes *in concreto*. Le fait que l'activité d'une des sociétés évolue, ne remet pas nécessairement en cause la durée des relations commerciales à prendre en compte dans la mesure où elle est de même nature. Dans une affaire par exemple[111], l'activité de la société consistait à réaliser des prestations de transport et de pose de meuble. L'évolution avait simplement consisté en un glissement de l'activité, où le transport dominait initialement, vers la pose. Dès lors, l'ensemble de la relation devait être pris en considération afin de déterminer le préavis raisonnable.

99. La nature des produits suivants qu'ils soient homogènes ou hétérogènes dans le temps peut aussi avoir une incidence sur la détermination du caractère établi ou non de la relation (voir § 110 et suivants). Néanmoins, si les relations concernent la même prestation, comme par exemple une exclusivité de distribution d'une marque sur un territoire déterminé, le fait que trois sociétés différentes se soient succédées en termes juridiques n'est pas opposable pour empêcher la reprise de l'antériorité de la relation, étant donné son caractère stable, suivi et habituel, et s'étant poursuivie dans les mêmes conditions[112].

---

[106] En l'espèce, une convention de service liait un réparateur automobile à un assureur, laquelle a ensuite été élargie à davantage d'assureurs. Il n'était pas démontré que la convention initiale ait été rompue avant le départ de la seconde si bien que la relation a été considérée comme continue. CA Paris du 11 janvier 2011 RG n°09/01783.

[107] Cass. Com. 29 janvier 2008 Pourvoi n°07-12.039.

[108] CA Paris du 11 octobre 2012 RG n°11/07877.

[109] Cass. Com. du 25 septembre 2012 Pourvoi n°11-24.301.

[110] CA Versailles du 5 juin 2012 RG n°10/09551.

[111] CA Paris du 13 septembre 2012 RG n°10/07699.

[112] CA Pau du 26 mars 2009 RG n°08/01257.

100. En définitive, si l'activité poursuivie est identique, la seconde société constituant le prolongement de la première, et que la seule modification dans la relation commerciale est la dénomination commerciale ou le statut juridique de l'une des sociétés, l'antériorité de la relation commerciale doit donc être prise en compte[113].

§3. Le niveau du courant d'affaires

101. Ce critère peut impacter l'appréciation du caractère établi non seulement en fonction de l'incidence du poids de la relation dans l'activité des parties (A) mais aussi en fonction de son évolution (B).

A. L'incidence du poids de la relation dans l'activité des parties

102. Le niveau du courant d'affaires n'a pas à être particulièrement important pour démontrer le caractère établi de la relation dans la mesure où ce critère déterminera essentiellement l'éventuel préjudice subi par la société victime de la rupture. Par exemple[114], une trentaine de caisses de bouteilles par an peuvent générer un courant d'affaires suffisamment significatif. A ce titre, le fait que la société [X] réalise un faible pourcentage du chiffre d'affaires de [A] ne s'oppose pas au caractère établi[115]. Néanmoins, dans l'hypothèse où le courant d'affaires est nul ou quasiment nul, un tel constat est de nature à remettre en cause le caractère établi de la relation[116].

103. Le caractère établi est par ailleurs étranger à toute notion d'exclusivité ou d'engagement de volumes[117], ou encore de réalisation d'investissements spécifiques par la société [X] dans le but de développer la relation commerciale[118]. Finalement, le caractère établi est essentiellement caractérisé par la notion de prévisibilité quant à la poursuite de la relation.

113 CA Lyon du 8 janvier 2009 RG n°07/08055.

114 CA Bordeaux du 30 avril 2009 RG n°07/02409.

115 CA Nîmes du 14 avril 2011 RG n°08/04616.

116 CA Douai du 2 mai 2006 RG n°04/07476.

117 CA Paris du 1er juillet 2005 RG n°04/07876 ; CA Paris du 18 janvier 2007 RG n°03/18220.

118 CA Paris du 16 novembre 2005 RG n°05/07002.

B. L'incidence de la variation de l'activité

104. Dans certains cas[119], la progression significative du courant d'affaires a pu contribuer à la démonstration du caractère établi de la relation. Tel est le cas par exemple lorsque la situation laissait augurer aux partenaires commerciaux un courant d'affaires en constante progression « *sans être marquée par des évènement perturbateurs susceptibles de remettre en cause sa stabilité ou sa régularité* »[120].

105. Pour autant, la baisse ou la forte variabilité des volumes réalisés dans le cadre de la relation commerciale ne remet pas nécessairement en cause le caractère établi si cette variabilité est inhérente au secteur ou à l'activité liant les deux sociétés (voir aussi § 63 et suivants).

106. Premièrement, la variabilité du courant d'affaires peut s'expliquer par la complémentarité entre l'activité des deux entreprises. Dans une affaire par exemple[121], l'activité du donneur d'ordre subissait des fluctuations (récoltes de vin), et il en allait donc de même de celle de la société victime de la rupture (qui décorait les bouteilles de vin). La variabilité du courant d'affaires n'a donc pas remis en cause le caractère établi de la relation, et ce, d'autant qu'une réglementation spécifique plus restrictive avait aussi contribué à la baisse constatée.

107. Deuxièmement, la variabilité peut s'expliquer par les fluctuations propres au secteur. Dans une affaire[122], il a été considéré qu'étant donné le secteur, en l'occurrence celui du textile et de l'habillement, la variabilité des niveaux de commande suivant les saisons ne faisait pas obstacle au caractère établi des relations commerciales.

108. Troisièmement, indépendamment de son caractère variable, le courant d'affaire peut avoir été continu et surtout d'un niveau significatif, justifiant son caractère établi, et ce, indépendamment de tout contrat cadre[123].

§4. Les produits ou prestations considérés

109. L'appréciation du caractère établi peut dépendre du fait que les produits ou prestations de services sont homogènes (A) ou hétérogènes (B).

A. En cas de produits ou services homogènes

110. Dans le cas de relations commerciales non régies par des appels d'offres, et pour autant que la catégorie de produits ou de services demeure homogène dans le temps, le fait que les produits ou services vendus aient été légèrement différents ne fait pas nécessairement

---

119 CA Aix en Provence du 19 novembre 2004 RG n°02/00148 ; CA Nîmes du 12 février 2009 RG n°07/03631 ; CA Lyon du 5 mars 2009 RG n°08/01917 ; CA Paris du 8 janvier 2009 RG n°06/22199 ; CA Rennes du 16 janvier 2009 RG n°08/00159.

120 CA Orléans du 29 mai 2008 RG n°07/01118.

121 CA Reims du 23 janvier 2006 RG n°04/01716.

122 CA Paris du 16 novembre 2005 RG n°05/07002.

123 CA Versailles du 20 mai 2010 RG n°09/01420 ; CA Douai du 10 février 2011 RG n°08/08213.

obstacle à la démonstration du caractère établi de la relation. Tel est le cas par exemple d'un fournisseur vendant des produits technologiques comme les produits « *bruns* » qui du fait de leur contenu vont nécessairement évoluer au cours du temps[124].

111. De même, dans le cadre de prestations de services, s'il n'est pas démontré que les prestations ont évolué de telle sorte qu'il y a eu deux types distincts de prestations rendues, alors l'intégralité de la relation doit être prise en considération[125].

B. En cas de produits ou services hétérogènes

112. L'hétérogénéité des produits ou services peut s'apprécier sous deux angles : premièrement de manière linéaire, si les produits ou services fournis ont évolué de manière significative au cours du temps, deuxièmement de manière non linéaire, si les produits ou services rendus à un moment donné pouvait être subdivisés en catégories distinctes du fait de leurs spécificités.

113. Suivant l'angle linéaire, si les produits ou services sont à chaque fois spécifiques, cela peut être de nature à remettre en cause la globalisation de la relation commerciale. Dans une affaire par exemple[126], la société [X] fournissant une prestation de service spécifique à chaque commande, dans un contexte où en outre la poursuite de la relation n'était pas prévisible (voir § 59), la relation commerciale n'a pas été considérée comme établie. Dans une autre affaire[127], le produit initial étant un produit à marque propre qui avait ensuite été remplacé par un produit à marque de distributeur, si bien que la relation n'a pas été jugée établie qu'eu égard au dernier contrat (voir § 133).

114. Suivant l'angle non-linéaire, si les produits ou services présentent des spécificités telles que plusieurs contrats ont été conclu séparément pour chacun d'eux, la relation commerciale peut être décomposée, et le préavis sera alors apprécié au regard de chacun de ces contrats[128].

115. Pour les mêmes raisons, la globalisation du courant d'affaires n'est pas possible pour les appels d'offres, pour lesquels les produits ou services doivent être uniquement considérés sur la base de chaque marché, chaque appel d'offre constituant une relation commerciale à part entière (voir § 141 et 142). Par conséquent, si une entreprise a souscrit plusieurs appels d'offres pour plusieurs produits faisant l'objet de marchés et de commandes distincts, seuls ceux objet du litige seront donc considérés, et la durée de relation commerciale déterminera pour chacun d'entre eux l'antériorité à considérer[129].

---

124 CA Paris du 1er juillet 2005 RG n°04/07876.

125 CA Montpellier du 7 février 2012 RG n°10/10104.

126 CA Paris du 27 octobre 2006 RG n°05/24084.

127 CA Douai du 13 mars 2008 RG n°06/01549.

128 CA Lyon du 8 janvier 2009 RG n°07/07870 ; CA Reims du 24 novembre 2008 RG n°08/01512.

129 CA Rouen du 26 mai 2005 RG n°04/04404.

C. Le cas particuliers de la production de contenu audiovisuels

116. S'agissant des contrats de production audiovisuelle, l'usage de la profession veut que ces contrats soient généralement limités dans le temps, notamment eu égard au risque commercial suivant le succès de ladite émission. En l'absence de toute reconduction tacite, la fin des relations à l'issue de chaque contrat à durée déterminée demeure prévisible[130]. En effet, la fragilité de ces rapports trouve son origine d'une part dans l'impossibilité de prévoir l'audience que fera un programme, et d'autre part de la nécessité de rénover régulièrement la grille de diffusion pour la rendre attractive[131].

117. Pour autant, il a pu être considéré que la relation était établie dans la mesure où un faisceau d'éléments démontrait la stabilité de la relation. Dans une affaire par exemple[132], la relation avait duré 7 ans, et consistait en la production d'une multitude de programmes. La cour de cassation a estimé qu'eu égard au courant d'affaire significatif dénotant le caractère stable, suivi et habituel des relations, et la diversité des productions proposées, la société de production pouvait légitimement penser que la relation perdurerait « *peu important que ces contrat fussent indépendants des uns des autres et aient porté sur des émissions distinctes ou encore qu'ils aient contenu la clause d'usage permettre à la chaîne de mettre fin à la production et à la diffusion des programmes en cas d'audience insuffisante* ».

118. Il est donc possible de démontrer une relation établie dans le secteur de la production audiovisuelle, sous réserve de démontrer un certain volume d'affaires, que ce soit en termes de durée, ou en termes de diversité de l'offre, par opposition à la production d'un nombre limité d'émissions.

§5. Le point de départ de la relation commerciale

119. Le point de départ à prendre en compte correspond au commencement de la relation commerciale établie. Il tire son importance du fait qu'il détermine la durée de la relation commerciale à prendre en compte, donc le préavis en découlant, et partant le préjudice causé par la brutalité de la rupture. Par conséquent, il est d'autant plus important pour le demandeur de déterminer au préalable et le plus objectivement possible le point de départ de la relation commerciale.

120. Dans l'hypothèse où un contrat existe depuis le début de la relation, il permet de directement déduire le début de la relation commerciale[133]. Cette démarche est cependant plus

---

130 Cass. Com. du 12 février 2013 Pourvoi n°12-13.819.

131 Cass. Com. du 31 janvier 2012 Pourvoi n°11-12.899.

132 Cass. Com. du 25 septembre 2012 Pourvoi n°11-24.627.

133 CA Aix en Provence du 7 septembre 2006 RG n°06/01066.

délicate en l'absence de contrat, et c'est à l'entreprise victime de la rupture de démontrer le point de départ réel de la relation commerciale[134], et le cas échéant qu'elle a duré davantage que ne le prétend la société [A]. Pour ce faire, les moyens de preuve sont divers (comptes et factures[135], commandes[136], preuve de référencement par une centrale comme contrat d'application de coopération commerciale[137], attestations[138], documents commerciaux[139], etc.). Par ailleurs, le fait que la société [A] soit passée au début de leur relation par un commissionnaire de transport, ne fait pas obstacle à la prise en compte de cette partie de la relation commerciale dans la durée des relations commerciales établies avec la société [X][140].

121. En revanche, certains moyens de preuve avancés par la société [X] n'ont pas été jugés suffisamment probants. Par exemple[141], la société [X] ne peut pas présumer la continuité de la relation commerciale du seul fait que les dirigeants de la société [A] travaillaient auparavant pour elle. La continuité de la relation commerciale suite à une cession n'est pas non plus automatique (voir § 82 et suivants), et des attestations seules ne sont pas nécessairement suffisantes pour emporter la conviction du juge[142]. Des éléments de preuves épars comme un journal interne des clients de la société sans listing d'activité, ou des photographies des prestations censées avoir été réalisées, peuvent être insuffisants pour prendre en compte toute l'antériorité demandée par la société [X][143]. Enfin, le fait pour la société [A] d'éviter que la rupture soit brutale et imprévisible n'équivaut pas à sa reconnaissance de l'antériorité de la relation commerciale[144].

122. Par ailleurs, la détermination du point de départ de la relation peut être délicate quand elle a été gérée antérieurement ou au moment des faits par des procédures d'appels d'offres. Il est alors nécessaire de déterminer si le fonctionnement *in concreto* de la relation relevait de cette procédure spécifique, car le cas échéant l'ensemble de la relation doit être pris en compte (voir § 574 et suivants). De même, si la relation consistait au départ en une succession sporadique de commandes, il peut être décidé d'écarter cette période antérieure du fait du caractère non établi de la relation dans ses prémisses[145].

---

134 CA Paris du 3 juillet 2009 RG n°06/10552.

135 CA Paris du 3 juillet 2009 RG n°06/10552 ; CA Versailles du 18 mai 2005 RG n°04/08829 ; CA Aix en Provence du 7 septembre 2009 RG n°06/01066 ; CA Bordeaux du 7 février 2007 RG n°05/06654 ; CA Versailles du 12 octobre 2006 RG n°05/04598.

136 CA Versailles du 18 mai 2005 RG n°04/08829.

137 CA Nîmes du 18 octobre 2007 RG n°05/04507.

138 CA Aix en Provence du 7 septembre 2006 RG n°06/01066 - Toutefois ce type de preuve n'est pas forcément suffisant notamment en cas de lien entre celui l'ayant rédigé et le bénéficiaire – CA Paris du 3 juillet 2009 RG n°06/10552.

139 CA Aix en Provence du 7 septembre 2009 RG n°06/01066.

140 CA Paris du 18 janvier 2007 RG n°03/18220.

141 CA Paris du 18 juin 2009 RG n°07/18026.

142 CA Paris du 3 juillet 2009 RG n°06/10552.

143 CA Paris du 19 janvier 2011 RG n°09/14691.

144 CA Douai du 13 mars 2008 RG n°06/01549.

145 CA Versailles du 9 juin 2011 RG n°10/03910.

123. Etant donné les moyens de preuve limités dont elles disposent dans certains cas, certaines sociétés ont pu trouver avantage à solliciter la DGCCRF afin de déterminer le point de départ de la relation. Disposant de moyens d'investigations plus étendus, l'administration a ainsi pu contribuer à produire une démonstration plus étayée du début des relations commerciales[146] dans la mesure où le manquement était caractérisé.

Section 3.
Le cas de la succession de plusieurs contrats à durée déterminée

124. Comme indiqué précédemment (voir § 69), la jurisprudence considère qu'un courant d'affaires continu peut exister nonobstant l'absence d'un contrat cadre pour envelopper juridiquement une succession de plusieurs contrats à durée déterminée[147]. Là encore, le caractère prévisible de la poursuite de la relation est déterminant pour permettre de globaliser ou non la relation commerciale. Pour autant, il convient de distinguer plusieurs cas de figure :

- La succession de contrats à durée déterminée (1)
- Les contrats de distribution souscrits dans le cadre de l'article L. 441-7 du code de commerce (2)
- Les appels d'offres (3)

§1. La succession de contrats à durée déterminée

A. La globalisation possible de la relation au-delà du cadre contractuel

125. Dans le cas où la relation commerciale est formalisée par une succession de contrats à durée déterminée, il est généralement considéré qu'il s'agit d'un contrat à durée indéterminée[148], sauf stipulation exprès précisant que la relation commerciale peut être remise en cause dans le cadre de chaque renouvellement.

126. La cour de cassation considère en effet qu'en l'absence de « *disposition ou volonté contraire, la tacite reconduction d'un contrat de durée déterminée, dont le terme extinctif a*

[146] CA Nîmes du 18 octobre 2007 RG n°05/04507.

[147] CA Paris du 18 janvier 2007 RG n°03/18220 ; CA Aix en Provence du 28 mai 2004 RG n°01/16042.

[148] TC Paris du 31 janvier 2006 RG n°2004030689 ; CA Paris du 20 novembre 2008 RG n°08/03801.

produit ses effets, donne naissance à un nouveau contrat, de durée indéterminée, et dont les autres éléments ne sont pas nécessairement identiques »[149].

127. Ainsi, en cas de succession de contrats à durée déterminée renouvelables tacitement, l'ensemble de la relation est pris en compte[150]. En effet, « *le fait que les relations d'affaires se sont concrétisées dans le cadre de contrats à durée déterminée expirant de plein droit à leur terme [...] n'est pas de nature à éluder l'application des dispositions de l'article 442-6-I-5°* »[151], cette approche demeurant valable y compris si un des partenaires est une société de droit étranger[152].

128. Comme dans le cadre de successions de commande ou d'une activité saisonnières (voir § 57 à 66), c'est à travers la notion de prévisibilité que le caractère établi de la relation peut être démontré. Dans le cadre de contrats à durée déterminée reconduits chaque année, il peut être considéré que la rupture est imprévisible, ce qui distingue clairement la succession de CDD des appels d'offres dont l'issue est univoque.

129. A ce titre, si la poursuite de la relation est prévisible, l'ensemble de la durée de la relation commerciale doit alors être pris en compte[153] indépendamment de la durée de chaque contrat. Ainsi, l'annualité des contrats n'est pas de nature à remettre en cause cette approche[154], surtout si la société [A] laissait entendre par écrit que la coopération continuerait dans le futur[155].

130. Suivant ce raisonnement, les éléments suivants ne sont pas de nature à remettre en cause le caractère établi, et donc la prise en compte de l'ensemble de la relation commerciale au-delà du dernier contrat :

- Le fait que les contrats soient ou non à tacite reconduction[156] ;
- Le fait que la relation ait été gérée par un ou plusieurs CDD, puis ait continué ensuite sur les mêmes bases qu'auparavant[157] ;
- Le fait pour l'entreprise de signer un contrat annulant tous les accords précédents[158] ;
- Le fait pour la société [A] de passer de CDI à des CDD, notamment dans le cadre de la constitution de son réseau de distribution sélective[159].

---

149 Cass. Civ. du 15 novembre 2005 Pourvoi n°02-21.366.

150 CA Paris du 14 décembre 2005 RG n°04/24526.

151 CA Lyon du 8 octobre 2009 RG n°08/07766.

152 CA Rennes du 3 novembre 2009 RG n°08/07491.

153 CA Nancy du 10 mars 2004 RG n°02/00650 ; CA Caen du 2 juin 2005 RG n°03/03155 ; CA Paris du 14 décembre 2005 RG n°04/24526 ; CA Paris du 6 mai 2009 RG n°07/04848 ; CA Lyon du 8 octobre 2009 RG n°08/07766 ; CA Montpellier du 19 février 2008 RG n°06/07980.

154 CA du Paris du 6 mai 2009 RG n°07/04848 ; CA Paris du 13 septembre 2006 RG n°04/12955.

155 CA Montpellier du 24 janvier 2006 RG n°04/05929.

156 TC Paris du 31 janvier 2006 RG n°2004030689.

157 CA Montpellier du 19 février 2008 RG n°06/07980.

158 CA Amiens du 24 mars 2005 RG n°04/03328.

159 CA Angers du 31 janvier 2006 RG n°05/00390.

131. En définitive, dans la mesure où la poursuite de la relation commerciale est prévisible, il est nécessaire de prendre en compte l'intégralité de la relation commerciale, sans quoi la décision peut être privée de base légale[160].

132. De même que pour démontrer le caractère établi de manière générale (§ 50 et suivants), la stabilité et la durée de la relation commerciale, et donc finalement la prévisibilité de la poursuite de la relation commerciale, sont utilisés pour justifier la prise en compte de la relation d'affaires dans son ensemble[161]. Dans la mesure où il est possible de globaliser la relation, le juge peut alors considérer que le préavis donné n'était pas suffisant nonobstant les clauses contractuelles convenues entre les parties[162] (voir aussi § 322 et suivants).

B. Les limites de cette globalisation

133. A l'instar des critères applicables dans le cadre de changement d'entité juridique (§ 91 et suivants), plusieurs conditions doivent être remplies pour justifier la globalisation des contrats.

134. En premier lieu, la globalisation des CDD impose que les différents contrats concernent le même type de produit ou de prestation de services. Dans une affaire par exemple[163], la société avait livré durant une période déterminée des produits à sa propre marque, pour ensuite livrer uniquement des produits MDD, la société [A] ayant décidé ultérieurement de rompre les relations commerciales pour ces produits MDD. La société victime de la rupture ne pouvait alors prendre en compte la totalité de la relation commerciale, et notamment celle comprenant la période où elle vendait ses produits à marque propre, car la commercialisation de ces produits était radicalement différente, notamment en raison des nouvelles prescriptions.

135. En second lieu, il est nécessaire d'apprécier la prévisibilité de la fin des relations, laquelle pouvant être apprécié au regard du fonctionnement du secteur. Ce genre de considération a ainsi pu permettre de remettre en cause le caractère établi de la relation dans certains secteurs du fait de leurs spécificités (voir § 116 et suivants). D'autre part, elle peut aussi être appréciée au regard du contexte dans lequel s'est déroulé la relation commerciale. Par exemple[164], si le contrat arrivait à échéance, et que le cocontractant avait expressément conditionné la poursuite de la relation à une nouvelle négociation, la rupture n'est alors pas brutale. En revanche, le fait que les contrats soient annuels dans la grande distribution ne s'oppose pas à leur globalisation (voir § 138 et suivants).

136. En troisième lieu, la non-prise en compte du préavis contractuel n'est possible que si le premier contrat à durée déterminée a été renouvelé. Dans le cas contraire, la fin de la relation étant prévisible, la rupture ne peut être considérée comme brutale (voir § 271).

---

160 Cass. Com. du 24 novembre 2009 Pourvoi n°07-19.248.

161 CA Angers du 10 mai 2005 RG n°04/01181.

162 CA Lyon du 8 octobre 2009 RG n°08/07766.

163 CA Douai du 13 mars 2008 RG n°06/01549.

164 Cass. Com. du 20 novembre 2012 Pourvoi n°11-22.660.

137. En dernier lieu, la poursuite de la relation au-delà du cadre contractuel ne permet pas nécessairement de globaliser le courant d'affaires. Dans un tel cas de figure, il est nécessaire à chaque partie d'être très vigilante sur leurs engagements réciproques. En effet, s'il n'était pas prévisible que la relation prenne fin, il pourrait théoriquement être possible de requalifier alors le contrat en contrat à durée indéterminée. Au contraire[165], si la relation s'est poursuivie au-delà du terme contractuel pour donner à la société [X] un préavis plus long, mais que le désengagement ne faisait aucun doute, la partie de la relation commerciale hors contrat ne permet pas la requalification en contrat à durée indéterminée, car du fait de sa prévisibilité la rupture n'est alors pas brutale.

§2. Les contrats de distribution souscrits dans le cadre de l'article L. 441-7 du code de commerce

138. La périodicité annuelle de conclusion de ces contrats est imposée par un texte réglementaire, et donc indépendante de la volonté des parties. Cette obligation a pour but non seulement de sécuriser juridiquement la relation entre fournisseurs et distributeurs, mais aussi de permettre aux parties prenantes de négocier les évolutions de tarif et des services commerciaux suivant l'évolution concurrentielle du secteur chaque année.

139. A ce titre, l'annualité imposée par la règlementation n'est pas opposable au caractère établi de la relation, sans quoi cela reviendrait à déclarer que la collaboration avec un distributeur expose nécessairement le fournisseur à des ruptures avec préavis très bref, étant donné la non-reconduction tacite, et que « *le non-renouvellement des accords annuels successifs serait toujours sous-entendu dans l'acceptation de telles relations* »[166]. Cela est corroboré par d'autres décisions dans lesquelles la relation a été appréciée globalement nonobstant la périodicité annuelle des contrats de distribution[167].

140. Dans ce cadre, et en plus des critères classiques (§ 125 à 133), la continuité du référencement[168], ainsi que l'existence de contrats de coopération commerciale[169] peuvent aussi être pris en compte pour démontrer le caractère établi de la relation commerciale, et ainsi déterminer la durée de relation à prendre en compte.

---

165 Cass. Com du 4 février 2004 Pourvoi n°02-13.374 – Voir aussi CA Aix en Provence du 30 juin 2006 RG n°03/17861.

166 CA Versailles du 2 décembre 2004 RG n°03/04269.

167 CA Paris du 16 novembre 2005 RG n°05/07002 ; CA Versailles du 12 octobre 2006 RG n°05/04598 ; CA Douai du 8 septembre 2005 RG n°04/01257.

168 CA Versailles du 12 octobre 2006 RG n°05/04598.

169 CA Douai du 8 septembre 2005 RG n°04/01257.

§3. Les appels d'offres

141. Dans le cadre ce type de procédure, et pour autant que l'information de la mise en concurrence et de l'enjeu, dans l'hypothèse où l'entreprise ne soit pas retenue, soient clairs et transparents, la relation commerciale est généralement limitée à la durée de chaque appel d'offres pris séparément.

142. En effet, suivant la même approche que celle prévalant pour les contrats à durée déterminée successifs, la notion de prévisibilité prédomine. Si la fin de la relation commerciale est effectivement prévisible dans le cas où la société ne remporte pas l'appel d'offres, alors la durée peut être limitée à l'appel d'offres en cours dans la mesure où son échéance est certaine. Le caractère incertain de la poursuite de la relation commerciale permet alors à la société [X] de prévoir des alternatives de remplacement ou de substitution. Cependant, en raison de leur spécificité, une partie est consacrée à ce type de procédure (voir § 574 et suivants).

143. Le caractère brutal de la rupture est la seconde condition d'application du texte, laquelle peut être déduite non seulement des conditions d'exercice de la relation commerciale (chapitre 2), mais aussi de la durée laissée au cocontractant dans le cadre du préavis (chapitre 3).

Chapitre 2

Le caractère brutal de la rupture à travers les conditions d'exercice de la relation

144. Une fois le caractère établi démontré, il est nécessaire de déterminer si la rupture de la relation commerciale a été brutale ou non. Pour ce faire, la rupture doit être soudaine, imprévisible et violente[170]. Pour autant, il demeure possible de rompre brutalement les relations commerciales soit avec un préavis dont la durée devra être suffisante eu égard aux caractéristiques de la relation, soit sans préavis « *en cas d'inexécution par l'autre partie de ses obligations ou en cas de force majeure* », ces motifs de dispense de préavis ne pouvant cependant être utilisés que dans des cas limités (voir § 426 et suivants).

145. En premier lieu, il est nécessaire à la société qui invoque les dispositions de l'article L. 442-6 du code de commerce d'apporter la preuve que la société mise en cause est bien à l'origine de la rupture, sans quoi tout manquement peut être écarté à ce titre[171].

146. En second lieu, le caractère brutal peut découler des conditions d'exercice de la relation, notamment en cas de modification unilatérale et imprévisible de l'économie du contrat (1). A ce titre, le contexte dans lequel la rupture des relations commerciales a été réalisée doit être pris en compte. En effet, « *la rupture d'une relation commerciale établie peur résulter de toutes circonstances dénotant de la part de leur auteur de parvenir à la cessation de la relation sans nécessairement manifester cette volonté de manière explicite* »[172].

147. C'est aussi la raison pour laquelle la rupture partielle du courant d'affaires peut sous certaines conditions constituer un manquement de rupture brutale (2). Pour autant, si les deux sociétés se sont accordé sur un protocole d'accord octroyant un préavis suffisant eu égard à la durée de la relation commerciale, la rupture ne peut donc être qualifiée de brutale[173].

148. L'état de dépendance économique de la société [X] peut éventuellement influer sur la durée de préavis raisonnable (voir § 360 et suivants), mais il n'influe pas sur

---

170 CA Amiens du 9 mai 2006 RG n°05/01540 et 05/03197 ; CA Aix en Provence 28/05/04 RG n°01/16042.

171 CA Paris du 22 février 2012 RG n°10/11455.

172 CA Aix en Provence du 8 février 2007 RG n°05/07696.

173 CA Paris du 2 octobre 2013 RG n°12/01735.

l'appréciation de la brutalité de la rupture. En effet, la cour de cassation a clairement indiqué que « *le respect d'un délai de préavis s'impose en cas de rupture d'une relation commerciale établie indépendamment de l'état de dépendance économique d'une partie envers l'autre* »[174].

149. Par ailleurs, les moyens de preuve pour démontrer le caractère brutal sont nombreux : niveau de chiffre d'affaires, imposition de nouvelles conditions commerciales, courrier de la société [A] notifiant la rupture sans préavis, non-respect d'accords interprofessionnels quant à la forme du préavis[175], etc. A ce titre, la proposition par la société [A] d'un protocole transactionnel introduisant le principe d'une indemnité, même s'il n'a jamais été régularisé peut constituer une reconnaissance de responsabilité de la société [A] sinon dans le *quantum*, dans son principe[176].

Section 1.
La modification unilatérale de l'économie du contrat

150. La modification unilatérale de l'économie du contrat par l'un des deux partenaires économiques, peut, dans la mesure où elle est soudaine, être considérée comme relevant d'une rupture brutale des relations commerciales. En effet, l'absence de prévisibilité peut altérer sensiblement la capacité du cocontractant à poursuivre la relation dans des conditions économiques pérennes. Dans ce cas, la partie ayant modifié substantiellement l'économie du contrat sera considérée comme fautive.

151. Il est néanmoins nécessaire que cette modification ne présente pas un caractère négociable, sans quoi, s'agissant d'une simple proposition, elle ne peut justifier l'arrêt des relations sans préavis[177].

152. Deux cas de figures peuvent être distingués suivant que ce soit le client (1) ou bien le fournisseur (2) qui subit la modification unilatérale de l'économie du contrat. Par ailleurs la réorganisation de l'un des deux partenaires peut aussi avoir des conséquences similaires (3).

---

174 Cass. Com. du 23 janvier 2007 Pourvoi n°04-16.779 et 04-17.951.

175 En l'espèce, l'accord interprofessionnel prévoyait que l'annonce de la rupture doive être précédée par une réunion afin d'en exposer les raisons, suivie de l'envoi d'un courrier avec AR, soit des dispositions plus protectrices que celles de l'article L. 442-6 du code de commerce. Ces étapes n'ayant pas été suivies par la société [A], le juge a considéré que seul le courrier notifiant expressément la fin de la relation commerciale devait être pris en compte, rappelant non seulement la nécessité pour la lettre de préavis d'être claire et précise, mais aussi que la forme éventuellement prévue par des accords interprofessionnels soit respectée - Cass. Com. du 2 décembre 2008 Pourvoi n°08/10.732.

176 TC Paris du 24 mai 2005 RG n°2002022545.

177 Cass. Com. du 6 novembre 2012 Pourvoi n°11-26.554.

§1. Le cas où le distributeur/client subit la modification de contrat

153. Le fournisseur [A] est libre d'imposer à son distributeur [X] de nouvelles conditions pour régir la relation commerciale, mais il doit laisser un temps raisonnable à la négociation du nouveau cadre contractuel, durée qui sera d'autant plus longue, que les conditions changent substantiellement, dans la mesure où une telle modification peut entraîner la rupture des relations commerciales.

154. Afin d'apprécier la modification voulue par le fournisseur, il est nécessaire d'appréhender les éléments essentiels du contrat qui relèvent non seulement des tarifs et des délais de paiement (A), mais aussi de différents critères suivant la spécificité de la relation (B). Le fournisseur garde toutefois une certaine marge de manœuvre pour modifier substantiellement la relation commerciale en fonction du comportement de son client (C).

A. Les premiers éléments essentiels : les tarifs et les délais de paiement

1. La modification significative du tarif et des délais de paiement

155. Le tarif de vente et les délais de règlements constituent des éléments essentiels de toute relation commerciale, et à ce titre, figurent parmi les premiers critères analysés. Ainsi, le fait pour un fournisseur d'augmenter ses tarifs de manière significative et de réduire parallèlement les délais de paiement de ses marchandises ou de ses prestations, peut équivaloir à une rupture brutale des relations commerciales, car ce faisant, il peut changer de manière substantielle l'économie du contrat.

156. Tel est le cas par exemple si le fournisseur augmente sans préavis et de manière significative ses tarifs, tout en exigeant un paiement à la commande, quand bien même le revendeur garde théoriquement la possibilité de procéder à des achats de produits[178]. De même, dans une autre affaire[179], la perte d'une remise de 30%, et le passage à un paiement à réception des marchandises contre un délai de 60 jours auparavant, ont aussi été considérés comme une modification substantielle de l'économie du contrat.

157. En définitive, la modification d'éléments essentiels de l'économie du contrat nécessite pour la société [X] de réorganiser son activité, notamment au regard de sa trésorerie, et à défaut d'un délai de prévenance suffisant, la modification unilatérale de ces conditions est susceptible d'entraîner une perte de marge significative.

---

178 CA Douai du 22 avril 2008 RG n°06/04340.

179 CA Lyon du 30 avril 2008 RG n°07/00791 ; Autre exemple : une augmentation de 18% des tarifs et une réduction substantielle des délais de paiement sans préavis démontre le caractère brutal de la rupture imputable au fournisseur [A] comme cela a eu pour conséquence une baisse significative des vente de la société [X] – CA Montpellier du 19 février 2008 RG n°06/07980.

2. La modification significative des délais de paiement

158. Il n'est pas nécessaire qu'il existe un effet cumulatif entre les tarifs et les conditions de règlement. En effet, la seule modification substantielle des délais de règlement peut caractériser le caractère brutal de la rupture.

159. Dans une affaire par exemple[180], dans le cas où la société [X] agissait en tant qu'intermédiaire pour le compte de société tierces, le fait pour son fournisseur d'exiger brusquement le prépaiement des commandes alors qu'auparavant elle pouvait régler une fois la commande réglée par les sociétés tierces, conduisait la société [X], eu égard aux facilités de paiement qui lui étaient accordées auparavant, a subitement devoir régler des produits dont elle n'avait pas encore obtenu le règlement. La cour a ainsi considéré que le fournisseur [A] avait rompu brutalement les relations commerciales du fait de la modification substantielle de l'économie du contrat. Ce type de comportement se justifie d'autant moins que la relation n'a pas été émaillée d'incidents de paiement auparavant[181].

160. Dans une autre affaire, le fournisseur avait décidé unilatéralement et sans justification objective de supprimer les délais de paiement usuels et d'exiger un règlement d'un acompte de 80% à la commande[182]. Ce faisant, le fournisseur a rompu brutalement la relation commerciale, d'autant que ces conditions étaient dérogatoires aux conditions générales de vente.

161. La même approche a été utilisée dans une autre affaire dans laquelle le fournisseur avait imposé le passage d'un délai de paiement de 30 jours à un paiement comptant[183]. En l'espèce, le fournisseur [A] était d'autant plus mal fondé à imposer une modification substantielle de ses conditions générales de vente en raison de retards de règlement de son client [X], qu'elle-même reconnaissait des ruptures de livraison au niveau des produits commandés.

162. Un raisonnement identique peut être mené lorsqu'une société se voit subitement supprimer une facilité de paiement par sa banque en vertu de l'article L. 313-12 du code monétaire et financier[184], suivant lequel un délai de préavis doit être notifié[185].

163. De même, la suppression sans avertissement par un fournisseur de l'encours qu'il octroyait à une société peut être considérée comme une rupture brutale des relations commerciales, modifiant substantiellement les conditions de trésorerie de son client[186]. Encore faut-il toutefois que la décision relative à la suppression de l'encours incombe au fournisseur, car si elle lui est extérieure, et est prise par exemple par l'assureur-crédit à

---

180 CA Paris du 5 juillet 2007 RG n°04/23078.

181 CA Aix en Provence du 25 octobre 2012 RG n°11/07808.

182 CA Grenoble du 20 octobre 2011 RG n°09/01678.

183 CA Paris du 11 octobre 2006 RG n°04/22481.

184 Qui précise : « *tout concours à durée indéterminée, autre qu'occasionnel, qu'un établissement de crédit ou une société de financement consent à une entreprise, ne peut être réduit ou interrompu que sur notification écrite et à l'expiration d'un délai de préavis fixé lors de l'octroi du concours* ».

185 Cass. Com. Du 2 mars 2010 Pourvoi n°09-10.435.

186 CA Paris du 19 septembre 2012 RG n°10/23404.

l'issue de sa propre analyse de la situation financière du client et de sa capacité à faire face à ses dettes, la diminution de l'encours ne peut être utilisée comme justification de la rupture brutale[187].

164. Toutefois, il est nécessaire que le client qui invoque un changement significatif des délais de paiements justifie que les délais étaient auparavant plus longs, sans quoi aucun manquement à ce titre ne saurait être reconnu[188].

3. La modification significative des tarifs

165. Quant à considérer dans quelle mesure l'augmentation des tarifs pourrait justifier du caractère brutal de la rupture, l'approche de la jurisprudence semble plus prudente sur ce critère, et ce, probablement en raison de la diversité des facteurs pouvant contribuer aux hausses de coûts d'un fournisseur.

166. **Une obligation pour le client/distributeur de négocier.** Plus précisément, un client qui se voit imposer une hausse significative du prix d'achat par son fournisseur, peut être en désaccord sur ce prix, mais il devra alors l'exprimer clairement, et chercher à négocier avec son fournisseur, de telle sorte que l'enjeu de la négociation soit univoque, dans le sens qu'un échec signifierait la fin de la relation commerciale[189].

167. Tel est le cas par exemple si le distributeur se voit imposer une hausse significative de ses coûts (+10% chaque année pendant 2 ans, avec imposition brutale d'un minimum de chiffre d'affaire de 400 K€ pour bénéficier d'une remise indispensable). Dans ce cas, le distributeur peut être fondé à considérer que le comportement de son fournisseur relève d'une rupture brutale de relation commerciale, le mettant dans l'impossibilité de proposer des produits concurrentiels à ses clients, et ce, d'autant que ledit fournisseur avait entrepris des démarches pour trouver un autre distributeur[190]. L'exception d'inexécution ne peut en revanche pas être soulevée pour justifier un manquement contractuel dès lors que l'augmentation de prix du fournisseur n'était pas abusive, et l'exclusivité non avérée[191].

168. En l'absence de négociation, il n'est pas légitime à rompre brutalement la relation, par exemple en reprenant ses outillages, ce qui empêche matériellement son fournisseur de fabriquer les produits[192]. Aussi, en l'absence de négociation préalable laissant un préavis raisonnable, il peut être considéré que le client a rompu brutalement la relation commerciale[193]. A plus forte raison, si la hausse a donné lieu à un accord mis en œuvre pendant plusieurs mois[194], ou si elle est due à la rectification d'une erreur par le fournisseur en

---

187 CA Versailles du 27 octobre 2011 RG n°10/05259.

188 CA Paris du 13 mars 2013 RG n°10/09295.

189 CA Rennes du 21 juin 2011 RG n°10/03680.

190 CA Agen du 15 février 2010 RG n°08/01758.

191 CA Rennes du 21 juin 2011 RG n°10/03680.

192 CA Riom du 29 septembre 2004 RG n°03/01850.

193 CA Reims du 24 novembre 2008 RG n°08/01512.

194 CA Rouen du 24 juin 2010 RG n°09/02193 ; CA Aix en Provence du 13 octobre 2011 RG n°10/04085 ; CA Aix en Provence du 2 mars 2011 RG n°10/01905.

toute bonne foi[195], le client n'est alors pas fondé à opposer ces motifs pour justifier du caractère brutal de la relation commerciale.

169. En outre, quand bien même une négociation existe, leur lenteur ne peut pas nécessairement justifier l'absence de préavis, si elle est due au contexte de renégociation globale des conditions commerciales. Dans une affaire par exemple[196], la revalorisation des tarifs du fournisseur était due au fait qu'ils avaient été gelés pendant trois ans, et parallèlement le client demandait une baisse de 10%, la négociation s'en trouvait donc complexifiée. Aussi, en raison du contexte conflictuel, la lenteur des négociations et le fait que les hausses proposées ne soient pas jugées acceptables par le client, n'étaient pas suffisants pour justifier la brutalité de la rupture. Dans ce cadre, le fait que finalement les négociations commerciales entre les parties achoppent, sans permettre un accord, y compris sur les modalités et la durée de préavis, peut permettre d'ôter tout caractère brutal à la rupture[197].

170. Les constations tirées du fait que les prix de la société sont au-dessus du marché sont sans effet en l'absence de démonstration que l'augmentation sollicitée était manifestement abusive et disproportionnée[198], et ce, à plus forte raison s'il est finalement démontré que cela ne concernait que des marchés limités[199]. De plus, une hausse significative des tarifs peut d'autant moins être utilisée pour justifier du caractère brutal de la rupture, qu'elle a été acceptée pendant plusieurs mois par le client qui a réglé les factures afférentes[200].

171. Pour autant, dans l'hypothèse où le fournisseur décide d'une suppression pure et simple de remises allant de 30%[201] à 50%[202] du prix d'achat, une telle modification, du fait de son caractère substantiel, peut en elle-même constituer une rupture brutale des relations indépendamment de toute négociation. Une faible hausse tarifaire semble toutefois s'opposer à la possibilité pour le client de l'utiliser pour démontrer qu'il a subi une rupture brutale des relations commerciales[203], par exemple si la remise dont il bénéficiait a diminué de 5 points[204].

172. Les prix peuvent néanmoins évoluer de manière significative sous réserve que la hausse soit justifiée par des causes objectives. Dans une affaire par exemple[205], le client avait changé de catégorie suite à l'évolution de son activité, si bien que lors de la renégociation du contrat après plusieurs années, le prix proposé par le fournisseur avait sensiblement augmenté, une clause d'indexation compte-tenu de la durée du contrat initial venant aug-

---

195 CA Angers du 10 août 2010 RG n°09/01539.

196 CA Lyon du 19 novembre 2009 RG n°09/04247.

197 CA Versailles du 30 octobre 2012 RG n°10/01477.

198 CA Caen du 21 juin 2012 RG n°10/03517.

199 CA Rennes du 11 septembre 2012 RG n°11/03638.

200 CA Aix en Provence du 14 février 2008 RG n°06/14777.

201 CA Colmar du 18 octobre 2011 RG n°09/04713.

202 CA Toulouse du 9 mai 2012 RG n°10/04344.

203 CA Orléans du 25 novembre 2010 RG n°10/01178.

204 CA Paris du 13 novembre 2013 RG n°11/22014.

205 CA Colmar du 17 juillet 2012 RG n°11/02455.

menter le phénomène. Dès lors, la hausse étant objective et non abusive au regard de la relation et de ses caractéristiques, la hausse significative du fournisseur ne pouvait être appréhendée comme une rupture brutale des relations commerciales.

173. **Réciproquement une obligation de négocier pour le fournisseur.** Le fournisseur ne peut pas plus justifier la rupture des relations commerciales avec son client par son refus de la hausse de tarifs. Dans une affaire par exemple[206], le fournisseur [A] avait unilatéralement imposé une hausse de tarif de 30% qu'il a tenté de faire accepter sous la menace d'une rupture, laquelle a été mise à exécution une semaine après que la mise en demeure de payer soit restée sans effet. Dans une autre affaire[207], le fournisseur [A] avait décidé une hausse annuelle sans préavis de 17% de ses tarifs, et alors même que la société [X] avait proposé d'accepter une hausse de 5% pour parvenir à un accord, le fournisseur [A] avait stoppé ses livraisons. Dans ces deux affaires, il a été considéré que le fournisseur avait rompu brutalement les relations commerciales.

174. Si la hausse peut découler d'une augmentation faciale du prix de vente, elle peut aussi découler d'une modification des conditions commerciales, comme par exemple la perte d'une remise de 15% auparavant appliquée sur l'ensemble des produits[208].

175. Dans le cadre d'un litige portant sur les nouvelles conditions tarifaires, le client peut, pour s'assurer de la légitimité de la hausse exigée, demander des justifications sur les évolutions de coûts bien que cela ne soit pas prévu au contrat. Le refus pour le fournisseur de communiquer, de même, que son refus de toute expertise pourtant prévue par le contrat est ainsi de nature à prouver la mauvaise foi du fabricant[209]. En l'espèce, ce dernier ne pouvait pas plus justifier de l'augmentation en arguant des modifications de conditionnement demandées par son client s'agissant de demandes accessoires inhérentes à une coopération logistique propre à tout contrat de partenariat.

176. **Ce cas de figure ne correspond pas aux situations permettant la dispense de préavis.** En définitive, l'augmentation des tarifs du fournisseur ne constitue pas un cas de force majeure qui puisse permettre au client ou au fournisseur de rompre brutalement la relation commerciale[210]. Il est nécessaire à *minima* que les deux opérateurs essaient de négocier, dans un contexte où l'enjeu de la négociation, *i.e.* la poursuite de la relation commerciale, doit être univoque.

177. L'augmentation des prix ne constitue pas non plus un manquement grave aux obligations contractuelles susceptible de dispenser de préavis l'auteur de la rupture. En premier lieu, afin d'être applicables, les nouvelles conditions décidées par le fournisseur [A] doivent être acceptées par le distributeur [X]. Dans le cas contraire, il n'est pas possible au fournisseur d'opposer à son client d'éventuels manquements au titre de ces nouvelles condi-

---

206 CA Angers du 7 février 2006 RG n°05/00054 – Voir aussi CA Douai du 8 septembre 2005 RG n°04/01257.

207 CA Dijon du 4 décembre 2007 RG n°06/02172.

208 CA Paris du 7 février 2013 RG n°11/01579.

209 CA Paris du 19 janvier 2012 RG n°09/23057.

210 CA Reims du 24 novembre 2008 RG n°08/01512.

tions, et ce, d'autant que la relation commerciale a *de facto* été régie par les anciennes dispositions[211].

178. En second lieu, la baisse des ventes des produits du fournisseur ne peut pas non plus être utilisée pour justifier la brutalité de la rupture. En effet, la modification substantielle des conditions d'achat du distributeur peut impacter négativement sur ses ventes. Dès lors, la baisse d'activité qui en découle ne peut lui être opposée étant donnée la politique commerciale très défavorable menée par le fournisseur [A], lequel n'avait d'ailleurs pas, en l'espèce, justifié ses hausses de tarifs[212].

B. Les autres critères pouvant modifier substantiellement l'économie du contrat

179. **L'exclusivité.** La modification, ou la suppression sans préavis de l'exclusivité consentie à un partenaire commercial peut aussi modifier substantiellement l'économie de la relation commerciale. Ce critère est généralement invoqué dans le cadre des relations entre le franchiseur et son franchisé, et fait l'objet de développements spécifiques *infra* (voir § 661 et suivants).

180. **La zone territoriale.** La limitation sensible de la zone géographique affectée au client peut aussi modifier substantiellement l'économie du contrat. Dans une affaire par exemple[213], le contrat prévoyait initialement une livraison des bagages sur toute la France métropolitaine, puis a été limité à la seule ville de Paris. Dans une autre affaire, l'exclusivité concernait 6 départements, et elle a été brutalement retirée pour 5 d'entre eux, ce qui a impliqué une rupture brutale des relations commerciales (ce type de clause est aussi utilisé dans le cadre des contrats de franchise - voir § 663 et suivants).

181. **Les conditions de retour des produits.** La modification des conditions de retour des produits peut aussi constituer un critère essentiel si la nature du produit l'impose. Dans une affaire par exemple[214], la société [A] fournissait des vidéocassettes, et il était d'usage que le fournisseur reprenne les invendus. Or, en ne laissant qu'un préavis court sans possibilité de reprise des invendus, le fournisseur a entravé la capacité de son distributeur à trouver dans l'urgence de nouveaux fournisseurs.

182. **Les conditions de fraîcheur des produits**. La modification des conditions de fraîcheurs des produits peut aussi constituer un critère essentiel. Dans le cadre d'une restructuration par exemple[215], un abattoir avait unilatéralement décidé de ne livrer que des produits abattus la veille contre le jour même auparavant. Dès lors, la société [X] qui s'approvisionnait auprès de lui était fondée à considérer qu'il s'agissait d'une modification d'un critère essentiel signifiant la rupture brutale de la relation commerciale.

---

211 CA Lyon du 24 janvier 2008 RG n°06/06998.

212 CA Aix en Provence du 8 février 2007 RG n°05/07696.

213 CA Paris du 16 janvier 2013 RG n°10/09965.

214 CA Rennes du 29 mars 2005 RG n°04/00195.

215 CA Agen du 15 février 2010 RG n°08/01305.

Elle avait de surcroît versé au dossier des attestations de certains de ses clients refusant les nouvelles conditions de fraîcheur.

183. **Le taux de freinte.** La modification du taux de freinte sur les palettes appliqué par le prestataire logistique vis-à-vis de son donneur d'ordres peut aussi contribuer à modifier substantiellement l'économie du contrat[216].

184. **Les modalités de commandes.** L'obligation brutale de commander un niveau important de marchandises, alors que le client avait auparavant la faculté de procéder à des commandes d'un montant limité, est aussi susceptible de modifier l'économie du contrat. En l'espèce[217], cette modification du minimum de commande s'était aussi accompagnée de la suppression d'une ristourne de 6% accentuant davantage la dégradation des conditions commerciales consenties au client.

185. **Les modifications du circuit logistique.** Le fait qu'une partie substantielle des produits ne soient plus livrés en direct par le fabricant, mais par un tiers, à des conditions nécessairement moins avantageuses, peut constituer une modification essentielle du contrat s'analysant comme une rupture brutale de la relation[218].

C. Les modifications substantielles peuvent être légitimes sous certaines conditions

186. Néanmoins, le fournisseur dispose d'une certaine souplesse pour faire évoluer le cadre de la relation commerciale en fonction notamment du comportement de son client [X], notamment quand ce comportement peut affecter l'économie du contrat. Cette latitude peut être illustrée au travers des exemples suivants :

- Le fournisseur proposait des conditions favorables pour les retours avec la déduction du prix sous forme d'avoir. Un distributeur [X] qui abuse de cette faculté, avec seulement 42% des commandes donnant lieu à une facturation, et donc une explosion des retours, n'est donc pas fondé à reprocher à son fournisseur [A] sa décision de ne plus octroyer cette facilité[219] ;
- L'encours octroyé par le fournisseur constitue une facilité de paiement, si bien que sa brusque augmentation par le client [X], non justifiée par des niveaux de commandes supplémentaires, modifie l'économie du contrat. Cette seule modification peut justifier la suspension du contrat par [A][220] ;

---

216 CA Aix en Provence du 5 septembre 2012 RG n°11/03070.

217 CA Metz du 27 septembre 2012 RG n°09/01441.

218 Cass. Com. du 23 octobre 2012 Pourvoi n°11-24.775.

219 CA Paris du 18 février 2004 RG n°02/14425.

220 CA Paris du 14 octobre 2009 RG n°07/19854.

- Un fournisseur peut exiger des délais de paiement plus courts à l'un de ses clients qui pratique des dépassements significatifs dans ses règlements, afin de préserver ses intérêts légitimes afin de ne pas déséquilibrer sa trésorerie[221].

§2. Le cas où le fournisseur subit la modification de contrat

187. Réciproquement à la partie précédente, si le distributeur ou le client du fournisseur peut vouloir changer les termes de leur relation commerciale, il devra procéder progressivement, un changement substantiel soudain et unilatéral de l'économie du contrat pouvant être appréhendé comme une rupture brutale des relations commerciales.

188. Ainsi, afin d'apprécier l'économie du contrat, il est nécessaire de considérer ses éléments essentiels comme le prix d'achat de la marchandise ou de la prestation de service (A) ou d'autres critères essentiels suivant la spécificité de la relation commerciale (B). A l'instar de l'approche valant lorsqu'il subit la modification de l'économie du contrat, le client garde néanmoins une certaine marge de manœuvre pour faire évoluer la relation commerciale suivant le comportement de son fournisseur (C).

189. Par ailleurs, il ne saurait être tiré du fait que le fournisseur ait, une fois la rupture brutale notifiée, répondu qu'il valait éventuellement mieux que la relation cesse, l'acceptation de ce dernier des conditions de la rupture, et partant l'absence de caractère brutale de la rupture[222].

A. Le prix d'achat de la marchandise ou de la prestation de service

190. **L'obligation pour le client de négocier.** Sur la base du principe de liberté commerciale, un client peut demander une baisse de prix à son fournisseur. Mais si le fournisseur refuse de consentir une telle baisse, le client ne peut opposer ce refus pour mettre fin brutalement aux relations commerciales, car son comportement ayant remis en cause l'économie du contrat, il engage alors sa responsabilité.

191. Dans une affaire par exemple[223], le client souhaitait une baisse de plus de 35% du tarif, ce que le fournisseur [X] a refusé notamment en raison de l'impossibilité de travailler en dessous du prix de revient, et de l'interdiction de pratiquer des prix abusivement bas, si bien que le client avait alors mis fin aux relations commerciales. Dans une autre affaire[224], le client avait demandé une baisse de 5% à laquelle le fournisseur n'avait pas

---

[221] CA Paris du 12 juin 2008 RG n°07/17322 ; CA Lyon du 3 juillet 2008 RG n°07/03610.

[222] CA Grenoble du 18 janvier 2011 RG n°09/02212.

[223] CA Riom du 10 novembre 2004 RG n°03/00257.

[224] CA Rennes du 16 janvier 2009 RG n°08/00159.

donné une suite favorable, un tel refus ne constituait pas un manquement contractuel justifiant l'absence de préavis, d'autant qu'au cas d'espèce le fournisseur [X] avait consenti une baisse sur d'autres produits qu'il lui vendait. Dans ces deux affaires, le juge a considéré que le client avait ainsi engagé sa responsabilité en rupture brutale de relation commerciale en modifiant de manière unilatérale l'économie du contrat.

192. Par ailleurs, il est nécessaire que le fournisseur soit en mesure de présenter des pièces justifiant du prix convenu antérieurement, sans quoi il n'est pas possible de constater qu'une baisse de prix a été exigée par le client[225].

193. Le prix doit aussi être apprécié dans le contexte de la relation commerciale. Un client ne peut exiger à son fournisseur pour un sous marché, le même tarif que pour le marché global proposé dans le cadre d'une consultation commerciale, les volumes d'affaires en jeu étant nettement différents (en l'espèce dans un rapport de un à 6,5)[226]. En conséquence, la responsabilité du fournisseur ayant refusé d'accepter de baisser ses prix de manière injustifiée ne peut être engagée.

194. Suivant la même approche, si la modification exigée par le client implique un surcoût significatif et que ce dernier refuse de renégocier l'économie du contrat, le fournisseur peut être légitime à mettre fin à la relation commerciale. Dans une affaire par exemple[227], un fournisseur [A] vendait ses produits à un client [X] suivant un prix et un cahier des charges déterminés. Le client avait ensuite changé certains paramètres du cahier des charges, ce qui entrainait d'après son fournisseur une augmentation du coût de revient, rendant nécessaire une renégociation du prix. Cependant, le client n'a jamais accepté de renégocier le prix, reprochant en parallèle des retards de livraison à son fournisseur, lesquels l'avaient conduit à ne pas payer certaines factures. La rupture trouvant son origine dans le refus catégorique du client [X] de renégocier son prix d'achat, il a été considéré que le fournisseur [A] était légitime à soulever l'exception d'inexécution pour justifier la brutalité de la rupture des relations commerciales.

195. Quand bien même la baisse de prix formulée par le client soit légitime, cela ne l'exonère pas de respecter un préavis pour prévenir le trouble découlant de la rupture. Dans une affaire par exemple[228], le client achetait des droits de diffusion à une société de production dont les programmes connaissaient une érosion significative en termes d'audience. Cependant, les baisses d'audience avaient été constatées plusieurs mois auparavant sans que cela fasse l'objet d'une information particulière de la société de production. Dès lors, cela ne pouvait légitimer le caractère brutal de la rupture avec l'exigence de bénéficier d'un prix inférieur de plus de 40% au prix précédemment conclu. En outre, la proposition avait été formulée très tardivement à une date très proche de celle prévue pour la diffusion, ce qui accentuait encore davantage la pression sur la société victime de la rupture.

---

225 CA Amiens du 14 juin 2011 RG n°10/00406.

226 CA Reims du 17 mai 2004 RG n°03/01616.

227 CA Montpellier du 22 janvier 2008 RG n°06/7448.

228 CA Paris du 14 février 2014 RG n°11/11546.

196. **Réciproquement, une obligation de négocier pour le fournisseur.** Il semble logique qu'un fournisseur ne puisse utiliser une demande de baisse de prix formulée par son client pour mettre fin *ex abrupto* à la relation commerciale, sauf si la proposition commerciale du client est tellement basse qu'elle vide le contrat de sa substance[229]. En effet, la demande de baisse de prix formulée par le client ne présente pas nécessairement de caractère abusif, par exemple, si les produits ont connu une rapide évolution technologique avec une tendance déflationniste[230].

197. Dans le cadre de la renégociation, le fournisseur ne peut demeurer complètement fermé aux demandes de son client, et ce, même si la poursuite de la relation commerciale impose la négociation d'un nouveau contrat. Dans une affaire[231], le client [A] avait décidé en plus de donner un préavis de 12 mois, de confier une autre fabrication à son fournisseur pour une durée de deux ans. Bien que ce changement nécessite une modification de son outil industriel, le fournisseur disposait tout de même du temps nécessaire pour procéder à cette restructuration, si bien que le préavis était en définitive raisonnable.

198. Ensuite, si le fournisseur accepte la baisse, le client ne peut lui donner un caractère rétroactif, l'obtention d'avantages rétroactifs relevant d'avantages sans contrepartie, et donc d'une pratique illégale (voir § 699 à 701). Dans une affaire par exemple[232], le fournisseur avait accepté le principe d'une baisse mais pas son caractère rétroactif. Le client [A] n'était alors pas légitime à lui imposer des frais supplémentaires de transport pour compenser la non-acceptation de cette baisse, pas plus que des retours injustifiés, ces modifications substantielles de la relation caractérisant dès lors une rupture brutale.

199. Enfin, en cas d'échec des négociations[233], si le client a déjà notifié de manière univoque l'arrêt prochain des relations commerciales, le fournisseur est alors légitime à mettre fin à la relation commerciale en n'acceptant par la modification tarifaire, le client seul étant considéré comme à l'origine de la rupture brutale.

B. Les autres critères pouvant altérer de manière substantielle la relation commerciale

200. **Les délais de paiement**. Ils constituent aussi un critère essentiel de la relation commerciale. Ainsi, le passage d'une base forfaitaire annualisée à un paiement à la prestation, peut induire une modification substantielle des délais de règlement et donc de l'économie du contrat. Par conséquent, cette modification peut être appréhendée comme une rupture brutale des relations commerciales par le client[234].

---

229 CA Paris du 20 janvier 2011 RG n°09/19277.

230 CA Lyon du 29 février 2012 RG n°09/07997.

231 Cass. Com. du 9 mars 2010 Pourvoi n°08-21.055. Le client avait en outre proposé le rachat des machines qui deviendraient inutiles, ainsi que la reprise du stock.

232 Cass. Com. 17 mars 2004 Pourvoi n°02-14.751.

233 CA Douai du 29 avril 2010 RG n°09/00661.

234 CA Reims du 6 novembre 2006 RG n°05/01183.

201. **Les volumes de commandes.** Si les parties ont négocié des conditions commerciales spécifiques sur la base d'un historique de commandes, cet accord peut être remis en cause par le fournisseur si les volumes ayant servis de base à la négociation évoluent sensiblement. Dans une affaire par exemple[235], un fournisseur et son client avaient conclu un accord prévoyant un allongement des délais de paiement et l'octroi d'une remise complémentaire de 5%, mais suite à la baisse de 98% du niveau des commandes, le fournisseur a décidé de remettre en cause l'accord. Ce refus n'a donc pas été considéré comme un manquement justifiant l'absence de préavis du fait de la modification unilatérale de l'économie du contrat par le client. De même, si le distributeur décide subitement de procéder à une commande hors normes représentant 4 fois plus que le niveau de commande en période de forte charge, il ne peut ensuite invoquer le non-respect du délai de livraison pour justifier la rupture sans préavis[236].

202. **Le risque de parasitisme.** Dans une affaire[237], le client [A] souhaitait passer directement par la société approvisionnant son fournisseur tout en demandant des garanties supplémentaires. Dès lors, il a été considéré que le client avait pris l'initiative de rompre la relation commerciale en en modifiant de façon substantielle les caractéristiques.

203. **Le caractère *intuitu personae* de l'agrément du distributeur.** La personne exploitant le fonds de commerce peut constituer un critère essentiel de la relation. Dans le cadre d'un contrat de distribution entre un franchiseur et son franchisé par exemple, l'agrément est donné par le franchiseur *intuitu personae* en raison de la spécificité de ce type de relation. Aussi, le remplacement des dirigeants entraîne *ipso facto* la résiliation écrite sauf autorisation écrite du concédant à la cession projetée. Ces éléments dénotent une certaine précarité dans le maintien du contrat de concession ou d'agrément dont bénéficiait le distributeur, qui peut permettre d'écarter toute brutalité dans la rupture des relations commerciales[238]. Au surplus, le concessionnaire n'avait en l'espèce présenté aucun candidat à la reprise, ni effectué des investissements qui n'auraient pas été amortis durant la période de préavis. En tout état de cause, le franchiseur n'a pas l'obligation d'agréer le cessionnaire d'un fonds de commerce dans le cadre de son réseau de distribution sélective, du fait du caractère individuel de l'agrément pour autant qu'il donne un préavis raisonnable au cédant[239].

204. **Le tiers-payant.** Ce service, s'il est proposé habituellement par une mutuelle, relève d'une des caractéristiques essentielles de la prestation fournie par les mutuelles. Le fait pour des établissements de santé de décider de manière brutale de supprimer cette faculté peut être qualifié de rupture brutale, et ouvrir la voie à l'octroi d'une indemnisation au titre du préjudice subi[240].

---

[235] CA Versailles du 18 mai 2006 RG n°04/08829.

[236] CA Colmar du 18 avril 2012 RG n°09/04851.

[237] CA Paris 16 novembre 2007 RG n°05/06040.

[238] CA Rennes du 13 mars 2012 RG n°10/07756.

[239] CA Rennes du 22 janvier 2008 RG n°06/07220.

[240] CA Montpellier du 9 mars 2010 RG n°09/01917.

205. **Les caractéristiques des produits.** Le fabricant réalisait des produits à façon pour le compte de son client, mais, bien qu'ayant proposé plusieurs solutions techniques, le client refusait toute modification tout en faisant pression sur le prix. En définitive, il a été estimé que le client posait des exigences sans les traduire en termes industriels, et finalement, du fait des exigences nouvelles, tant en termes de tarifs que de performances techniques exigées, le client avait pris l'initiative de la rupture des relations[241].

206. **La réorganisation du circuit logistique.** Une société utilisant les services d'un prestataire logistique est tout à fait légitime pour réorganiser son circuit logistique dans la mesure où cela résulte de contraintes économiques comme la baisse des commandes de ses propres clients. Pour autant, le prestataire ne doit pas décider de rompre la relation directement sans même négocier, sans quoi il sera lui-même responsable de la rupture brutale des relations commerciales[242].

207. **Le niveau d'encours pour bénéficier d'une rémunération.** Dans le cadre de la relation entre une société de démarchage financier et un établissement bancaire, ce dernier ne peut décider unilatéralement d'augmenter le seuil d'encours à partir duquel son mandataire pourra bénéficier d'une rémunération sauf à bouleverser l'économie du contrat. En l'espèce[243], le seuil à atteindre était passé de zéro à 10 millions d'euros, et il importe peu que l'établissement justifie cette modification par celle qu'il a lui-même subi par son client, une telle modification n'étant pas opposable à la société de démarchage financier en vertu de l'article 1165 du code civil.

C. Les modifications substantielles peuvent être légitimes sous certaines conditions

208. Suivant la même logique que celle prévalant pour un fournisseur, un distributeur dispose aussi d'une certaine souplesse pour faire évoluer le cadre de la relation commerciale suivant le comportement de son fournisseur. Dans une affaire par exemple[244], le fournisseur s'était abstenu de répondre à la sollicitation de baisse de prix émanant de son distributeur en ne faisant aucune contreproposition commerciale, et en n'expliquant pas en quoi il n'était pas en mesure de répondre à sa demande. Ce faisant, le fournisseur a ainsi adopté par son comportement une attitude délibérément contentieuse, bien que sachant la nécessité de répondre rapidement étant donné l'échéance liée à l'édition du nouveau catalogue par [A].

241 CA Paris du 8 décembre 2011 RG n°09/07166.

242 CA Paris du 4 avril 2013 RG n°10/02735.

243 CA Paris du 28 mai 2013 RG n°12/08492.

244 CA Paris du 16 novembre 2007 RG n°05/10165.

§3. La réorganisation d'une des deux entreprises modifiant substantiellement l'économie du contrat

209. Dans le but d'améliorer sa rentabilité, un fournisseur peut être amené à faire évoluer ses mécanismes de commandes et son organisation interne. Pour autant un tel changement doit être compatible avec la poursuite de la relation commerciale sans quoi il ne peut reprocher ensuite au distributeur la fin de la relation. Par exemple[245], si un fournisseur supprime son service commercial, et qu'en conséquence il ne reçoit ni les cotations pour les appels d'offres de la part de son distributeur, ni les informations quotidiennes nécessaires (invendus, quantités de produits, etc.), la rupture des relations commerciales par le distributeur n'est pas brutale car elle est la conséquence du choix de réorganisation du fournisseur.

210. De manière générale, si une société est libre de se réorganiser, il est toutefois nécessaire qu'elle informe de manière univoque son partenaire qu'en l'absence de nouvel accord aux nouvelles conditions dans un délai raisonnable, il sera mis fin à la relation commerciale[246], dans le cas contraire, elle engage alors sa responsabilité en rupture brutale des relations.

211. En revanche, chaque partenaire est libre d'adapter son organisation aux volumes d'activité du moment que cette adaptation est compatible avec la poursuite de la relation. Par exemple[247], l'envoi régulier d'un commercial chez un client générant un chiffre d'affaires faible peut ne pas être rentable, auquel cas le fournisseur [A] peut y mettre fin sans que cela ne puisse qualifier un manquement en rupture brutale. De même, si un fournisseur décide de céder son activité à une autre société, son client ne peut invoquer de rupture brutale si le successeur de son fournisseur a été en mesure de lui fournir les produits habituels[248].

212. De plus, si le partenaire commercial à qui est proposée une évolution de la relation ne daigne pas donner suite aux propositions de la société [A], il est ensuite mal fondé à invoquer une rupture de la relation par cette dernière[249]. A ce titre, un fabricant peut tout à fait décider de passer en direct avec un client habituellement géré par son grossiste, dans la mesure où il a continué à consentir audit grossiste des conditions commerciales identiques, et l'a prévenu plusieurs mois à l'avance[250].

---

245 CA Versailles du 12 octobre 2006 RG n°05/04598.

246 CA Lyon du 4 juin 2009 RG n°08/02521.

247 TC Le Creusot du 25 janvier 2005 RG n°2004001662.

248 CA Orléans du 9 juin 2011 RG n°10/03468.

249 CA Paris du 15 décembre 2010 RG n°08/20452.

250 CA Paris du 18 janvier 2013 RG n°11/05550.

Section 2.
Rupture partielle

213. La rupture partielle peut aussi être invoquée pour démontrer la brutalité de la rupture si la baisse brutale du courant d'affaires est significative. L'appréciation de la baisse du chiffre d'affaires peut d'ailleurs être réalisée en plus d'autres critères comme le fait que la société [A] ait tenté d'imposer une modification substantielle de la relation commerciale par exemple[251]. Quand bien même le fournisseur ait accepté la modification substantielle de contrat, cela n'exonère pas son client de sa responsabilité s'il diminue ensuite de manière importante le volume de commandes adressés au fournisseur[252].

214. A ce titre, seule l'analyse du chiffre d'affaires est pertinente et non les volumes de produits. En effet, la seule perte de plusieurs marchés en volume n'implique pas nécessairement une perte de chiffre d'affaires si le client [A] a accepté en compensation une augmentation de tarif substantielle pour la compenser (en l'espèce le client avait accepté une majoration des tarifs à hauteur de 80%)[253].

215. La rupture brutale partielle se déduit généralement de la baisse brutale et significative du courant d'affaires (1), laquelle peut aussi directement découler du déréférencement par une centrale d'achats ou un franchiseur (2). A l'inverse, certains éléments peuvent être de nature à écarter la rupture brutale partielle (4) parmi lesquels le désengagement progressif, sauf s'il sert à orchestrer la rupture des relations (3).

§1. La chute brutale du chiffre d'affaires réalisé avec [A]

A. La quantification de la baisse de l'activité attestant du caractère brutal

216. Le premier critère mis en avant pour démontrer une rupture brutale partielle est le chiffre d'affaires généré avec la société [A]. Le caractère significatif de la baisse peut être illustré par l'exemple suivant :

- Chute de plus de 60%[254], ou 87% sur deux années consécutives[255] ;
- Chute de 52% la première année, puis de 38% la seconde[256] ;

---

251 Cass Com. 17 mars 2004 Pourvoi n°02-14.751 ; CA Montpellier du 19 février 2008 RG n°06/07980.

252 CA Paris du 11 janvier 2008 RG n°05/24025.

253 CA Chambéry du 2 octobre 2007 RG n°07/00807.

254 CA Caen du 2 juin 2005 RG n°03/03155.

255 TC Villefranche Tarare du 18 décembre 2008 RG n°2007J00175.

256 CA Amiens du 9 mai 2006 RG n°05/01540.

- Chute d'environ 50% du chiffre d'affaires suite à l'arrêt d'un des deux contrats régissant la relation commerciale entre les deux partenaires[257] ;
- Chute du volume d'affaires d'environ 60% d'une saison à l'autre[258], ou suite à la reprise d'une partie de l'activité sous-traitée[259], ou encore suite à l'arrêt des commandes de deux produits représentant une part importante du courant d'affaires[260];
- Chute de 75% par rapport à la saison précédente[261], par exemple suite à une réorganisation des approvisionnements du client [A] entendant privilégier le réassort auprès de ses fournisseurs principaux et non de « *dépannage* » comme la société [X][262] ;
- Chute de 77% du chiffre d'affaires annuel[263] ;
- Chute de 80% sur trois mois[264], ou de plus de 80% subite du niveau de commande habituel[265] ;
- Chute de 90% du chiffre d'affaire annuel, quand bien même le contrat ne comporte pas d'engagements de volumes[266] ;
- Chute de plus de 97% du chiffre d'affaires d'une année à l'autre traduisant dans les faits un déréférencement par la centrale d'achats.

217. En cas de rupture partielle, la rémanence d'un courant d'affaires n'a pas nécessairement à être prise en compte dans le cadre du préavis si son niveau est négligeable comparativement à l'historique, ou s'il s'agit de prestations de services réalisées dans le prolongement de commandes effectuées préalablement à la notification de rupture[267].

B. Autres méthodes pour démontrer la baisse sensible de l'activité

218. Dans le prolongement des développements précédents (voir § 144 à 212), la relation commerciale est régie par quelques critères essentiels dont la dégradation peut avoir pour conséquence directe une baisse sensible du courant d'affaires. La baisse brutale peut ainsi être la conséquence de la baisse significative du taux de commission sur les ventes réalisées, s'il passe par exemple de 22 à 12%[268]. Elle peut aussi être la conséquence de la réduction subite du nombre de prestations, lors-

257 CA Toulouse 8 septembre 2005 RG n°05/00673.

258 CA Reims du 24 novembre 2008 RG n°08/01512.

259 CA Douai du 26 février 2008 RG n°06/04408.

260 TC Rouen du 18 juin 2007 RG n°2006/004895.

261 CA Paris du 28 octobre 2005 RG n°03/19692.

262 Cass. Com. du 23 janvier 2007 Pourvois n°04-16.779 et 04-17.951.

263 CA Amiens du 9 mars 2010 RG n°06/03031.

264 TC Blois du 2 mars 2007 RG n°20053359.

265 CA Paris du 3 juillet 2009 RG n°06/10552 ; CA Versailles du 18 mai 2006 RG n°04/08829.

266 CA Paris du 3 février 2010 RG n°08/04108.

267 CA Paris du 6 juillet 2007 RG n°05/14409.

268 CA Rennes du 29 janvier 2008 RG n°06/00074.

qu'un prestataire logistique par exemple voit le nombre de ses circuits passer soudain de 14 à 8[269], ou de l'arrêt des commandes d'une partie des entrepôts du distributeur[270].

219. La rupture partielle peut aussi se déduire de la forte augmentation du nombre de retours de produits, qui diminuent d'autant le courant d'affaires net réel entre les deux partenaires[271], ou encore du fait que la baisse d'activité est due à la décision de la société [A] de transférer de manière brutale, en quelques mois, l'activité de [X] à une société tierce alors qu'elle ne l'en avait informé à aucun moment[272].

220. Enfin, la rupture partielle peut aussi se déduire de l'évolution de la proportion de l'activité en cause que [A] confie à [X] (soit la part des achats ou ventes des produits/services sur le total des achats ou ventes des produits/services similaires), une baisse subite en l'absence de préavis, démontrant que la baisse n'est pas la conséquence d'une dégradation du courant d'affaires mais relève bien d'une décision unilatérale de la société [A][273].

C. Le cumul possible de la sanction de la rupture partielle avec celle de la rupture totale

221. La sanction d'un manquement de rupture brutale faisant suite à l'arrêt de toute relation commerciale ne fait pas obstacle à la sanction d'un manquement de rupture partielle qui se soit produit avant la rupture définitive. Ainsi la situation antérieure à la rupture pouvant être analysée, il est donc d'autant plus important pour une société rompant une relation commerciale d'octroyer à son partenaire un préavis raisonnable.

222. Dans une affaire par exemple[274], une société [A] avait rompu brutalement sa relation commerciale avec un de ses distributeurs en 2005. Cependant, en 2002, elle avait décidé de traiter en direct avec des clients significatifs de ce distributeur, ce qui avait occasionné à l'époque une rupture partielle des relations commerciales. Finalement elle a donc été condamnée non seulement pour la rupture totale en 2005 mais aussi pour la rupture partielle de 2002.

223. Cette approche a été renouvelée dans une seconde affaire où le fabricant produisait principalement deux types de pièces pour son client. En l'espèce[275], le donneur d'ordres avait brutalement interrompu les relations pour le premier groupe de pièces en 2003, puis en 2006 avait rompu définitivement les relations commerciales. Comme dans la précédente affaire, le fabricant a pu être indemnisé sur la base des deux préavis qui auraient dû être respectés respectivement en 2003, puis en 2006.

224. Cela démontre donc l'importance de déterminer en amont un préavis qui soit raisonnable et suffisant au regard de l'activité économique et de son contexte.

---

269 TC Paris du 24 juin 2009 RG n°2007066678.

270 Cass Com. du 11 septembre 2012 Pourvoi n°11-14.620.

271 Cass. Com. 17 mars 2004 Pourvoi n°02-14.751.

272 CA Nîmes du 12 févriers 2009 RG n°07/03631.

273 CA Aix en Provence du 21 mai 2010 RG n°07/13209.

274 CA Douai du 22 avril 2008 RG n°06/04340.

275 CA Paris du 1er septembre 2011 RG n°09/12526.

§2. Le déréférencement par une centrale d'achats ou un franchiseur

225. Dans le cadre d'un système de distribution sélective, la décision de rupture signifiée par la tête de réseau peut caractériser une rupture brutale étant donné le poids prépondérant de cette décision dans celle de « *sourcing* » des membres de son réseau de distribution. Par exemple[276], un réseau comprenait à la fois des points de vente monomarque dont l'approvisionnement était directement géré par leur tête de réseau, et des magasins multimarques qui géraient eux-mêmes leur approvisionnement. Les achats par la tête de réseau représentaient 60% du courant d'affaires, si bien que la décision de rupture, bien que partielle dans les faits, n'en était pas moins brutale. Au surplus dans cette affaire, le franchiseur [A] avait notifié la rupture au nom de l'ensemble des membres de son réseau, comprenant ainsi à la fois les points de vente monomarque et ceux multimarques.

§3. Le désengagement progressif

A. L'orchestration de la baisse pour justifier la rupture

226. Un distributeur/client souhaitant se désengager d'une relation commerciale vis-à-vis d'un fournisseur proposant des produits qui ne lui paraissent pas correspondre au marché doit le lui signifier tout en lui donnant un préavis raisonnable.

227. Il ne peut pas diminuer le courant d'affaires sur deux ans pour ensuite rompre brutalement la relation commerciale[277]. A ce titre, il ne peut être opposé à la société [X] que le courant d'affaires était devenu très faible, le législateur ayant introduit une obligation de prévenance générale quel que soit son niveau. Au cas d'espèce, le désengagement était manifeste car le chiffre d'affaires réalisé la première année où il a diminué était dérisoire comparé aux années antérieures, démontrant ainsi le caractère brutal de la rupture.

228. Cette approche a été confirmée dans une autre affaire où la baisse était là encore substantielle bien que progressive[278]. A ce titre, le très faible courant d'affaire post-rupture n'a pas été pris en compte dans la mesure où en l'absence de cadre contractuel les relations étaient très aléatoires, et ne permettaient pas au fournisseur de déterminer sa stratégie.

---

[276] CA Aix en Provence du 7 septembre 2006 RG n°06/01066.

[277] CA Paris du 13 février 2009 RG n°07/02714.

[278] CA Amiens du 9 mai 2006 RG n°05/01540 et 05/03197.

B. Le désengagement réellement progressif peut être pris en compte

229. La baisse sensible et répétée pendant plusieurs années, caractérisant un désengagement progressif du client peut être prise en compte pour relativiser le caractère brutal de la rupture de la relation commerciale[279], et ce, d'autant plus si l'opérateur a mis à profit cette longue période de désengagement pour reconstituer son chiffre d'affaires auprès d'autres partenaires[280], ou bien pour procéder à des licenciement économiques en prévision de la baisse d'activité[281].

230. A titre d'illustration[282], un équipementier [X] s'approvisionnant auprès de [A] se désengageait régulièrement chaque année, et ce, malgré une baisse tarifaire conséquente du fournisseur [A] (-10% la dernière année). Dans ces conditions, la baisse du courant d'affaires rendait prévisible la rupture des relations commerciales par le fournisseur [A], d'autant que ce dernier avait indiqué à l'équipementier la nécessité de mettre fin à la production. Par conséquent, le désengagement progressif ne permettait pas de considérer la rupture comme étant brutale.

231. De même, le désengagement progressif établissant un préavis relativement long peut exclure toute brutalité dans la rupture, surtout si les chiffres d'affaires prévus étaient voisins du niveau d'activité moyen durant les précédentes années. En revanche, si le partenaire ne respecte pas le préavis qu'il a lui-même consenti à l'issue de négociations, il commet un manquement[283].

232. Enfin, s'il existe un accord entre les deux parties sur les conditions de la rupture, cela s'oppose à la démonstration d'un manquement en rupture brutale des relations, en l'absence de comportement déloyal ou de pouvoir de marché significatif d'une des parties[284].

§4. Eléments de nature à écarter la rupture brutale partielle

233. De même que le désengagement progressif (voir § 229 et 232), le contexte de la rupture commerciale peut aussi permettre sous certaines conditions de relativiser le caractère brutal de la rupture partielle.

---

279 CA Paris du 25 février 2009 RG n°07/08331.

280 CA Grenoble du 29 septembre 2011 RG n°10/02395.

281 CA Nancy du 14 décembre 2011 RG n°11/000628.

282 Cass. Com. du 9 octobre 2007 Pourvoi n°06-16.744.

283 CA Paris du 24 mars 2011 RG n°10/02616.

284 CA Paris du 6 novembre 2013 RG n°11/21967.

A. Une certaine variabilité peut exister suivant le type de produit

234. La baisse constatée dans le courant d'affaires peut être liée au secteur ou à la complémentarité d'activité entre les deux partenaires. Dans ce cas, si elle est extérieure à la société mise en cause, la baisse soudaine du courant d'affaires ne permet pas à la société [X] de démontrer une rupture brutale partielle, ni à la société [A] de justifier l'absence de brutalité.

1. La baisse due à la conjoncture économique

235. Dans le cas de produits dont le succès est difficilement prévisible, le fournisseur [X] ne peut reprocher au distributeur [A] la mévente de ses produits. Tel peut être le cas par exemple dans l'industrie musicale dans la mesure où d'une part le distributeur a continué à acheter un volume croissant de produits, et d'autre part qu'ayant la responsabilité des choix éditoriaux et de la promotion, la responsabilité du fournisseur sur la demande effective finale était significative[285]. Il en va de même pour un revendeur en vin qui ne peut reprocher à son fournisseur-négociant d'avoir baissé le nombre de bouteilles qu'il était possible de réserver en primeur, compte tenu du caractère particulier de cette pratique qui implique que l'allocation de primeur reste à la discrétion du producteur[286].

236. A plus forte raison, si le terme de la relation commerciale est prévisible eu égard aux caractéristiques du secteur et de la relation, il est possible d'écarter tout caractère brutal. Par exemple[287], dans le cadre d'une relation entre un constructeur et son sous-traitant, une partie de la relation arrivait à une échéance non contestée, et l'autre partie correspondait à des pièces produites pour un véhicule dont l'échec commercial était notoire, si bien que la rupture n'a pas été considérée comme brutale. Dans ce cadre, le fait que la part du chiffre d'affaire que le sous-traitant réalise avec son donneur d'ordre demeure environ constante peut permettre d'écarter un manquement en rupture brutale dans la mesure où l'éventuelle baisse est finalement la conséquence de la crise que connait le secteur[288].

237. L'appréciation du contexte économique du secteur s'établit aussi dans la durée à l'appui d'éléments de contexte, lesquels peuvent démontrer le caractère extérieur de la baisse d'activité, et partant l'absence de responsabilité du mis en cause. Par exemple, un client ne peut pas reprocher à son fournisseur une baisse significative de l'activité lorsque celle-ci est récurrente sur les cinq dernières années, ce qui avait d'ailleurs motivé le choix du fournisseur de trouver un autre partenaire pour la distribution de ses produits[289]. Réciproquement, un fournisseur ne peut reprocher à son client une baisse d'activité lorsqu'il est

---

285 TC Paris du 7 février 2007 RG n°200606622.

286 CA Bordeaux du 9 février 2011 RG n°09/04160.

287 CA Paris du 26 octobre 2012 RG n°10/19196.

288 CA Versailles du 25 juin 2013 RG n°11/07513.

289 CA Versailles du 27 octobre 2011 RG n°10/05259.

démontré qu'elles découlaient du climat économique, le client connaissant lui-même une baisse significative de ses commandes[290].

238. Lorsque le donneur d'ordre prouve que la baisse d'activité est due à la baisse de ses propres ventes, il ne peut lui être opposé un manquement au titre de la rupture brutale partielle des relations commerciales. En effet, une telle baisse n'est pas imputable au donneur d'ordres dans la mesure où elle lui est extérieure[291] (voir § 626 et suivants).

2. La baisse due à la saisonnalité du secteur

239. Si l'activité est saisonnière par exemple, le fournisseur et réciproquement son client ne peuvent utiliser le caractère fluctuant des ventes pour démontrer un manquement, la baisse d'activité étant extérieure à leur relation. A titre d'illustration[292], un fournisseur de fruits et légumes ne peut utiliser une baisse des commandes au mois de septembre pour démontrer une rupture brutale partielle, alors que l'activité baissait chaque année à la même période dans des proportions similaires.

240. Réciproquement, le fournisseur et réciproquement son client ne peuvent utiliser le caractère fluctuant des ventes pour justifier l'absence de caractère brutal de la rupture, la baisse d'activité étant extérieure à leur relation. Dès lors, le client ne peut justifier l'absence de caractère brutal du fait que le courant d'affaires ait été quasiment nul avant la rupture, si cela est dû à la saisonnalité du secteur et à la complémentarité des entreprises. Dans une affaire par exemple[293], la société [X] fabriquait des sous-produits pour son client [A] qui fabriquait des tonneaux. Etant donné les fluctuations intrinsèques à l'économie vini-viticole et à l'incertitude quant à la qualité du bois récolté, il n'a pas pu être opposé au fournisseur pour justifier l'absence de caractère brutal que le courant d'affaires avait été quasiment nul l'année précédant la rupture.

3. La baisse due à la variabilité des ventes

241. Dans certains secteurs spécifiques, comme la mode par exemple, les ventes peuvent être très variables. Partant, la simple baisse du chiffre d'affaire durant le préavis ou la relation commerciale est insuffisante à caractériser une rupture brutale partielle, dès lors qu'il a été constaté que les volumes d'affaires étaient variables auparavant. Dans une affaire[294], la baisse des commandes du donneur d'ordres à son sous-traitant sur un produit résultait ainsi de la baisse des ventes des produits à l'aval après deux années de vente exceptionnelles, et relevait donc de facteurs conjoncturels non imputables au donneur d'ordres.

242. L'argument de la variabilité pour écarter toute brutalité a toutefois ses limites. En effet, la cour d'appel a pu considérer que, s'agissant du calcul susceptible de permettre la dé-

---

[290] CA Paris du 23 mars 2012 RG n°10/09779 ; CA Caen du 29 mars 2012 RG n°10/03241.

[291] Cass. Com. du 12 février 2013 Pourvoi n°12-11.709.

[292] CA Montpellier du 21 septembre 2004 RG n°02/02738.

[293] CA Bordeaux du 5 février 2008 RG n°06/05969.

[294] CA Paris du 30 mai 2012 RG n°11/09247 ; La cour de cassation a cependant cassé cet arrêt, essentiellement quant à l'appréciation faite de l'arrêt des relations concernant les autres produits fournis par le fabricant (Cass. Com. du 24 septembre 2013 Pourvoi n°12-24.155).

monstration d'une rupture partielle brutale, le constat d'une baisse significative du chiffre d'affaires par rapport au chiffre d'affaires moyen des années précédentes serait de nature à le démontrer[295].

B. La société [X] à l'origine de la baisse du courant d'affaire

243. L'absence de caractère brutal peut aussi se déduire du fait qu'en réalité la société [X], et non [A], est à l'origine de la rupture. Dans une affaire par exemple[296], le liquidateur d'un fournisseur de prestation de service [X] avait lui-même mis fin à la relation commerciale. Bien que le volume des commandes ait baissé sensiblement sur quelques mois, la décision relevant du liquidateur de [X] et non de son client [A], la responsabilité de ce dernier n'a donc pu être engagée.

244. De même dans une autre affaire[297], la société [X] avait décidé de manière unilatérale d'augmenter les prix de ses produits, suite à la baisse chronique des volumes d'affaires réalisés depuis leur début, trois ans auparavant, quasi nuls la 4ème année. Au regard de ces circonstances, la rupture n'a pas été considérée comme brutale.

245. Dans une autre affaire[298], le distributeur [X] était en désaccord avec son fournisseur sur les nouvelles conditions commerciales qui lui étaient proposées et n'a finalement procédé à aucune commande. En outre, il avait noué un partenariat fructueux auprès d'un concurrent de son fournisseur, si bien que la responsabilité de la rupture ne pouvait que lui être imputée.

246. Suivant la même approche, si la société [A] indique que la relation commerciale arrivera à son terme à l'issue d'une période longue, et demande à son partenaire de négocier un accord en vue de déterminer les conditions de poursuite de la relation durant ce préavis, le cocontractant ne peut directement attaquer son ancien partenaire en invoquant la rupture brutale des relations commerciales[299]. En effet, il n'a pas permis l'aménagement des conditions de la poursuite pendant un préavis raisonnable, si bien que la société [X] est en définitive responsable de la rupture brutale.

247. La baisse du courant d'affaire peut aussi être due à l'anticipation de la fin de l'activité probable de la société [X]. Par exemple, le fait pour un donneur d'ordres de prendre en compte l'annonce non démentie du futur départ probable à la retraite d'un consultant avec qui elle entretient une relation établie, en diminuant le volume d'audit qui lui confiait ne peut lui être opposé[300].

---

[295] CA Caen du 29 mars 2012 RG n°10/03241.

[296] Cass. Com. du 3 octobre 2006 Pourvoi n°04-11.956.

[297] CA Versailles du 21 janvier 2010 RG n°08/06569.

[298] CA Colmar du 15 novembre 2011 RG n°10/03613.

[299] CA Paris du 17 janvier 2013 RG n°11/05373.

[300] CA Paris du 8 avril 2011 RG n°08/19991.

248. Il convient par ailleurs de relever que si l'un des deux partenaires économiques décide de mettre fin aux relations commerciales, l'autre partenaire peut alors mettre fin directement aux relations commerciales sans que ce comportement ne puisse être qualifié de rupture brutale, cette décision n'étant finalement que la conséquence de la première notification de rupture (voir § 548 à 553).

C. Une combinaison des deux facteurs

249. Dans une affaire[301], les deux sociétés s'étaient accordées sur un protocole de désengagement dont les volumes de commandes n'avaient pas tout à fait été respectés par la société [A]. Cependant, cela s'expliquait par des raisons extérieures à la société mise en cause : d'une part la baisse de la conjoncture du secteur (ameublement), et d'autre part des problèmes qualité rencontrés avec le fournisseur [X]. Dès lors, le décalage constaté entre le niveau de commande théorique et celui réalisé en pratique n'était pas suffisant pour engager la responsabilité de la société [A].

D. Le lissage des commandes sur l'année

250. Un fournisseur [A] qui décide de lisser annuellement les commandes de son client [X], ce qui a pour conséquence de baisser de manière conséquente le niveau de commandes des mois les plus importants, ne réalise pas une rupture brutale[302]. En l'espèce, le fournisseur [A] vendait des médicaments à la société [X] dont les niveaux de commandes variaient de manière significative d'un mois à l'autre. Le fournisseur avait donc imposé un contingentement des commandes en proposant à son client de pouvoir seulement commander la moyenne mensuelle calculée sur l'année précédente, ce qui revenait ainsi à lisser les niveaux de commandes. Par rapport à des mois de fortes commandes, le contingentement présentait une baisse significative, mais il a été considéré que cela ne constituait pas une rupture brutale, la société [X] pouvant en moyenne couvrir ses besoins sur la période.

---

301 TC Lille du 12 janvier 2012 RG n°2011/03836.

302 CA Paris du 19 mars 2008 RG n°06/03882.

Chapitre 3
Le caractère brutal à travers la durée de préavis

251. Le préavis est définit par la jurisprudence comme ayant « *pour objet d'éviter les conséquences d'un arrêt brutal des relations pour chacune des parties en permettant la poursuite des commandes en cours, le maintien pendant un certain temps d'un volume d'affaires équivalent à celui réalisé avant la rupture et la recherche d'autres contractants pour pallier les conséquences de la rupture* »[303].

252. Le préavis raisonnable est ainsi déterminé par l'ensemble des circonstances de l'espèce[304], et correspond au temps dont aurait théoriquement besoin la société victime de la rupture pour redéployer son activité sur de nouveaux marchés[305], ou bien trouver de nouvelles sources d'approvisionnement[306], et ce, afin d'assurer la pérennité de son développement. En effet, le préavis doit donner à l'entreprise le délai nécessaire à la réorganisation résultant de la rupture[307]. En cela, la constatation que le délai octroyé a effectivement permis à la société [X] de retrouver un volume d'affaires relativement comparable avec un concurrent de [A] peut contribuer à démontrer le caractère raisonnable dudit préavis[308], mais il n'est toutefois pas suffisant pour écarter toute brutalité à la rupture (voir § 1120 à 1125).

253. Si la société victime de la rupture brutale des relations commerciales avance certains critères pour justifier un allongement du préavis raisonnable, comme l'état de dépendance économique par exemple, elle doit préciser la durée de préavis qu'elle estime nécessaire sans quoi elle ne tire pas les conséquences qu'elle prétend attacher au critère, et la cour d'appel pourra alors mener son appréciation souverainement[309].

254. Néanmoins « *si l'absence de préavis donne droit à une indemnisation, un préavis a vocation à être exécuté en sorte que la durée du préavis, si elle doit tenir compte de la durée et de la nature des relations, s'apprécie également au regard des possibilités raison-*

303 CA Paris du 3 juillet 2009 RG n°06/10552.

304 Cass. Com. du 3 mai 2012 Pourvoi n°11-10.544.

305 CA Nancy du 11 février 2004 RG n°00/02960.

306 CA Bordeaux du 28 février 2005 RG n°04/02643.

307 CA Versailles du 18 mai 2006 RG n°05/03952 ; TMC Basse Terre du 24 septembre 2008 RG n°07/00219.

308 CA Versailles du 11 mai 2010 RG n°09/00507.

309 Cass. Com. du 25 juin 2013 Pourvoi n°11-27.794.

nables d'exécution de ce préavis dans le contexte précis dans lequel est intervenue cette rupture » [310].

255. Par ailleurs, l'article L. 442-6-I-5° n'a pas pour vocation de sanctionner la rupture en elle-même, mais bien uniquement sa brutalité[311], l'entreprise étant parfaitement libre de s'organiser comme elle l'entend. A ce titre, elle n'a aucune obligation de communiquer les raisons expliquant la rupture, sauf si la brutalité est la conséquence de manquements graves ou d'un cas de force majeure.

256. En définitive, le caractère brutal de la rupture peut être directement déduit du fait que le préavis octroyé était insuffisant au regard de la relation commerciale (1). Une telle appréciation implique toutefois de pouvoir déterminer le préavis raisonnable suivant les circonstances de l'espèce (2) ainsi que les conditions nécessaires pour qu'un préavis soit valable, ce qui déclenchera la durée de préavis (3).

Section 1.
Le préavis donné est insuffisant

257. Le préavis peut être insuffisant soit parce que la société [A] n'en a tout simplement pas donné (1), soit parce que la société [A] a effectivement consenti un préavis mais dont la durée était trop courte (2).

§1. L'absence de préavis

258. Il est nécessaire que le cocontractant soit loyal vis-à-vis de son partenaire quant au terme de leur relation commercial, en lui indiquant clairement le terme de leur relation par la notification d'un préavis (A). L'approche peut toutefois être différente dans le cas où la relation commerciale est régie par un contrat à durée déterminée unique (B).

A. Une obligation générale de loyauté

1. L'absence pure et simple de préavis

259. Dans un grand nombre d'affaires, le caractère brutal découle de l'absence pure et simple de préavis[312], ou d'une rupture signifiée lors de la dernière commande[313]. Ainsi, dans le cadre d'une relation commerciale s'inscrivant dans la durée, l'absence totale de préavis rend la rupture imprévisible, et donc brutale[314]. Il importe peu qu'un flux d'affaires ait pu

---

310 CA Paris du 3 juillet 2009 RG n°06/10552.

311 CA Versailles du 18 mai 2006 RG n°05/03952.

312 Cass Com du 17 mars 2004 Pourvoi n°02-17.575 ; CA Rouen du 14 décembre 2006 RG n°05/03484 ; CA Dijon du 4 décembre 2007 RG n°06/02172 ; CA Reims du 23 janvier 2006 RG n°04/01716 ; CA Aix en Provence du 17 avril 2009 RG n°06/20859.

313 CA Amiens du 30 novembre 2001 RG n°00/00407.

314 CA Douai du 26 février 2008 RG n°06/06140.

perdurer après la notification de rupture, si cela ne correspondait qu'à la livraison de produits commandés auparavant[315], ou que des négociations aient eu lieu concernant l'éventuelle poursuite dans le cadre de la réorganisation souhaitée par le cocontractant, si la prévisibilité de la rupture en cas d'échec des négociations était réelle (voir aussi § 668).

260. La démonstration du caractère brutal peut d'ailleurs être confortée par des éléments de contexte, comme le fait que la société [A] ait dissimulé sa volonté de passer par un autre fournisseur par exemple[316], ou par le constat qu'aucune commande n'ait été honorée depuis plusieurs saisons par la société [A] alors que cette dernière qualifiait cette situation de fortuite et d'involontaire[317].

2. Une notification pas assez explicite

261. L'absence de préavis peut aussi être invoquée si la notification de la rupture présentée par [A] n'est pas assez univoque quant à la fin programmée de la relation commerciale (voir § 400 et suivants, portant sur la forme que le préavis doit respecter).

262. La société [A] ne peut pas non plus s'exonérer de sa responsabilité en indiquant avoir adressé postérieurement à la rupture sans préavis, un planning prévisionnel suite à l'assignation au tribunal par la société [X][318]. Dans ce cas, la responsabilité de la société [A] demeure engagée, mais cette volonté de prolonger à nouveau les relations commerciales peut toutefois être prise en compte dans le calcul du préjudice (voir § 1310).

263. Elle ne peut pas plus reprocher à la société [X] d'avoir anticipé les risques d'une rupture commerciale totale en procédant à des licenciements économiques un mois avant la notification de la rupture, dans un contexte où la société victime avait pu constater le non-respect par la société [A] de son obligation d'exclusivité[319]. L'anticipation par [X] doit toutefois être réalisée de bonne foi, et non utiliser la rupture comme prétexte à la liquidation[320].

3. Une modification unilatérale de l'économie du contrat

264. L'absence de préavis peut aussi découler du fait que l'un des cocontractants décide de modifier substantiellement l'économie du contrat, ce qui s'oppose à la poursuite de la relation, quand bien même il consente un préavis théorique, la relation ne pouvant se poursuivre dans les mêmes conditions[321]. Ces modifications font l'objet d'une partie particulière eu égard à leurs spécificités (voir § 150 et suivants).

---

[315] CA Lyon du 26 mai 2011 RG n°09/07964.

[316] CA Nîmes du 12 février 2009 RG n°07/03631.

[317] CA Paris du 17 juin 2009 RG n°07/05995.

[318] CA Rouen du 26 mai 2005 RG n°04/04404.

[319] CA Toulouse du 30 juin 2010 RG n°08/06387.

[320] CA Paris du 3 juillet 2009 RG n°06/10552.

[321] CA Paris du 12 septembre 2012 RG n°10/04096.

4. Limites

265. Dans le cas où les deux sociétés ont signé un protocole d'accord visant à mettre fin à la relation et organiser la période de préavis, la rupture ne peut alors pas être qualifiée de brutale, sauf à démontrer un vice de consentement, ce qui n'était pas le cas en l'espèce[322].

266. Si la société [A] a l'obligation de proposer un préavis, elle n'a pas l'obligation de poursuivre les relations durant le préavis dans la mesure où elle compense la perte d'activité relative à cette rupture par un protocole transactionnel par exemple. A ce titre, la cour d'appel considère qu'un tel comportement n'induit pas une rupture brutale, quand bien même les parties ne soient pas d'accord sur les modalités de détermination de la marge brute nécessaire au calcul de l'indemnité transactionnelles[323].

267. Par ailleurs, il est nécessaire que l'arrêt des relations soit effectif. Si par exemple l'un des partenaires envoie un courrier signifiant la fin de leur relation mais qu'en réalité les relations se sont poursuivies pendant plusieurs mois après, un tel courrier ne peut être invoqué pour justifier de la brutalité de la rupture[324].

268. Enfin, une décision a pu considérer que l'absence de préavis n'était pas suffisante pour démontrer le caractère brutal de la rupture. La cour d'appel a notamment considéré que si la société [X] disposait d'un stock significatif, il est nécessaire de s'assurer que ce dernier ne lui permettait pas de continuer la relation commerciale durant le préavis raisonnable qui aurait dû être respecté, sans quoi la décision peut être privée de base légale[325].

269. En définitive, la société [A] ne peut rompre les relations commerciales sans préavis qu'en cas de manquement grave à ses obligations par la société [X] ou en cas de force majeure. Si un cas de dispense de préavis est invoqué, la charge de la preuve appartient à la société rompant les relations commerciales, soit la société [A].

270. En revanche, si la société [X] a mis fin à son activité avant la notification de la rupture[326], ou si de manière générale c'est elle qui a pris la décision de rompre les relations commerciales[327], le manquement de rupture brutale qu'elle oppose est alors sans fondement.

B. Dans le cas particulier d'un unique contrat à durée déterminée

271. Dans le cas où la relation se limite à la conclusion d'un seul contrat à durée déterminée, et si le préavis octroyé correspondait à celui prévu contractuellement, la rupture n'est alors pas considérée comme brutale, le contrat matérialisant la volonté des par-

---

322 CA Paris du 24 avril 2013 RG n°10/11744.

323 CA Nancy du 3 octobre 2012 RG n°10/03346.

324 CA Paris du 31 mai 2013 RG n°11/03569.

325 Cass. Com. du 9 novembre 2010 Pourvoi n°09-15.889.

326 CA Aix en Provence du 21 mai 2010 RG n°09/01589.

327 CA Paris du 25 novembre 2011 RG n°09/28448 ; CA Paris du 2 décembre 2011 RG n°09/21086.

ties[328], et ce, en l'absence de tout renouvellement antérieur du contrat[329]. Ainsi, si un premier contrat à durée déterminée n'est pas renouvelé, la fin de la relation commerciale à l'échéance du contrat est prévisible, en l'absence d'éléments de nature à démontrer le contraire.

272. De même, si le contrat à durée déterminée a été prolongé deux fois, dans le cadre de nouveaux contrats à durée déterminée non reconductible tacitement, un raisonnement identique peut être appliqué afin de conclure qu'il s'agissait d'un contrat dont le terme était prévisible, et donc écarter toute rupture brutale des relations commerciales[330]. C'est aussi le cas dans le cadre de la mise en concurrence notifiée dans un délai raisonnable, si la relation a duré quelques mois supplémentaires en raison des négociations en cours[331].

273. Cette approche demeure valable quand bien même des prestations complémentaires ont accompagné le projet principal, dans la mesure où leur terme est prévisible du fait de la connexité entre les deux activités. Dans une affaire[332], la prestation principale était constituée par l'élaboration et la fourniture d'un logiciel. Même si le prestataire avait ensuite diversifié son activité par l'installation et le développement dudit logiciel, force était de constater que la prestation principale arrivant à son terme, le prestataire ne pouvait ignorer la fin prochaine de la relation commerciale, dont l'échéance était prévisible, ce qui s'opposait ainsi à tout caractère brutal. En revanche, si la relation commerciale comprend d'autres prestations dont la poursuite est prévisible, indépendamment de la reconduction du contrat à durée déterminée, alors la rupture de cette partie de la relation peut être considérée comme étant brutale[333].

---

[328] CA Aix en Provence du 30 juin 2006 RG n°03/17861 ; CA Montpellier du 16 mars 2010 RG n°09/00957.

[329] CA Paris du 12 janvier 2005 RG n°03/02283 ; CA Versailles du 3 juin 2010 RG n°07/04939.

[330] CA Versailles du 9 juin 2011 RG n°10/03910.

[331] CA Amiens du 16 juin 2011 RG n°09/03851 ; Cass. Com. du 28 juin 2011 Pourvoi n°10-16.867.

[332] CA Toulouse du 26 octobre 2010 RG n°09/00864.

[333] CA Versailles du 7 octobre 2010 RG n°09/04974.

§2. Le préavis donné était trop court

274. Le préavis consenti par la société rompant les relations commerciales est le préavis réellement consenti, et non celui qui a été initialement donné. Dès lors, si le préavis initial a finalement été allongé, c'est par des motifs pertinents que la cour prend en compte le préavis effectif[334].

275. En tout état de cause, le préavis peut être trop court, ce qui peut permettre de caractériser le caractère brutal de la rupture, qu'il s'agisse d'un préavis prévu contractuellement (A) ou du préavis consenti dans les faits par la société [A] suite à la notification de la rupture (B).

A. Dans le cas où un préavis contractuel soit prévu

276. L'octroi d'un préavis ne respectant pas la durée contractuellement prévue peut suffire à démontrer le caractère brutal de la rupture[335]. Inversement, le respect de ce préavis contractuel n'exonère pas nécessairement l'auteur de la rupture de sa responsabilité en rupture brutale des relations commerciales. En effet, l'appréciation du caractère établi de la relation peut permettre de considérer la relation commerciale dans son ensemble, et prendre ainsi en compte une durée supérieure à celle du seul contrat, comme par exemple dans le cadre de contrats à durée déterminée successifs.

277. A ce titre, la cour de cassation précise que « *le respect par la partie qui rompt unilatéralement le contrat, des stipulations contractuelles relatives à la rupture de celui-ci n'exclut pas la brutalité de cette rupture* »[336]. Dès lors, les juridictions gardent toute latitude pour déterminer le préavis raisonnable indépendamment des stipulations contractuelles. La société [A] doit donc déterminer l'antériorité qui doit être prise en compte au regard des caractéristiques de la relation commerciale, et non s'arrêter uniquement aux stipulations contractuelles. Une telle durée peut toutefois être jugée suffisante suivant les circonstances de l'espèce[337].

B. Dans le cas où [A] consent elle-même un préavis

278. Bien qu'aucun préavis contractuel ne soit prévu, il arrive parfois que la société [A] consente un préavis à la société [X]. Dans ce cas, il est nécessaire que ce préavis soit respecté, sans quoi cela peut attester du caractère brutal de la rupture des relations commerciales[338], sauf à démontrer l'existence d'une force majeure, ou des circonstances exté-

---

334 Cass. Com. du 11 juin 2013 Pourvoi n°12/21.424.

335 CA Douai du 13 octobre 2005 RG n°04/01971.

336 Cass. Com. 4 février 2004 Pourvoi n°02-13.374 – Voir aussi CA Paris du 18 juin 2009 RG n°07/18026.

337 CA Paris du 20 décembre 2013 RG n°11/19639.

338 CA Besançon du 14 juin 2006 RG n°04/00674 ; Cass. Com. 17 mars 2004 Pourvoi n°02-14.751 ; CA Aix en Provence du 15 février 2007 RG n°05/09438.

rieures à la société [A] (voir § 233 à 248). A l'inverse, si la société [X] refuse le préavis et n'honore plus les commandes qui lui sont adressées, la responsabilité de la rupture brutale lui incombe[339].

279. De même qu'en cas de préavis contractuel, l'appréciation des faits doit donc être réalisée *in concreto*, le juge gardant la possibilité d'apprécier le préavis consenti en fonction de la situation qui lui est présentée, et d'en déduire si le préavis était suffisant ou non[340]. Comme indiqué précédemment, le préavis à prendre en considération correspond à la durée réellement consentie dans les faits et non à celle qui a été théoriquement notifiée[341]. Quand bien même le préavis théorique n'ait pas été respecté, la rupture n'est pas nécessairement brutale si, même en prenant en compte ce délai raccourci, elle avait laissé un délai raisonnable. Dans une affaire par exemple[342], la société [X] ayant notamment pu mettre en place des mesures de licenciements économiques avant la rupture en anticipation de la baisse d'activité.

280. Le fait que le cocontractant n'ait à l'époque pas protesté contre le préavis qui lui était consenti n'est pas non plus de nature à remettre en cause le caractère brutal de la rupture. Le comportement de la société victime peut en effet être guidé par les négociations en cours quant aux modalités de poursuite des relations commerciales[343]. En l'absence d'accord formel, si le silence ne peut valoir à lui seul acceptation, il n'en est pas de même lorsque les circonstances permettent de donner à ce silence la signification d'une acceptation[344]. A plus forte raison, un accord entre les deux parties sur les conditions de la rupture s'oppose à la démonstration d'un manquement en rupture brutale des relations, en l'absence de comportement déloyal ou de pouvoir de marché significatif d'une des parties[345].

Section 2.
Le calcul du préavis raisonnable

281. De manière générale, le juge est libre de fixer lui-même le préavis qu'il estime raisonnable, indépendamment des accords interprofessionnels, ou encore des modalités contractuelles, notamment lorsque plusieurs CDD ont été requalifiés en contrats à durée indéterminée du fait de leurs reconductions successives.

---

339 CA Aix en Provence du 12 septembre 2013 RG n°12/12137.

340 CA Paris du 18 janvier 2007 RG n°03/18220 ; CA Montpellier du 24 janvier 2006 RG n°04/05929 ; CA Aix en Provence du 20 mars 2009 RG n°08/12983.

341 Cass. Com. 4 février 2004 Pourvoi n°02-13.374.

342 CA Nancy du 14 décembre 2011 RG n°11/000628.

343 CA Colmar du 16 janvier 2013 RG n°10/05985.

344 CA Toulouse du 6 novembre 2013 RG n°12/00483.

345 CA Paris du 6 novembre 2013 RG n°11/21967.

282. Le préavis peut ainsi dépendre des critères suivants[346] :

- L'ancienneté des relations commerciales, qui constitue de loin le premier critère pris en compte (1) ;
- Le secteur considéré ou le type de produit (2) ;
- Les usages commerciaux au sens large (3) ;
- Les circonstances spécifiques à la relation commerciale (4) ;
- L'état de dépendance économique éventuel d'un partenaire vis-à-vis de l'autre[347] (5) ;
- La combinaison de plusieurs de ces facteurs (6).

283. Afin de permettre d'identifier le plus précisément possible l'influence de chaque facteur sur la détermination du préavis raisonnable, une étude qualitative portant sur 852 affaires sur la période 2004-2013 a été réalisée.

§1. La durée des relations commerciales

284. Il s'agit d'un facteur prépondérant pour la détermination du préavis, et il existe donc assez logiquement une corrélation forte entre la durée de la relation commerciale et la durée de préavis raisonnable que la société [A] aurait dû respecter pour rompre les relations commerciales. A partir des données issues de l'étude des décisions portant sur dix années[348], il a été possible de calculer le ratio moyen entre la durée de préavis estimée raisonnable[349] et celle retenue pour la relation commerciale établie[350]. Pour l'échantillon observé, le ratio est de 1,18 en moyenne, ce qui signifie que pour une année de relation commerciale, les juges accordent en moyenne 1,18 mois de préavis.

---

346 Si ces critère sont très souvent repris par la jurisprudence, certaines juridictions ont en revanche une interprétation plus restrictive, estimant alors que seule doit être prise en compte la durée des relations commerciales, à l'exception de tout autre critère. Un jugement indique ainsi que dans le cadre de sa nouvelle rédaction issue de la loi n°2001-420 du 15 mai 2001, seul le critère de la durée de la relation commerciale peut être prise en compte, et « *que tous les critères anciennement retenus pour déterminer le caractère suffisant du préavis (notamment l'état de dépendance économique d'une partie vis-à-vis de l'autres, l'exclusivité) ne doivent plus être prise en considération* » (CA Aix en Provence du 8 février 2007 RG n°05/07696, voir aussi CA Aix en Provence du 14 février 2008 RG n°06/14777).

347 A ce titre, l'article L. 442-6 doit trouver application indépendamment de toute recherche d'un état de dépendance économique concernant la société [X] – CA Amiens du 30 novembre 2001 RG n°00/00407.

348 Certaines décisions ont été retirées de l'analyse : celles pour lesquelles les informations mentionnées dans le jugement étaient insuffisantes, et celles pour lesquelles l'absence de préavis n'avait pas été jugée problématique en raison de l'absence de relation commerciale établie, de manquements graves ou d'un cas de force majeure, car la rupture était imputable à la société [X], ou encore car la relation n'était pas régie par un contrat à durée indéterminée. En définitive, il restait donc 534 observations exploitables.

349 En mois.

350 En année.

285. Par ailleurs, il est possible de constater un fléchissement significatif à la hausse du ratio ces dernières années, comme l'illustre le tableau suivant :

Année	Ratio[351]	Nombre d'observations
2004	0.79	16
2005	1.3	19
2006	1.02	27
2007	1.18	25
2008	1.23	36
2009	1.04	47
2010	0.98	76
2011	**1.22**	97
2012	**1.25**	103
2013	**1.37**	87

Evolution du ratio préavis/durée de relation en fonction des années

286. En revanche, le préavis est plafonné dans les faits à 24 mois, et ce, quelle que soit la durée des relations commerciales. Cela est conforme à l'esprit du texte qui ne vise pas à empêcher les entreprises d'adapter leur modèle économique, mais seulement de rompre brutalement leurs relations. Aussi, eu égard au fonctionnement d'une entreprise, un délai de deux ans paraît raisonnable pour lui permettre d'anticiper les conséquences de la rupture quelles que soient les circonstances de l'espèce.

287. Par ailleurs, il est nécessaire que la durée prise en compte pour le calcul du préavis ou du préjudice corresponde à la durée effective des relations commerciales. Dans le cas contraire, la décision peut être privée de base légale. Dans une affaire par exemple[352], la décision a été rejetée en cassation car la cour d'appel avait pris en compte une relation de 4 années alors qu'elle avait duré en réalité 5 années.

288. Si la durée des relations commerciales constitue un facteur explicatif prépondérant, ce n'est cependant pas le seul. En effet, comme le montre le graphique suivant[353], il n'est pas possible de déterminer une corrélation satisfaisante directement entre la durée des relations et le celle du préavis.

---

351 Durée de préavis raisonnable / Durée de relation commerciale.

352 Cass. Com. du 15 septembre 2009 Pourvoi n°08-15.866.

353 Seules les affaires pour lesquelles la durée de relation a été supérieure à un an ont été prises en compte, soit 530 décisions au total. Il convient de préciser que la distribution du nombre d'affaires par année de relation est inégale : 191 observations dans l'intervalle [1 ; 5 ans] ; 155 dans l'intervalle [6 ; 10 ans] ; 76 dans l'intervalle [11 ; 15 ans] ; 52 dans l'intervalle [16 ; 20 ans] ; 36 dans l'intervalle [21 ; 30 ans] et enfin 20 dans l'intervalle supérieur à 30 ans.

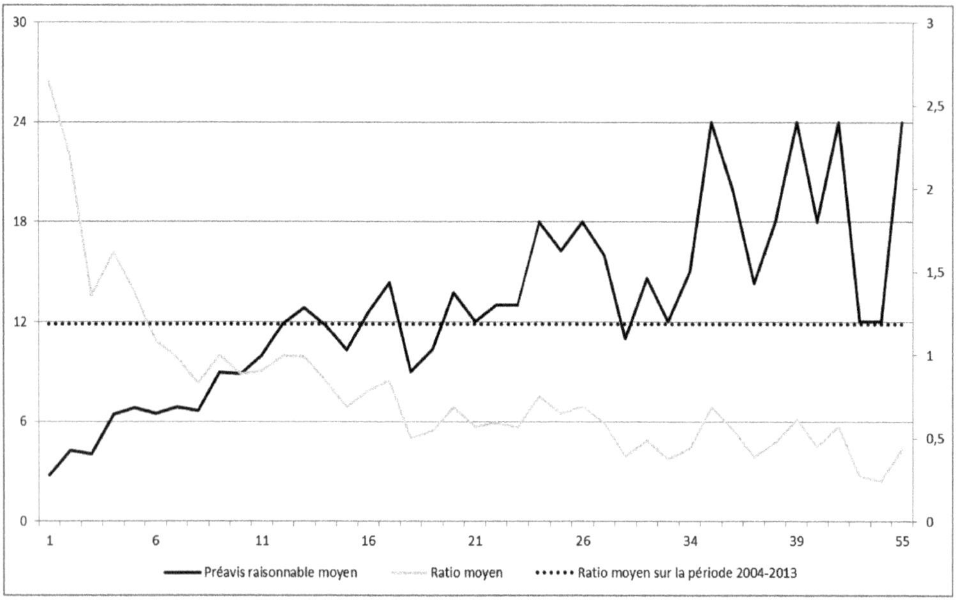

La durée moyenne de préavis raisonnable en fonction de la durée des relations commerciales (ordonnée à gauche – noir), avec le ratio entre les deux variables (ordonnée à droite - gris)

289. Ce graphique illustre le fait qu'en plus de l'ancienneté des relations commerciales, les juges prennent aussi en compte différents facteurs complémentaires pour déterminer le préavis raisonnable. Les parties suivantes (1 à 5) visent donc à expliciter ces autres critères en précisant s'ils influencent à la hausse ou à la baisse la durée de préavis, et ce, sur une base de référence correspondant à un mois de préavis par année de relation commerciale. Dans une dernière partie (6), nous verrons que certains jugements ne font état que d'une analyse poly-factorielle globale sans que puissent être dégagés des critères prépondérants en plus de la durée des relations commerciales.

§2. Le secteur considéré ou le type de produit

290. Le secteur d'activité constitue un critère important pour apprécier la durée du préavis raisonnable, étant donné le fonctionnement spécifique propre à chaque secteur, et son incidence sur les possibilités, pour la société [X], de trouver des débouchés alternatifs à plus ou moins brève échéance. A ce titre, « *à défaut d'usages reconnus ou d'accords professionnels [...], la durée du préavis s'apprécie au regard de critères généraux utilisés par la jurisprudence, dépendant notamment de la nature de la relation commerciale rompue et du type d'activité* »[354].

291. Le secteur dans lequel intervient la rupture peut ainsi influer sur la durée du préavis raisonnable, que ce soit à la hausse (B) ou à la baisse (A). De manière générale, lorsque la production ou l'activité de commercialisation est régie par des cycles, cette caractéristique peut aussi être prise en compte (C).

A. Influence à la baisse ou sans influence

292. Le critère du secteur d'activité peut dans certains cas influencer à la baisse le préavis, généralement en raison de la facilité théorique pour la société [X] de réorienter son activité :

- Fret maritime depuis l'Asie[355];
- Activité de traiteur[356] ou commerce de bouche[357] ;
- Importation de produits électroniques grand public vendus à la grande distribution[358] ;
- Achat d'emplacement pour une exposition[359] ;
- Création d'actions de communication[360] (sauf en cas d'investissements particuliers – voir § 334) ;
- Prestations de gardiennage[361] ;
- Prestations d'entrepositaire généraliste[362] ;
- Prestations d'hébergement dématérialisé de données sur serveurs informatiques[363] ;

---

354 CA Bordeaux du 7 février 2007 RG n°05/06654.

355 3 mois pour une relation de 5 ans ; CA Grenoble du 7 mai 2008 RG n°06/04126.

356 3 mois pour une relation de 9 ans ; CA Paris du 20 octobre 2005 RG n°05/13805.

357 6 mois pour une relation de 6 ans ; CA Aix en Provence du 29 janvier 2010 RG n°07/19265.

358 10 mois pour une relation de 12 ans ; CA Versailles du 2 décembre 2004 RG n°03/04269. Dans ce cas, le juge a estimé que si les concentrations dans le secteur de la grande distribution diminuaient le nombre d'intervenants, et donc la possibilité de contractualiser avec un nouveau distributeur, en revanche, elle importait des produits dont l'évolution de la technologie et des prix était très rapide.

359 3 mois pour une relation de 8 ans ; CA Colmar du 20 juin 2006 RG n°05/02968.

360 6 mois pour une relation de 11 ans ; CA Lyon du 15 janvier 2009 RG n°07/07181.

361 4 mois pour une relation de 4 ans ; CA Versailles du 4 février 2010 RG n°08/07875.

362 2 mois pour une relation de 5 ans environ ; CA Paris du 10 février 2010 RG n°07/20870.

- La fourniture de contrat d'abonnement téléphonique pour une entreprise de prestation de service[364].

293. De même, un contrat d'occupation temporaire de l'espace public est par nature précaire, et partant, cette caractéristique doit être prise en compte dans le cadre de la détermination du préavis raisonnable[365].

294. Le secteur n'a pas toujours une incidence sur la détermination du préavis, auquel cas il se situera alors dans la moyenne admise, soit un mois environ par année d'ancienneté. Tel est le cas par exemple de produits alimentaires de deuxième choix ne pouvant être commercialisé que dans des circuits particuliers (*hard discount* notamment)[366].

B. Influence à la hausse

295. A l'inverse, la spécificité intrinsèque d'un secteur peut contribuer à augmenter la durée de préavis qui sera estimée raisonnable par les juridictions :

- Produits très spécifiques sur un marché très concentré (secteur de la fourniture de bouteilles champenoises par exemple[367]) ;
- Le caractère « *mode* » des produits concernés[368] ;
- Les difficultés d'approvisionnement en produits[369] ;
- Le fait que les produits soient vendus à la grande distribution, en raison de la périodicité annuelle de leur référencement. En l'espèce[370], un préavis de 4 mois avait été donné au mois de décembre alors qu'à cette période tous les référencements de fournisseurs sont déjà réalisés pour l'année. La cour a donc estimé qu'un préavis de 6 mois était nécessaire ;
- Produits issus du secteur de la plasturgie, qui, étant particulièrement touché par les délocalisations, rend d'autant plus difficile toute reconversion[371] ;
- Produits spécifiquement créés pour le client et portant son logo, et qui ne pouvaient donc pas être écoulés ailleurs[372] ;

---

363 1 mois et demi pour une relation de plus de 12 mois ; CA Versailles du 20 mai 2010 RG n°09/05209.

364 3 mois pour une relation de 8 ans : CA Paris du 20 novembre 2008 RG n°08/03801.

365 6 mois pour une relation de 23 ans : CA Paris du 16 octobre 2013 RG n°11/22236.

366 4 mois pour une relation de 4 ans ; CA Douai du 8 septembre 2005 RG n°04/01257.

367 6 mois pour une relation de 4 ans et deux mois ; CA Dijon du 4 décembre 2007 RG n°06/02172.

368 2 ans pour une relation de 17 ans ; TC Lyon du 24 juillet 2007 Inédit.

369 6 mois pour une relation de 4 ans ; CA Aix en Provence du 19 février 2010 RG n°03/10107.

370 6 mois pour une relation de 4 ans ; CA Caen du 29 octobre 2009 RG n°08/01874.

371 6 mois pour une relation de 10 ans qui ne représentait que 8% du chiffre d'affaires de la société [X] ; CA Rouen du 24 juin 2010 RG n°09/02193.

372 6 mois pour une relation de 4 ans ; CA Paris du 9 juillet 2010 RG n°10/03248.

- Produits de joaillerie et d'horlogerie de luxe où le nombre d'acteurs internationaux est limité rendant d'autant plus difficile la recherche de nouveaux partenaires pour un fabricant[373] ;
- Produits de protection solaire[374] en Italie, compte-tenu de la difficulté pour développer un marché de remplacement pour la distribution de ces produits dans la grande distribution italienne après avoir perdu un partenaire se présentant lui-même comme un acteur majeur de ce marché ;
- Produits de lunetterie fabriqués sous licence exclusive. Du fait de la perte de la licence exclusive, le fabricant devait non seulement trouver d'autres marques partenaires, mais aussi de nouveaux clients pour permettre l'écoulement de ses produits, impliquant dès lors une durée relativement longue[375] ;
- Sous-traitance pour la fabrication de produits destinés à la sonorisation professionnelle[376] ;
- La construction d'un réseau de relations par une agence immobilière pour le compte d'une société d'économie mixte, en raison de la spécificité des cocontractants avec une entreprise aussi particulière intervenant sur des opérations d'envergure[377] ;
- Le transport de produits bitumineux nécessitant le respect de réglementations particulières et un équipement spécialisé pour maintenir à iso-température le produit, et s'agissant d'un marché oligopolistique dans la mesure où les donneurs d'ordres sont de très grandes entreprises pétrolières[378].

C. L'influence du cycle de production ou de commercialisation du secteur

1. Le cycle de production et de commercialisation propre au secteur du textile

296. Le cycle de production associé au secteur peut aussi servir de base à la détermination du préavis raisonnable. Par exemple, le secteur textile est soumis à un cycle de production qui lui est propre[379]. En effet, il comprend généralement deux collections annuelles, soit une tous les 6 mois, lesquelles doivent être bouclées plusieurs mois avant la sortie des catalogues, en raison non seulement du délai de production, mais aussi du délai

---

373 CA Paris du 20 janvier 2011 RG n°09/19277.

374 CA Aix en Provence du 8 mars 2012 RG n°10/16252.

375 CA Paris du 21 septembre 2012 RG n°12/07229.

376 CA Paris du 18 octobre 2012 RG n°10/16252.

377 CA Lyon du 28 février 2013 RG n°10/08311.

378 CA Paris du 4 avril 2013 RG n°10/23071.

379 A ce titre, une communication réalisée par le syndicat de la fédération des industries textile a été évoquée, laquelle indiquait « *pour les relations de 1 à 5 ans, le préavis raisonnable est en moyenne de 3 à 6 mois, au-delà d'un an peut être envisagé comme raisonnable en fonction de la nature des relations commerciales* ». Si cette communication n'est pas utilisable en tant qu'accord interprofessionnel, elle peut néanmoins être utilisée dans un cadre plus global afin de déterminer le préavis raisonnable - CA Versailles du 18 mai 2006 RG n°04/08829.

d'acheminement des marchandises, qui peut être de plusieurs semaines pour le fret maritime par exemple.

297. Par conséquent, en raison de sa saisonnalité, la jurisprudence tend à considérer que dans le milieu du textile un délai de 6 mois est nécessaire à un fournisseur pour réorienter son activité et trouver des nouveaux débouchés[380]. Le préavis raisonnable peut toutefois être d'un an dans certains cas particuliers :

- la société [X] livrait des produits spécifiquement fabriqués pour la société [A] (fourniture de vêtements pour le personnel d'un groupe de distribution par exemple[381]) ;
- Le préavis octroyé chevauchait deux saisons de telle sorte qu'il ne permettait pas au distributeur [X] d'organiser la distribution des produits pour la saison suivante[382], ce constat se trouve par ailleurs renforcé si la société [X] réalise l'essentiel de son activité avec [A][383] ;
- La durée de relation commerciale était particulièrement longue[384] ;
- Le marché était particulièrement étroit (fourniture de vêtements pour femme enceinte et pour enfant par exemple[385], ou robes de mariés[386]).

2. L'influence du cycle de production ou de commercialisation dans d'autres secteurs

298. A l'instar du secteur textile, le cycle de production peut aussi être pris en compte dans d'autres secteurs. Dans le secteur de la production audiovisuelle par exemple, la programmation une fois choisie s'établit de septembre à juillet, soit une période très longue, dans un contexte où chaque chaîne dispose d'un réseau de société de productions historiques. Ainsi, ces éléments sont de nature à augmenter le préavis raisonnable comme ils imposent à la société [X] de disposer d'un laps de temps significatif pour sa reconversion[387].

299. Dans le secteur de la fourniture d'œufs, il a été estimé que les contraintes liées à la gestion du cheptel animal imposaient un délai lié au temps nécessaire à la mise en place de lots de poules pondeuses[388].

300. Dans le secteur de la fourniture de bouteilles de vin primeurs, la relation était rythmée par chaque saison annuelle, laquelle a donc été prise en compte dans le calcul du préavis[389].

---

380 Pour une relation de 3 ans et demi – CA Paris du 16 novembre 2005 RG n°05/07002 ; Pour une relation de 25 ans – TC Roubaix Tourcoing du 12 février 2004 RG n°A2/1031 ; Pour une relation de 8 ans – TC Roanne du 22 mars 2006 RG n°2005N00200 ; Pour une relation de 10 ans – Cass. Com. du 17 mars 2004 Pourvoi n°02-17.575.

381 14 ans de relation commerciale ; CA Amiens du 9 mai 2006 RG n°05/01540 RG et 05/03197.

382 10 ans de relation commerciale ; CA Pau du 26 mars 2009 RG n°08/01257.

383 14 ans de relation commerciale ; CA Versailles du 18 mai 2006 RG n°04/08829.

384 32 ans de relation commerciale ; CA Caen du 2 juin 2005 RG n°03/03155 - 10 ans de relation commerciale ; CA Paris du 13 septembre 2009 RG n°04/12955.

385 1 an pour une relation de 10 ans ; CA Paris du 13 septembre 2006 RG n°04/12955.

386 CA Paris du 3 juin 2010 RG n°06/06805.

387 Soit 18 mois pour une relations de 11 ans ; CA Paris du 8 octobre 2008 RG n°07/19021.

388 Soit 5 semaines pour une relation d'un an ; Cass. Com. Du 7 janvier 2004 Pourvoi n°00-22.453.

301. De même, dans le secteur de la prestation de formation continue, le fait que la rupture ait été initiée en octobre alors que l'année avait déjà commencé obérait fortement les chances du prestataire de trouver de nouveaux débouchés[390].

302. Dans le secteur des jouets, les relations étant rythmées les achats de fin d'année qui représentaient jusqu'à 25% des ventes, il en résultait une forte anticipation des référencements par la grande distribution alimentaire ou spécialisée, si bien que cette situation a dû être prise en compte dans la détermination du préavis raisonnable[391].

303. Concernant des produits importés de Chine, la société devait passer commande 6 mois auparavant pour pré-constituer ses stocks, un tel délai devant être pris en compte dans le cadre de la détermination du préavis raisonnable[392].

304. Dans le secteur de la fourniture de produits agricoles, la relation est rythmée par le cycle des récoltes lesquelles ont lieu une à deux fois par an. Suivant que la durée de la relation commerciale soit plus ou moins longue, il a ainsi été estimé que le préavis devait être d'une saison[393], ou de deux saisons[394].

305. Dans le secteur de la fourniture d'engrais, il a été estimé que du fait de la saisonnalité liée au cycle de production, le délai de préavis devait se calculer en saisons[395] en fonction de l'ancienneté des relations commerciales.

§3. L'influence des usages commerciaux

306. L'article L. 442-6-5° du code de commerce prévoit que le préavis puisse être déterminé « *en référence aux usages du commerce, par des accords interprofessionnels* ». A ce titre, la pratique décisionnelle se base non seulement sur les accords interprofessionnels (A), mais aussi sur les usages du secteur (B), auquel cas il n'est pas forcément nécessaire de faire référence à un accord interprofessionnel spécifique. Le fait que la relation soit régie par un statut particulier, comme celui d'agent commercial ou de mandat, peut aussi être pris en considération (C).

---

389 Soit 1 an pour une relation de 7 ans ; CA Bordeaux du 30 avril 2009 RG n°07/02409.

390 CA Montpellier du 18 janvier 2011 RG n°10/01974.

391 Soit 20 mois pour une relation de 20 ans ; CA Versailles du 12 juin 2012 RG n°10/03892.

392 Soit 6 mois pour une relation de 3 ans ; CA Paris du 6 décembre 2012 RG n°10/13678.

393 Pour une relation de 6 ans ; CA Bordeaux du 7 septembre 2010 RG n°09/02461.

394 Pour une relation de 10 ans ; CA Bordeaux du 28 février 2005 RG n°04/02643 - ou pour une relation de 8 ans ; CA Orléans du 14 janvier 2010 RG n°09/00976.

395 Soit 6 mois pour une relation de 4 ans ; CA Reims du 24 novembre 2008 RG n°08/01512 – ou 2 ans (pour deux saisons) pour une relation de 35 ans ; CA Paris du 13 octobre 2010 RG n°10/16947.

A. Le cas d'une convention professionnelle

307. Quand un accord interprofessionnel prévoit expressément un délai de préavis en fonction de la durée des relations commerciales, le juge pourra se baser sur cet accord pour déterminer le préavis que la société [A] aurait dû donner.

1. Les conditions pour qu'un accord professionnel soit opposable

308. Premièrement, l'accord interprofessionnel doit être valable. Par exemple, une clause prévoyant la notification de la rupture par le client à son prestataire deux mois à l'avance ne constitue pas un accord interprofessionnel, et ce, d'autant qu'en l'espèce de délai visait essentiellement à permettre au prestataire de régler la situation des personnels qu'il affectait à la prestation[396].

309. Deuxièmement, l'accord professionnel doit être applicable aux conditions de l'espèce. Dans l'hypothèse où la société se réclame d'un accord donné, il lui appartient de démontrer que son activité entre bien dans son champ d'application. Le juge peut ainsi faire une appréciation *in concreto* des activités de l'entreprise afin de déterminer si elle relève ou non de l'accord interprofessionnel. Par exemple[397], une société exerçant une activité de conseil en communication et publicité a pu relever du code des usages des industries graphiques, dans la mesure où elle réalisait la photogravure des produits destinés à l'impression.

2. L'effet de l'accord professionnel sur la détermination du préavis

310. Quand un accord interprofessionnel est invoqué, le juge peut en faire une application stricte, comme le montrent les exemples suivants :

- Code des usages des industries graphiques ou de l'imprimerie publié par la Fédération de l'Imprimerie et de la Communication graphique[398] ;
- Contrat type du 19 septembre 1961 relatif aux relations entre annonceurs et agents de publicité[399] ;
- Accord du 15 janvier 2002 conclu dans le secteur du bricolage entre l'Union des industries du bricolage et la Fédération Française des Magasins de Bricolage[400] ;
- Contrat type applicable au transport routier de marchandises entre un transporteur et son sous-traitant, institué par le décret n°2001-689 du 19 juillet 2001 et/ou de celui issu du décret n°2003-1295 du 26 décembre 2003[401].

---

[396] CA Aix en Provence du 14 février 2008 RG n°06/14777.

[397] TC Paris du 15 février 2007 RG n°2006012773.

[398] TC Paris du 15 février 2007 RG n°2006012773 ; CA de Rouen du 18 janvier 2007 RG n°05/04381 ; CA de Paris du 19 février 2009 RG n°07/08169.

[399] CA Colmar du 7 septembre 2010 RG n°08/05391 ; CA Versailles du 20 novembre 2012 RG n°11/05909.

[400] CA Orléans du 16 septembre 2010 RG n°10/00242.

[401] CA Aix en Provence du 4 janvier 2007 RG n°05/03615 ; CA Lyon du 5 mars 2009 RG n°08/00074 ; CA Colmar du 10 mars 2009 RG n°07/03601 ; Cass. Com. du 22 janvier 2008 Pourvoi n°06-19.440. Il est bien entendu nécessaire que la société invoquant ce texte prouve les qualités des deux partenaires, l'un en tant que commissionnaire de transport,

311. Pour autant, le préavis fixé dans le cadre de l'accord interprofessionnel ne constitue qu'un minimum, la durée raisonnable de préavis pouvant être plus importante suivant les circonstances de l'espèce. En effet, « *la fixation du délai de préavis par un accord interprofessionnel pour rompre une relation commerciale ne prive pas le juge se son pouvoir d'appréciation quant à la durée du préavis. Ce délai étant uniquement un délai minimum, les circonstances particulières peuvent justifier que ce délai soit augmenté dans certaines situations [...] L'existence d'un accord interprofessionnel ne dispense pas la juridiction d'examiner si le préavis qui respecte le délai minimal fixé par cet accord tient compte de la durée de la relation commerciale et des autres circonstances de l'espèce* »[402].

312. La cour de cassation semble toutefois exclure de cette appréciation les relations commerciales de transports publics routiers de marchandises qu'un contrat ait été signé[403] ou non[404], comme elle estime que l'article L. 442-6 du code de commerce ne s'applique pas en l'espèce, s'opposant au raisonnement tenu par certaines cours d'appels qui ne procèdent pas à une telle limitation[405].

313. Ainsi, à l'exclusion du secteur du transport de marchandise soumis à la loi LOTI, le préavis jugé raisonnable peut donc être supérieur à celui théoriquement prévu par l'accord interprofessionnel suivant les autres circonstances de l'espèce[406].

314. Dans le cadre d'une activité dans le secteur du bricolage par exemple, le préavis théorique était de 9 mois, mais le préavis jugé raisonnable a finalement été de 2 ans, compte-tenu de la durée de la relation, de son poids dans l'activité de la société [X] (40%) et du fait que 20% environ de ses salariés à temps plein soient affectés à ladite relation commerciale[407].

315. En définitive, la logique est la même que lorsqu'un délai contractuel est prévu (voir § 322 et suivants).

---

l'autre de transporteur public, sans quoi ces disposition ne sont pas applicables (CA Aix en Provence du 26 janvier 2012 RG n°10/15366).

402 Cass Com du 2 décembre 2008 Pourvoi n°08-10.731 et 08-10.732 ; Voir aussi Cass. Com. du 3 mai 2012 Pourvoi n°11-10.544.

403 Cass. Com. du 19 novembre 2013 Pourvoi n°12-26.404.

404 Cass. Com. du 4 octobre 2011 Pourvoi n°10-20.240 ; CA Grenoble du 26 septembre 2013 RG n°11/00278.

405 CA Lyon du 6 janvier 2012 RG n°10/08024 ; CA Versailles du 26 juillet 2012 RG n°11/05276 ; CA Montpellier du 10 juillet 2012 RG n°11/01990.

406 CA Douai du 6 juillet 2009 RG n°09/00519.

407 CA Orléans du 16 septembre 2010 RG n°10/00242.

B. Le cas d'usages hors accord interprofessionnel

316. Dans d'autres affaires, les usages professionnels propres au secteur ont été mis en avant pour motiver la détermination du préavis, et ce, sans qu'aucun accord interprofessionnel ne soit expressément mentionné. Les exemples suivants illustrent ainsi la pratique décisionnelle en la matière :

- Préavis d'une année en référence aux usages dans le secteur de la production audiovisuelle[408] ;
- Préavis relativement court eu égard aux usages des entreprises de nettoyage en cas de non renouvellement de contrat[409] ;
- Préavis de 48 heures en référence aux usages dans le secteur de la distribution de presse à destination des kiosques, notamment à Paris[410]. Ce délai avait en outre reçu l'aval du conseil supérieur des messageries de presse par l'intermédiaire du rapport moral de son président ;
- Préavis de 6 mois entre annonceurs et agences de publicité[411].

C. Les cas de contrats spécifiques

317. **Le contrat d'agent commercial.** Lorsque la relation relève bien du statut d'agent commercial (voir § 1240 et suivants), le préavis est prévu par l'article L. 134-11 du code de commerce, suivant lequel « *la durée du préavis est d'un mois pour la première année du contrat, de deux mois pour la deuxième année commencée, de trois mois pour la troisième année commencée et les années suivantes* ».

318. Si les cours d'appels considèrent que ce délai, bien que constituant la référence[412], pourrait théoriquement être ajusté suivant les circonstances de l'espèce[413], la cour de cassation exclue explicitement les agents commerciaux de l'application de l'article L. 442-6-I-5° du code de commerce, considérant dès lors que seul l'article L. 134-11 du code de commerce a vocation à s'appliquer[414].

319. **Le contrat de mandat.** Un mandat régi par les règles de droit commun peut être révoqué de plein droit à tout moment *ad nutum* (voir § 1231 et suivants).

320. Pour certains mandats spécifiques, il existe des durées de préavis prévues par les textes, lesquelles peuvent servir de base à la détermination du préavis raisonnable. Tel est le cas par exemple de l'activité d'agent immobilier, pour laquelle le préavis à respecter pour un mandat est de deux semaines en application de l'article 78 du décret n°72-678 du 20 juillet 1972 relatif à cette profession[415].

---

408 CA Paris du 16 novembre 2005 RG n°04/13227.

409 6 jours pour une relation de 6 ans ; CA Aix en Provence du 19 novembre 2004 RG n°02/00148.

410 CA Paris du 13 septembre 2007 RG n°05/12371.

411 CA Paris du 14 décembre 2005 RG n°04/24526 ; CA Paris du 14 décembre 2008 RG n°04/13227.

412 CA Aix en Provence du 25 janvier 2012 RG n°10/16390.

413 CA Paris du 8 décembre 2011 RG n°08/20562.

414 Cass. Com. du 3 avril 2012 Pourvoi n°11-13.527.

415 CA Paris du 5 juillet 2012 RG n°11/01618.

§4. Les caractéristiques et/ou circonstances spécifiques liées à la rupture

321. Le fait qu'un préavis ait été prévu par le contrat (A) ou ait été consenti par la société rompant la relation (B) peut avoir une incidence sur le préavis raisonnable. Les investissements réalisés par la société victime de la rupture peuvent aussi sous certaines conditions être pris en compte dans ce cadre (C), de même que le volant d'affaires (D). De manière générale, divers critères peuvent être utilement soulevés pour déterminer la durée de préavis raisonnable et, suivant les circonstances, influer à la hausse ou à la baisse (E).

A. L'influence d'un préavis contractuel

322. Certains contrats prévoient un préavis déterminé à l'avance pour rompre le contrat, et donc la relation commerciale. L'analyse des caractéristiques principales de la relation commerciale (ancienneté des relations et poids de la relation dans l'activité de [X] notamment) peut permettre au juge de déclarer le préavis contractuel comme suffisant, en l'absence d'éléments démontrant le contraire[416].

323. Néanmoins, de même que pour les accords interprofessionnels, le délai de préavis contractuel ne correspond pas nécessairement celui que la société [A] aurait dû raisonnablement consentir à la société [X] pour ne pas lui porter préjudice. En effet, « *le respect par la partie qui rompt unilatéralement le contrat, des stipulations contractuelles relatives à la rupture de celui-ci n'exclut pas la brutalité de cette rupture* »[417]. Il appartient au juge de vérifier « *si ce délai contractuel tenait compte de la durée des relations commerciales [...] ou des usages susceptibles de leur être applicables* »[418], si bien qu'en l'absence d'une telle vérification, le jugement peut être privé de base légale.

324. Ainsi, s'il arrive fréquemment que le préavis raisonnable soit supérieur au préavis contractuel, le juge peut réciproquement décider de l'écourter si les relations commerciales n'ont duré que quelques mois[419].

1. Contrat requalifié en contrat à durée indéterminée

325. Dans plusieurs affaires, le juge a ainsi estimé que la durée raisonnable de préavis devait être supérieure à celle théoriquement prévue au contrat liant les deux sociétés. C'est notamment le cas lorsqu'un délai de préavis est indiqué dans un contrat à durée déterminée qui est requalifié en contrat à durée indéterminée en fonction des circonstances de l'espèce (voir § 125 à 132).

---

416 Cass. Com. du 31 janvier 2006 Pourvoi n°03-13.739 ; Cass. Com. du 4 février 2004 Pourvoi n°02-13.374 ; Cass. Com. du 12 mai 2004 Pourvoi n°01-12.865.

417 Cass. Com. du 4 février 2004 Pourvoi n°02-13.374, voir aussi CA Angers du 24 janvier 2006 RG n°05/00067.

418 Cass. Com. du 6 mars 2007 Pourvoi n°05-18.121, voir aussi CA Nancy du 18 mars 2009 RG n°08/03053.

419 CA Reims du 13 mars 2012 RG n°10/02407.

326. Dans ce cas, le juge n'est pas tenu par le préavis contractuel initialement conclu entre les parties, et son analyse doit prendre en compte la relation d'affaires dans sa globalité. Tel est le cas par exemple d'un premier contrat à durée déterminée prévoyant un délai de préavis de trois mois, qui du fait de son renouvellement s'est transformé en contrat à durée indéterminée. Ayant donc donné naissance à une convention nouvelle, le préavis ne pouvait alors se limiter à la rédaction du contrat initial[420]. Pour autant, comme précédemment, et suivant les circonstances de l'espèce, le juge peut estimer que le préavis raisonnable correspond au préavis contractuel[421].

327. Enfin, le juge a aussi pu considérer que la société [X] était en droit de s'attendre à la poursuite du contrat pour la durée de renouvellement tacite, soit un an[422].

2. Contrat à durée déterminée unique

328. En cas de rupture anticipée d'un contrat à durée déterminée unique n'ayant pas fait l'objet d'un renouvellement, le juge peut considérer que la relation aurait dû aller à son terme nonobstant l'existence d'un délai de préavis contractuel, et donc que le délai de préavis à respecter correspondait à la durée restante de contrat[423]. C'est donc la durée pour atteindre le terme prévisible du contrat qui a déterminé le préavis, indépendamment du fait que le contrat ait prévu un délai plus court.

329. Cette approche a aussi été utilisée dans une autre affaire[424], où le contrat à durée déterminée ne prévoyait pas spécifiquement une durée de préavis en cas de rupture anticipée, mais seulement la nécessité de discuter les termes du renouvellement douze mois avant l'échéance de 10 ans. La société [A] ayant rompu sans justification légitime la relation au bout de 5 ans seulement, le préavis correspondait à la durée pour arriver à l'échéance du contrat, soit 5 ans[425]. Par conséquent, l'utilisation d'un contrat à durée déterminée n'est pas neutre en cas de rupture anticipée non motivée par des manquements contractuels graves ou un cas de force majeure.

330. En revanche, si le contrat prévoyait la faculté pour la société [A] de rompre à tout moment en fonction de sa stratégie, la rupture ne peut être qualifiée de brutale s'agissant de modalités prévues et acceptées par les deux parties[426]. Il en va de même si le contrat prévoyait un préavis déterminé et le versement d'une clause pénale[427].

---

420 Cass. Com. du 11 juillet 2006 Pourvoi n°04-20.592.

421 CA Amiens du 6 septembre 2012 RG n°10/00392.

422 CA Versailles du 8 avril 2010 RG n°09/01309 ; CA Paris du 5 avril 2012 RG n°10/05104.

423 CA Lyon du 3 juillet 2008 RG n°07/03610 ; CA Versailles du 7 octobre 2010 RG n°09/04974.

424 CA Versailles du 17 décembre 2009 RG n°07/04811.

425 Le préavis n'est pas expressément indiqué, mais le jugement précise que l'indemnité doit être calculée sur la base de la période qui aurait dû être celle prévue pour l'exécution du contrat. – Voir aussi CA Besançon du 12 janvier 2011 RG n°09/02632.

426 CA Paris du 15 septembre 2010 RG n°08/22231.

427 CA Aix en Provence du 26 septembre 2013 RG n°11/19829.

3. Contrats à durée déterminée reconduit tacitement

331. Si la relation est régie par des contrats annuels, cela peut influencer la détermination du préavis en considérant que la société [X] était fondée à penser que la relation commerciale perdurerait pendant une année, si bien que le préavis raisonnable a pu correspondre à la période restant à courir avant la prochaine échéance[428].

4. L'accord entre les parties sur la fin de la relation

332. S'il apparaît que les parties se sont mises d'accord sur la fin des relations commerciales en signant un « *accord de fin de relation* », lequel a au surplus donné lieu à un dédommagement de la part de la société [A] pour « *solde de tout compte* », il s'infère de cet accord l'absence de toute brutalité dans la fin des relations entre les deux sociétés[429].

B. L'influence du préavis consenti

333. Si la société [A] consent initialement une durée de préavis déterminée, mais que finalement la relation n'a pu être poursuivie par la suite, le préavis raisonnable peut être basé sur celui initialement consenti[430]. Tel est le cas par exemple si un préavis est donné par le cocontractant lors de la notification de la rupture, mais qu'une partie de la relation (deux contrats sur 9) a été rompue avant le terme convenu[431].

---

[428] CA Paris du 16 février 2012 RG n°10/24168 ; CA Paris du 27 juin 2012 RG n°10/04245 ; CA Paris du 28 juin 2013 RG n°12/01138.

[429] CA Grenoble du 21 juillet 2011 RG n°08/03122.

[430] CA Nîmes du 28 novembre 2013 RG n°12/05432.

[431] CA Paris du 20 octobre 2011 RG n°10/00862.

C. Les investissements réalisés par la société victime de la rupture

334. Si des investissements significatifs ont été spécifiquement réalisés pour la relation commerciale[432], qu'une structure a été spécifiquement mise en place[433], ou encore si la société [A] imposait un cahier des charges tout à fait spécifique[434] ou du personnel spécifiquement formé[435], cela peut contribuer à augmenter le délai de préavis raisonnable, y compris dans le cas où le préavis octroyé est généralement plus court du fait du secteur concerné[436].

335. Par exemple, si la prestation de la société [X] a consisté à développer un logiciel spécifique pour le compte de son client pendant plusieurs années, il doit en être tenu compte dans la détermination du préavis[437].

336. Si la prise en compte des investissements peut influer sur la détermination du préavis raisonnable, elle peut aussi, dans certaines situations, comme en cas de dépendance économique, influer directement sur la détermination du préjudice (§ 589 et suivants).

D. Le volant d'affaires

337. Le fait que l'activité avec la société [A] représente une part marginale de l'activité de la société [X] peut aussi être utilement pris en compte pour justifier du caractère relativement court d'un préavis[438], dans la mesure om la rupture aura un impact très limité dans l'activité de la société victime de la rupture.

338. Dans une affaire par exemple[439], une société [A] exploitant un magasin avait donné un préavis d'uniquement un mois à sa centrale d'achat [X] pour lui signifier la cession de son fonds de commerce. Cependant, en l'absence de préavis contractuel ou d'usages professionnels, et eu égard au poids très marginal d'un tel point de vente dans l'activité de la centrale d'achats, le préavis d'un mois était suffisant, bien que la relation commerciale ait duré 7 ans, soit une durée de préavis très inférieure à la moyenne.

---

432 12 mois pour une relation de 10 ans ; CA Toulouse du 4 mars 2004 RG n°03/00223 ; 6 mois pour une relation de 5 ans ; CA Rennes du 16 janvier 2009 RG n°08/00159.

433 9 mois pour une relation de 9 ans ; CA Paris du 28 octobre 2005 RG n°03/19692.

434 Seul le moyen est soulevé mais le délai de préavis n'est pas précisé ; CA Riom du 10 novembre 2004 RG n°03/00257.

435 CA Paris du 31 mai 2012 RG n°11/05516.

436 Dans cette affaire, la société [X] était le fournisseur exclusif d'un distributeur pour la production de supports dans le domaine des arts graphiques et de la communication. Bien qu'eu égard au secteur, s'agissant de prestations de communication, le préavis raisonnable soit généralement plus court que la moyenne, la durée de préavis raisonnable correspondait finalement à la moyenne, car le fournisseur avait mis en place une organisation exclusivement dédiée à la société [A]. CA Paris du 28 octobre 2005 RG n°03/19692. La même approche a aussi prévalu dans le secteur des transports de marchandises comme le donneur d'ordres avait demandé à son sous-traitant que ses camions soient aux couleurs du donneur d'ordre, et donc inutilisables directement en l'état (20 mois pour une durée de 36 ans - CA Versailles du 6 mai 2010 RG n°09/05024).

437 CA Bordeaux du 21 mars 2011 RG n°08/06271.

438 CA Versailles du 4 février 2010 RG n°08/07875 ; CA Paris du 26 octobre 2012 RG n°10/23329.

439 1 mois pour une relation de 7 ans ; CA Paris du 22 octobre 2009 RG n°06/13704.

339. Inversement, lorsque la relation commerciale représente un poids important dans l'activité de la société [X], il peut en être tenu compte dans le cadre de la détermination du préavis. C'est à plus forte raison le cas s'il existe un état de dépendance économique.

340. En plus de ce critère, le fait que le partenaire apporte une valeur ajoutée limitée peut être pris en compte afin de limiter la durée de préavis. Tel est le cas par exemple d'un distributeur s'il ne stocke pas de marchandises et ne réalise pas de conseil aux clients les orientant vers le service du fabricant[440].

E. Les autres circonstances pouvant être prises en compte

341. Indépendamment de l'ancienneté des relations, des usages commerciaux ou encore du secteur « *toutes les circonstances tenant à la nature des relations commerciales entre les partis ainsi qu'à leur rupture doivent aussi être prises en considération* »[441], et notamment les circonstances suivantes eu égard à l'impact qu'elles peuvent avoir sur la prévisibilité de la rupture.

1. Le comportement des sociétés en cause

342. Le comportement de la société [X] peut influer à la baisse l'estimation de la durée de préavis raisonnable. Dans une affaire par exemple[442], la société [X] avait fait preuve d'atermoiements importants dans le cadre de la renégociation du contrat en tentant initialement de faire passer une hausse tarifaire de 20%. Le délai de préavis finalement retenu a donc été de 6 mois pour une relation de 18 ans.

343. A l'inverse, si les sociétés sont en conflit depuis plusieurs années au sujet des hausses passées par le fournisseur du service, le terme des relations commerciales est prévisible, ce qui peut être pris en compte pour baisser la durée de préavis raisonnable[443].

2. Les conditions de poursuite de la relation commerciale

344. Les circonstances de l'espèce peuvent rendre peu probable une poursuite de la relation commerciale, voire dans certains cas la rendent même non souhaitable. Tel est le cas par exemple lorsque la société [X] devient une concurrente potentielle de [A] suite à son acquisition par un groupe plus important[444]. Si cette dernière avait l'obligation de respecter un délai avant de rompre leurs relations avec [X], la confiance étant désormais exclue, le préavis raisonnable pouvait être de seulement 1 mois pour une relation de 30 années.

345. Par ailleurs, le fait que la rupture ait été notifiée en plein été, rend d'autant plus difficile la recherche de solution alternatives du fait du ralentissement saisonnier d'activité à cette

---

440 CA Paris du 22 septembre 2011 RG n°10/04833.

441 CA Angers du 7 décembre 2004 RG n°03/01331.

442 CA Lyon du 19 novembre 2009 RG n°09/04247.

443 CA Paris du 26 septembre 2013 RG n°11/09146.

444 CA Angers du 7 décembre 2004 RG n°03/01331.

période, si bien que cela peut être pris en compte dans le cadre de la détermination du préavis raisonnable[445].

3. La conjoncture

346. Si le fait que le secteur présente une conjoncture économique défavorable est insuffisant pour justifier l'absence de préavis en invoquant la force majeure (voir § 565 à 567), il peut permettre de réduire la durée de préavis raisonnable.

347. Dans une affaire par exemple[446], le secteur concerné était celui de l'automobile, un secteur en crise, fortement concurrentiel qui subissait un mouvement de délocalisation vers l'étranger, si bien que ce constat a notamment justifié l'octroi d'un préavis inférieur à la moyenne (voir aussi § 249). Dans une autre affaire, le préavis raisonnable a pu être réduit dans la mesure où le chiffre d'affaires entre les deux sociétés avait baissé de 50% les deux années avant la rupture[447]. Dans ce contexte, la diminution progressive du courant d'affaires peut avoir une incidence sur la prévisibilité de la rupture, et ainsi influer à la baisse l'estimation du préavis raisonnable. A titre d'illustration[448], si l'activité déclinait sensiblement depuis 2 à 3 ans, en l'absence d'exclusivité, un préavis de trois mois a été jugé suffisant pour une relation de 10 ans.

348. Par ailleurs, la prévisibilité de la rupture peut découler de dispositions réglementaires. Par exemple, dans le cadre de prestations d'analyse médicales, les prescriptions de l'ordonnance n°2010-49 du 13 janvier 2010 avaient pour but de limiter le pourcentage d'analyses sous-traitées, si bien que le laboratoire agissant en sous-traitance savait que les relations avec son donneur d'ordres ne pourraient perdurer[449].

4. Le temps nécessaire à l'adaptation de l'activité

349. Le fondement du préavis est d'octroyer un délai à la société [X] pour trouver des alternatives de telle sorte qu'elle soit en mesure d'éviter que la rupture n'impacte de manière significative son activité. Ce délai d'adaptation peut découler de délais spécifiques aux circonstances de l'espèce.

350. Il peut s'agir du temps nécessaire à l'écoulement du stock résiduel par exemple. Si le distributeur [X] des produits de la société [A] avait un stock d'une valeur constante, qui faisait l'objet de réassort suivant les ventes, le délai de préavis peut correspondre à la durée d'écoulement théorique de ce stock eu égard à la durée de rotation moyenne constatée[450].

---

445 CA Toulouse du 15 septembre 2010 RG n°08/00313.

446 CA Toulouse du 29 février 2012 RG n°09/00989.

447 CA Bordeaux du 8 mars 2012 RG n°10/06656.

448 CA Toulouse du 13 mai 2009 RG n°07/05611.

449 CA Aix en Provence du 2 avril 2013 RG n°12/02659.

450 7 mois pour une relation de 37 ans ; CA Douai du 7 décembre 2006 RG n°05/01333.

351. Il peut aussi correspondre au temps nécessaire à l'adaptation de l'outil industriel[451], ou de l'outil agricole[452] pour permettre à la société [X] d'assurer sa reconversion.

352. Les particularités de la relation liées à son historique peuvent aussi être prises en compte. Dans une affaire par exemple[453], le distributeur de motocycles avait auparavant couru pour le constructeur, et gagné plusieurs titres, si bien que la perte résultant de cette relation particulière devait être pris en compte dans le cadre du calcul du préjudice.

353. De manière générale, le constat qu'à l'issue de la période de préavis, la société [X] a su nouer des partenariats équivalents à celui rompu par la société [A] peut contribuer à la démonstration du caractère raisonnable du préavis consenti. Dans une affaire, le chiffre d'affaire du distributeur de véhicules multimarque avait progressé de 3.84% durant l'exercice concerné par la rupture[454].

5. Les servitudes particulières imposées par la relation commerciale

354. Dans le cadre d'une prestation consistant à préparer des plantes opiacées à destination de la santé publique, les contraintes liées à la culture de l'œillette étaient très fortes (éloignement des parcelles des bords de route, surveillance et déclaration aux gendarmeries et au client de toutes intrusions, destruction rapide des chaumes après la récolte, interdiction de commercialisation des pailles de céréales ou de pois qui suivent immédiatement une culture d'œillette car pouvant contenir des traces d'alcaloïdes morphiniques). Cet aspect devait donc être pris en compte afin d'allonger le préavis que le client [A] de cette société aurait dû respecter[455].

6. La mise en conformité avec une réglementation

355. Le fait qu'une réglementation impose à l'un des cocontractants une réorganisation de son réseau de distribution, et le conduise à dénoncer le contrat en cours afin de se mettre en conformité, peut être pris en compte pour baisser la durée du préavis raisonnable. En l'espèce[456], le contrat liant un constructeur de véhicules à un concessionnaire de véhicules a dû être modifié suite à la modification réglementaire issue de l'application du règlement d'exemption n°1400-2001 du 31 juillet 2002. Ce règlement a remplacé le système de distribution de véhicules automobiles de concessions avec exclusivité territoriale par un système de distribution sélective, tout en laissant aux opérateurs un délai très court de seulement 14 mois pour se mettre en conformité.

356. La cour d'appel a considéré que « *la nécessité de réorganiser l'ensemble ou une partie substantielle d'un réseau de distribution, de nature à ouvrir au fournisseur le droit de résilier un accord moyennant un préavis d'un an, implique que cette résiliation se justifie*

---

[451] 12 mois pour une relation de 11 ans ; CA Douai du 6 juillet 2009 RG n°09/00519.

[452] 2 ans pour une relation de 35 ans ; CA Paris du 13 octobre 2010 RG n°10/16947.

[453] CA Paris du 25 mars 2010 RG n°09/12157.

[454] CA Paris du 2 septembre 2011 RG n°07/11226.

[455] CA Reims du 29 novembre 2010 RG n°09/02246.

[456] CA Paris du 11 mai 2011 RG n°10/03073.

de manière plausible par des motifs d'efficacité économique, fondés sur des circonstances objectives internes ou externes à l'entreprise du fournisseur qui, à défaut d'une réorganisation rapide du réseau, serait susceptible, compte tenu de l'environnement concurrentiel dans lequel opère ce fournisseur, de porter atteinte à l'efficacité des structures existantes de ce réseau ; que pour apprécier la nécessité d'une réorganisation rapide du réseau, il est pertinent de tenir compte des éventuelles conséquences économiques défavorables que serait susceptible de subir un fournisseur dans l'hypothèse où ce dernier procéderait à une résiliation de l'accord de distribution avec un préavis de deux ans ». Il est ainsi possible pour un opérateur, à la condition de le démontrer, de bénéficier d'un préavis réduit si les circonstances du secteur, et donc extérieures à la société [A], nécessitent l'octroi d'un préavis réduit.

357. Dans cette affaire, il a été considéré que l'absence de mise en conformité du réseau emportait des risques tant juridiques, en raison de l'application du droit de la concurrence, qu'économiques, notamment du fait des distorsions de concurrence qu'aurait pu causer l'octroi d'un préavis plus long vis-à-vis des autres concessionnaires du constructeur eux soumis au nouveau système de distribution sélective. Les juges ont finalement considéré que les règles communautaires supérieures aux règles internes devaient être appliquées, justifiant dès lors un préavis indépendant de la durée des relations.

358. En revanche, en l'absence d'une telle échéance de mise en conformité, les délais de préavis prévus par les règlements d'exemption ne sauraient servir de référence à la détermination du préavis raisonnable, ne s'agissant ni d'usages du commerce, ni d'accords professionnels[457]. En effet, les règlements d'exemption n'ont pas vocation de suppléer, écarter ou compléter les dispositions d'ordre public interne de l'article L. 442-6 du code de commerce. Le règlement d'exemption prévoit notamment que dans son article 9 que l'application du droit communautaire de la concurrence n'exclut pas l'application de dispositions législatives nationales destinées à protéger d'autres intérêts légitimes, comme le dispositif permettant de sanctionner les pratiques restrictives de concurrences prévues à l'article L. 442-6 du code de commerce, et ce, pour autant que ces dispositions soient compatibles avec les principes généraux et les autres dispositions du droit communautaire[458]. Ainsi, un tel délai peut éventuellement être estimé suffisant[459], mais, à l'instar d'autres préavis prévus que ce soit dans le cadre d'accords professionnels, ou du contrat, le juge garde la possibilité de prononcer un préavis plus long eu égard aux circonstances de l'espèce[460].

---

457 CA Versailles du 4 septembre 2012 RG n°11/01018.

458 CA Paris du 15 janvier 2014 RG n°12/13845.

459 CA Paris du 21 avril 2005 RG n°04/03596.

460 CA Versailles du 4 septembre 2012 RG n°11/01018 ; CA Limoges du 9 février 2012 RG n°10/01700.

7. La clause de non-concurrence

359. Le fait que le franchisé doive respecter une clause de non-concurrence post-contractuelle peut être pris en compte dans le cadre de la détermination du préavis raisonnable afin de l'allonger, compte-tenu de la difficulté accrue pour la société [X] de trouver une alternative[461].

§5. L'état de dépendance économique

360. L'octroi d'un préavis raisonnable est nécessaire que la société [X] soit en état de dépendance économique ou non. Ainsi, l'appréciation du caractère brutal ou non de la rupture est indépendante de l'état de dépendance économique[462]. La société victime de la rupture ne peut ainsi se voir imputer la responsabilité du caractère brutal de la rupture du fait qu'elle n'aurait pas informé la société [A] qu'elle réalisait l'essentiel de son chiffre d'affaires avec elle[463].

361. L'état de dépendance économique, lorsqu'il est démontré, peut toutefois être pris en compte pour allonger le délai de préavis raisonnable que la société [A] aurait dû consentir[464]. A ce titre, il appartient à la société qui s'en prévaut d'apporter la preuve de son état de dépendance économique.

362. L'état de dépendance économique impose donc au partenaire souhaitant rompre la relation commerciale une extrême prudence quant à la détermination du préavis raisonnable. En effet, dans l'hypothèse où le préavis ne soit pas suffisant, cela peut alors obliger la société [A] à supporter des indemnités financières dont les montants peuvent être significatifs, notamment dans le cas extrême où, en conséquence de la rupture, la liquidation de la société [X] a été prononcée. Pour autant, si la société [A] laisse deux ans, soit le délai maximum généralement admis par la jurisprudence, tout en garantissant le chiffre d'affaires de son sous-traitant en compensant les baisses de volumes par des augmentations de prix, cela laisse le temps nécessaire à la société victime de la rupture pour réorganiser son activité[465].

---

[461] CA Paris du 3 juin 2011 RG n°09/09940 ; CA Paris du 4 décembre 2013 RG n°12/01163.

[462] Cass. Com. du 23 janvier 2007 Pourvoi n°04-16.779 et 04-17.951 ; Cass. Com. du 17 mars 2004 Pourvoi n°02-17.575.

[463] Cass. Com. du 23 janvier 2007 Pourvoi n°04-16.779 et 04-17-951.

[464] Cass. Com. du 15 juin 2010 Pourvoi n°09-66.761.

[465] CA Chambéry du 2 octobre 2007 RG n°07/00807.

A. Les critères retenus par la jurisprudence

363. La jurisprudence définit ainsi « *l'état de dépendance économique, pour un distributeur [...] comme la situation d'une entreprise qui ne dispose pas de la possibilité de substituer à son ou ses fournisseurs un ou plusieurs autres fournisseurs répondant à sa demande d'approvisionnement dans des conditions techniques et économiques comparables* »[466].

364. Afin de caractériser un état de dépendance économique d'une société, il convient d'apprécier, outre la part du chiffre d'affaires qu'elle réalise avec la société [A], non seulement la notoriété de la marque de la société [A], mais aussi l'importance de sa part de marché ainsi que la faisabilité de trouver un nouveau partenaire, *i.e.* pour le distributeur ses chances d'obtenir d'autres fournisseurs de produits équivalents, ou pour le fournisseur celles d'obtenir d'autres débouchés dans des conditions comparables[467]. En effet la situation de dépendance économique ne peut se déduire de la seule notoriété de la marque ou de la proportion de chiffre d'affaires[468]. Elle ne peut non plus se déduire du refus par une société de contracter sur une nouvelle prestation avec son partenaire du fait du taux de dépendance trop élevé que causerait l'attribution du marché, cette démarche n'ayant pour but que d'alerter le partenaire sur la nécessité de diversifier son activité[469].

365. En définitive, un état de dépendance économique doit théoriquement être la conséquence de plusieurs facteurs : la relation concerne l'essentiel de l'activité de la société [X], les alternatives de diversification doivent être limitées, que ce soit au regard de la notoriété de la marque, de la part de marché de [A], d'éventuelles exclusivités, ou enfin des facteurs ayant conduit à la situation.

366. Plus concrètement, il est en premier lieu nécessaire que la part d'activité de [X] réalisé avec [A] soit significative, sachant que même en l'absence d'un état de dépendance économique, l'importance du courant d'affaires entre les deux sociétés peut tout de même influer sur l'estimation du préavis raisonnable (B). En second lieu, il ne faut pas qu'existent des solutions alternatives, dans le sens où la situation doit être la conséquence d'éléments extérieurs à la volonté de la société [X], qui peuvent résulter d'exclusivités (D), des caractéristiques inhérentes du secteur, de la notoriété de la marque, ou encore de la relation particulière liant les deux sociétés (C). En effet, un état de dépendance économique ne peut pas être la conséquence du choix de la société [X] de ne pas diversifier son approvisionnement ou ses débouchés commerciaux (E).

---

466 CA Paris du 25 janvier 2005 RG n°2004/13142 ; Voir aussi CA Versailles du 5 décembre 2007 RG n°07/05922 – 07/06396.

467 Cass. Com. du 12 octobre 1993 Pourvoi n°91-16.988 et 91-17.090 ; Voir aussi Adlc, décision n°09-D-02 du 20 janvier 2009 relative à une demande de mesures conservatoires présentée par le SNDP, § 69 ; CA Paris du 11 octobre 2006 RG n°04/22481.

468 CA Aix en Provence du 7 janvier 2010 RG n°08/14912.

469 CA Paris du 30 mai 2013 RG n°11/14423.

B. La prise en compte du poids de la relation commerciale dans l'activité de [X]

1. Un chiffre d'affaire dépendant exclusivement de la relation avec [A]

367. Il est nécessaire que la relation commerciale avec la société [A] représente l'essentiel des achats ou des ventes de la société [X], sans quoi, si cette condition initiale n'est pas remplie, un état de dépendance économique a peu de chances d'être démontré. En pratique, la relation commerciale représentait généralement près de 100% des approvisionnements ou des débouchés de la société [X] dans les cas où un état de dépendance économique a pu être démontré.

2. Le calcul du poids de la relation commerciale quand il existe deux sociétés [A] appartenant au même groupe

368. Si un fournisseur [X] vend à deux distributeurs appartenant à un même groupe, se pose la question de savoir si les deux courants d'affaires peuvent être globalisés ou non. Pour considérer de manière distincte les deux entités, la jurisprudence a retenu les critères suivants : les deux entités étaient juridiquement distinctes, disposaient de leurs propres magasins, de leur propre personnel, de dirigeants différents, d'une centrale d'achats propre, et enfin elles répondaient chacune à un concept différent avec des clientèles différentes (professionnels contre particuliers notamment)[470]. Au surplus, il n'existait pas de preuve de concertation entre les deux entités afin de prononcer la fin de la relation commerciale avec leur fournisseur commun.

369. Par conséquent, si ces conditions sont respectées, chaque courant d'affaire sera analysé individuellement, s'opposant ainsi à la démonstration d'un état de dépendance économique.

3. Sous certaines conditions l'importance de la relation peut influer sur la détermination du préavis raisonnable nonobstant l'absence d'un état de dépendance économique

370. Dans certains cas, et bien que la relation commerciale représente l'essentiel de l'activité de la société [X], la dépendance économique peut être écartée si les conditions nécessaires à sa démonstration ne sont pas remplies (voir § 382 et suivants). Pour autant, le poids que représente la relation commerciale avec [A] dans l'activité de [X], lorsqu'il est significatif, peut influer sur l'estimation du préavis raisonnable.

371. En effet, le fait que la société [X] réalise depuis de très nombreuses années la totalité de son activité avec la société [A] induit une certaine dépendance qui, même si la société [X] garde la possibilité théorique de diversifier son activité, doit être prise en compte dans la

[470] CA Douai du 6 juillet 2009 RG n°09/00519.

détermination du préavis raisonnable[471]. Cela peut par exemple conduire à augmenter le préavis théorique issu d'un usage professionnel qui préconisait un préavis plus court[472].

372. L'importance de la relation doit aussi être prise en considération lorsqu'il n'est pas possible de savoir si la situation résultait d'un choix de la société [X] ou des seules circonstances économiques du secteur d'activité[473]. Le juge peut alors considérer que la société ne pouvait ignorer le lien de dépendance économique de son partenaire, quand bien même elle ne connaissait pas la part exacte de l'activité que représentaient ses commandes dans l'activité de [X].

C. Les caractéristiques du secteur ou de la relation entre [A] et [X]

373. En l'absence d'exclusivité, l'absence d'alternative pour la société [X] peut être démontrée par les caractéristiques du secteur ou de la relation commerciale elle-même.

1. Du secteur

374. Dans certains secteurs, il peut arriver qu'un seul offreur soit en mesure de proposer les produits. La situation de dépendance économique en découlant est alors extérieure à la société victime de la rupture et doit alors être prise en compte, et ce, qu'existent ou non des accords d'exclusivité. Il en va ainsi par exemple d'un dépositaire de presse qui ne pouvait s'approvisionner qu'auprès d'une seule société de distribution[474].

375. Indépendamment du fait qu'existe ou non un seul offreur, la notoriété de la marque de la société [A] peut être déterminante. Par exemple, si la société [A] fait figure de leader mondial sur son marché, et que ce dernier est particulièrement étroit s'agissant d'un marché de niche, cela est de nature à obérer la possibilité pour le cocontractant de trouver des produits substituables, et peut caractériser dès lors un état de dépendance économique[475].

376. Réciproquement, les débouchés limités du fait de l'étroitesse du marché peuvent aussi être pris en compte pour caractériser un état de dépendance économique. Tel est le cas par exemple du marché de l'installation d'équipements hospitaliers spécifiques, qui du fait de son étroitesse n'offrait que des alternatives limitées à la société victime de la rupture[476], et ce, d'autant que les circonstances de l'espèce renforçaient davantage cette absence d'alternative (voir partie suivante).

---

[471] 80% - CA Reims du 23 janvier 2006 RG n°04/01716 ; près de 100% - CA Toulouse du 4 mars 2004 RG n°03/00223.

[472] En l'espèce, les usages professionnels préconisaient un préavis de 3 mois, mais il a finalement été ramené à un an, la société [X] réalisant la totalité de son activité avec [A]. - CA Rennes du 5 février 2009 RG n°07/04388.

[473] CA Amiens du 9 mai 2006 RG n°05/01540 et 05/03197.

[474] CA Nancy du 22 mars 2006 RG n°04/01069.

[475] CA Versailles du 29 octobre 2013 RG n°12/01461.

[476] 4 mois pour une relation de 3 ans ; CA Aix en Provence du 25 janvier 2007 RG n°04/03925.

2. De la relation commerciale entre [A] et [X]

377. Suivant une approche analogue, si l'analyse *in concreto* de la relation commerciale permet de conclure à l'absence d'alternative en pratique à la relation avec la société [A], cet élément peut aussi contribuer à la démonstration d'un état de dépendance économique.

378. Premièrement, l'absence d'alternative peut être due au fait que la société [X] réalise des investissements spécifiques à la relation commerciale. Dans une affaire par exemple[477], le donneur d'ordres [A] sous-traitait une partie de son activité de maintenance en imposant à son sous-traitant un mode particulier de relation, délégant non seulement des missions d'étude de marché, mais aussi des missions de représentation, ce qui avait nécessité pour le sous-traitant des embauches spécifiques. Dans une autre affaire[478], la relation avait nécessité des investissements importants (véhicules) pour lesquels le donneur d'ordres [A] avait donné sa caution.

379. Deuxièmement, elle peut aussi être due au seul contexte en raison de l'importance que la relation commerciale revêt pour permettre l'exercice de son l'activité par la société [X], lorsque par exemple elle sous-traite à un prestataire [A] l'ensemble des tâches administratives nécessaires à son fonctionnement[479], ou encore eu égard au degré d'intrication des deux sociétés, la dénomination sociale accréditant l'idée d'une filiation entre les deux sociétés[480].

380. Troisièmement, la dépendance peut aussi se déduire du manque d'autonomie commerciale du cocontractant. Par exemple, s'il n'est pas libre de sa politique tarifaire, celle-ci étant imposée par son donneur d'ordres (pose de meubles achetés dans le magasin de son donneur d'ordres), ce constat peut renforcer la démonstration de l'état de dépendance économique[481].

381. Enfin, le manque d'alternative peut se déduire de la combinaison de clauses et du contexte. Dans une affaire par exemple[482], le franchiseur [A] obligeait son franchisé à ne vendre que des produits à sa marque, à l'exception de ceux de l'un de ses principaux concurrents (téléphonie mobile), ce qui limitait *de facto* les fournisseurs possibles à deux. En outre, il avait mis fin aux facilités de paiement, et avait limité les livraisons au détriment de son franchisé. Disposant de fonds propre limités du fait du changement des modalités de paiement, le franchisé ne disposait finalement d'aucune autre alternative que de continuer sa relation avec le franchiseur [A].

---

477 CA Aix en Provence du 25 janvier 2007 RG n°04/03925.

478 CA Paris du 28 juin 2012 RG n°11/01272.

479 CA Angers du 7 février 2006 RG n°05/00054.

480 CA Colmar du 16 janvier 2013 RG n°10/05985.

481 CA Paris du 13 septembre 2012 RG n°10/07699.

482 CA Paris du 2 juillet 2009 RG n°06/08865.

D. L'exclusivité liant les deux partenaires

1. Les accords de distribution ou de fourniture exclusive

382. Dans plusieurs décisions[483], la société [X] était liée par une exclusivité contractuelle vis-à-vis de la société [A], ce qui lui interdisait de s'approvisionner auprès de fournisseurs concurrents, ou de diversifier sa clientèle. Une telle exclusivité peut donc entraîner un état de dépendance économique qui devra alors être pris en compte lors de l'estimation du préavis raisonnable.

383. En plus de l'exclusivité, d'autres obligations peuvent contribuer à démontrer l'absence d'alternative pour la société victime de la rupture. C'est le cas par exemple des obligations de non-concurrence post-contractuelles qui peuvent entraver, voire bloquer la reconversion de la société suite à la rupture[484]. A ce titre, la clause de non-concurrence peut être renforcée par les modalités pratiques de la relation commerciale, lorsque par exemple la société [X] avait l'obligation d'exercer son activité au sein des locaux de la société [A] laquelle mettait à sa disposition un certain nombre de moyens matériels[485], l'étroitesse des relations justifiant ainsi l'octroi d'un préavis supérieur au préavis contractuel de 6 mois.

384. Néanmoins, la nature de l'exclusivité et son champ doivent aussi être pris en compte, car une exclusivité ne fait pas nécessairement obstacle à ce que la société [X] puisse trouver des débouchés ou des fournisseurs alternatifs. A titre d'illustration[486], si l'exclusivité est limitée à la fourniture de produits textile en VPC en France, il est tout à fait possible à un fournisseur de trouver d'autres clients pour ses produits étant donné leur nature, *i.e.* d'autres canaux de distribution ou bien en vendant à l'étranger.

385. Indépendamment de la qualification d'état de dépendance économique, et à l'instar de la proportion de l'activité concernée, l'exclusivité liant les deux partenaires peut aussi être prise en compte dans le cadre de la détermination du préavis raisonnable à respecter[487]. Dans une affaire[488], l'exclusivité était réciproque et interdisait à la société [X] de distribuer des produits concurrents de [A] limitant dès lors sa capacité à remplacer la relation commerciale rompue brutalement. Par ailleurs, la suppression de l'exclusivité par la société [A] à compter de la notification de la rupture n'est pas nécessairement suffisante afin de permettre la réduction du préavis dans la mesure où cela ne permet pas à la société [X] de réorganiser son activité[489].

---

483 CA Paris du 23 février 2007 RG n°04/16524 ; CA Paris du 18 juin 2006 RG n°07/18026 ; CA Nîmes du 10 mai 2012 RG n°10/00680 ; CA Colmar du 16 janvier 2013 RG n°10/05985.

484 La clause de non-concurrence avait une durée de deux années - Préavis de 2 ans pour une relation de 13 ans ; CA Paris du 23 février 2007 RG n°04/16524.

485 La clause de non-concurrence avait une durée d'un an - Préavis de 9 mois pour une relation de 2 ans ; CA Paris du 18 juin 2009 RG n°07/18026.

486 TC Roubaix Tourcoing du 12 février 2004 RG n°A2/1031.

487 CA Paris du 15 septembre 2010 RG n°08/19277 ; CA Paris du 3 février 2011 RG n°08/18087.

488 CA Lyon du 30 septembre 2010 RG n°0903964.

489 CA Rennes du 5 octobre 2010 RG n°10/00310.

2. L'exclusivité de fait en l'absence de contrat

386. La relation d'exclusivité entre les deux sociétés ne résulte pas nécessairement d'accords, mais elle peut aussi résulter de la volonté de la société [A] qui l'avait initialement souhaité et même encouragé[490], ou bien qui avait purement et simplement interdit à la société [X] de traiter avec des concurrents[491], ou encore être la conséquence du fait que la société [X] ait été spécialement conçue pour répondre aux besoins de la société [A][492].

387. L'exclusivité peut aussi se déduire du niveau d'imbrication entre les activités des deux sociétés lorsque par exemple les véhicules ainsi que les employés de [X] arboraient la marque de [A], et que l'activité était exercée dans les locaux de la société [A][493]. Dans cette affaire, l'imbrication était d'ailleurs telle qu'une décision prud'homale avait d'ailleurs transféré à [A] la quasi-totalité des contrats de travail, estimant que sa relation avec [X] devait être requalifiée en contrat de location de véhicule. Elle peut aussi se déduire du fait que le fournisseur présente son distributeur comme l'agent unique sur le territoire contractuel, et que ce dernier jouissait d'un pouvoir de représentation de son fournisseur sur la zone[494].

388. En revanche, si l'exclusivité contractuelle avait été explicitement dénoncée, aucune exclusivité ne peut être avancée, quand bien même le fabricant n'ait pas contracté avec d'autres revendeurs pendant plusieurs années[495].

389. A l'instar de l'approche prévalant en cas d'exclusivité contractuelle (voir § 385), une exclusivité de fait peut aussi être prise en compte dans le cadre du calcul du préavis raisonnable[496], indépendamment de tout état de dépendance économique.

E. L'absence d'état de dépendance économique étant donné les circonstances

1. Le fait qu'une diversification soit possible

390. En l'absence d'éléments démontrant le contraire (secteur, circonstances de l'espèce, ou encore accord d'exclusivité), il doit être possible à la société victime de la rupture de diversifier son activité en trouvant de nouveaux débouchés ou de nouveaux fournisseurs[497]. Elle ne peut donc invoquer la perte de chance de réussir sa reconversion, la situation résultant de son propre choix[498]. Dans ce cas, le moyen tiré de l'existence d'un état de dé-

---

490 CA Aix en Provence du 7 septembre 2006 RG n°06/01066.

491 CA Poitiers du 2 février 2010 RG n°08/02125.

492 CA Douai du 26 février 2008 RG n°06/06140.

493 CA Rennes du 5 février 2009 RG n°07/04388.

494 CA Versailles du 29 octobre 2013 RG n°12/01461.

495 CA Toulouse du 18 octobre 2011 RG n°09/03384.

496 CA Aix en Provence du 23 juin 2011 RG n°10/00381.

497 Cass. Com. du 12 mai 2004 Pourvoi n°01-12.865.

498 CA Aix en Provence du 7 septembre 2006 RG n°06/01066.

pendance économique ne peut pas être retenu[499], ce constat pouvant même conduire à réduire la durée de préavis[500].

391. De manière générale, la possibilité pour la société [X] de nouer de nouveaux partenariats en substitution de la société [A] peut directement se déduire du fait que la relation commerciale avec ce partenaire ne représentait dans son activité qu'un poids limité, généralement inférieur à 50%[501]. A ce titre, ce constat peut se trouver renforcé si la société [X] avait effectivement noué de nouveaux contrats suite à la rupture[502].

392. Quand bien même la relation commerciale ait un poids particulièrement important dans l'activité de [X], la faisabilité d'une diversification peut se déduire d'autres critères parmi lesquels :

- L'absence de spécificité de la prestation, sachant que leur réalisation ne conférait pas à la société [X] de notoriété particulière[503] ;
- L'absence de restrictions contractuelles (pas de minimum d'approvisionnement, ni d'obligation de non-concurrence)[504] ou d'autres contraintes imposées par [A] justifiant un lien exclusif[505] ;
- L'absence d'investissement spécifiquement dédié aux prestations accomplies pour le compte de la société [A] sachant qu'aucune exclusivité n'existait[506] ;
- L'absence de caractère indispensable de la marque dans un contexte où de nombreuses marques concurrentes existaient, la part de marché de plusieurs d'entre elles étant supérieure à celle des produits [A][507] ;
- L'absence d'utilisation de la totalité de l'offre de [X], en l'occurrence des salles. La disponibilité de salles aurait pu permettre au prestataire, en l'absence de clause de non-concurrence, de nouer des relations avec d'autres clients[508] ;
- L'absence d'exclusivité dans un contexte où les deux sociétés étaient de taille comparable, chacune adossée à un groupe international[509] ;

---

499 CA Reims du 23 janvier 2006 RG n°04/01716.

500 CA Toulouse du 29 février 2012 RG n°09/00989.

501 10% - CA Pau du 9 juin 2008 RG n°06/01169 ; Cass. Com. du 7 juillet 2004 Pourvoi n°03-11.472 ; 9% - CA Nîmes du 12 février 2009 RG n°07/03631 ; 10% - CA Aix en Provence du 17 avril 2009 RG n°06/20859 ; 12% - CA Douai du 13 mars 2008 RG n°06/01549 ; 50% - CA Paris du 19 février 2009 RG n°07/08169 ; Moins de 5% - TC Paris du 31 janvier 2006 RG n°2004030689 et TC Paris du 22 février 2006 RG n°2004077286 ; moins de 20% - CA Douai du 6 juillet 2009 RG n°09/00519.

502 CA Paris du 29 janvier 2009 RG n°07/05460.

503 CA Rennes du 12 avril 2005 RG n°03/07969.

504 CA Paris du 20 avril 2005 RG n°02/12212 ; CA Toulouse du 8 septembre 2005 RG n°05/00673 ; CA Aix en Provence du 30 juin 2006 RG n°03/17861.

505 CA Paris du 19 février 2009 RG n°07/08169 ; CA Agen du 15 février 2010 RG n°08/01758.

506 CA Paris du 20 octobre 2005 RG n°05/13805.

507 CA Versailles du 5 décembre 2007 RG n°07/05922 et 07/06396.

508 CA Paris du 16 septembre 2009 RG n°07/13021.

509 CA Versailles du 10 juin 2010 RG n°09/03185.

- L'absence d'exclusivité n'empêchait par le transporteur de diversifier son activité tant géographiquement qu'en termes de produits, s'agissant de transport non spécialisé[510].

393. Enfin, elle peut aussi se déduire du fait que la société a pu trouver de nouveaux partenaires durant la période de préavis[511], bien que cette seule constatation ne permette pas de démontrer l'absence de brutalité de la rupture (voir § 1120 et suivants).

2. Les circonstances ayant conduit à la situation

394. La situation de dépendance peut aussi être la conséquence d'une participation plus active de la seule société [X], si bien qu'un tel constat s'oppose à la démonstration d'un état de dépendance économique afin de justifier un préavis plus long. Tel est le cas par exemple de la société qui après avoir été alertée sur son état de dépendance par la société [A] elle-même lui avait alors répondu qu'elle en avait conscience, mais que ce problème ne concernait que sa stratégie propre[512].

395. De même, la dépendance peut être la conséquence de choix industriels quand, par exemple[513], le fournisseur avait cédé un site de production et ne pouvait diversifier sa clientèle sur le site restant en raison d'une clause de non-concurrence. Une diversification aurait néanmoins été possible ensuite, mais elle aurait nécessité des investissements, rendus difficiles par la distribution des réserves financières par la société [X] elle-même. Finalement, ce sont les propres décisions du fournisseur qui ont conduit à ce que sa relation avec [A] constitue l'essentiel de ses débouchés, ces éléments ayant en définitive permis au juge d'écarter l'état de dépendance économique.

§6. L'analyse poly-factorielle

396. Il n'est pas toujours possible d'isoler très précisément l'incidence quantitative de tel ou tel facteur sur la détermination de la durée de préavis raisonnable. En effet, dans un certain nombre de décisions, les effets des différents facteurs ont été considérés globalement sans que l'incidence de chacun d'entre eux ait pu être isolée. Ainsi, les décisions suivantes ont pour but d'illustrer cette pratique consistant à prendre en compte de manière globale une combinaison de facteurs en plus de l'ancienneté des relations commerciales :

- 5 mois pour une relation de 4 ans[514] : la relation représentait 50% de l'activité de [X], dans le secteur des grues au sein duquel la société [A] constituait un des principaux fournisseurs ;
- 6 mois pour une relation de 3 ans[515] : la relation représentait 35% de l'activité de [X], dans le secteur de la distribution de matériel informatique. Le délai correspondait au

---

[510] CA Paris du 30 mai 2012 RG n°10/15081.

[511] CA Pau du 9 février 2012 RG n°09/02376.

[512] CA Rouen du 26 mai 2005 RG n°04/04404.

[513] TC Lille du 12 janvier 2012 RG n°2011/03836.

[514] CA Lyon du 30 avril 2004 RG n°07/00791.

temps jugé nécessaire à la société [X] pour compenser la perte du marché algérien du fait de la réorganisation de [A], ou bien pour s'implanter dans le pays en répondant aux critères de sélection de [A] ;

- 1 an pour une relation de 18 ans[516] : la relation représentait 32% de l'activité de [X], dans le secteur de l'édition ;
- 1 an pour une relation de 23 ans[517] : la relation représentait 50% de l'activité de [X], dans un secteur spécifique du fait d'une saisonnalité importante (vente de matériel agricole) ;
- 9 mois pour une relation de 10 ans[518] : la relation représentait l'essentiel de l'activité de [X], sans qu'il soit démontré un état de dépendance économique. Du fait de la saisonnalité de l'activité - fabrication à façon de produits textiles de luxe avec deux saisons par an -, la date de la rupture ne permettait pas à la société [X] de poursuivre son activité dans des conditions raisonnables, et ce, d'autant qu'elle ne disposait que d'un nombre limité de clients afin de réorienter son activité. Enfin le contexte de la relation commerciale était particulier du fait d'une part de l'existence de problème qualité (en revanche pas suffisamment graves pour justifier l'absence de préavis), et d'autre part en raison du comportement de la société [X] qui s'est immédiatement mise en sommeil après la notification de rupture et a licencié son personnel et vendu son matériel de production, annulant toute chance d'un redéploiement de son activité ;
- 10 mois pour une relation de 25 ans[519] : la relation représentait 25% environ de l'activité de [X], et nécessitait du fait de la spécificité des missions, la mise en place d'une équipe spécialisée de quatre personnes ;
- 6 mois pour une relation de 7 ans[520] : la relation représentait 36% de l'activité de [X], dans un secteur dominé par des accords de distribution exclusive (distribution de cartes et de convertisseurs numériques) ;
- 6 mois pour une relation de 18 mois[521] : la relation représentait une part importante de l'activité de [X] dans un contexte où les équipements automobiles évoluent rapidement, peu de références ayant une durée de vie supérieure à 3 ans, et où le planning d'approvisionnement était calculé avec un délai de trois mois (le délai de préavis devant nécessairement être plus long) ;

---

515 CA Paris du 7 décembre 2007 RG n°05/10897.

516 CA Paris du 22 janvier 2009 RG n°07/05197.

517 CA Paris du 6 mai 2009 RG n°07/04848.

518 CA Paris du 3 juillet 2009 RG n°06/10552.

519 CA Lyon du 8 octobre 2009 RG n°07/07766.

520 CA Rennes du 3 novembre 2009 RG n°08/07491.

521 CA Rouen du 26 mai 2005 RG n°04/04404.

- 1 an (avant doublement s'agissant de MDD) pour une relation de 12 ans[522] : la relation représentait plus de 30% de l'activité de [X] et les produits présentaient un caractère saisonnier (clôture électrique pour l'élevage) ;

§7. Illustrations de préavis octroyés plus importants

397. Dans certains cas, le délais de préavis initialement accordé par la société auteure de la rupture était relativement important, et a pu à ce titre être jugé comme suffisant. Cependant, il ne représente pas nécessairement le seuil minimal de durée raisonnable de préavis, la juridiction n'ayant pas eu à déterminer un préavis *ex nihilo*, mais seulement à se prononcer sur le caractère suffisant de celui qui avait été octroyé.

398. Ainsi, dans les exemples suivants, donnés à titre d'illustration, le délai de préavis est supérieur ou égal à la durée de préavis raisonnable qu'il aurait convenu de respecter, et ils sont donc relativement conservateurs vis-à-vis de l'entreprise victime de la rupture[523] :

- Un préavis de deux saisons, soit un an, pour une relation commerciale de 10 ans, dans le secteur de la publication d'ouvrages à vocation pédagogique par des éditeurs spécialisés est suffisant, le marché étant concurrentiel et caractérisé par une substituabilité importante de l'offre[524] ;
- Un préavis de deux saisons (*i.e.* une année), pour une relation commerciale de 10 ans, au bénéfice d'un magasin vendant de manière non exclusive une marque de produit dans le prêt à porter est suffisant, dans la mesure où le revendeur dispose de la faculté de répartir ses besoins supplémentaires sur ses autres fournisseurs, ne vendant pas que la marque [A][525] ;
- Un préavis de neuf mois pour une relation commerciale de 3 ans était suffisant s'agissant de prestations de communication[526] ;
- Un préavis de 7 mois pour une relation de 5 ans était suffisant dans le secteur de la maintenance informatique, et ce, d'autant que la société [A] avait proposé de le prolonger de 6 mois ce que la société [X] avait refusé[527].

---

522 CA Angers du 24 janvier 2006 RG n°05/00067.

523 En d'autres termes, il n'est pas impossible que sous certaines conditions une juridiction estime que l'octroi d'un préavis plus court puisse être raisonnable.

524 CA Grenoble du 26 mars 2009 Jurisdata n°2009-380178.

525 CA Paris du 12 juin 2008 RG n°06/04647.

526 CA Paris du 3 juin 2009 RG n°07/13983.

527 CA Paris du 25 février 2009 RG n°07/08331.

Section 3.
La forme du préavis

399. De manière générale, il est tout d'abord nécessaire que la notification de préavis soit réalisée dans les formes que ce soit quant à son support (1) ou à l'entité qui notifiera le préavis (2). Elle doit aussi contenir un certain nombre d'informations univoques (3), ce qui aura une incidence sur la détermination du point de départ à prendre pour le préavis (4).

400. Les points abordés ci-après concernent toutes les relations commerciales à l'exception des appels d'offres, lesquels font l'objet d'une partie particulière en raison de leurs spécificités (voir § 604 à 607).

§1. Quel doit être le support de la notification ?

A. Un écrit en recommandé est préférable

401. Il est essentiel que la forme de la notification de rupture soit respectée, car dans le cas contraire, le délai de préavis ne court pas, et la rupture sera alors être considérée comme brutale. A ce titre, seule une notification signifiant explicitement la rupture, comme un courrier de résiliation par exemple[528], est susceptible de faire courir le délai de préavis.

402. De manière générale, il paraît préférable de notifier la rupture par un courrier en recommandé sans quoi la réception par [X] de la notification peut être discutée, et éventuellement ne pas être démontrée faute d'éléments suffisants[529]. A titre d'illustration, les moyens de notification suivants n'ont pas pu faire courir le délai de préavis : un fax ne contenant qu'une menace de rupture[530], la mention de la rupture à venir lors d'une réunion sans autre indication[531], un appel téléphonique[532], la seule attestation d'un salarié de la société [A][533].

403. De même, le fait que les sociétés soient en cours de négociation et ne parviennent finalement pas à se mettre d'accord ne constitue pas non plus une notification de rupture pouvant justifier l'absence de préavis, et ce quand bien même le ton était très dur entre les deux sociétés, l'une d'elles ayant menacé de rompre les relations commerciales[534], ou si

---

528 CA Douai du 8 septembre 2005 RG n°04/01257.

529 CA Caen du 29 octobre 2009 RG n°08/01874.

530 TC Périgueux du 5 avril 2004 n°2001-008859.

531 CA Paris du 24 janvier 2008 RG n°06/02920.

532 CA Amiens du 9 mai 2006 RG n°05/01540.

533 CA Paris du 10 octobre 2013 RG n°12/02547.

534 CA Lyon du 19 novembre 2009 RG n°09/04247.

des éléments de contexte rendaient prévisible la fin des relations commerciales[535]. Suivant la même logique, la seule contestation des modalités contractuelles servant à la détermination du prix[536], ou du prix lui-même[537] ne constitue pas une notification de rupture des relations commerciales.

B. La preuve de l'information sur le terme de la relation peut être apportée par tout moyen

404. Néanmoins, si la preuve est apportée au tribunal que la société [X] avait cherché, avant la date de la notification écrite, à nouer de nouvelles relations auprès de concurrents de [A], ce constat peut tout de même être pris en compte[538]. Il n'est donc pas obligatoire d'envoyer un courrier en recommandé signifiant expressément la fin de la relation commerciale étant donné la nécessité de donner une certaine souplesse aux relations commerciales.

405. A titre d'illustration, si la société [X] a été informée du projet de son partenaire, et que ce projet ne pouvait que signifier la fin de leur relation commerciale, alors cette notification peut être jugée suffisante[539]. Dans le même esprit, la volonté de la société de mettre fin aux relations commerciales a pu être démontrée par des attestations concordantes et précises de salariés[540], ou par un courrier non recommandé mais dont l'existence n'avait pas été contestée[541], ou encore par la lettre de licenciement d'un de ses responsables justifiée par la perte du marché avec leur client le plus important[542].

406. Il est aussi possible de procéder à la notification par courrier électronique même si le cocontractant conteste avoir reçu le message. Le directeur des systèmes d'information de la société [A] avait en effet attesté que le contenu des messageries électroniques étant archivé et conservé dans les systèmes informations de la société dans des conditions de nature à en garantir l'authenticité et l'intégrité, il était possible de restituer les deux courriels litigieux via l'outil « *EmailXtender* »[543].

407. Dans ces différents cas, ces éléments circonstanciés ont pu démontrer que la société victime de la rupture avait bien été informée de la fin prochaine de la relation commerciale. Toutefois, il paraît préférable, afin d'éviter toute ambigüité, d'envoyer une notification sous la forme d'un courrier recommandé avec accusé de réception, notamment car cela permet la prise en compte d'une date univoque pour le délai de préavis.

---

535 TC Roubaix Tourcoing du 12 février 2004 RG n°A2/1031.

536 CA Grenoble du 7 mai 2008 RG n°06/04126.

537 CA Versailles du 2 février 2006 RG n°04/09265.

538 TC Bobigny du 9 avril 2004 RG n°2001F01412.

539 CA Nancy du 11 février 2004 RG n°00/02960 ; Cass. Com. du 7 avril 2009 Pourvoi n°08-11.572.

540 CA Toulouse du 26 janvier 2010 RG n°08/03208.

541 CA Bordeaux du 12 avril 2010 RG n°08/06989.

542 CA Versailles du 26 mars 2013 RG n°11/08801.

543 CA Paris du 5 juillet 2013 RG n°11/14054.

§2. Qui peut notifier le préavis ?

408. Dans la plupart des cas, le préavis est émis par la société co-contractante avec la société [X], ou en l'absence de contrat régissant la relation commerciale, celle réalisant les commandes ou fournissant les produits.

409. Pour autant, il est possible à la holding de la société [A] de notifier la rupture sous certaines conditions. En effet, l'article L. 442-6 est rédigé en termes généraux, qui ne sauraient se limiter à l'examen de la rupture uniquement par le co-contractant[544]. Plus particulièrement, dans le cas où l'activité de [X] est susceptible d'être étendue à d'autres filiales de la holding, la relation commerciale dépasse la seule exécution du contrat, si bien que la holding est dès lors tout à fait légitime à rompre elle-même la relation commerciale, agissant finalement en tant que mandataire apparent[545].

410. Dans le cadre d'une cession, si le préavis a été notifié par le cédant, mais la relation rompue par le cessionnaire en conformité à ce qui avait été signifié au préalable, alors la notification demeure valable. Si un délai suffisant été laissé au cocontractant eu égard aux caractéristiques de la relation commerciale, la rupture n'est alors pas brutale[546].

411. Indépendamment d'une cession, si une société notifie une rupture pour le compte d'une autre société, elle doit le faire apparaître très clairement et dans le cadre d'un mandat confié par l'autre entreprise. Dans le cas contraire, quand bien même les différentes sociétés soient issues d'une communauté de dirigeants et d'intérêts (en l'espèce au sein d'un centre commercial), la notification ne vaut que pour la société régulièrement représentée, et le caractère brutal d'être prononcé par rapport à la seconde relation contractuelle[547].

§3. Que doit contenir la notification de la rupture ?

A. L'information univoque de la fin programmée de la relation commerciale

412. Le préavis doit être notifié de manière claire en informant le partenaire commercial de manière univoque de la rupture de leur relation à une échéance déterminée. Ce critère est particulièrement important car il s'agit aussi d'une condition nécessaire à la validité de la notification de rupture.

---

544 CA Amiens du 9 mai 2006 RG n°05/01540.

545 CA Paris du 13 octobre 2010 RG n°09/03712.

546 CA Aix en Provence du 27 juin 2012 RG n°11/00332.

547 CA Pau du 31 août 2011 RG n°09/03608.

413. Dans le cas où la société [A] envoie un courrier à son partenaire pour lui demander son accord pour mettre fin à la relation contractuelle à une échéance déterminée, ce que [X] refuse, ce courrier ne constitue pas une notification univoque. Par conséquent, si la société [A] rompt ensuite la relation à l'échéance indiquée, le juge considère alors qu'elle a alors rompu sans préavis, et donc brutalement la relation commerciale[548].

414. De même, l'envoi de plusieurs courriers à la société [X] pour lui signifier des manquements contractuels que [A] estimait suffisants pour rompre leur relation commerciale, n'est pas nécessairement univoque si la société n'en a jamais tiré la moindre conséquence concrète, et ce, d'autant que les termes utilisés quant à la rupture étaient ambigus[549]. Par conséquent, ces lettres ne pouvaient être analysées comme une notification de rupture susceptible de faire courir un quelconque délai de préavis.

415. Dans le même esprit, si la société [A] modifie le cahier des charges de ses produits, lesquels remplaceront les produits objets de la relation, sans que le sous-traitant ne puisse atteindre le niveau des spécifications techniques demandées, il n'est pas possible de considérer que la rupture était prévisible, en l'absence d'un préavis en bonne et due forme, précisant de manière univoque la fin de la relation ainsi que son échéance précise[550].

416. La fin prévisible des relations commerciales ne peut être excipée de l'annonce par un consultant de son futur départ probable à la retraite[551], ou du fait que le cocontractant avait indiqué vouloir cesser progressivement la relation commerciale sans terme précis[552], si bien que de tels motifs sont insuffisants pour caractériser un préavis en l'absence de toute information formelle sur ce point, notamment en termes de délais.

417. Néanmoins, quand bien même la notification n'ait pas été faite dans les règles de l'art, le fait que les deux sociétés se soient adressé mutuellement des courriers univoques attestant de la fin prochaine de leur relation commerciale, peut permettre d'écarter tout caractère brutal de la rupture[553]. De même, le fait pour la société d'exiger une amélioration de la qualité de service de son partenaire (formation de l'équipe commerciale, couverture géographique) en l'absence de quoi les relations commerciales prendront fin six mois après, peut constituer une notification suffisante en l'absence de réponse appropriée de la part dudit partenaire[554].

418. La prévisibilité du terme de la relation peut aussi se déduire du fait que le cocontractant avait informé son partenaire de la mise en concurrence qui sera effectuée au moment du renouvellement du contrat. Dès lors, cela manifestant la volonté de la société de ne pas poursuivre les relations dans les conditions antérieures, la rupture était donc prévisible[555].

---

548 CA Amiens du 2 avril 2009 RG n°07/01039.

549 CA Paris du 16 février 2005 RG n°03/09634.

550 CA Versailles du 14 octobre 2010 RG n°09/05309.

551 CA Paris du 8 avril 2011 RG n°09/19991.

552 CA Lyon du 6 septembre 2012 RG n°10/05522.

553 CA Poitiers du 16 mars 2012 RG n°08/02487.

554 CA Versailles du 3 janvier 2012 RG n°10/008881.

555 Cass. Com. du 14 mai 2013 Pourvoi n°12-15.390.

Il en va de même lorsque la société informe son partenaire du passage à une procédure d'appels d'offres, sous réserve de respecter plusieurs caractéristiques (voir § 593 et suivants).

419. En définitive, la seule obligation finalement retenue par la jurisprudence est celle du caractère univoque de l'information faite à la société [X], à travers des termes clairs et transparents, de la fin programmée de la relation commerciale à une échéance déterminée.

B. La communication des motifs n'est pas requise sauf en cas de dispense de préavis

420. De manière générale, il n'est pas nécessaire à la société rompant les relations commerciales de se justifier[556]. En conséquence, la pertinence du motif est sans incidence sur l'appréciation du caractère brutal de la rupture[557], de même que l'absence de reproches antérieurs à la notification de rupture[558].

421. En revanche, les motifs de la rupture doivent être communiqués à [X] si la société [A] invoque les dispositions particulières permettant la dispense de préavis (voir § 439 à 449). Dans ce cas, les manquements devront être notifiés à la société prétendument fautive, si possible là encore en recommandé, afin de prouver que cette dernière les ait bien reçu[559]. Si les manquements n'ont pas été notifiés par écrit par la société auteure de la rupture, cette dernière ne saurait s'en prévaloir pour mettre fin brutalement à la relation[560]. Pour autant, il n'est pas indispensable que les motifs soient expressément mentionnés dans la notification de rupture pourvu que la société [X] en ait été informée au préalable[561].

§4. Quel est le point de départ du préavis ?

422. Dans l'hypothèse où la notification de la rupture ait été faite de manière univoque et dans les formes par la société légitime à agir, le préavis commence dès la réception de la notification, peu importe que des échanges aient eu lieu auparavant dans la mesure où le terme de la relation n'avait pas été clairement indiqué[562].

423. Le point de départ du préavis ne peut en revanche pas être rétroactif par rapport à la date de la notification[563].

---

556 CA Versailles du 14 octobre 2004 RG n°03/04512 CA Montpellier du 21 septembre 2004 RG n°02/02738 ; CA Aix en Provence du 19 novembre 2004 RG n°02/00148.

557 CA Versailles du 5 décembre 2007 RG n°07/05922 et 07/06396.

558 CA Lyon du 8 janvier 2009 RG n°07/07870.

559 CA Caen du 29 octobre 2009 RG n°08/01874.

560 CA Versailles du 2 février 2006 RG n°04/09265 ; CA Paris du 8 janvier 2009 RG n°06/22199 ; CA Paris du 2 juillet 2009 RG n°06/08865 ; CA Caen du 29 octobre 2009 RG n°08/01874 ; CA Douai du 8 septembre 2005 RG n°04/01257 ; CA Colmar du 10 mars 2009 RG n°07/03601.

561 CA Angers du 31 janvier 2006 RG n°05/00390.

562 CA Paris du 10 avril 2013 RG n°12/19944.

563 CA Paris du 7 mars 2012 RG n°09/15757.

424. Si des échanges ont eu lieu entre les parties, la date à prendre en compte est celle à partir de laquelle il est raisonnablement certain que la société [X] ne pouvait ignorer la fin de la relation commerciale. Si la société a alerté son partenaire plusieurs années avant la rupture des relations, cela l'avertit de la nécessité de diversifier sa clientèle, mais ne constitue pas pour autant un préavis, en l'absence de terme précis quant à la fin de la relation commerciale[564]. Suivant toujours ce principe de transparence, si la société [A] a envoyé une première notification de rupture, puis que les relations se sont poursuivies, et qu'elle envoie alors une postérieurement une second notification, la date à prendre en considération est celle de la deuxième notification, et ce, au regard de l'ensemble de la relation commerciale[565].

425. Enfin, la défiance réciproque dans laquelle peuvent s'être installés les deux partenaires commerciaux peut être prise en compte pour considérer que la société ne pouvait ignorer l'arrêt prochain de la relation commerciale. Dans le cadre de certaines activités, comme dans le secteur agricole par exemple, les volumes de précommandes peuvent constituer un indicateur important, afin d'assurer une visibilité au fournisseur. Dans une affaire[566], un client avait drastiquement diminué ses volumes de précommandes en les passant de 2800 à 360 tonnes. Parallèlement, bien que n'étant pas lié par une obligation de non-concurrence contractuelle, son fournisseur avait commencé à mettre en place une structure de distribution sur le territoire de son client, tout en menaçant ce dernier de réduire les délais de paiement. Dès lors, les intentions du client étaient parfaitement claires eu égard au contexte quant à sa volonté de ne pas s'engager vis-à-vis de son ancien partenaire commercial.

564 CA Paris du 24 mai 2013 RG n°13/02502.

565 Cass. Com. du 16 avril 2013 Pourvoi n°12-15.591.

566 CA Rennes du 26 octobre 2010 RG n°09/04745.

Chapitre 4
Les cas de dispense de préavis

426. L'article L. 442-6 du code de commerce prévoit que la société souhaitant rompre la relation commerciale puisse le faire sans préavis dans deux situations : « *en cas d'inexécution par l'autre partie de ses obligations ou en cas de force majeure* ». La mise en œuvre de ces dispositions particulières vise à autoriser sous certaines conditions l'absence pure et simple de préavis, et non justifier la réduction du préavis raisonnable. En effet, de deux choses l'une, soit il existe un manquement grave ou un cas de force majeure justifiant l'absence de préavis, soit dans le cas contraire, la société [A] doit alors laisser un préavis « *raisonnable* » à [X], et la juridiction de se prononcer alors sur sa détermination[567].

427. La charge de la preuve incombe celui qui invoque ces dispositions pour justifier l'absence de préavis, soit l'auteur de la rupture. A titre d'illustration[568], la corruption active de l'un des salariés de la société [A] par [X] peut constituer une raison suffisamment grave, mais elle doit être démontrée. En effet, dans le cas où les manquements opposés ne soient pas démontrés ou la force majeure non applicable, l'absence de préavis caractérisera dès lors le caractère brutal de la rupture[569].

428. Si certains motifs sont inopérant pour justifier l'absence de préavis (1), certains manquements sont suffisamment graves pour au contraire la justifier (2). En outre, la force majeure, lorsqu'elle est démontrée, peut utilement être invoquée pour justifier l'absence de préavis (3).

---

[567] Cass. Com. du 18 janvier 2011 Pourvoi n°10-11.611.

[568] CA Paris du 24 janvier 2008 RG n°06/02920.

[569] CA Amiens du 2 avril 2009 RG n°07/01039 – Voir aussi CA Paris du 24 janvier 2008 RG n°06/02920.

Section 1.
Les motifs inopérants

429. En l'absence de contrat, et donc de manquement contractuel, les sociétés mises en cause ont parfois tenté de justifier la rupture brutale des relations commerciales par d'autres motifs qui ont finalement été écartés.

430. Premièrement, en ce qui concerne le produit lui-même, il ne peut être opposé à un fournisseur [X] qu'il existait sur le marché des produits plus performants en termes techniques ou de prix pour justifier du caractère brutal de la rupture[570].

431. Deuxièmement, si les conditions dans lesquelles s'exerce la relation commerciale peuvent être prises en compte lors de la détermination du préavis raisonnable (voir § 344 et 346), pour autant, le fait que le climat soit délétère ne permet pas de justifier l'absence pure et simple de préavis, comme l'illustrent les motifs suivants qui n'ont pas été retenus :

- Les mauvaises relations entretenues entre les deux sociétés[571] ;
- Les divergences sur la stratégie de développement[572] ;
- Le comportement désagréable du client, faisant supporter à son fournisseur un certain nombre de coûts, sans que ce dernier n'émette de contestation ni ne menace de cesser son approvisionnement[573] ;
- Les menaces non mises à exécution par [X] qui ont été proférées après la rupture des relations commerciales[574] ;
- L'attitude offensante et raciste de l'un des employés de [X] lors d'une livraison à la société [A][575] ;
- Le fait que le cocontractant connaisse depuis de nombreuses années des difficultés rendant sa mise en liquidation judiciaire probable ne l'exonère pas de consentir un préavis[576] (voir aussi § 563 et suivants).

432. Troisièmement, il ne peut être opposé à la société [X] la faible rentabilité de l'activité de son partenaire. Dans une affaire[577], un éditeur avoir noué une relation avec une régie publicitaire pour gérer les espaces au sein de son périodique. Quand bien même la faiblesse de l'activité du périodique rendait la fin de la relation inéluctable, il appartenait à l'éditeur, en gestionnaire avisé, de donner un préavis au régisseur pour l'informer avec un

---

570 CA Nîmes du 12 février 2009 RG n°07/03631.

571 Cass. Com. du 15 mai 2007 Pourvoi n°05-19.370 ; CA Aix en Provence du 17 avril 2009 RG n°06/20859.

572 CA Paris du 18 juin 2006 RG n°07/18026.

573 CA Bordeaux du 28 février 2005 RG n°04/02643.

574 CA Rouen du 14 décembre 2006 RG n°05/03484.

575 CA Bordeaux du 5 février 2008 RG n°06/05969.

576 CA Aix en Provence du 28 juin 2012 RG n°11/00654.

577 CA Toulouse du 6 juillet 2010 RG n°08/04419.

préavis de la fin prochaine de leur relation commerciale. Dans une autre affaire[578], le fabricant avait contractualisé un prix en toute connaissance de cause et ne pouvait ensuite arguer de la faible rentabilité du marché négocié en raison de la fluctuation du marché pour justifier la rupture des relations commerciales.

433. Enfin, le fait que la branche d'activité d'un des deux partenaires ait été rachetée par une autre entreprise, ce qui a mis fin aux relations commerciales, est inopérant pour exonérer la société de consentir un préavis raisonnable de rupture[579], quand bien même le rachat ait été effectué par un concurrent de la société [A][580]. Ce constat peut toutefois conduire à réduire la durée de préavis raisonnable (voir § 325 et suivants). Plus généralement, il en va de même lorsque la rupture est la conséquence de la réorganisation de l'un des deux partenaires (voir § 557 et suivants).

434. En définitive, soit les manquements sont suffisamment graves pour justifier la rupture brutale des relations, soit ils ne le sont pas, et alors un préavis raisonnable devra être respecté. Pour cette raison, il n'est pas possible de mettre en avant des manquements supposés pour justifier de la baisse progressive du courant d'affaires[581].

Section 2.
Inexécution par la société de ses obligations[582]

435. Il est nécessaire dans un premier temps que le partenaire soit informé des manquements allégués par son partenaire rompant les relations commerciales (1) et que ces manquements soient de nature contractuelle (2). La preuve des manquements est libre (voir § 1151 et suivants), mais si les preuves censées démontrer les manquements sont déclarées irrecevables, alors tout manquement sera écarté.

436. Sur le fond, les manquements invoqués peuvent concerner plusieurs aspects de la relation commerciale : les retards de paiement (3), la qualité de la prestation ou du produit (4), le non-respect d'une exclusivité ou d'une clause de non-concurrence (5), la chute significative du chiffre d'affaires (6), le prix (7). Le juge est aussi libre d'apprécier le contexte de la relation commerciale pour déterminer si l'environnement rendait possible la poursuite des relations commerciales (9), surtout s'il existe un risque de parasitisme (8). De nombreux autres types de manquements ont pu être soulevés pour justifier l'absence de préavis, de manière légitime ou non (10).

---

578 CA Paris du 19 janvier 2012 RG n°09/23057.

579 CA Orléans du 12 janvier 2012 RG n°11/01356.

580 CA Douai du 7 décembre 2006 RG n°05/01333.

581 CA Paris du 19 septembre 2013 RG n°12/02555.

582 La rupture du contrat dans le cas de tels manquements peut aussi être prononcée sur la base de l'article 1184 du code civil.

437. Par ailleurs, les manquements contractuels ne doivent pas trouver leur origine dans une cause extérieure à la société [X], sans quoi il serait alors possible pour cette dernière de soulever l'exception d'inexécution en cas de manquements réciproques, et ils ne pourraient finalement pas justifier une dispense de préavis (11).

438. En définitive, il sera nécessaire d'apprécier les éventuels manquements, premièrement en déterminant si la faute correspond bien à une obligation, notamment au regard du contrat liant les deux sociétés, et deuxièmement, en vérifiant qu'elle présente bien un caractère suffisamment grave.

§1. Une obligation d'information

439. De manière générale, afin de démontrer le comportement loyal de la société rompant les relations commerciales, il est nécessaire que le partenaire commercial soit informé du manquement. La société susceptible d'avoir commis des manquements contractuels doit donc impérativement en être informée par la société [A][583], attestant ainsi que cette dernière, en mettant fin à la relation, a su tirer toutes les conséquences des manquements constatés[584].

440. L'information peut toutefois être faite de manière indirecte. Dans une affaire par exemple les manquements concernaient la gestion de la filiale, et bien que la notification des manquements n'ait pas été mentionnée dans la lettre de rupture, le fait que la société ait parallèlement porté plainte devant les juridictions compétentes démontrait la communication des manquements et la gravité qu'elle y attachait[585].

441. En l'absence d'une telle information au moment de la notification de la rupture, les manquements ne peuvent être invoqués pour justifier la brutalité de la rupture, et ce, quand bien même un courrier soit envoyé postérieurement[586].

442. Deux cas de figures peuvent ensuite se présenter : soit les manquements sont irréversibles et justifient la fin directe de la relation commerciale (A), soit les manquements ne sont pas irréversibles, auquel cas il paraît préférable dans un premier temps de mettre en demeure la société [X] de résoudre les problèmes, puis dans un second temps de mettre fin à la relation commerciale le cas échéant (B). En tout état de cause, il est nécessaire de démontrer un lien de causalité entre les manquements et la rupture (C).

---

583 CA Caen du 29 octobre 2009 RG n°08/01874 ; CA Nîmes du 18 octobre 2007 RG n°05/04507 ; CA Aix en Provence du 17 avril 2009 RG n°06/20859 ; CA Basse-Terre du 8 mars 2010 RG n°08/00542.

584 CA Paris du 8 janvier 2009 RG n°06/22199.

585 Cass. Com. du 18 octobre 2011 Pourvoi n°10-19.612.

586 CA Paris du 27 juin 2012 RG n°11/08525.

A. Le caractère irréversible des manquements

443. Dans l'hypothèse où les manquements soient irréversibles, il n'est pas exclu que la rupture des relations puisse être notifiée directement, sans obligation d'adresser au cocontractant une mise en demeure préalable. Dans une affaire par exemple[587], la société [A] reprochait des vols avérés à son partenaire, ce manquement étant par ailleurs expressément visé par le contrat comme permettant la rupture des relations. Dès lors que la cause visée correspond à un fait d'ores et déjà réalisé et irréversible, la cour a considéré qu'aucune mise en demeure préalable n'était nécessaire.

B. La mise en demeure préalable

444. Si les manquements ne présentent pas un caractère irréversible, il est alors nécessaire d'adresser une mise en demeure au cocontractant. Dans ce cas, le document doit comporter une échéance[588] et avertir solennellement le cocontractant des risques encourus quant à la pérennité du contrat s'il ne remédie pas aux manquements contractuels dénoncés[589]. Dans le cas contraire, une telle mise en demeure n'est pas opposable.

445. En pratique, il paraît préférable de notifier les manquements à la société prétendument fautive en recommandé afin de prouver que cette dernière les ait bien reçu[590]. Si les manquements n'ont pas été notifiés par écrit, la société [A] ne saurait s'en prévaloir pour mettre fin brutalement aux relations commerciales[591], car il est impératif qu'existe un lien de causalité entre les manquements et la rupture. Le fait que la possibilité de suspendre la relation en cas de violation d'une obligation soit expressément prévue par le contrat ou les conditions générales de vente n'exonère pas la société de procéder à une notification en l'espèce au moins par e-mail[592].

446. L'obligation d'informer le cocontractant des manquements et de le mettre en demeure d'y mettre fin est d'autant plus nécessaire qu'elle est expressément prévue au contrat, d'autant qu'en l'espèce elle prévoyait même un délai pour la société mise en demeure de rectifier le problème[593]. Elle peut aussi être prévue par un texte réglementaire, par exemple dans le cadre d'un emprunt bancaire, la banque devant notifier la nécessité de régulariser la situation 60 jours avant la décision de rompre les relations[594].

---

587 CA Versailles du 16 octobre 2012 RG n°11/02311.

588 CA Paris du 12 septembre 2013 RG n°11/20191.

589 CA Paris du 28 juin 2013 RG n°12/01138.

590 CA Caen du 29 octobre 2009 RG n°08/01874.

591 CA Versailles du 2 février 2006 RG n°04/09265 ; CA Paris du 8 janvier 2009 RG n°06/22199 ; CA Paris du 2 juillet 2009 RG n°06/08865 ; CA Caen du 29 octobre 2009 RG n°08/01874 ; CA Douai du 8 septembre 2005 RG n°04/01257 ; CA Colmar du 10 mars 2009 RG n°07/03601.

592 CA Paris du 16 novembre 2011 RG n°11/12595.

593 CA Paris du 14 juin 2012 RG n°11/11350.

594 Article L. 313-12 du code monétaire et financier – CA Montpellier du 20 novembre 2012 RG n°11/06281.

447. En définitive, il importe peu que les circonstances justifient la rupture, il est surtout nécessaire que des manquements en justifient la brutalité[595]. A ce titre, il appartient au juge d'apprécier la gravité de la faute, et le fait que le contrat indique que toute violation des obligations relève d'un faute grave n'étant pas suffisant[596].

C. Le lien de causalité entre les manquements et la rupture

448. La société [A] ne peut s'appuyer sur des manquements dont elle n'a eu la preuve que postérieurement à rupture des relations commerciales[597], car dans ces conditions, le lien de causalité entre le manquement et la décision de rompre ne peut être démontré. Par exemple[598], elle ne peut mettre en avant des analyses réalisées après la rupture des relations pour attester d'un problème qualité, sans quoi il est probable que ces problèmes ne constituent pas la cause réelle de la rupture de la relation commerciale.

449. Elle ne peut pas plus s'appuyer sur des manquements prétendument anciens dont elle n'a tiré aucune conséquence à l'époque[599], ni sur des manquements survenus le jour de la notification de la rupture, ce qui n'a pas laissé le temps nécessaire à son partenaire pour y répondre[600]. A plus forte raison, elle ne peut pas mettre en avant des manquements contractuels alors que son courrier de notification de la rupture indiquait que la rupture n'était pas motivée par la qualité des prestations de la société [X][601].

§2. La nécessité d'un contrat

A. L'obligation doit être prévue par un contrat

450. Si un contrat n'est pas indispensable pour démontrer le caractère établi de la relation commerciale, en revanche, le manquement allégué ne peut être opposé qu'au support d'une clause qui prévoit l'obligation, ce qui implique l'existence d'un contrat. Dans le cas contraire, le manquement ne peut pas être opposable pour justifier l'absence de préavis[602].

451. Tel n'est pas le cas par exemple d'un fournisseur reprochant à son distributeur une prise de contrôle par l'un de ses concurrents, alors qu'aucune disposition du contrat ne limitait

---

595 CA Nîmes du 21 avril 2005 RG n°03/00331.

596 CA Toulouse du 11 septembre 2012 RG n°11/00420.

597 CA Paris du 2 juillet 2009 RG n°06/08865 ; CA Angers du 7 décembre 2004 RG n°03/01331.

598 CA Nîmes du 18 octobre 2007 RG n°05/04507.

599 CA Angers du 7 décembre 2010 RG n°09/02413.

600 CA Versailles du 29 novembre 2011 RG n°10/08144.

601 CA Paris du 16 juin 2011 RG n°09/28449.

602 CA Paris du 12 septembre 2012 RG n°10/04096.

la capacité du distributeur dans la gestion de son capital[603], ni la sous-location par le locataire d'une partie du bien en l'absence d'interdiction[604].

452. Dans une autre affaire[605], le partenariat avait pour finalité la commercialisation d'un nouveau produit (une bouteille de gaz), mais le produit finalement élaboré ne pouvait être commercialisé en raison d'une disposition réglementaire, [X] n'ayant commis aucun manquement contractuel. En conséquence, et bien qu'il fût avéré que la relation ne pouvait de ce fait perdurer, le distributeur [A] aurait dû laisser un préavis raisonnable à son fournisseur.

B. Le contrat doit être valable et en cours

453. De plus, il est nécessaire que le contrat soit valable et donc accepté par les deux partenaires pour que les manquements puissent être invoqués. Dans une affaire par exemple[606], le fournisseur [A] avait décidé de réorganiser son réseau de distribution, et dans ce cadre, avait proposé à son client [X] un contrat. Si ce contrat présentait effectivement un certain nombre d'obligations nouvelles, elles ne pouvaient être opposées que si la société [X] signait le contrat. Or comme ce n'était pas le cas, seul l'ancien contrat régissait la relation commerciale, et ce d'autant que dans les faits, les anciennes modalités contractuelles avaient continué de s'appliquer pendant deux ans jusqu'à la rupture. Les obligations en cause n'apparaissant pas dans l'ancien cadre contractuel, les manquements invoqués par la société [A] ne pouvaient dès lors justifier la rupture des relations commerciales avec son client.

454. Réciproquement, les obligations mises en cause devant concerner le contrat en cours, une société [A] ne peut invoquer des manquements antérieurs au regard d'un ancien contrat[607].

§3. Les retards de paiement

455. Les délais de paiement constituent un paramètre essentiel de l'économie du contrat, de telle sorte que leur brusque modification sans justification objective peut être qualifiée en rupture brutale de relation commerciale (voir § 158 à 164, et 200). Ainsi, afin d'assurer la pérennité de son activité, il est nécessaire que le fournisseur soit rémunéré par son client dans des délais raisonnables, et notamment ceux convenus, sans quoi la relation commerciale ne saurait prospérer. Le fait que le client [X] accumule des retards de paiement si-

---

603 CA Douai du 29 septembre 2005 RG n°04/00265 et 04/0003.

604 CA Paris du 14 juin 2012 RG n°11/11350.

605 CA Douai du 26 février 2008 RG n°06/06140.

606 CA Lyon du 24 janvier 2008 RG n°06/06998.

607 CA Paris du 3 juillet 2009 RG n°06/10552.

gnificatifs peut donc justifier la rupture brutale des relations commerciales[608], ou le fait de conditionner la délivrance de nouvelles commandes au paiement par son client des livraisons antérieures[609], et ce d'autant que cette faculté est expressément prévue dans le contrat[610].

A. Conditions pour que ce manquement puisse justifier l'absence de préavis

456. Afin que les retards de paiements puissent justifier l'absence de préavis, il est nécessaire que plusieurs conditions soient remplies.

457. Premièrement, il est nécessaire que la responsabilité de ces manquements soit seulement imputable à la société [X]. Dans le cas où ces retards soient dus au contexte de négociation de la durée de préavis par exemple[611], ou bien à l'historique du partenariat existant entre les deux partenaires[612], ou encore à l'absence de livraison de nouvelles marchandises[613], ils sont insuffisants pour justifier l'absence de préavis.

458. Les retards de paiement peuvent aussi être la conséquence de la modification unilatérale des délais de paiements par l'une des sociétés, laquelle peut modifier l'économie du contrat (voir § 150 et suivants). La société ne pourra dès lors invoquer des dépassements de délais de paiement pour caractériser des manquements, les dépassements découlant directement de son propre comportement. Dans une affaire par exemple[614], le fournisseur ne se conformait pas aux commandes passées par son client dépositaire et diffuseur de presse, mais livrait davantage de produits, de telle sorte que le stock avait augmenté de 30%. Le fournisseur n'était donc pas fondé à opposer les retards de paiement consécutifs à cette situation pour justifier l'absence de préavis, et ce, d'autant qu'il n'avait pas mis en œuvre les dispositions contractuelles permettant la rupture à l'époque des incidents de paiement.

459. Deuxièmement, les retards doivent être significatifs. Tel n'est pas le cas par exemple d'un retard de paiement particulier qui ne représente que 2,8% du courant d'affaires entre les deux partenaires[615], ou du retard de paiement d'une unique mensualité[616]. Inversement, si les retards sont répétés depuis plusieurs mois[617], voire ont donné lieu à de fastidieux échanges[618], le fournisseur est fondé à rompre sans préavis la relation.

---

608 CA Montpellier du 22 janvier 2008 RG n°06/7448 ; CA Lyon du 29 mai 2008 RG n°07/04657 ; CA Reims du 9 août 2005 RG n°04/00771.

609 CA Paris du 12 juin 2008 RG n°06/04647.

610 CA Aix en Provence du 19 avril 2012 RG n°08/17005.

611 CA Paris du 15 mai 2008 RG n°06/17024 ; CA Besançon du 14 juin 2006 RG n°04/00674.

612 CA Paris du 25 novembre 2010 RG n°09/12159.

613 CA Paris du 4 décembre 2013 RG n°12/01163.

614 CA Nancy du 22 mars 2006 RG n°04/01069.

615 CA Versailles du 5 mai 2011 RG n°10/00442.

616 CA Douai du 11 avril 2013 RG n°12/02678.

617 CA Paris du 15 mai 2013 RG n°09/24687.

618 CA Grenoble du 15 décembre 2011 RG n°09/03407.

460. Troisièmement, le litige ne doit pas avoir été antérieurement soldé par un accord entre les parties. Dans le cas contraire, le fournisseur ne peut invoquer de manquements contractuels ayant accepté un échéancier, et dans la mesure où ce dernier a été respecté[619].

461. Quatrièmement, l'invocation des manquements doit être légitime, et ne doit pas être due à la volonté d'une des parties de rompre les relations commerciales. Dans une affaire par exemple[620], le véritable motif de la rupture était la volonté du fournisseur d'assurer lui-même la commercialisation de ses produits, si bien que de simples retards de paiement non précédés de mise en demeure ont été jugés insuffisants pour justifier l'absence de préavis.

462. Cinquièmement, il peut être nécessaire que le créancier envoie a minima une mise en demeure à la société [X] connaissant des retards de paiement[621], et ce, surtout si la relation s'est étalée sur de nombreuses années[622].

463. En définitive, les retards de paiement ne doivent pas être la conséquence de la modification de l'économie du contrat par [A] (voir § 540 à 542), sans quoi ils ne peuvent être opposés pour justifier la fin de la relation commerciale.

B. Exemples de cas où les retards étaient suffisamment graves

464. Le non-paiement des échéances dues au franchiseur, alors même que ce dernier avait demandé des justifications[623], ou le non-paiement des échéances dues d'un prêt bancaire[624] peuvent être considérés comme suffisants pour justifier la rupture des relations commerciales.

465. A titre d'illustration[625], si le retard de paiement oscille entre trois mois et plus d'un an sans que les factures aient fait l'objet d'une quelconque contestation de la part du client, le fournisseur peut alors rompre brutalement les relations commerciale, s'évitant ainsi par l'absence de préavis le risque de nouveaux impayés. Dans une autre affaire[626], le niveau de la dette du client vis-à-vis de son fournisseur avait significativement augmenté en doublant en l'espace de deux ans, sachant que l'activité de ce client était structurellement déficitaire, si bien que ces conditions avaient pu justifier la brutalité de la rupture. Dans une autre affaire la dette représentait environ 15% du courant d'affaires sans qu'aucune

[619] CA Paris du 8 septembre 2011 RG n°10/11197 ; CA Paris du 3 juin 2010 RG n°08/06805.

[620] CA Nîmes du 24 janvier 2013 RG n°11/02953.

[621] CA Montpellier du 7 septembre 2010 RG n°09/04495.

[622] CA Versailles du 10/06/2010 RG n°09/00298.

[623] CA Versailles du 3 juin 2010 RG n°07/04939 ; CA Paris du 16 novembre 2011 RG n°09/11401.

[624] CA Rouen du 22 septembre 2011 RG n°10/05429.

[625] CA Rouen du 25 janvier 2007 RG n°05/03467 – Voir aussi CA Aix en Provence du 26 mars 2010 RG n°08/00864.

[626] CA Aix en Provence du 12 janvier 2007 RG n°04/21716.

justification ne soit apportée par le débiteur[627]. Enfin dans une autre affaire le montant d'encours avait triplé sans accord aucun[628].

466. La dispense de préavis est d'autant plus admise que le contrat prévoyait la possibilité de résiliation à tout moment en cas de manquement à une obligation essentielle et que l'obligation de paiement figurait parmi ces obligations essentielles[629].

467. En l'absence de la démonstration de l'acceptation par le cocontractant d'un allongement des délais de paiement, que ce soit par un accord écrit ou par l'historique des paiements effectifs, ce dernier est alors fondé à rompre brutalement les relations commerciales en cas de dépassements significatifs[630].

468. Dans le cas où un accord entre les parties ait été conclu, la dispense de préavis peut aussi être légitime si le client [X] ne respecte pas l'échéancier qui lui a été fixé comme contre-partie à la poursuite des relations. En l'espèce[631], le dépositaire de véhicule [X] avait augmenté son encours de manière significative, ce qui était contraire à l'engagement pris auprès de son fournisseur pour permettre le maintien du contrat de dépôt. Se trouvant à l'origine de la rupture du fait du non-respect de son engagement, le dépositaire ne pouvait reprocher à son fournisseur la rupture brutale de leur relation.

§4. La qualité de la prestation ou du produit

A. Conditions pour invoquer de tels manquements

1. La démonstration de la réalité des manquements

469. Il est nécessaire que l'obligation apparaisse clairement dans les stipulations contractuelles, ne pouvant être excipée en l'absence de documents dûment acceptés par les deux partenaires commerciaux. Tel est le cas par exemple d'une obligation imposant la fourniture de palettes comportant un taux d'humidité inférieur à 30% alors que le cahier des charges auquel il est fait référence pour justifier l'obligation n'a pas été produit aux débat[632].

470. Comme pour tout manquement, si des problèmes de qualité sont invoqués par une société pour rompre brutalement la relation commerciale, la charge de la preuve lui incombe. Dans un certain nombre de cas, le manquement a ainsi été écarté faute de preuve tangible par la société [A][633]. A ce titre, le fait par exemple que le client n'ait jamais exprimé de

---

627 CA Metz du 22 février 2011 RG n°09/02382.

628 CA Paris du 30 octobre 2013 RG n°11/05390.

629 CA Paris du 14 octobre 2009 RG n°07/19854.

630 CA Aix en Provence du 16 mai 2012 RG n°10/21081.

631 CA Nancy du 23 novembre 2005 RG n°04/03710.

632 CA Rennes du 22 mars 2013 RG n°10/08702.

633 CA Paris du 12 novembre 2008 RG n°07/1785 ; CA Versailles du 25 février 2010 RG n°08/09721 ; CA Aix en Provence du 26 mars 2010 RG n°08/01077.

réserves lors de la réception des produits peut rendre délicat l'invocation ultérieure de manquements pour justifier l'absence de préavis[634]. Quand bien même elle ait exprimé des réserves à la réception des marchandises, si aucun grief précis n'établit la violation d'obligations contractuelles, la dispense de préavis peut être écartée[635].

471. En revanche, le fait que les prestations de la société [X] soient unanimement reconnues par ses clients comme étant de mauvaise qualité peut aussi être utilisé. Dans une affaire[636], les clients de la société [A] allaient jusqu'à refuser que la société [X] intervienne sur les chantiers, étant donné le nombre de malfaçons et de non-façons constatés, des problèmes ayant notamment été constatés sur des installations de gaz, ce qui présentait des risques très importants eu égard à la nature du produit. Dans une autre affaire[637], la prestation de la société [X] consistait à procéder à des tournées quotidiennes, mais il existait des retards importants, souvent supérieurs à 20%. Des constats d'huissier peuvent être utilement versés afin d'établir l'existence des manquements qualité invoqués[638].

472. Les problèmes qualité peuvent aussi être établis à travers le pourcentage d'avoirs consentis à ce titre par le partenaire commercial. Pour autant, si le pourcentage est très faible comparativement au volume d'affaires global entretenu entre les deux sociétés, les manquements ne seront vraisemblablement pas assez graves pour justifier l'absence de préavis[639].

2. La société [X] à l'origine des manquements

473. Il est nécessaire que les manquements aient pour seule origine la société victime de la rupture, sans quoi leur invocation ne saurait prospérer. Dans une affaire par exemple[640], le fabricant avait déconseillé la solution technique retenue par le client, maintenue finalement par ce dernier. Dès lors, les troubles résultant des non-conformités constatées incombaient aux deux partenaires. De plus, les manquements tirés du non-respect de la nouvelle charte graphique ne pouvaient pas plus justifier l'absence de préavis, le client n'ayant pas démontré avoir communiqué au préalable la dite charte au fabricant.

3. Le lien de causalité entre manquements et rupture

474. Pour justifier l'absence de préavis, les problèmes de qualité doivent être liés à la rupture des relations commerciales, et le lien de causalité entre les deux d'apparaître clairement.

475. Il est donc nécessaire à la société [A] d'informer son cocontractant, et ce, en préalable à la rupture. L'utilisation d'un constat ou d'une expertise contradictoire peut constituer en

---

634 CA Poitiers du 13 janvier 2012 RG n°10/02711.

635 CA Paris du 16 mai 2012 RG n°10/21704.

636 CA Rennes du 20 janvier 2009 RG n°08/04115.

637 CA Rennes du 26 janvier 2010 RG n°09/01888.

638 CA Paris du 4 juillet 2013 RG n°11/18696.

639 CA Nîmes du 13 septembre 2012 RG n°11/01434.

640 CA Paris du 19 septembre 2013 RG n°12/02555.

pratique un moyen de preuve suffisant pour attester des manquements contractuels liés à la qualité[641].

476. Par conséquent, des problèmes qualité très antérieurs à la décision de rupture ne peuvent être invoqués pour justifier l'absence de préavis si la société n'en avait tiré aucune conséquence ou s'ils avaient été traités. Tel peut être le cas par exemple si les problèmes avaient été réglés un an avant la rupture des relations commerciales[642], ou si la société avait adressé plusieurs réclamations sans avoir jamais tiré aucune conséquence concrète, la relation commerciale demeurant stable[643].

477. Des problèmes pris tout au long de la relation commerciale ne sont pas plus opposables dans la mesure où la société [X] avait toujours donné une suite favorable aux réclamations en fournissant des produits conformes ou des avoirs, sans que la société [A] ne manifeste sa volonté de mettre fin aux relations commerciales[644].

478. La baisse de la qualité de la prestation doit aussi être extérieure au comportement de la société rompant les relations commerciales. Cette dernière ne peut par exemple invoquer une impression de moindre qualité, alors que cela résulte de ses propres spécifications en vue de baisser les coûts[645].

4. Le caractère irréversible des manquements

479. Il est nécessaire que les manquements soient de telle nature qu'ils empêchent la poursuite de la relation commerciale. Ils doivent donc présenter un caractère de gravité suffisant. Tel n'est pas le cas par exemple de 14 plaintes de clientes sur un total de 140 000 ventes effectuées[646], ou si un seul client s'est plaint alors que la société mise en cause était en relation avec plusieurs milliers d'annonceurs[647].

480. Par ailleurs, suite à la notification des manquements contractuels, il est nécessaire que les manquements perdurent, sans quoi les manquements ne pourront être invoqués pour justifier l'absence de préavis. Tel est le cas par exemple[648], si les produits livrés par un fabricant comportaient un vice-caché, et qu'il n'a pas été examiné si les réparations apportées par ce dernier étaient susceptibles de retirer toute gravité aux défauts invoqués.

---

641 CA Paris du 16 février 2005 RG n°03/09634.

642 TC Rouen du 18 juin 2007 RG n°2006/004895.

643 CA Paris du 16 février 2005 RG n°03/09634.

644 CA Rennes du 16 janvier 2009 RG n°08/00159 – Voir aussi CA Rouen du 24 juin 2010 RG n°09/02193.

645 CA Montpellier du 13 novembre 2012 RG n°11/08770.

646 CA Paris du 4 décembre 2013 RG n°12/01163.

647 CA Paris du 28 juin 2013 RG n°12/01138.

648 Cass. Com. du 27 novembre 2011 Pourvoi n°11-14.588.

B. Exemples de manquements liés à des problèmes de qualité

481. **Pour les produits alimentaires.** Si la société [X] livre des produits impropres à la consommation du fait du non-respect des règles élémentaires d'hygiène, ce manquement peut être suffisamment grave pour permettre la rupture sans préavis. Ce moyen a été soulevé dans une affaire mais a été écarté faute pour le demandeur d'avoir prouvé le manquement[649].

482. De même, le fait que le grammage indiqué sur l'étiquette du produit soit faux peut justifier la rupture des relations sans préavis. Il s'agit en effet d'un manquement particulièrement grave puisqu'à l'instar du caractère impropre à la consommation des produits, il est susceptible d'engager la responsabilité pénale de la société commercialisant ensuite lesdits produits en cas de contrôles des services de la DGCCRF[650].

483. **Pour les produits chimiques (traitement des eaux).** Si le produit fabriqué par le sous-traitant [X] n'est pas en mesure de remplir la fonction qu'il devrait théoriquement remplir (à savoir contrer toute pollution organique des fluides), cela peut constituer un manquement contractuel grave[651], et ce d'autant que la défectuosité avait entraîné une perte de chiffre d'affaires importante en lien avec de nombreuses plaintes de clients.

484. **Pour les produits textiles.** Dans le cas particulier du textile, il arrive souvent que les fournisseurs présentent des collections parmi lesquelles un certain nombre d'articles seront ensuite référencés par l'acheteur. Dans ce contexte, ce dernier ne peut faire valoir que la collection ne correspondait pas aux tendances de la mode, sans le justifier, pour l'utiliser ensuite comme prétexte pour rompre partiellement les relations commerciales. Dans une affaire par exemple[652], le déréférencement *de facto* engendré par le refus des collections avait ainsi entraîné une chute significative du courant d'affaires (plus de 97%), et donc une rupture brutale, peu importe que le courant d'affaires ait repris l'année suivante, puisque son niveau était encore nettement inférieur à celui des années précédentes.

485. Indépendamment du produit, le problème de qualité peut aussi être lié à la prestation en général, et notamment aux délais de livraisons au regard des exigences et des spécificités propres au secteur faisant l'objet du litige. Le secteur de la mode de luxe par exemple impose des critères très exigeants du fait notamment des impératifs de présentation des collections. Si la société [X] ne livre pas les produits commandés dans les délais impartis, la société [A] peut alors légitimement mettre fin brutalement aux relations eu égard à l'exigence intrinsèque au secteur[653].

---

[649] CA Nîmes du 18 octobre 2007 RG n°05/04507.

[650] CA Limoges du 29 novembre 2012 RG n°11/01621.

[651] CA Amiens du 24 mars 2005 RG n°04/03328.

[652] Cass. Com. 7 juillet 2004 Pourvoi n°03-11.472.

[653] CA Reims du 4 mai 2005 RG n°03/02437.

486. **Pour des produits industriels.** Dans une affaire, les problèmes qualité entraînaient des retards de production chez le donneur d'ordres. Bien qu'ayant informé son sous-traitant un an auparavant, la situation perdurait et près de 20% des produits livrés demeuraient défectueux, si bien que le donneur d'ordres était alors fondé à rompre brutalement la relation commerciale[654].

487. **Pour des produits soumis à des réglementations spécifiques.** Le fait pour une société de commercialiser des produits entrant dans la catégorie des dispositifs médicaux sans que ces derniers soient certifiés, ce qui a occasionné de nombreux litiges avec les médecins, acheteurs de ces produits, a pu être opposé pour justifier la rupture des relations commerciales[655].

488. **Pour une prestation de service en sous-traitance.** Dans le cas où le sous-traitant faisait preuve de retards chroniques dans la remises de ses études, lesquelles n'étaient pas soumises à suffisamment de contrôle interne, dans un contexte où de surcroît il s'immisçait dans la relation commerciale entre son donneur d'ordre et le client final, aggravant les relations et nuisant à la bonne exécution des marchés[656], dès lors, le donneur d'ordre était fondé à rompre les relations commerciale avec son sous-traitant.

489. **Pour des prestations de services de fourniture de logiciel.** De manière générale, si la prestation de développement est émaillée de nombreux problèmes comme par exemple, les difficultés répétées pour obtenir la communication du code source, ou encore la dégradation de la qualité des « *livrables* », le client du prestataire peut être légitime à rompre les relations sans préavis[657].

490. Plus spécifiquement, la qualité de la prestation peut aussi résider dans le respect du délai imparti prévu par le cahier des charges initial, régulièrement accepté par le prestataire, et mis en avant explicitement par le client. Si des demandes complémentaires du client ont conduit à un allongement des délais, il appartenait au prestataire d'alerter sur l'impact de ses demandes sur le respect du délai de livraison du logiciel. Le prestataire s'en étant abstenu, la faute du non-respect du délai de livraison lui incombait pleinement, et donc la responsabilité de la rupture[658].

491. Si suite à une évolution de la réglementation, le logiciel fourni par le prestataire a dû être adapté par des modules complémentaires, que ces modules fonctionnaient nonobstant le travail de saisie supplémentaire qu'ils occasionnaient, le client n'est pas fondé à rompre brutalement les relations commerciales, et ce, d'autant que les erreurs de saisies étaient notamment dues au fait que les saisies avaient été réalisées par une salariés du client non formée par le prestataire[659].

---

654 CA Paris du 12 décembre 2012 RG n°10/19186.

655 CA Paris du 14 février 2013 RG n°11/07610.

656 CA Aix en Provence du 26 mars 2010 RG n°08/00687.

657 CA Paris du 8 septembre 2011 RG n°09/03257.

658 CA Paris du 19 janvier 2011 RG n°09/14392.

659 CA Paris du 18 mars 2011 RG n°09/01033.

492. **Pour des prestations de nettoyage.** Le donneur d'ordres avait très clairement stipulé que le prestataire avait l'obligation de renseigner un carnet de suivi, afin de lui permettre de vérifier la bonne réalisation des prestations de nettoyage. Ces obligations n'ayant été que très partiellement rendues, malgré de nombreuses mises en demeures, le client était fondé à rompre les relations commerciales sans préavis[660].

493. **Pour une prestation de maintenance.** Le fait que l'outil industriel connaisse de longues périodes d'arrêt en raison de l'insuffisance des prestations de maintenance constitue un manquement grave, d'autant que l'exploitant avait préalablement mis en demeure la société de maintenance de palier aux problèmes[661].

494. **Pour une prestation de transport.** Les défaillances d'un prestataire de transport sur plusieurs livraisons peuvent constituer une faute grave dans le cas de produits frais périssables destinés à être commercialisés rapidement[662]. Il est toutefois nécessaire que les dépassements soient significatifs, si bien qu'un unique courrier faisant état d'un retard de livraison est insuffisant pour justifier l'absence de préavis[663].

495. A ce titre, le non-respect des dates prévues de livraison, dont témoignaient à la fois l'importance des reliquats de commandes au moment de la notification ainsi que des courriers de mise en demeure adressés par le client, peuvent suffire à justifier l'absence de préavis[664]. Cette approche demeure valable quand bien même ces délais ne soient pas contractualisés, par exemple si les délais de livraisons étaient exagérément tardifs, ou non-justifiés, alors même que le fabricant demandait le paiement complet de la commande litigieuse[665].

C. Exemples de manquement divers non suffisamment graves

496. Les problèmes de qualité doivent être suffisamment graves pour justifier le caractère brutal de la rupture. Tel n'est pas le cas par exemple dans les cas suivants :

- La défectuosité engendrait une manipulation un peu complexe pour le montage d'autoradios qui représentaient 4% des ventes, soit une part marginale du courant d'affaires[666] ;
- Les manquements consistaient en un taux de service irrégulier, et des délais de livraison non respectés. Cependant, le taux de service et le taux de respect des délais de li-

[660] CA Aix en Provence du 8 juin 2011 RG n°10/06587.

[661] CA Paris du 4 juillet 2013 RG n°11/18696.

[662] CA Nancy du 16 novembre 2011 RG n°11/00341.

[663] CA Lyon du 8 juin 2012 RG n°10/08175.

[664] CA Caen du 1er décembre 2011 RG n°10/02589.

[665] CA Angers du 10 janvier 2012 RG n°10/02415.

[666] CA Versailles du 2 décembre 2004 RG n°03/04269.

vraison étaient proches de 100% (en l'occurrence 94%), la société [X] fournissant des produits à une centrale d'achats dans le secteur du bricolage[667] ;

- Les produits comportaient des défectuosités pour environ 5% des produits livrés, ce qui correspondait aux limites stipulées dans le cahier des charges initial. Le donneur d'ordre ne pouvait donc se prévaloir de ces manquements dans la mesure où il n'avait pas prévu un niveau de qualité plus exigeant[668] ;
- Les défectuosités des pièces produites ne relevaient pas du fournisseur sous-traitant, mais de l'équipementier. Ce dernier ayant en outre continué à commander en toute connaissance de cause, de telles difficultés n'étaient pas opposables pour justifier l'absence de préavis[669] ;
- Des manquements ponctuels dans les livraisons de périodiques lesquels avaient donnés lieu à des mesures correctives, et une amélioration constatée par le donneur d'ordres (messagerie de presse)[670] ;
- Le problème soulevé relevait d'un vol ancien, ponctuel et isolé qui n'était au demeurant pas imputable à la société [X][671] ;
- Dans le cadre d'une prestation en communication, le fait que le client ne soit pas convaincu par le projet proposé par le prestataire malgré plusieurs propositions n'est pas suffisant pour justifier l'absence de préavis, le fait que les relations aient duré plusieurs années ayant aussi été pris en compte[672] ;
- Le taux de satisfaction client peut être un critère déterminant pour l'achat en ligne, et dans ce cadre une plateforme de vente en ligne peut inclure dans son contrat la nécessité pour le vendeur de disposer d'un taux supérieur à 90%. Pour autant, les évaluations justifiant le non-respect du critère de 90% doivent reposer sur des critères objectifs caractérisant de façon non contestable un manquement du vendeur envers ses clients. Si des problèmes apparaissent, il est donc nécessaire qu'ils soient imputables au vendeur directement et non au prestataire de transport. Par conséquent, si les « *reviews* » fournies par la plateforme ne permettent pas de vérifier l'identité des internautes, ni la teneur de leur appréciation, ils peuvent être insuffisants pour démontrer le non-respect de l'obligation contractuelle[673].

---

667 CA Paris du 24 juin 2009 RG n°09/02886.

668 CA Paris du 22 mai 2008 RG n°05/22080.

669 CA Orléans du 18 février 2010 RG n°09/01914.

670 CA Lyon du 6 avril 2010 RG n°08/06213.

671 CA Aix en Provence du 14 février 2008 RG n°06/14777.

672 CA Paris du 16 février 2012 RG n°11/08976.

673 CA Paris du 24 janvier 2013 RG n°11/17149.

§5. Le non-respect d'une exclusivité ou d'une clause de non-concurrence

497. Il est nécessaire que l'exclusivité soit définie d'un point de vue contractuel et que son champ soit précisé le plus clairement possible (objet, durée, délimitation du territoire, prix). Il ne peut donc être excipé de l'exclusivité de fait octroyée par un fournisseur, l'interdiction pour son partenaire distributeur de vendre des produits de marques concurrente[674]. Aucun manquement ne peut non plus être déduit du fait que la société [X] bénéficie des conditions d'achats des distributeurs exclusifs du réseau, si aucun contrat ne précise cette exclusivité[675].

498. En outre, il est nécessaire que la clause d'exclusivité ou de non-concurrence soit licite. Tel n'est pas le cas lorsque la clause a un champ géographique mondial, une durée excessive (en l'occurrence 10 ans pour l'exclusivité et 5 ans pour l'obligation de non-concurrence), et porte sur toute une catégorie de produits, bien plus large que les seuls produits commercialisés par son bénéficiaire[676].

499. En définitive, s'il n'existe aucune disposition contractuelle en ce sens, le fait qu'une société entretienne des relations avec un concurrent de son fournisseur ou client, ne peut être considéré comme relevant d'un manquement grave aux obligations contractuelles justifiant la brutalité de la rupture[677]. Tel est le cas aussi si un fournisseur décide de commercialiser lui-même ses produits dans un Etat membre alors qu'il n'est lié par aucune obligation de non-concurrence vis-à-vis de son client[678].

A. L'exclusivité invoquée porte sur un produit

500. En premier lieu, il est nécessaire que l'exclusivité dont le non-respect est invoqué corresponde bien au contrat. Tel n'est pas le cas par exemple si l'exclusivité contractuelle consiste uniquement en une exclusivité de fourniture et non d'achat, car l'exclusivité n'est alors pas réciproque. Dans ces conditions, le fournisseur ne peut reprocher à son distributeur d'acheter et de vendre des produits concurrents[679]. Tel n'est pas non plus le cas d'un contrat interdisant à un fournisseur de vendre ses produits à des tiers actifs sur la vente en ligne, si le contrat prévoit une exception correspondant au litige, à savoir la possibilité pour le fournisseur de développer son propre site Internet[680]. Par ailleurs, l'obligation de non-concurrence ne s'applique pas aux sous-traitants du client du fabricant, avec lesquels il n'est pas en relation contractuelle[681].

---

674 CA Paris du 23 juin 2006 RG n°03/11769.

675 CA Dijon du 6 février 2004 RG n°03/00326.

676 CA Paris du 19 janvier 2012 RG n°09/23057.

677 CA Douai du 22 avril 2008 RG n°06/04340 ; CA Rennes du 7 février 2012 RG n°10/06664.

678 CA Rennes du 26 octobre 2010 RG n°09/04745.

679 CA Douai du 29 septembre 2005 RG n°04/00265 et 04/0003.

680 CA Orléans du 14 janvier 2010 RG n°09/00976.

681 CA Reims du 4 avril 2011 RG n°10/03408.

501. En second lieu, pour considérer que leur commercialisation viole la clause d'exclusivité, il est aussi nécessaire que les produits ne soient pas significativement différents, ce qui dépendra de l'équivalence des caractéristiques et des qualités qui leur sont associées avec celles des produits faisant l'objet de l'exclusivité. Pour un produit d'entretien[682], le produit concurrent a été considéré comme différent en raison de sa formulation, de son mode de dilution et de son spectre d'action différents du produit contractuel. Il en va de même si les produits concurrents sont positionnés plus haut de gamme en raison de leur fonctionnalités et de leurs prix plus élevés[683]. Dans ces conditions, les produits concurrents étant différents des produits faisant l'objet de l'exclusivité contractuelle, leur commercialisation ne constituait pas un manquement à l'obligation d'exclusivité.

502. En troisième lieu, il est aussi nécessaire que la société [A] tire les conséquences du constat du non-respect de l'exclusivité dès sa survenance. Ainsi, elle ne peut plusieurs années après, dans un contexte où elle ne pouvait ignorer le fait que son partenaire travaillait avec d'autres sociétés, invoquer un tel manquement pour justifier du caractère brutal de la rupture[684].

503. Enfin, la violation de l'exclusivité doit aussi présenter un caractère grave. Dans une autre affaire par exemple[685], le distributeur avait effectivement vendu des produits concurrents, mais une telle violation n'était pas suffisante pour justifier l'absence de préavis, car d'une part les produits de marque concurrente distribués relevaient d'une gamme dont le fournisseur [A] s'était désengagé, et d'autre par le fournisseur avait tout de suite mis fin à la commercialisation litigieuse suite au courrier de son fournisseur. De même dans une autre affaire[686], la violation d'exclusivité n'a pas été retenue car non seulement il n'existait pas de contrat, mais surtout la volonté du fournisseur de diversifier ses canaux de distribution découlait de l'absence d'engagement du distributeur sur des objectifs de vente, une stratégie de distribution et sur la fourniture d'informations sur le marché français.

B. L'exclusivité invoquée porte sur d'autres obligations

504. Si un franchiseur concède dans le cadre d'un réseau de distribution sélective un territoire exclusif à son concessionnaire, puis viole cette disposition en permettant à un autre opérateur de s'implanter sur le territoire réputé exclusif, alors s'agissant d'une violation flagrante de son obligation par le concédant, le concessionnaire est légitime à mettre fin à la relation commerciale[687].

505. De manière générale, la clause de non-concurrence doit s'interpréter dans sa finalité. Dans une affaire par exemple[688], un club de football a concédé à une société de construc-

682 CA Rennes du 3 février 2009 RG n°08/04789.

683 CA Montpellier du 19 février 2008 RG n°06/07980.

684 CA Paris du 16 juin 2011 RG n°09/28449.

685 CA Versailles du 17 décembre 2009 RG n°07/04811.

686 CA Aix en Provence du 30 mai 2013 RG n°12/05651.

687 CA Toulouse du 26 janvier 2006 RG n°04/04647.

688 CA Aix en Provence du 9 février 2012 RG n°10/13409.

tion le droit d'utiliser à des fins publicitaires, le bâtiment de son siège social en lien avec le nom du club, avec obligation pour le club de ne pas concéder le même type de droits à un concurrent de la société de construction. Cependant, le club a noué un parrainage officiel (promotion sur les maillots du club, etc.) avec une société concurrente. Bien que le second partenariat revête un caractère plus large que le premier, il vidait le premier partenariat de sa substance permettant dans les deux cas à une entreprise œuvrant dans le domaine de la construction modulaire d'exploiter l'image du club, si bien que la clause de non-concurrence avait finalement été violée.

506. Si la clause de non-concurrence ne précise pas quelle activité est interdite, ni ne fixe de durée ou de limite géographique, alors un manquement à ce titre ne peut être invoqué en l'absence de la démonstration d'une violation contractuelle[689]. A plus forte raison, s'il n'existe pas de clause de non-concurrence, les deux sociétés sont libres de contracter avec le partenaire de leur choix sans que cela ne puisse constituer un acte déloyal suffisamment grave pour justifier la brutalité de la rupture[690].

507. L'interprétation donnée à la clause d'exclusivité ou de non-concurrence doit être faite à la lumière du droit communautaire, notamment le règlement n°330/2012. Par exemple, ce règlement interdisant formellement l'interdiction des ventes passives y compris dans le cadre d'exclusivités, la clause ne peut donc être interprétée de telle sorte qu'elle puisse justifier une telle interdiction[691].

§6. Le manque d'activité

A. La chute significative du chiffre d'affaires

508. La baisse du chiffre d'affaires ne peut à elle seule justifier l'absence de préavis, sauf à démontrer que la société [X] ait commis une faute grave. En effet, la baisse constatée du volume d'affaires peut être due à la crise économique traversée par le secteur en général (secteur de la plasturgie)[692] et en tous cas être extérieure aux parties (voir aussi § 235 à 238). Toutefois, si le fait que le donneur d'ordre [A] connaisse lui-même une baisse d'activité est insuffisante pour justifier l'absence de préavis[693], une telle baisse peut néanmoins être prise en compte afin d'écarter toute rupture brutale partielle des relations (voir § 234 et suivants).

509. Dans le cadre de la distribution d'un produit, l'effondrement des résultats du distributeur n'est pas non plus suffisante pour justifier l'absence de préavis, quand bien même la di-

689 CA Paris du 11 octobre 2012 RG n°11/07877.

690 CA Paris du 18 septembre 2013 RG n°12/01982.

691 CA Lyon du 7 février 2013 RG n°11/00774.

692 CA Lyon du 25 septembre 2008 RG n°07/00701.

693 CA Lyon du 8 juin 2012 RG n°10/08175.

minution d'activité soit avérée et significative (-40%)[694]. Il est pour cela nécessaire que des objectifs commerciaux soient régulièrement convenus (voir *infra*). Dans le même esprit, un client ne peut invoquer que la pièce fabriquée par son fournisseur avait dû évoluer, ce qui impliquait la fin de la relation commerciale, et ce, d'autant qu'il avait confié la production de l'ancienne pièce à un autre fabricant, et que son ancien fabricant aurait pu fabriquer la nouvelle pièce[695].

510. Néanmoins, si la baisse est due au fait que la société [X] n'ait procédé à aucune commande sur une durée d'un an bien qu'elle continuait de bénéficier d'une exclusivité territoriale de distribution sur plusieurs pays, alors son fournisseur peut être légitime à mettre fin à la relation commerciale[696].

B. Le non-respect des objectifs commerciaux

511. Le non-respect d'un plafond de chiffre d'affaires prédéfini pourrait en toute hypothèse être invoqué pour mettre brutalement fin à la relation commerciale, mais il doit être fixé préalablement entre les deux partenaires[697] notamment par l'intermédiaire d'un contrat. A ce titre[698], si un fournisseur avait cherché à adapter les objectifs à la situation particulière de son distributeur en les abaissant, mais qu'ils demeuraient loin d'être atteints, le fournisseur était donc légitime à ne pas renouveler sans préavis le contrat d'un an renouvelable convenu avec son distributeur.

512. Pour autant, dans le cas où un tel plafond de chiffre d'affaires soit défini entre les deux partenaires, il est nécessaire que le fournisseur [A] tire toutes les conséquences du non-respect de cet objectif. En effet, s'il a toléré la non-réalisation de cet objectif la première année[699] ou pendant plusieurs années[700], sans fixer de nouveaux objectifs, il ne peut l'opposer à son client pour mettre fin brutalement à la relation commerciale à la fin de l'année suivante. Il ne peut pas plus invoquer le non-respect des objectifs de manière discriminatoire s'il ne l'a pas fait vis-à-vis d'autres partenaires commerciaux[701]. En revanche, si après plusieurs alertes, la situation n'a pas évolué, le cocontractant est alors fondé à rompre les relations commerciales en vertu du préavis contractuel[702].

513. De plus, la non réalisation des objectifs ne doit pas être la conséquence d'une très forte dégradation de l'activité dans l'ensemble du secteur, laquelle a pu être démontrée de manière objective[703].

---

694 CA Dijon du 19 janvier 2012 RG n°11/00354.

695 CA Paris du 28 avril 2011 RG n°08/18618.

696 CA Paris du 1er juillet 2009 RG n°07/14283.

697 CA Dijon du 6 février 2004 RG n°03/00326.

698 Cass. Com. 31 janvier 2006 Pourvoi n°03-13.739.

699 CA Paris du 1er juillet 2009 RG n°07/14283 ; CA Lyon du 13 janvier 2011 RG n°09/04368.

700 CA Lyon du 30 mars 2012 RG n°10/08597.

701 CA Paris du 12 septembre 2013 RG n°11/22934.

702 CA Paris du 30 mai 2012 RG n°09/15255.

703 CA Reims du 4 avril 2011 RG n°10/03408.

514. Il est aussi nécessaire de laisser un délai raisonnable entre la notification du non-respect des objectifs commerciaux et la notification, sans quoi la rupture devient imprévisible et partant brutale[704].

515. De plus, les objectifs doivent être fixés de manière raisonnable, non seulement par rapport au seuil à atteindre, mais aussi par son adaptation à chaque partenaire. Dans une activité de prestation de vente[705], l'application d'objectifs uniformes, alors même que toutes les sociétés n'avaient pas le même nombre de commerciaux ni la même ancienneté, a pu être écartée pour justifier du caractère brutal de la rupture, et de d'autant que les objectifs avaient en outre doublé en l'espace d'un an.

516. Enfin, il est nécessaire que le manquement invoqué au support du contrat caractérise un manquement grave de la société [X] à ses obligations, sans quoi la décision peut être privée de base légale[706].

517. Si ces différentes conditions sont remplies, il est alors possible de considérer que le non-respect des objectifs commerciaux régulièrement convenus constitue un manquement suffisamment grave aux obligations contractuelles pour justifier la rupture des relations sans préavis[707].

C. Le manque de retour sur investissement

518. Dans le cadre d'une communication promotionnelle, l'échec de la campagne publicitaire a pu être utilement soulevé pour justifier l'absence de préavis, sachant qu'en plus, le prestataire avait facturé des prestations sans les avoir chiffrées de manière transparente au préalable. En l'espèce[708], la campagne avait permis d'enregistrer en 7 jours uniquement 18 millions de pages vues, pour 5500 clicks et n'avait permis que 3 ventes.

§7. Le prix

A. Origine

519. Les litiges sur le prix sont le plus souvent la conséquence d'une renégociation des conditions commerciales, et donc d'une modification de l'économie du contrat. A ce titre, un tel litige ne constitue généralement pas un manquement contractuel suffisamment grave pour justifier l'absence de préavis.

520. Lorsque la prestation rendue implique théoriquement une mise en concurrence afin de proposer des prix bas au client, les litiges de prix peuvent aussi être invoqués lorsque l'un

---

704 CA Versailles du 2 octobre 2012 RG n°11/03641.

705 CA Paris du 12 septembre 2013 RG n°11/22934.

706 Cass. Com. du 9 juillet 2013 Pourvoi n°12-21.001.

707 CA Rennes du 21 février 2012 RG n°10/01313.

708 CA Paris du 11 avril 2012 RG n°11/02107.

des cocontractant estime que le niveau de prix consenti est largement supérieur à celui de concurrents, si bien que cela signifierait que la société n'a pas procédé à son obligation de mise en concurrence. Pour autant, il est nécessaire d'apporter la preuve d'un tel manquement et il ne peut être excipé du seul constat que les prix seraient trop élevés, d'autres explication pouvant exister comme la modification tardives des caractéristiques des prestations par le client par exemple, ayant pour activité la sous-traitance de la gestion des déplacements professionnels[709].

B. Exemples

521. Indépendamment de l'appréciation de la modification unilatérale de l'économie du contrat qui fait l'objet de développements spécifiques (voir § 165 à 178 et § 190 à 197), d'autres paramètres liés au prix peuvent donner lieu à des litiges de nature à justifier ou non la brutalité d'une rupture.

522. Le prix constitue un paramètre essentiel de l'économie du contrat, et si la facturation des prestations ou des produits ne remplit pas les conditions de transparences édictées par l'article L. 441-3 du code de commerce, un tel motif peut être utilement invoqué pour mettre fin aux relations commerciales. Dans une affaire par exemple[710], le client n'était pas en mesure de contrôler l'application du tarif théorique par son prestataire, les factures faisant apparaître des variations inexpliquées, et ce, malgré de nombreuses réclamations. Il était donc légitime à mettre fin aux relations commerciale du fait de la perte de confiance engendrée par cette situation.

523. De même, le non-respect des modalités contractuelles prévoyant un délai de prévenance pour la communication des nouveaux tarifs d'un fournisseur [X] peut théoriquement être invoqué par son client. Cependant, il ne peut pas l'être si le distributeur avait accepté en cours de relation un changement de process. Dans une affaire par exemple[711], les tarifs devaient initialement être notifiés trois mois à l'avance, mais le client avait donné son accord pour une cotation hebdomadaire, si bien que le non-respect des dispositions initiales du contrat ne pouvait pas être opposé au fournisseur.

524. Le fournisseur ne peut pas non plus invoquer le non-respect des prix conseillés pour justifier la rupture des relations commerciales. Dans une affaire par exemple[712], le litige opposait un fournisseur à son distributeur *click & mortar* qui proposait une partie des produits sur Internet à des prix en-dessous de ceux préconisés par son fournisseur, pratiquant ainsi des prix trop bas du point de vue du fournisseur. La pratique de prix imposés étant prohibée au titre des pratiques anticoncurrentielles, de tels motifs ne pouvaient justifier l'absence de préavis.

---

709 CA Aix en Provence du 14 juin 2012 RG n°10/22962.

710 CA Paris du 11 juin 2009 RG n°06/20494.

711 CA Versailles du 2 février 2006 RG n°04/09265.

712 CA Versailles du 17 avril 2008 RG n°07/00545 – Voir aussi CA Paris du 16 janvier 2009 RG n°06/19233.

525. En revanche, si la société [X] ne verse pas l'intégralité des sommes qu'elle doit à l'ayant –droit, titulaire de la licence d'exploitation, en sous-déclarant volontairement le chiffre d'affaires qu'elle réalise sous licence, ce dernier est alors légitime à rompre sans préavis la relation commerciale en raison de la gravité des manquements contractuels[713].

§8. Le risque de parasitisme

526. Si la société [X] a entrepris des démarches auprès des autres partenaires économiques de son partenaire commercial dans le but de court-circuiter une partie de l'activité de la société [A], alors cette dernière est fondée à rompre sans préavis la relation commerciale en raison du risque de parasitisme et du manque de loyauté de son ancien client[714].

527. Il en va de même lorsqu'un distributeur prétexte une rupture fallacieuse en produit de son fournisseur, afin de mettre à la vente des produits concurrents de ce dernier, tout en bénéficiant de l'attractivité de la marque du premier fournisseur[715].

528. En revanche, un fournisseur n'est pas fondé à mettre fin brutalement à la relation au motif que son distributeur a été cédé à l'un de ses concurrents dans la mesure où étant au courant en amont de ce rapprochement plusieurs mois auparavant ce qui pouvait lui permettre d'octroyer un préavis[716]. En outre, il n'était pas non plus démontré que le concurrent en question commercialisait le même type de produit que le fournisseur.

§9. La dégradation des relations entre les deux partenaires

529. Pour autant et indépendamment des manquements purement contractuels, le juge a toute latitude pour apprécier le contexte de la relation commerciale, et il est possible qu'étant donné le contexte très difficile entre les deux partenaires, il estime que la rupture n'a pas été brutale (voir aussi § 254).

530. Dans une affaire par exemple[717], la société [A] distribuait les produits du fournisseur [X], et leur relation était devenue très conflictuelle suite au refus du fournisseur de s'engager sincèrement avec son distributeur, notamment en lui concédant une exclusivité territoriale. Il a donc été considéré que le distributeur n'était pas tenu de donner un préavis à son fournisseur, la fin de leur relation commerciale étant évidente. Suivant la même logique[718], le fait qu'un contentieux important existait entre les deux sociétés, lequel avait

---

713 CA Versailles du 15 avril 2010 RG n°09/01365.

714 CA Douai du 20 janvier 2011 RG n°09/02349 ; CA Aix en Provence du 4 février 2011 RG n°09/05746.

715 CA Aix en Provence du 23 février 2011 RG n°09/19682.

716 CA Versailles du 12 juin 2012 RG n°10/03892.

717 CA Aix en Provence du 13 janvier 2006 RG n°03/15547.

718 CA Pau du 31 mars 2009 RG n°07/03333.

d'ailleurs motivé la société [A] à saisir le juge des référés, ne pouvait que sensibiliser la société [X] sur le risque d'une cessation de la relation commerciale.

531. Dans une autre affaire[719], la société [A] connaissait des difficultés financières importantes, et avait proposé plusieurs solutions qui ont toutes été refusées par la société [X]. Dans ces conditions, en raison du contexte de la relation, il existait une incertitude quant à la poursuite de la relation commerciale, et dont le niveau pouvait alors être suffisant pour justifier l'absence de préavis.

532. De même, la remise en cause permanente de la probité et de la compétence professionnelle du partenaire commercial, ajoutée au refus de la société [X] d'en détailler la teneur, alors que la société [A] avait à plusieurs reprises averti son partenaire que la relation commerciale ne pourrait continuer dans ces conditions, peut permettre de démontrer l'absence de brutalité de la rupture, cette dernière résultant des torts exclusifs de la société [X][720].

533. En revanche, si les problèmes constatés font simplement suite à la notification de la rupture par la société [A], cette dernière ne peut pas les opposer pour justifier l'absence de préavis. En effet, ils trouvaient alors leur origine dans une situation que la société [A] avait elle-même déclenché en notifiant la fin des relations. Dans une affaire par exemple[721], en raison de la négociation en cours sur la durée du préavis ainsi que sur la gestion des retours de produits, la société [X] dépassait les délais de règlement prévus avec son fournisseur [A]. Dans ces conditions, les manquements n'ont pas pu justifier le caractère brutal de la rupture (voir aussi § 548 à 553). Néanmoins, à défaut de justifier l'absence de préavis, les circonstances de l'espèce peuvent diminuer la durée de préavis raisonnable (voir § 342 à 359).

§10. L'appréciation de la gravité des autres manquements contractuels

534. En plus des critères précédemment cités, différents manquements ont pu être invoqués pour justifier l'absence de préavis. A ce titre, à l'instar de l'approche applicable aux autres manquements, il est nécessaire dans un premier temps d'analyser à la fois si le manquement reproché constitue réellement une obligation contractuelle, et de déterminer si cette dernière est licite. En effet, si la clause ou le contrat sont illicites, alors, un manquement ne peut servir de justification à la brutalité de la rupture[722].

535. Dans un second temps, il est nécessaire de déterminer si le manquement invoqué présente un caractère suffisamment grave pour justifier l'absence de préavis.

---

719 TC Paris du 7 septembre 2004 RG n°2003030396.

720 CA Versailles du 18 novembre 2010 RG n°09/05727.

721 CA Paris du 15 mai 2008 RG n°06/17024.

722 CA Lyon du 30 septembre 2011 RG n°09/07108.

536. Afin d'illustrer la pratique décisionnelle en la matière, les exemples suivants listent ainsi des décisions qui ont validé le caractère grave des manquements contractuels (A) ou qui l'ont réfuté (B).

A. Exemples de manquements suffisamment graves

537. Les manquements contractuels suivants ont été considéré comme suffisamment graves pour justifier l'absence de préavis :

- Le distributeur [X] n'avait pas assumé sa responsabilité sur un retour de produit, responsabilité pourtant prévue contractuellement[723], et il avait aussi vendu à un client un produit présenté comme étant de la marque [A] alors que ce n'était pas le cas. Les deux plaintes de clients ont ainsi permis de démontrer ces manquements contractuels graves ;
- Une fraude organisée entre l'un des salariés du donneur d'ordre [A] et son sous-traitant [X] peut être opposée à ce dernier sur la base de l'article 1139 du code civil prévoyant que les conventions doivent être exécutées de bonne foi. En l'espèce[724], le directeur commercial de la société [A] tirait un bénéfice personnel direct du sous-traitant [X], lequel en retour surfacturait d'environ 20% les prestations ;
- Le fournisseur n'avait pas fourni ou alors de manière artificielle les échantillons destinés à choisir la collection avant le délai impératif (diffusion d'un catalogue imposant un choix en amont) et ce, malgré les relances du distributeur [A]. En l'espèce, non seulement les échantillons avaient été fournis en retard mais ils étaient aussi non-conformes au cahier des charges du distributeur, leur présentation étant finalement artificielle ;
- Des vols attribués aux salariés de la société [X] chargée de la surveillance de magasins[725], ou du nettoyage de chambres de la société [A][726] ont pu constituer des manquements contractuels graves. Le détournement de matériel qui aurait dû en théorie se trouver en dépôt chez la société mise en cause, et qu'elle avait loué à titre onéreux à un autre client. En l'espèce, le détournement se trouvait d'autant plus caractérisé que les éléments d'identification du matériel litigieux avaient été altérés pour éviter qu'un manquement à ce titre soit démontré[727]. A ce titre, le détournement de matériel sous la responsabilité de la société [X] par un salarié de cette société engage la responsabilité de son employeur, en application de l'article 1384 du code civil[728] ;

---

723 CA Angers du 31 janvier 2006 RG n°05/00390.

724 CA Angers du 10 mai 2005 RG n°04/01181.

725 TC Paris du 30 janvier 2006 RG n°2004075035.

726 CA Aix en Provence du 19 novembre 2004 RG n°02/00148.

727 CA Versailles du 15 janvier 2013 RG n°12/00079.

728 CA Paris du 15 septembre 2005 RG n°03/08747.

- Le distributeur avait utilisé une opération commerciale financée par son fournisseur, pour présenter des produits concurrents de ce dernier, détournant au bénéfice d'autres marques l'investissement réalisé par son partenaire commercial[729] ;
- La non-communication par le dirigeant de la société [X] de l'avenant de caution solidaire, permettant *in fine* le maintien de la ligne de cautionnement suite à son transfert auprès d'un nouvel établissement financier, peut justifier le retrait de la ligne de cautionnement sans préavis[730] ;
- Les propos ouvertement racistes du gérant de la société [X] peuvent enfreindre les obligations de loyauté devant présider à l'exécution des engagements contractuels commerciaux[731] ;
- La société [X] n'avait pas obtenu une certification nécessaire à la poursuite de son activité avec [A] et pour laquelle cette dernière lui avait demandé, 3 ans avant la rupture définitive, de se mettre en conformité sans quoi leur collaboration ne pourrait perdurer. Dans ces conditions, la société [X] n'avait pas procédé aux diligences nécessaires et était donc seule responsable de la rupture des relations[732] ;
- Le non-respect de l'obligation de communiquer au partenaire les attestations d'assurance, obligation essentielle au renouvellement annuel du contrat et qui avait rappelée en cours d'année par ledit partenaire[733] ;
- Le non-respect d'une clause territoriale imposée aux adhérents d'un GIE quant à l'origine de leur production peut suffire au groupement pour rompre la relation sans préavis[734] ;
- Le fait pour un réparateur automobile de procéder à des réparations non prévues par le rapport d'expertise, ou bien de refuser de signer le rapport d'expertise qui, en vertu de la réglementation, est le préalable à toute réparation[735] ;
- L'absence répétée de la société [A] au sein des organes décisionnels de la société [X] (assemblée générale et conseils d'administration), et le fait que malgré les mises en demeure, l'actionnaire [A] n'a jamais consenti les garanties financières et l'apport en compte-courant exigés de manière licite[736] ;
- Le fait que le représentant d'une filiale, qui était titulaire d'une créance importante vis-à-vis de sa maison-mère, procède à des investissements par l'achat d'actions d'une

729 CA Rennes du 26 janvier 2010 RG n°09/01212.

730 CA Versailles du 4 novembre 2010 RG n°09/06546.

731 CA Bordeaux du 14 décembre 2010 RG n°09/03069.

732 CA Paris du 20 janvier 2011 RG n°05/13380.

733 CA Paris du 18 février 2011 RG n°08/20249.

734 CA Aix en Provence du 14 avril 2011 RG n°09/16730.

735 CA Limoges du 19 octobre 2011 RG n°10/01359.

736 CA Versailles du 19 mai 2011 RG n°10/01677.

autre société, avec un échelonnement sur 8 ans, empêchant dès lors d'honorer la créance, est suffisant pour justifier la rupture sans préavis[737] ;

- La non-communication par le prestataire de transport de l'autorisation administrative autorisant son activité, en violation des articles 8 et 16 du contrat-type indiqué au décret n°99-752 du 30 août 1999, ce qui donnait droit à une résiliation de plein droit après mise en demeure. Dans cette affaire[738], bien que la mise en demeure n'ait pas été effectuée, le préjudice a été écarté comme l'autorisation n'a été obtenue que plusieurs mois après la résiliation, mettant dès lors le prestataire dans l'impossibilité de répondre à son obligation quand bien même une mise en demeure lui ait été adressée ;
- L'arrêt des livraisons par la société [X] constitue un manquement suffisamment important pour mettre fin sans préavis à la relation. En l'espèce[739], l'activité du sous-traitant avait été bloquée par ses propres salariés en raison de la persistance de problème d'hygiène et de sécurité découlant du manque d'investissements ;
- Le non-respect par un vendeur en ligne sur une place de marché de l'interdiction de faire référence sur ladite place de marché à un site Internet tiers[740] ;
- Le fait pour un sous-traitant de s'approprier un modèle innovant développé par son donneur d'ordres à son insu constitue une faute grave justifiant l'absence de préavis, et ce, d'autant que le sous-traitant travaillait aussi pour le compte d'autres concurrents du donneur d'ordres[741] ;
- Le fait d'avoir dissimulé des ventes de véhicules à un constructeur automobile[742] ;
- Le fait d'utiliser des pratiques de ventes déloyales, voire relevant d'infractions pénales, peut être utilement avancé pour justifier la gravité des manquements du détaillant. Au surplus, le fournisseur avait expressément interdit au détaillant de se faire passer pour lui, ce qu'il n'avait pas respecté, et il avait reçu de nombreuses réclamations clients, ces différents manquement nuisant en définitive fortement à son image de marque[743] ;
- Le fait pour un annonceur de proposer des liens publicitaires vers des sites violant les droits d'auteurs (site de téléchargement) peut justifier la résiliation du contrat dans la mesure où l'obligation était contractuellement prévue, et les problèmes ayant fait l'objet de mises en demeure[744].

[737] Cass. Com. du 18 octobre 2011 Pourvoi n°10-19.612.

[738] CA Versailles du 27 octobre 2011 RG n°10/05772.

[739] CA Nîmes du 19 janvier 2012 RG n°10/01824.

[740] CA Paris du 30 mars 2012 RG n°10/09552.

[741] CA Amiens du 12 avril 2012 RG n°09/05185.

[742] CA Amiens du 6 septembre 2012 RG n°10/00392.

[743] CA Paris du 25 juin 2013 RG n°12/19040.

[744] CA Paris du 25 octobre 2013 RG n°11/11656.

B. Exemples de manquements dont la gravité ne justifie pas l'absence de préavis

538. En revanche, les manquements suivants n'ont pas été considérés comme étant suffisamment graves pour justifier l'absence de préavis :

- La sollicitation d'étrennes par un salarié de la société [X] qui distribue des périodiques constitue un manquement du salarié vis-à-vis de la société [X] qui pourrait justifier un avertissement, mais en aucun cas l'absence de préavis de rupture par sa cliente[745]. En outre, cette dernière n'apportait pas la preuve du préjudice qui aurait pu en résulter, et n'avait pas non plus mis en demeure la société [X] de se mettre en conformité avec le contrat ;
- L'absence d'information de l'état de dépendance économique ne peut être reprochée si elle n'est pas prévue contractuellement[746], d'autant qu'en l'espèce, la société [X] avait démontré avoir informé [A] au moment de la conclusion du dernier contrat. En tout état de cause, le caractère brutal d'une rupture doit être apprécié indépendamment de tout état de dépendance économique (voir § 360). Par conséquent, quand bien même cette obligation soit prévue, un manquement à ce titre ne peut pas justifier la dispense de préavis[747] ;
- L'absence de justification d'une assurance adaptée à la couverture d'une mauvaise exécution de la fabrication n'est pas suffisante si la société [X] démontre qu'elle pensait être couverte par son contrat d'assurance de base[748] ;
- Les plaintes de clients postérieures à la rupture des relations commerciales ne sont pas opposables à la société [X][749] ;
- Les retards de fourniture de bons de livraisons en cas de litiges avec des clients portant souvent sur de faibles quantités de marchandises[750] ;
- L'absence de diligence de la société [X] quant à la restitution des moules à son donneur d'ordres [A] qui en était propriétaire, une telle circonstance pouvant néanmoins être prise en compte dans l'appréciation du préjudice[751] ;
- Un accident de la circulation avec les produits dangereux fabriqués par le donneur d'ordres, dont une partie a fui suite à un problème de fermeture du fût[752] ;

---

745 CA Paris du 23 février 2007 RG n°04/16524.

746 CA Paris du 3 juillet 2009 RG n°06/10552.

747 Cass. Com. du 27 janvier 2007 Pourvoi n°04-16.779 et 04-17.951.

748 CA Paris du 3 juillet 2009 RG n°06/10552.

749 CA Rennes du 5 février 2009 RG n°07/04388.

750 CA Lyon du 5 mars 2009 RG n°08/00074.

751 CA Lyon du 19 novembre 2009 RG n°09/04247.

752 CA Pau du 20 janvier 2011 RG n°09/01606.

- Des faits d'escroquerie (à savoir la modification de l'état civil des clients pour que les personnes n'apparaissent dans le fichier des impayés Préventel) dans la mesure où il n'était pas possible de les imputer à la société [X] ou ses représentants[753] ;
- La falsification de factures par le salarié du distributeur [X] permettant à ce dernier de dépasser le seuil lui permettant de bénéficier d'aides financières du franchiseur, n'ayant pas directement trait à la commercialisation des produits contractuels, en l'occurrence des véhicules[754] ;
- Les difficultés financières du cocontractant, surtout qu'en l'espèce, la société était au courant de ce fait depuis plusieurs années[755] ;
- La maladie de l'un des salariés importants du sous-traitant et la fragilité de la situation financière de ce dernier[756] ;
- Dans le cadre d'une prestation de service en communication, les échanges entre les parties ayant pour objet des corrections à apporter dont il n'est pas démontré qu'elles excèdent le processus normal de mise au point d'un produit élaboré[757] ;
- Le fait pour une société chargé de la distribution des produits d'un fabricant d'avoir été déréférencée par plusieurs distributeurs, en l'absence de faute imputable à cette société, et le fait d'avoir mis 4 mois à informer le fabricant du déréférencement ne constitue pas des motifs suffisants pour justifier l'absence de préavis[758].

§11. Limites

539. Afin que les manquements contractuels soient opposables, ils ne doivent pas trouver leur origine dans le comportement de l'un des deux partenaires.

A. La modification des conditions commerciales par [A]

540. Les manquements mis en avant par la société [A] peuvent avoir pour origine la modification unilatérale de l'économie du contrat par cette dernière. Ce type de modification fait l'objet de développements spécifiques *supra* (voir § 150 et suivants). Si ces développements portent sur l'appréciation du caractère brutal de la rupture, ils sont aussi utilisables afin de déterminer si la modification des conditions commerciales constitue un manquement contractuel ou non.

---

753 CA Paris du 14 septembre 2011 RG n°10/03068.

754 CA Paris du 11 avril 2012 RG n°09/16825.

755 CA Paris du 16 mai 2012 RG n°10/05010.

756 CA Nancy du 20 juin 2012 RG n°10/01183.

757 CA Versailles du 12 juin 2012 RG n°11/01014.

758 CA Paris du 9 janvier 2013 RG n°11/11465.

541. En effet, si la société [A] modifie substantiellement les conditions commerciales, elle est alors mal fondée à invoquer un manquement contractuel pour justifier la brutalité de la rupture. Tel est le cas par exemple les retards qu'elle invoque s'ils ont pour origine la réduction sensible et sans préavis du délai de paiement qui était accordé auparavant[759], ou la dégradation des conditions commerciales si elle a pour origine la baisse sensible du niveau de commande initialement prévu[760].

542. Indépendamment des considérations portant uniquement sur le prix et les délais de paiement, les manquements peuvent aussi avoir trait au non-respect de certaines modalités financières du contrat. Dans une affaire par exemple[761], la société [A] devait verser un acompte de 50% avant le tournage d'une production audiovisuelle. Or du fait du non versement de cet acompte, la société [X] n'avait pas pu verser la somme prévue pour réaliser le tournage. Les manquements contractuels invoqués par la société [A] étaient alors inopérants, trouvant leur origine dans son propre comportement.

B. Non-respect du préavis ou octroi d'un préavis trop court

543. Les manquements contractuels peuvent aussi être la conséquence du non-respect du préavis, ou de l'octroi par [A] d'un préavis trop court ou sérieusement contestable. Dans une affaire par exemple[762], un franchiseur avait choisi un nouveau concessionnaire avant l'échéance du préavis d'un an, si bien que son franchisé avait décidé de ne pas régler certaines factures. De même, dans une autre affaire[763], les problèmes de règlement opposables à [X] étaient liés au contexte conflictuel dû à l'octroi par [A] d'un préavis d'une durée sérieusement contestable. Dans ces conditions, le non-paiement ou le retard de paiement de certaines factures n'ont donc pas été considérés comme constituant un manquement grave susceptible de justifier l'absence de préavis.

544. Réciproquement, si durant le préavis le niveau de service des prestations de la société [X] s'est brutalement dégradé, son partenaire peut être fondé à ne pas respecter la durée de préavis initialement fixée. Dans une affaire[764], le préavis avait été fixé à 6 mois, mais le fournisseur n'avait pas respecté le taux de rupture, défini par le ratio entre produits non livrés au regard des produits commandés. Alors que le contrat prévoyait un taux maximal de 20%, le taux a brusquement augmenté s'établissant à 13, puis 21%, si bien que le distributeur était fondé à rompre la relation au bout de 4 mois.

---

759 CA Paris du 11 octobre 2006 RG n°04/22481.

760 CA Versailles du 18 mai 2006 RG n°04/08829.

761 CA Paris du 16 novembre 2005 RG n°04/13227.

762 CA Besançon du 14 juin 2006 RG n°04/00674.

763 CA Rennes du 3 novembre 2009 RG n°08/07491.

764 CA Douai du 25 janvier 2012 RG n°10/02441.

C. L'exception d'inexécution en cas de manquements réciproques

545. De manière générale, dans le cas où la société [A] ait manqué la première à ses obligations contractuelles, elle ne peut opposer à la société [X] d'éventuels manquements pour justifier le caractère brutal de la rupture. En effet, dans ces conditions, la société [X] peut invoquer l'exception d'inexécution, et l'opposer à la société [A]. Réciproquement, cette exception d'inexécution peut aussi être invoquée par la société [A] dans le cas où la rupture trouve son origine dans les manquements ou le comportement imputable à la société [X][765].

1. Le non-respect réciproque d'obligations essentielles

546. Le non-respect d'obligations essentielles par les deux parties est généralement suffisant pour écarter l'application de l'article L. 442-6 du code de commerce[766]. Il en va ainsi lorsqu'un mandataire et un mandant ne se versent pas les sommes qu'ils se doivent réciproquement[767].

547. De même, si un organisme d'assurance est tenu vis-à-vis d'un de ses concurrents par une clause de non-rétablissement, consistant pour les agents d'assurance à ne pas faire souscrire de nouveaux contrats aux anciens clients de l'organisme concurrent, et que cette clause a été violé par l'agent d'assurance, l'organisme est alors légitime à changer les modalités, y compris commerciales, de la relation commerciale eu égard au risque délictuel qu'il court[768]. Au surplus, l'agent n'avait pas apporté la preuve que les nouvelles conditions obéraient sensiblement son développement.

2. L'arrêt de la relation par [X] en retour de la notification par [A]

548. La notification de la rupture à l'un des deux partenaires n'est pas sans conséquence dans la mesure où elle affiche la volonté très claire de la société de rompre les relations commerciales. Il a ainsi pu arriver que la notification de la rupture par l'un des partenaires, pousse l'autre à rompre directement la relation commerciale, nonobstant le préavis théorique prévu dans la notification initiale[769]. Dans ces conditions, la rupture n'étant que la conséquence de la notification initiale, la responsabilité de la société mettant fin à la relation commerciale suite à la notification de rupture n'a pas pu être engagée.

549. Dans une affaire par exemple[770], un distributeur avait notifié à l'un de ses fournisseurs l'arrêt de leur relation commerciale avec un préavis d'une année. Suite à la notification, le fournisseur a arrêté de livrer le distributeur. Cependant, le préavis d'une année ne cons-

765 CA Montpellier du 22 janvier 2008 RG n°06/7448.

766 CA Paris du 6 juin 2012 RG n°10/22638.

767 CA Montpellier du 14 février 2012 RG n°10/09841.

768 CA Aix en Provence du 14 mars 2012 RG n°10/10331.

769 CA Toulouse du 26 janvier 2010 RG n°08/03208.

770 CA Angers du 26 mars 2008 RG n°07/01548 – Voir aussi CA Lyon du 23 avril 2009 RG n°07/07566.

tituait pas une obligation à respecter par le fournisseur, dès lors qu'il n'était pas prouvé que ce soit lui qui soit responsable de la rupture de la relation commerciale établie.

550. De même, une centrale de référencement décidant de rompre les relations commerciales à titre conservatoire ne peut ensuite opposer à la société [X] de s'être abstenue de négocier un nouveau contrat de référencement dans le cadre d'une remise à plat de la relation commerciale, étant donné qu'à aucun moment elle n'a laissé croire à son fournisseur que la poursuite de la relation commerciale était possible, et ce, d'autant qu'elle n'avait pas communiqué clairement les nouvelles conditions auxquelles elle entendait soumettre la relation commerciale[771].

551. Les affaires précédentes traitent de la rupture initiée par le client, *i.e.* en aval de la relation, mais l'approche demeure identique lorsque l'opérateur amont prend la décision de mettre fin à la relation commerciale. Dans le cadre d'un GIE par exemple[772], dont ni les statuts ni le règlement intérieur ne prévoient de préavis pour la démission d'un de ses membres, le retrait communiqué par le membre peut être considéré comme définitif, même si le membre en question avait notifié son retrait en précisant qu'il aurait lieu plusieurs mois plus tard. Suivant une approche analogue, le fait que le fournisseur victime de la rupture brutale ait lancé une procédure de liquidation amiable en raison de la perte de son principal client ne peut lui être opposé par ce dernier pour démontrer que la responsabilité de la rupture lui incombe, la rupture étant du fait du client lui-même[773].

552. La possibilité pour la société se voyant notifier la fin programmée de la relation de rompre directement sans attendre l'échéance du préavis est à plus forte raison légitime si la société [A] ne passait aucune commande. En l'espèce[774], le client avait refusé durant le préavis de prendre commande de produits de la société [X] sans motif véritablement légitime. Bien que le préavis soit toujours valable, le fournisseur était alors légitime à ne pas présenter de nouvelle collection dans la mesure où l'investissement aurait vraisemblablement été réalisé en pure perte, son client ne prenant pas en considération les collections présentées.

553. Par conséquent la notification de la rupture par la société [A] présente un risque qui doit être mesuré par cette société eu égard à la possibilité qu'elle donne à son partenaire de rompre immédiatement la relation commerciale.

---

771 CA Angers du 24 janvier 2006 RG n°05/00067.

772 Cass. Com. du 3 avril 2007 Pourvoi n°06-10.526.

773 CA Poitiers du 13 janvier 2012 RG n°10/02711.

774 CA Aix en Provence du 7 septembre 2006 RG n°06/01066.

Section 3.
Cas de force majeure

554. La force majeure est définie par trois critères : le fait générateur doit être extérieur, irrésistible et imprévisible à la société [A] qui l'invoque. Il appartient à la société qui l'oppose d'en démontrer l'existence[775].

555. Les affaires où la force majeure est prise en compte sont relativement limitées (4). En effet, ni la réorganisation de l'entreprise (1), ni sa situation économique (2) ne constituent une raison suffisante pour justifier la force majeure. D'autres circonstances particulières ont pu aussi être invoquées à ce titre sans succès (3).

§1. La réorganisation de l'entreprise ne constitue pas un cas de force majeure

556. La réorganisation de l'entreprise peut modifier de manière substantielle l'économie du contrat, mais la jurisprudence considère que la société se réorganisant doit laisser un temps suffisant à son partenaire pour s'adapter (§ 209 à 212). Implicitement, cela revient à considérer que la réorganisation de l'entreprise ne constitue pas un cas de force majeure.

A. La réorganisation interne

557. La réorganisation interne de la société [A], comme une restructuration par exemple, ne l'exonère pas de son obligation de laisser un préavis raisonnable, quand bien même elle subirait des difficultés financières et des pertes[776]. Si elle n'octroie pas un préavis raisonnable, elle doit donc assumer la pleine responsabilité de la rupture brutale des relations commerciales. Une restructuration peut être un processus long et complexe, dont la prévisibilité doit permettre à la société [A] de prendre les dispositions nécessaires à l'endroit de ses partenaires commerciaux[777], ce qui est particulièrement vrai si la société déclare elle-même avoir enclenché le processus plusieurs mois avant la rupture brutale des relations[778].

558. Cette approche demeure valable si la restructuration consiste en la fermeture d'un site de production. En effet, une telle fermeture doit nécessairement être anticipée, ce qui laisse à la société [A] un délai suffisant pour prévoir un préavis raisonnable[779]. Au surplus, la

---

775 CA Aix en Provence du 7 janvier 2010 RG n°08/14912.

776 CA Montpellier du 24 janvier 2006 RG n°04/05929.

777 TC Paris du 18 octobre 2006 RG n°2005009656.

778 CA Paris du 7 mars 2013 RG n°12/04392.

779 CA Versailles du 5 novembre 2009 RG n°08/06136.

fermeture réelle avait eu lieu en réalité plus d'un an après la rupture des relations commerciales.

559. *A fortiori* si elle n'est pas commandée par des impératifs financiers, une réorganisation interne peut encore moins justifier l'absence de préavis. Par exemple[780], le fait pour une société [A] de décider d'assurer elle-même la promotion de ses produits au travers d'un site Internet alors qu'auparavant elle sous-traitait cette prestation, ne constitue pas un évènement soudain qui ne pouvait être anticipé. Elle avait donc toute la latitude pour accorder à son sous-traitant [X] un délai de préavis raisonnable. De même, le fait de passer ses magasins en location-gérance, ce qui a pour effet de les placer sous une autre enseigne, ne constitue pas un cas de force majeure[781].

B. La réorganisation de la structure juridique de [A]

560. La cession ou le transfert de la société [A] (ou de son fonds de commerce) ne constitue pas non plus un cas de force majeure pouvant justifier la rupture des relations commerciales sans préavis[782]. En effet, une telle cession ne revêt pas un caractère imprévisible ou irrésistible, mais au contraire, dépend uniquement de la société [A]. Cette approche demeure quand bien même la société [A] dispose de ses propres fournisseurs[783], ou qu'elle ait noué un partenariat avec une autre société, ce qui avait pour conséquence objective de rendre inéluctable la fin de la relation commerciale.

561. Elle ne peut pas non plus justifier la rupture par le fait d'avoir cédé les marques des produits objet du litige à une autre société, car une telle cession ne pouvait produire d'effet à l'égard des tiers[784].

C. La réorganisation commerciale de [A]

562. Par ailleurs, l'augmentation brutale des tarifs du fournisseur ne constitue pas un cas de force majeure (voir § 165 à 178).

D. La mise en liquidation de la société [A]

563. La mise en liquidation de la société, si elle a été décidée à l'amiable par les actionnaires de la société [A], en l'absence de tout élément extérieur, ne revêt pas non plus les caractères de la

---

780 CA Paris du 14 décembre 2005 RG n°04/24526.

781 CA Metz du 30 juin 2011 RG n°11/00511.

782 CA Montpellier du 21 septembre 2004 RG n°02/02738 – Voir aussi CA Nancy du 18 février 2004 RG n°02/01034 et CA Paris du 20 octobre 2005 RG n°05/13805.

783 CA Paris du 28 octobre 2005 RG n°03/19692.

784 Cass. Com. du 11 juillet 2006 Pourvoi n°04-20.592.

force majeure, sachant qu'il n'était pas démontré que la société ne disposait pas des ressources nécessaires pour assurer la production pendant la durée suffisante de préavis[785].

564. De même, la décision de la société [A] de fermer une usine ne peut justifier l'absence de préavis, cette décision n'étant pas inopinée. En l'espèce[786], si la date à laquelle la décision de la société a été prise n'a pas pu être démontrée avec exactitude, les procès-verbaux du conseil d'administration faisaient état d'une politique de désinvestissement depuis plusieurs années, de telle sorte que la société ne pouvait défendre le caractère soudain d'une telle fermeture.

§2. La situation économique de la société [A] n'est pas suffisante pour invoquer la force majeure

565. Dans un certain nombre de cas, et indépendamment d'une éventuelle restructuration, la situation économique de la société [A] a été mise en avant pour justifier la nécessité de rompre les relations commerciales, mais une telle situation ne relève toutefois pas de la force majeure.

566. Ainsi, le fait que le secteur présente une conjoncture défavorable du fait d'une concurrence internationale accrue est inopérant, et ce d'autant que la situation s'est dégradée progressivement[787]. De même, si l'évolution réglementaire rend plus incertaine la poursuite des relations commerciales avec certains clients importants, la société [A] ne peut pas plus justifier la rupture avec la société [X] au prétexte que sa situation économique serait alors compromise[788].

567. Dans les deux cas, les conditions d'imprévisibilité et d'irrésistibilité, conditions *sine qua non*, n'étaient pas remplies.

§3. Autres cas où la force majeure a été écartée

568. Les problèmes de santé du gérant de la société [A] peuvent justifier la rupture des relations commerciales pour autant qu'ils étaient tels qu'ils rendaient impossible la poursuite de la relation commerciale, et l'octroi d'un préavis raisonnable. Dans le cas contraire, les conditions de la force majeure ne sont pas remplies[789].

---

785 CA Aix en Provence du 5 octobre 2011 RG n°10/03682.

786 CA Amiens du 21 juin 2012 RG n°11/01055.

787 CA Caen du 2 juin 2005 RG n°03/03155 ; CA Lyon du 1er juillet 2011 RG n°10/02378.

788 TC Villefranche Tarare du 18 décembre 2008 RG n°2007J00175.

789 CA Dijon du 15 novembre 2007 RG n°07/00144.

569. D'autre part, la saisie conservatoire de produits par l'administration fiscale empêchant un fournisseur [A] d'honorer ses commandes ne constitue pas un cas de force majeure, de nature à l'exonérer de sa responsabilité vis-à-vis de son client [X][790].

570. La perte de deux clients importants, qui avaient laissé un préavis de plusieurs mois, et ce, plusieurs mois avant la rupture des relations commerciale, ne permet pas d'opposer la force majeure pour rompre sans préavis la relation commerciale[791].

571. Le fait que les locaux de la société utilisant les services du prestataire de transport aient subi un incendie, ce qui a entraîné la mise au chômage technique de 70 de ses salariés, peut être qualifié de force majeure. Pour autant, la rupture dans cette affaire était davantage liée à la décision de la société de délocaliser sa production suite à l'incendie, si bien que l'impératif de force majeure n'a pu être retenu[792].

§4. Cas de force majeure avérés

572. Finalement, la force majeure est rarement retenue étant donné les conditions très restrictives imposées par sa définition, si bien que, le plus souvent, seuls les manquements contractuels sont visés par la société [A] pour justifier l'absence de préavis.

573. Néanmoins, dans une affaire[793], le cas de force majeure a pu être valablement opposé. En l'espèce, le fournisseur [A], sous-traitant d'un équipementier automobile, rencontrait des difficultés financières insurmontables, ses actionnaires ayant décidé sa liquidation anticipée. Le client équipementier a donc essayé de négocier la poursuite de l'activité, ce qui s'est matérialisé par la conclusion d'un protocole d'accord entre le fournisseur et ses représentants du personnel pour poursuivre l'activité. Cependant, ses employés ont ensuite jugé ce protocole insuffisant et déclenché une grève, ce qui a empêché la société [A] de respecter le préavis négocié avec son donneur d'ordre [X]. La grève a ainsi été jugée comme constituant un évènement de force majeure, étant extérieur, imprévisible et irrésistible.

---

790 TC Paris du 7 septembre 2004 RG n°2003030396.

791 CA Lyon du 22 avril 2011 RG n°10/04673.

792 CA Paris du 17 avril 2013 RG n°10/04855.

793 Cass. Com. Du 9 octobre 2007 Pourvoi n°06-16.744.

SOUS-TITRE 2

LES REGLES SPECIFIQUES A CERTAINES RELATIONS

Chapitre 1
Les appels d'offres

574. Comme précisé auparavant (voir § 141), la procédure d'appel d'offres induit intrinsèquement une incertitude quant à la poursuite des relations commerciales à l'issue des résultats de la mise en concurrence. En effet, dans l'hypothèse où la société [X] ne soit pas retenue, elle peut difficilement opposer l'imprévisibilité, la soudaineté ou le caractère violent de la rupture. Au contraire, la société [A] peut lui opposer son manque d'anticipation, surtout si la relation commerciale représente une part importante de l'activité de la société [X].

575. Cependant, si la procédure d'appels d'offres induit une certaine protection de l'acheteur vis-à-vis de l'applicabilité de l'article L. 442-6 du code de commerce, encore faut-il que la relation commerciale soit réellement régie par ce type de procédure, et qu'en d'autres termes, la mise en place d'un appel d'offre ne serve pas de prétexte à une rupture anticipée sans préavis raisonnable. La condition la plus importante est ainsi celle de la transparence afin que la société [X] ne puisse pas se méprendre sur la nature des intentions de la société [A], ce qui sera d'autant plus important que la durée de la relation commerciale entre les deux partenaires est importante.

576. Au demeurant, et indépendamment de la condition de transparence qui peut influer sur le caractère établi de la relation commerciale (1), l'appréciation des procédures d'appels d'offres au regard des dispositions particulière de l'article L. 442-6 du code de commerce induit certaines particularités procédurales dont il convient de souligner les spécificités (2).

Section 1.
Appels d'offres et relation commerciale établie

577. L'appel d'offres induit par objet une incertitude quant à la poursuite de la relation commerciale, qu'il existe un seul appel d'offres (1) ou que la relation ait été régie par plusieurs d'entre eux (2). S'il n'est alors généralement pas nécessaire d'octroyer un préavis, il existe néanmoins plusieurs limites à cette approche (3). En tout état de cause, l'appel d'offres ne peut être utilisé comme alibi à la rupture brutale (4).

§1. L'utilisation unique d'un appel d'offres

578. A l'instar de l'approche prévalant lorsque la relation a été régie par un unique contrat à durée déterminée (voir § 271 et suivants), si la relation prend fin à l'issue d'un unique appel d'offre, le terme de la relation étant parfaitement prévisible, la rupture n'est donc pas brutale[794].

§2. L'utilisation répétée d'un appel d'offres n'impose pas l'octroi d'un préavis spécifique

579. Afin que l'utilisation répétée d'un appel d'offres puisse être considérée comme susceptible de remettre en cause à chaque fois la relation commerciale, tous les appels d'offres doivent être réalisés de manière transparente et explicite, afin que le soumissionnaire soit à chaque fois pleinement conscient de l'éventualité de la rupture, dans l'hypothèse où il ne remporte pas le marché[795].

580. Le caractère non-établi de la relation peut être excipé du fait que le cocontractant était parfaitement conscient des conséquences de l'appel d'offres. Tel est le cas par exemple d'une société indiquant la nécessité de redéfinir une stratégie en interne afin de profiter d'avoir l'information relative à l'appel d'offres avant ses concurrents[796].

581. De même que pour apprécier le caractère établi de la relation, il est possible, pour démontrer que le soumissionnaire était pleinement conscient des conséquences possibles de l'appel d'offres, de prendre en compte le contexte économique dans lequel la relation commerciale s'insère. Dans une affaire par exemple[797], la société [X] soumise à des appels d'offres répétés, et à qui la société [A] rappelle régulièrement ses objectifs de réduction des coûts dans un secteur concurrentiel, lesquels ont donné lieu à la dénonciation antérieure de plusieurs contrats, ne peut prétendre que la relation commerciale s'étend au-delà de l'appel d'offres objet du litige. Plus encore, si les appels d'offres correspondaient à des enchères inversées vis-à-vis desquelles le fournisseur devait de repositionner après avoir pris connaissance des propositions tarifaires anonymisées de ses concurrents, les relations étaient éminemment précaires, et donc la rupture dans ce cadre ne peut être brutale[798].

582. Le fait pour une entreprise d'être successivement attributaire de plusieurs marchés dans le cadre d'appels d'offres réels s'oppose ainsi à la reconnaissance d'une relation commerciale établie dépassant la durée de l'appel d'offres[799], notamment du fait qu'il n'existe pas

---

794 CA Grenoble du 28 juin 2012 RG n°10/00256.

795 CA Rouen du 14 décembre 2006 RG n°05/03484 ; CA Paris du 14 mai 2009 RG n°06/21725.

796 CA Paris du 30 mai 2012 RG n°11/03522.

797 CA Paris du 14 mai 2009 RG n°06/21725.

798 CA Paris du 28 mars 2012 RG n°09/23478.

799 CA Versailles du 18 septembre 2008 RG n°07-07.891 – Voir aussi CA Versailles du 10 janvier 2012 RG n°10/07488.

de contrat cadre garantissant un volume d'affaires[800] et qu'il n'existe aucune garantie quant à la poursuite de la relation commerciale, ce qui atteste finalement de la précarité de leur relation[801]. Il a pu arriver cependant que l'intégralité de la relation soit prise en compte eu égard à l'espoir légitime que pouvait entretenir le sous-traitant (voir §585 et 586).

583. Par ailleurs, si la société n'a pas candidaté à l'appel d'offres régulièrement soumis, elle ne peut faire valoir une rupture brutale des relations ayant marqué elle-même son désintérêt quant à leur poursuite[802].

584. En définitive, le résultat de l'appel d'offres étant par définition incertain, et la société [X] ayant connaissance de l'échéance probable de la relation, l'octroi d'un préavis n'est donc pas nécessaire si la procédure d'appel d'offres est utilisée de manière répétée tout au long de la relation commerciale[803].

§3. Les exceptions

585. L'utilisation d'un appel d'offres, et le principe d'incertitude qui doit théoriquement en découler, peut toutefois se heurter au constat que la société [X] a toujours été l'attributaire du marché en question, et ce, durant une longue période. Dans ce cas, et bien que d'après le client [A] un appel d'offres soit systématiquement utilisé, ce constat peut s'opposer à la limitation de la relation à la seule durée de chaque marché.

586. En l'espèce[804], bien que l'acheteur ait indiqué que les articles étaient soumis à une mise en concurrence deux fois par an, la société [X] avait systématiquement été choisie pendant 10 années, si bien qu'elle était devenue au fil des ans le fournisseur exclusif du distributeur pour un type de produit MDD. L'antériorité a ainsi été reprise sur l'ensemble de la durée de la relation commerciale, nonobstant l'existence des différents appels d'offres supposés.

---

800 Cass. Com. 16 décembre 2008 Pourvoi n°07-15.589.

801 CA Versailles du 24 mars 2005 RG n°03/08306.

802 CA Paris du 8 septembre 2011 RG n°09/13177.

803 CA Versailles du 10 mars 2011 RG n°09/09875.

804 Cass. Com. 17 mars 2004 Pourvoi n°02-17.575 – Voir aussi CA Versailles du 26 juillet 2012 RG n°11/05276.

§4. L'appel d'offres comme alibi de la rupture brutale

587. Si les conditions de transparence ne sont pas remplies, l'utilisation d'un appel d'offres ne peut pas justifier le caractère brutal de la rupture brutale de relation commerciale. La jurisprudence prend alors en compte l'ensemble de la durée des relations dans le calcul du préavis, puis du préjudice, si bien que cette appréciation n'est pas neutre pour les partenaires économiques.

588. En cas de première utilisation de l'appel d'offres, il est nécessaire non seulement que le délai entre sa notification et l'échéance en cas d'échec soit suffisant eu égard à l'ancienneté des relations (A), mais aussi que les conditions de l'appel d'offres soient claires et transparentes (B).

A. Son utilisation nouvelle doit laisser un préavis raisonnable au cas où le partenaire ne soit pas retenu

589. Le fait pour une entreprise d'avoir souscrit plusieurs CDD successifs puis de soudain passer par un appel d'offres pour éventuellement justifier la rupture sans préavis de la relation commerciale est généralement inopérant[805]. Tel est le cas par exemple d'une entreprise achetant des vêtements à un fournisseur depuis plusieurs années, qui décide après avoir lancé un appel d'offres pour sa nouvelle collection, de mettre fin aux relations commerciales sans octroyer un préavis suffisant, son fournisseur habituel n'ayant pas été retenu[806].

590. Si en passant par une procédure d'appels d'offres, la société [A] alerte son partenaire sur sa volonté de ne pas figer leurs relations commerciales, cela ne l'exonère pas de tenir compte de l'antériorité de leur relation commerciale, et ce, indépendamment de la procédure d'appel d'offres. Elle doit en effet octroyer un préavis qui soit raisonnable en cas d'échec, eu égard notamment à l'antériorité de la relation commerciale[807]. Enfin, ce préavis devra être respecté sans quoi la société engagera sa responsabilité du fait du caractère brutal de la rupture[808].

591. Si la notification du passage à un appel d'offres peut équivaloir à une notification de préavis[809], encore faut-il que la société [A] apporte la preuve qu'elle ait bien informé son

---

805 CA Nancy du 10 mars 2004 RG n°02/00650 ; CA Pau du 5 avril 2005 RG n°03/02538 ; CA Paris du 11 janvier 2008 RG n°05/24025 ; CA Rouen du 14 décembre 2006 RG n°05/03484.

806 CA Amiens du 9 mai 2006 RG n°05/01540 et 05/03197.

807 CA Paris du 3 juin 2009 RG n°07/13983.

808 CA Versailles du 27 octobre 2011 RG n°10/04733.

809 Cass. Com. 6 janvier 2001 Pourvoi n°99-20.831.

partenaire commercial du changement, notamment par une notification écrite, sans quoi le caractère brutal de la relation peut être établi[810].

592. En conclusion, si un litige survient postérieurement à l'appel d'offre, à la fin de la durée contractuelle prévue par le nouveau contrat, alors seule cette nouvelle relation devra être prise en compte afin de déterminer l'antériorité de la relation[811].

B. La condition de transparence

1. Les modalités associées à la procédure d'appel d'offres

593. **L'information de la mise en concurrence.** Si l'acheteur [A] est libre de basculer vers un système d'appel d'offres, encore faut-il qu'il annonce de manière écrite et suffisamment explicite son intention de ne pas poursuivre la relation commerciale dans l'hypothèse où la société [X] ne soit pas retenue[812]. Par exemple[813], si le client laisse entendre que plusieurs fournisseurs seront sélectionnés, cela s'oppose à la prévisibilité de la rupture. De même, l'existence de l'appel d'offres ne peut être excipée du fait que, dans un courrier postérieur, son cocontractant indique savoir que le client redéfinit sa stratégie, et l'existence d'un écrit doit être constatée[814].

594. En revanche, si les conséquences du passage à l'appel d'offres étaient complètement transparentes et univoques, la notification de l'appel d'offres vaut notification de la rupture des relations[815]. Cela peut aussi se déduire du fait qu'une indemnité soit prévue dans le cas où la société ne soit pas retenue suite à la mise en concurrence[816].

595. **Les modalités pratiques.** En plus de l'information de la mise en concurrence de la société [X], et l'enjeu qui en découle, les modalités liées à la procédure elle-même sont aussi importants : cahier des charges et date limite de dépôt des offres[817], date de prise d'effet du nouveau contrat[818], etc. En l'absence de ces éléments essentiels, la société [X] n'ayant pas connaissance des modalités de l'appel d'offres, elle peut alors se voir privée de toute chance de voir son offre retenue, caractérisant dès lors une rupture brutale des relations commerciales[819].

596. En revanche, si les termes de l'appel d'offre sont univoques, le fait que les relations se soient poursuivies après le préavis qui avait été annoncé initialement n'est pas de nature à

---

810 CA Versailles du 8 avril 2010 RG n°09/01309 ; CA Versailles du 20 mai 2010 RG n°09/01772.

811 CA Lyon du 8 avril 2011 RG n°10/00270.

812 CA Lyon du 3 juillet 2008 RG n°06/05257 ; CA Nancy du 10 mars 2004 RG n°02/00650.

813 CA Paris du 24 mars 2011 RG n°07/07337.

814 Cass. Com. du 18 octobre 2011 Pourvoi n°10-20.733.

815 CA Paris du 31 mai 2012 RG n°11/05516.

816 CA Paris du 29 mars 2013 RG n°12/05849.

817 CA Toulouse du 4 mars 2004 RG n°03/00223.

818 CA Nancy du 10 mars 2004 RG n°02/00650.

819 CA Paris du 6 juin 2009 RG n°07/13983 ; Cass. Com. du 2 décembre 2008 Pourvoi n°08-10.732.

altérer la prévisibilité du terme de la relation, dans la mesure où cela fait suite à la poursuite de la procédure d'appel d'offres, et dont le cocontractant était informé[820].

597. **Le champ de l'appel d'offres.** De même, il est aussi nécessaire que la société [X] ait connaissance du champ exact de l'appel d'offres car s'il est susceptible de mettre fin à la relation commerciale dans son ensemble, il ne doit pas concerner explicitement ou implicitement une partie seulement de la relation commerciale avec [X]. Dans le cas contraire, et bien qu'attestant de la volonté de la société [A] de faire évoluer la relation commerciale, l'appel d'offres ne pourra être opposé à la société [X] pour rompre brutalement l'ensemble de la relation commerciale[821].

598. Il est ainsi nécessaire que l'appel d'offres porte sur la même catégorie de produits ou de prestations que ceux fournis avant la rupture. Si les produits demandés dans le cadre du nouvel appel d'offre sont substantiellement différents de ceux faisant l'objet de la relation antérieure, la mise en concurrence ne peut valoir notification de rupture des relations[822]. Le même raisonnement est applicable dans le cadre de prestations de services, par exemple si l'appel d'offres concerne le transport de produits, mais que la relation concerne essentiellement la pose desdits produits[823].

599. Pour autant, si le champ de l'appel d'offres englobe la relation commerciale précédente, et est donc plus large, cela ne fait pas obstacle à considérer la notification de l'appel d'offre comme le point de départ du préavis[824].

600. **Les investissements supportés pour répondre à l'appel d'offres.** Suivant la même logique, une entreprise ne peut pas non plus, dans le cadre d'un appel d'offres, demander à son fournisseur un investissement particulier eu égard à l'antériorité de la relation commerciale, comme par exemple un travail conséquent à bref délai, et parallèlement justifier la fin de la relation commerciale par la procédure de mise en concurrence[825]. Dans ce cas, le bref délai de réalisation pouvait en effet faire espérer à la société [X] l'obtention du marché. Pour autant, il est nécessaire que le demandeur démontre que de tels investissements avaient été demandés spécifiquement par le demandeur, sans quoi l'appel d'offres sera conforme[826].

601. En définitive, si la relation exige de par sa technicité un partenariat plus étroit entre les entreprises, et notamment la réalisation d'investissements spécifiquement demandés par la société [A] afin de poursuivre les relations commerciales, il n'est pas exclu que la relation sorte du cadre de l'appel d'offres classique, et puisse alors être requalifiée en relation

---

820 CA Versailles du 15 janvier 2013 RG n°12/06968.

821 La distinction entre les deux relations se trouvait d'ailleurs renforcé par le fait que la société [A] avait envoyé deux courrier : un pour lui signifier qu'elle n'était pas retenue, un autre pour mettre fin aux relations commerciales, ce qui attestait qu'elle avait conscience que les deux relations étaient distinctes. CA Amiens du 9 mai 2006 RG n°05/01540 ; CA Lyon du 8 octobre 2009 RG n°08/07766.

822 CA Versailles du 14 octobre 2010 RG n°09/05309.

823 CA Paris du 13 septembre 2012 RG n°10/07699.

824 CA Paris du 4 mars 2011 RG n°09/22982.

825 CA Rouen du 14 décembre 2006 RG n°05/03484.

826 CA Paris du 18 juin 2009 RG n°06/06360.

à durée indéterminée, ce qui impliquerait alors la prise en compte de l'ensemble de l'antériorité de la relation commerciale.

2. La preuve que [X] a bien été informée de la mise en concurrence

602. La preuve que la société [X] était consciente des conséquences de l'appel d'offres peut être apportée par tout moyen par la société [A], comme par exemple les documents et échanges de courriers précisant les conditions et les éventuelles conséquences de la mise en concurrence[827]. Par exemple, si la société [X] demande un délai supplémentaire à son partenaire [A] suite au passage à un appel d'offres[828], ce comportement atteste du crédit donné à la fin possible de la relation commerciale, et permet dès lors de considérer suffisante l'information de la mise en concurrence et ses conséquences.

Section 2.
Les spécificités procédurales liées aux appels d'offres

603. Le fait que la relation soit véritablement régie par un appel d'offres aura des conséquences non seulement sur le point de départ de la relation commerciale (1), mais aussi sur le point de départ du préavis (2) ou encore sur la notification de la rupture (3).

§1. Le point de départ de la relation commerciale

604. Le point de départ de la relation commerciale est la date à partir de laquelle les prestations ont commencé à être réalisées dans le cadre du dernier appel d'offres, et non la date à laquelle l'entreprise a soumissionné à l'appel d'offres[829], ou la date où les deux entreprises ont commencé à travailler ensemble.

---

[827] CA Paris du 11 avril 2012 RG n°09/28642.

[828] CA Paris du 14 mai 2009 RG n°06/21725.

[829] CA Versailles du 24 mars 2005 RG n°03/08306 ; Cass. Com. du 20 février 2007 Pourvoi n°04-14.446.

§2. Le point de départ du délai de préavis

A. Dans le cas où la condition de transparence est remplie

605. Lorsque la relation est soumise à un appel d'offres en parfaite transparence et en toute loyauté, le délai de préavis court à partir de la date de notification de l'appel d'offres[830]. En effet, « *la notification par le contractant de sa décision de recourir à un appel d'offre équivaut à l'information de sa volonté de ne pas poursuivre les relations contractuelles et constitue le point de départ du préavis* »[831].

B. Dans le cas où la condition de transparence n'est pas remplie

606. En revanche, dans l'hypothèse où les conditions de transparence et de loyauté ne sont pas remplies, l'information de la mise en concurrence par l'appel d'offre peut être considérée comme insuffisante si elle ne permet pas à la société [X] d'appréhender la fin possible de la relation commerciale à l'issue de la procédure. Dans ce cas, la date prise en compte comme notification correspondra alors à celle de l'annonce de la rupture des relations commerciales, soit celle où la société [X] sera informée qu'elle n'a pas remporté l'appel d'offres, et non celle de la notification de l'appel d'offres[832].

§3. La notification de la rupture de la relation commerciale

607. Dans le cadre d'une procédure d'appel d'offres, chaque relation commerciale doit être considérée de manière indépendante, et est donc limitée à chaque appel d'offres. Une société fabriquant plusieurs produits pour le même client dans le cadre de deux appels d'offres distincts, doit donc se voir notifier deux préavis distincts[833].

---

830 Cass. Com. 18 décembre 2007 Pourvoi n°05-15.970 ; Cass. Com. 6 juin 2001 Pourvoi n°99-20.831.

831 CA Dijon du 16 avril 2009 RG n°08/00742.

832 CA Toulouse du 4 mars 2004 RG n°03/00223 ; CA Douai du 6 juillet 2009 RG n°09/00519.

833 CA Rouen du 26 mai 2005 RG n°04/04404.

Chapitre 2
Les contrats de sous-traitance

Pour faciliter l'identification des différents acteurs, les appellations suivantes désigneront les opérateurs de la chaîne de sous-traitance :

Client final : *opérateur final pour le compte duquel est réalisée la prestation (appelé aussi maître d'ouvrage)*

Donneur d'ordre : *intermédiaire entre le client final et le sous-traitant (appelé aussi entrepreneur ou maitre d'œuvre)*

Sous-traitant : *dernier niveau de la chaîne, généralement en relation contractuelle directe uniquement avec le donneur d'ordres*

608. La sous-traitance est régie en France par l'article 1 de la loi du 31 décembre 1975 suivant laquelle : « *au sens de la présente loi, la sous-traitance est l'opération par laquelle un entrepreneur confie par un sous-traité, et sous sa responsabilité, à une autre personne appelée sous-traitant l'exécution de tout ou partie du contrat d'entreprise ou d'une partie du marché public conclu avec le maître de l'ouvrage* ».

609. En premier lieu, le fait que la relation commerciale soit régie par un contrat de sous-traitance peut influer sur le caractère établi de la relation (1). Cela peut aussi avoir une incidence sur la responsabilité du client final (2) ou celle du sous-traitant (4), ou encore atténuer celle du donneur d'ordres (3), des cas particuliers ayant par ailleurs été développés (5).

Section 1.
Le caractère établi de la relation commerciale

610. A priori, une relation de sous-traitance pure n'entre pas dans le champ d'application de l'article L. 442-6 du code de commerce. La cour d'appel considère ainsi la nécessité qu'existe « *un lien de dépendance réciproque dont la rupture mettrait, temporairement*

ou durablement, celui du partenaire lésé dans l'impossibilité totale ou partielles de fournir sa propre clientèle »[834].

611. Néanmoins, le fait que la relation commerciale soit régie par un contrat de sous-traitance ne permet pas de l'analyser *de facto* comme une relation ponctuelle, par opposition à une relation commerciale établie.

612. En effet, « *par la généralité de ses termes, le texte précité n'exclut pas d'une relation commerciale établie, une relation de sous-traitance qui est une forme juridique organisée d'exécution des obligations contractuelles laquelle peut recouvrer des situations profondément différentes et s'inscrire tout à la fois dans un cadre ponctuel exclusif d'une relation établie mais aussi dans le cadre de relations ayant vocation à se maintenir et à se développer de manière durable, constitutives en tout état de cause de relations établies* »[835]. Au surplus dans cette affaire, la relation devait permettre au donneur d'ordre de transmettre son savoir-faire à son sous-traitant, ce qu'une relation ponctuelle priverait de sens.

613. L'appréciation par la jurisprudence de ce type de relation a pu donner lieu à des divergences d'interprétation. Dans une affaire par exemple[836], la cour d'appel avait considéré qu'une relation de plus de 20 ans n'était pas établie au motif qu'il s'agissait d'une relation de sous-traitance, pour laquelle le fournisseur « *conservait ainsi la liberté de choisir son prestataire pour chaque marché. Le fait que les relations entre [les deux sociétés] résultent de contrats de sous-traitance indépendants successifs ne permet pas à la société [X] de se prévaloir de relations commerciales établies dès lors qu'aucune garantie ne lui était donnée et que la juxtaposition de ces contrats ne lui permettait pas de considérer que ces relations allaient se poursuivre avec la même stabilité dans le futur* ». Cependant, la cour de cassation a cassé de jugement ces motifs étant insuffisants à démontrer l'absence de caractère établi[837].

614. Dans une autre affaire[838], la cour de cassation a estimé que le seul constat d'une succession de contrats ponctuels revêtant un caractère significatif, stable et durable, est insuffisant pour justifier du caractère établi de la relation, notamment si, eu égard à la nature de la prestation, laquelle dépend des commandes obtenues par le donneur d'ordres auprès de clients finaux, il n'était pas démontré que le sous-traitant pouvait légitimement s'attendre à la stabilité de sa relation avec son donneur d'ordres.

615. En définitive, si la démonstration du caractère établi peut être facilitée par l'existence d'une convention cadre organisant par avance et de manière générale les relations ponctuelles liées à la sous-traitance[839], une telle convention n'est toutefois pas nécessaire, et

---

834 CA Versailles du 25 octobre 2011 RG n°10/05632. Dans cette affaire, l'activité du sous-traitant se limitait à effectuer la pose des produits fabriqués par le donneur d'ordres chez les clients de ce dernier.

835 CA Paris du 3 juillet 2009 RG n°06/10552.

836 CA Caen du 9 septembre 2010 RG n°09/00318.

837 Cass. Com. du 20 mars 2012 Pourvoi n°10-26.220.

838 Cass. Com. du 13 novembre 2011 RG n°12-25.361.

839 CA Aix en Provence du 25 janvier 2007 RG n°04/03925.

seul comptent le courant d'affaire et la prévisibilité quant à la poursuite de la relation commerciale.

Section 2.
La responsabilité du client final

§1. Invoquée par le sous-traitant

616. La loi n° 75-1334 du 31 décembre 1975 relative à la sous-traitance prévoit dans son article 3 que « *L'entrepreneur qui entend exécuter un contrat ou un marché en recourant à un ou plusieurs sous-traitants doit, au moment de la conclusion et pendant toute la durée du contrat ou du marché, faire accepter chaque sous-traitant et agréer les conditions de paiement de chaque contrat de sous-traitance par le maître de l'ouvrage ; [...] Lorsque le sous-traitant n'aura pas été accepté ni les conditions de paiement agréées par le maître de l'ouvrage dans les conditions prévues à l'alinéa précédent, l'entrepreneur principal sera néanmoins tenu envers le sous-traitant* mais ne pourra invoquer le contrat de sous-traitance à l'encontre du sous-traitant » (soulignement ajouté). En d'autre termes, sauf à avoir respecté ces conditions, et notamment la reconnaissance du sous-traitant par le client final, la responsabilité de ce dernier ne peut théoriquement pas être recherchée.

617. De manière générale, la demande de réparation du sous-traitant adressée directement au client final peut être jugée recevable si les trois conditions suivantes sont remplies (i) la relation contractuelle relevait de la sous-traitance au sens de l'article 3 ci-dessus, (ii) un lien commercial et/ou financier entre les deux existait, (iii) la responsabilité de la rupture incombait au client final. Tel était le cas par exemple lorsque les contrats produits reconnaissaient à [X] la qualité de sous-traitant et que ce dernier avait en outre généré un courant d'affaires en propre en lien direct avec le client final[840], ou bien lorsque le sous-traitant était en réalité une filiale de la société contractuellement liée au client final, caractérisant dès lors le lien commercial, sachant qu'au surplus, la société [A] avait elle-même dans ses écritures opéré la confusion entre la maison-mère et sa filiale sans soulever de difficultés[841].

618. La recherche de la responsabilité du client final a aussi pu être recherchée lorsque le sous-traitant entretenait des relations commerciales non seulement avec le donneur d'ordres mais aussi avec le client final directement. En plus de cela, il avait été constaté dans une affaire que les pièces produites portaient toutes le logo du client final, de sorte que ce dernier était bien le véritable donneur d'ordres[842].

---

[840] Cass. Com. du 18 mai 2010 Pourvoi n°08-21.681.

[841] CA Riom du 10 novembre 2004 RG n°03/00257.

[842] CA Orléans du 25 novembre 2010 RG n°10/01178.

619. En revanche en l'absence de lien commercial et/ou financier entre le sous-traitant et le client final, la responsabilité de ce dernier a peu de chances d'être engagée au regard de la jurisprudence. Dans une affaire par exemple[843], le sous-traitant n'a pu invoquer la responsabilité du client final, mais uniquement celle de son donneur d'ordres, dans la mesure où il n'existait pas de relation commerciale entre les deux entités - chaque relation étant matérialisée par deux contrats distincts - ni de flux financier entre le client final et le sous-traitant, le donneur d'ordre disposant en outre d'une totale liberté sur ses approvisionnements. Dans ces conditions, le client final était complètement étranger à la relation commerciale entre le donneur d'ordres et son sous-traitant. Cette approche a été confirmée dans une autre affaire[844] dans laquelle la société [X] était un sous-traitant au sens de la loi précitée et qui avait été expressément acceptée par le client final. Pour autant, la responsabilité du client final n'a pu être mise en cause d'une part en l'absence de lien commercial direct avec le sous-traitant, et d'autre part la société [X] étant libre de diversifier ses activités pour ne pas être dépendante économiquement.

620. Ceci étant, dans un jugement récent[845], la demande du sous-traitant visant le client final a été jugée recevable eu égard au fait que les manquements subis au titre de l'article L. 442-6 du code de commerce par le donneur d'ordres avaient aussi causé préjudice au sous-traitant.

§2. Invoquée par le donneur d'ordres

621. La responsabilité du client final peut aussi être invoquée par le donneur d'ordre pour reporter sur ce dernier la responsabilité de la rupture avec le sous-traitant.

A. L'impossibilité pour le donneur d'ordres de continuer la relation

622. En premier lieu, il est nécessaire au donneur d'ordres de démontrer en quoi la perte du marché avec le client final s'oppose à la poursuite de la relation commerciale avec son sous-traitant. Dans une affaire par exemple[846], la société [X] était la sous-traitante d'un commissionnaire de transport agissant en tant que donneur d'ordres pour le compte d'un client final [A], dont le rôle se limitait à répercuter les directives du client, et à payer les factures de prestation, pour ensuite se les faire rembourser par le client final [A]. Dans ce contexte, les juges ont estimé que la rupture était la conséquence directe du comportement de [A] et non du commissionnaire dont la responsabilité a été écartée.

[843] CA Aix en Provence du 7 septembre 2006 RG n°06/01066.

[844] CA Versailles du 15 janvier 2004 RG n°02/01923.

[845] CA Caen du 29 mars 2012 RG n°10/03241.

[846] CA Paris du 22 février 2007 RG n°06/10924 – Voir aussi CA Paris du 18 janvier 2007 RG n°03/18220.

623. En revanche, si le donneur d'ordre [A] ne démontre pas en quoi il lui était impossible de répondre à ses engagements vis-à-vis de son sous-traitant du fait de la perte du marché, et quand bien même la société [X] soit reconnue en tant que sous-traitant par le client final, la responsabilité de ce dernier ne pourra être engagée[847].

B. Le client final doit être à l'origine de la rupture

624. En second lieu, la responsabilité du client final ne peut être mise en cause que s'il est effectivement à l'origine de la rupture de la relation commerciale, ou tout du moins de la baisse significative du niveau de commandes. Tel n'est pas le cas par exemple d'une décision prise par le donneur d'ordre en anticipation de celle qu'aurait éventuellement prise le client final. Dans une affaire par exemple[848], aucune preuve ne démontrait la volonté du client final de baisser significativement le niveau de commande à l'époque, sachant que le donneur d'ordre n'avait pas non plus cherché à reporter la baisse de ses commandes sur l'ensemble de ses propres sous-traitants, l'imputant au contraire à une seule société. Dès lors, la condition d'extériorité n'était pas remplie, et en conséquence le moyen tiré du tiers exonératoire de responsabilité n'a pu prospérer (voir aussi § 554 et suivants).

625. En définitive, il est nécessaire de démontrer d'une part un lien de causalité entre la décision du client final de rompre les relations commerciales avec son fournisseur de rang 1 et celle de ce dernier de rompre à son tour vis-à-vis de son propre fournisseur de rang 2, et d'autre part l'impossibilité pour le fournisseur de rang 1 de poursuivre la relation commerciale avec le fournisseur de rang 2.

---

[847] CA Rouen du 18 janvier 2007 RG n°05/04381.

[848] CA Paris du 3 juillet 2009 RG n°06/10552.

Section 3.
L'atténuation de la responsabilité du donneur d'ordres

626. Indépendamment de la mise en cause de la responsabilité du client final comme auteur du manquement, la dégradation du courant d'affaires entre le donneur d'ordres et le client final peut néanmoins contribuer à atténuer la responsabilité du donneur d'ordres. Pour ce faire, ce dernier doit prouver qu'il ne pouvait alors plus tenir ses engagements vis-à-vis de son sous-traitant en raison de la baisse de ses propres commandes.

627. A titre d'illustration, la responsabilité du donneur d'ordres avait été écartée dans une affaire où en l'espèce[849], ce dernier avait démontré non seulement que la baisse des commandes découlait de celle son client, mais aussi qu'il avait lui aussi dû concrètement recourir à des mesures de chômage partiel compte-tenu de la baisse importante d'activité (-60%).

628. Suivant la même logique, le fait qu'un plan de désengagement soit proposé par le donneur d'ordres, mais que les objectifs ne soient pas atteints faute de commandes suffisantes par le client final, n'est pas opposable au donneur d'ordres.

629. Dans une affaire par exemple[850], le donneur d'ordre [A] avait pris l'engagement auprès de son sous-traitant de lui assurer un certain volume d'affaires. Cependant, il connaissait lui-même une baisse significative des commandes de ses propres clients en raison à la fois de la dégradation du marché[851], et de la concurrence accrue des pays à bas coûts. Par conséquent, il n'était pas démontré l'existence de besoin en sous-traitance qui ait pu être octroyé à [X], le donneur d'ordres [A] s'efforçant de remplir ses engagements contractuels malgré les baisses de commandes. Au surplus, une partie des produits du sous-traitant étaient bien au-dessus des prix du marché, si bien que la baisse du courant d'affaires résultait non seulement de la situation du secteur non imputable à [A] mais aussi des prix proposés par le sous-traitant sur certains produits. Dans ces conditions, la responsabilité du donneur d'ordres a donc pu être écartée.

630. Dans une autre affaire[852], le donneur d'ordre [A] avait proposé un plan de désengagement auquel le sous-traitant [X] n'avait pas donné suite du fait d'une chute significative des volumes alors proposés. Seulement cette baisse des volumes était liée à la situation de crise que connaissait alors le secteur de l'aéronautique, et ne pouvait donc être imputée à la société [A]. Au demeurant, le comportement de la société [X] refusant toute coopération et de fournir la moindre contre-proposition en décidant directement d'assigner a été prise en compte pour écarter le caractère brutal de la rupture (voir aussi § 1309 et suivants).

---

849 CA Dijon du 20 septembre 2011 RG n°10/01577.

850 CA Paris du 9 septembre 2009 RG n°07/10355.

851 Marché du ferrage en l'occurrence.

852 CA Versailles du 18 mai 2006 RG n°05/03952.

Section 4.
La responsabilité du sous-traitant

631. Si le sous-traitant ne fournit plus aux clients du donneur d'ordres de produits répondant au cahier des charges convenu, ce qui s'est matérialisé d'une part au travers de nombreuses plaintes de clients, et d'autre part avec la perte d'une partie substantielle de chiffre d'affaires, le donneur d'ordre [A] peut alors être légitime à rompre brutalement les relations commerciales[853].

632. En revanche, le cahier des charges doit être connu du sous-traitant. Ainsi, dans l'hypothèse où une norme spécifique doive être respectée, dans le cas de travaux sur les dispositifs hospitaliers par exemple[854], en l'absence d'information de son sous-traitant, le donneur d'ordres ne peut rompre brutalement la relation commerciale en invoquant l'incapacité de ce dernier à respecter ces normes. Dans cette affaire, l'incapacité du sous-traitant n'était au surplus démontrée, ni par des plaintes ni par des réserves du maître d'ouvrage ou de centres hospitaliers.

633. L'étanchéité commerciale entre le sous-traitant et le client final peut être stratégique pour le maintien de l'activité du donneur d'ordres. Pour autant, ce dernier ne peut pas automatiquement rompre brutalement sa relation commerciale avec un sous-traitant qui a réalisé une proposition de prix directement à l'un de ses clients, ce qui a eu pour résultat de le court-circuiter. Il est nécessaire qu'une telle démarche présente une certaine gravité, ce qui n'est pas le cas si le sous-traitant n'a pas pris l'initiative de la démarche, et donc en dehors de toute manœuvre déloyale, dans un contexte où de surcroît le donneur d'ordres représentait moins de 10% de son activité[855].

634. Enfin, à l'instar des relations commerciales en général (voir § 150 et suivants), une modification substantielle de l'équilibre du contrat par le donneur d'ordres peut justifier le fait que le sous-traitant rompe la relation commerciale établie. Par exemple, une société sous-traitant la logistique auprès d'un prestataire avait décidé suite à une acquisition de réorganiser ses flux logistiques ce qui remettait en cause l'économie de la prestation, à la fois par les volumes confiés, et par la localisation des points de dessertes, les nouveaux points présentant des difficultés d'approche[856]. Le sous-traitant était donc légitime à rompre les relations commerciales, et se retirer du GIE lié à son donneur d'ordres.

---

853 CA Amiens du 24 mars 2005 RG n°04/03328.

854 CA Aix en Provence du 25 janvier 2007 RG n°04/03925.

855 CA Reims du 17 mai 2004 RG n°03/01616.

856 CA Aix en Provence du 4 janvier 2007 RG n°05/03615.

Section 5.
Cas particuliers

§1. Les contrats de portage salarial

635. Ces contrats sont particuliers dans la mesure où le salarié porté est directement en relation avec le client de la société de portage. Dans l'hypothèse où le consultant rompt brutalement toute relation avec la société de courtage, le client final ne peut utiliser cette information, ainsi que le caractère *intuitu personae* du contrat, pour rompre brutalement les relations commerciales avec la société de courtage[857]. En effet, le client doit laisser à la société de courtage le temps nécessaire pour lui proposer un autre candidat susceptible d'être lui aussi agréé le cas échéant par le client, ou alors notifier la rupture avec un préavis raisonnable.

§2. Les clauses de non-concurrence

636. Pour se prémunir d'un risque de parasitisme, il peut arriver que le donneur d'ordres inclue une clause de non-concurrence dans le contrat le liant à son sous-traitant. Pour autant, une telle clause n'entrave pas sensiblement la capacité du sous-traitant de retrouver de nouveaux débouchés dès lors qu'elle est strictement limitée à la relation de sous-traitance liant les deux parties, et en l'absence de spécificité de l'activité (au niveau du personnel ou des techniques proprement dites) telle que la société [X] ne puisse trouver d'autres débouchés[858].

---

857 CA Paris du 2 avril 2008 RG n°06/04013.

858 CA Chambéry du 2 octobre 2007 RG n°07/00807.

Chapitre 3
La MDD

637. Dans le cas où la relation commerciale consiste en la fourniture de produits à marque de distributeur, le préavis théorique doit être doublé par rapport à ce qu'il aurait été dans le cadre d'une relation classique, et ce, en référence à l'article L. 442-6-I-5° du code de commerce qui précise « *lorsque la relation commerciale porte sur la fourniture de produits sous marque de distributeur, la durée minimale de préavis est double de celle qui serait applicable si le produit n'était pas fourni sous marque de distributeur* ».

638. Il est ainsi tout d'abord nécessaire de déterminer si le produit considéré correspond bien à la définition des produits à marque de distributeur, lesquels sont définis à l'article L. 112-6 du code de la consommation qui précise : « *Est considéré comme produit vendu sous marque de distributeur le produit dont les caractéristiques ont été définies par l'entreprise ou le groupe d'entreprises qui en assure la vente au détail et qui est le propriétaire de la marque sous laquelle il est vendu* », cette définition étant reprise par la jurisprudence. Plusieurs affaires ont ainsi appliqué cette disposition dérogatoire de doublement du préavis pour différents types de produits à marque de distributeurs :

- Fourniture de produits textiles pour le compte d'un distributeur national[859], y compris dans le cadre d'une prestation de dépanneur-réassort consistant à fournir des produits afin d'assurer les réapprovisionnements du distributeur[860] ;
- Fourniture de produits électriques (clôture d'élevage) pour le compte d'un distributeur spécialisé national[861] ;
- Fourniture de produits alimentaires pour le compte d'une chaîne de distribution alimentaire[862] ;
- Fourniture de produits chimiques pour le compte d'une centrale d'achats pour professionnels[863] ;
- Fourniture de pièces détachées à la marque d'un constructeur automobile au sein de son réseau agréé[864].

---

859 CA Amiens du 30 novembre 2001 RG n°00/00407 ; CA Toulouse du 6 mars 2012 RG n°09/03556.

860 Cass. Com. du 23 janvier 2007 Pourvoi n°04-16.779 et 04-17.951 confirmant CA Douai du 25 mai 2004 RG n°03/05662.

861 CA Angers du 24 novembre 2006 RG n°05/00067.

862 CA Paris du 16 février 2005 RG n°03/09634.

863 CA Rennes du 3 février 2009 RG n°08/04789.

864 CA Reims du 13 mars 2012 RG n°10/02407.

639. En raison de leur caractère dérogatoire, les dispositions permettent le doublement du délai de préavis doivent être interprétées de manière restrictive[865], et en cela, il est donc nécessaire que deux conditions principales soient remplies.

640. Premièrement, un lien direct entre le fabricant et le distributeur des produits doit exister (1), deuxièmement le produit doit être élaboré suivant les spécifications du distributeur (2), troisièmement il est nécessaire qu'il s'agisse d'un produit non transformé (3). Différentes conditions supplétives ont par ailleurs été précisées par la jurisprudence (4).

Section 1. L'existence d'un lien direct entre le fabricant et le distributeur des produits

641. En premier lieu, il est nécessaire que le client de la société fabricant les produits ait la qualité de distributeur. Si les produits sont réalisés par un sous-traitant pour le compte d'un fabricant, ces produits ne peuvent pas être considérés comme des produits MDD, car dans ces conditions, le fabricant, ne distribuant pas lui-même ses produits, il ne peut pas être considéré comme un distributeur[866]. Ainsi, le fait que les produits portent la marque du donneur d'ordre est insuffisant pour considérer qu'il s'agit de produits à marque de distributeur.

642. En second lieu, il est nécessaire que la société fabriquant des produits à marque de distributeur soit liée contractuellement avec le distributeur en question, *i.e.* qu'il existe un lien contractuel direct. En effet, « *la fourniture d'un produit distribué sous marque de distributeur s'apprécie en l'espèce entre les seules parties liées par le contrat de fabrication, seules au demeurant parties à l'instance* »[867]. En l'absence d'un lien direct entre le client final distribuant les produits à sa marque et la société [X], il n'est pas possible de considérer les produits comme à marque de distributeur. Tel est le cas par exemple d'une société [X] réalisant une prestation à façon pour le compte d'un client final par l'intermédiaire d'un donneur d'ordre, lequel lui fournissait des tissus à partir desquels elle réalisait les produits à la marque du client final[868]. Dans ce cas la société [X] n'était pas en relation commerciale directe avec le client final, et ne produisait donc pas des produits à marque de distributeur au sens du texte précité.

---

865 CA Paris du 3 juillet 2009 RG n°06/10552.

866 CA Chambéry du 2 octobre 2007 RG n°07/00807.

867 CA Paris du 3 juillet 2009 RG n°06/10552.

868 Ibid.

Section 2.
Le produit doit être élaboré suivant les spécifications de [A]

643. Les spécifications des produits doivent être décidées par le distributeur lui-même. Aussi, il est souvent nécessaire d'apprécier le fonctionnement de la relation commerciale *in concreto*, et ce, notamment à travers l'articulation entre le processus d'élaboration des produit et celui de décision validant le choix définitif des produits.

644. Dans le cadre des produits alimentaires sous marque de distributeur, le cahier des charges est souvent formulé par le distributeur, et peut dans ce cas donner lieu au doublement du préavis. Dans une affaire par exemple[869], la société [X] fournissait des pizzas surgelées. S'agissant de produits exclusifs et dédiés à la marque du réseau de distribution, ils remplissaient donc les conditions pour être considérés comme produits à marque de distributeur.

645. Inversement, dans le cas où la société [X] élabore plusieurs suggestions de produits pour une collection donnée (textile ou habillement notamment), le donneur d'ordre ne donne pas véritablement de cahier des charges, et c'est plutôt l'expérience de la société [X] qui sera mise à contribution pour proposer des produits en adéquation avec le marché. Dans ce cadre, aucun cahier des charges n'est donc fourni par le distributeur, il n'est donc pas considéré que de tels produits relèvent de produits à marque de distributeur au sens du texte précité[870]. La jurisprudence considère même que cette approche est valable non seulement sur la définition des formes, mais aussi de celle des couleurs. En l'espèce[871], si le fournisseur [X] fabrique suivant les dessins du distributeur des prototypes en proposant ensuite des essais de coloris, et que le produit final est finalement choisi par le distributeur suite à la proposition du fabricant, il ne s'agissait donc pas à proprement parler de produits à marque de distributeur. En tout état de cause, ces considérations sont à plus forte raison opposables si la société [X] ne fait que vendre des produits de sa gamme qui n'ont pas du tout été adaptés au distributeur [A] [872].

---

869 CA Paris du 9 avril 2008 RG n°06/05722.

870 CA Aix en Provence du 7 septembre 2006 RG n°06/01066.

871 CA Versailles du 18 mai 2006 RG n°04/08829.

872 CA Rennes du 26 mai 2009 RG n°08/07916.

Section 3.
Produit non transformé

646. Afin que le texte soit valable, le produit fourni doit correspondre au produit final tel que vendu au stade de la revente aux consommateurs, lequel ne devra donc avoir subi aucune transformation.

647. Par conséquent, une pièce fabriquée pour le compte d'un équipementier, incorporée par la suite dans un produit final complexe résultant de l'assemblage des composants, n'entre pas dans le champ d'application du texte[873].

Section 4.
Conditions supplétives

648. Il est nécessaire que la société [X] fabrique ou fournisse un produit. Si elle ne vend aucun produit mais se limite à réaliser une prestation de service suivant les ordres du client final répercutés par le donneur d'ordre, ce dernier lui fournissant la matière première, il ne s'agit pas d'un produit à marque de distributeur donnant droit au doublement du préavis[874].

649. En outre, la marque du produit, fut-elle d'usage, doit appartenir au distributeur, sans quoi le produit en question ne peut être considéré comme un produit MDD[875], et d'apparaître clairement sur l'emballage des produits[876]. La marque peut en revanche être différente du nom du distributeur[877].

650. Enfin, la prestation de service rendue par une société dans le cadre de l'approvisionnement d'un distributeur en produits MDD n'entre pas dans le champ d'application du texte, le prestataire ne fabricant pas de produits sous marque de distributeur. En l'espèce[878], le prestataire réalisait le contrôle de conformité des produits textiles fabriqués pour le compte d'un distributeur.

873 CA Orléans du 25 novembre 2010 RG n°10/01178.

874 CA Paris du 3 juillet 2009 RG n°06/10552.

875 CA Rennes du 26 mai 2009 RG n°08/07916.

876 CA Versailles du 3 juillet 2012 RG n°10/08577.

877 CA Paris du 14 mars 2012 RG n°09/24566.

878 Cass. Com. du 7 juin 2011 Pourvoi n°10-12.095.

Chapitre 4
Les contrats de franchise, de distribution sélective et d'affiliation

651. Les contrats régissant les relations entre une tête de réseau et ses distributeurs peuvent évoluer mais de manière progressive (1). Ce type de relation régi par un cadre particulier a ensuite certaines conséquences sur les obligations contractuelles (2).

Section 1.
Une évolution possible mais qui doit être progressive

652. La tête d'un réseau de distribution a toute latitude pour décider une modification de la structure de son réseau afin de le faire évoluer, ce qui implique l'acceptation par tous ses membres agréés d'une nouvelle charte de distribution. A ce titre, deux cas de figure peuvent être distingués suivant que la relation soit régie par un unique CDD arrivant à son terme, ou bien dans le cadre d'une relation à durée indéterminée.

653. La marge de manœuvre du franchiseur ou de la tête de réseau tiendra notamment au type de contrat (1) et il sera nécessaire, en cas de modification, d'apprécier, les éléments essentiels du contrat (2). En tout état de cause, les mêmes obligations de transparence s'appliquent vis-à-vis de la société [X] (3).

§1. Suivant le type de contrat

654. Si la relation commerciale est régie par un unique CDD de quelques années non renouvelé à son terme, le franchiseur n'aura pas à donner de préavis particulier en cas de rupture à l'échéance du contrat[879].

655. Cependant, dans le cadre d'une relation à durée indéterminée, il est nécessaire que le franchiseur déploie progressivement ces changements, en tenant compte notamment de

[879] CA Aix en Provence du 30 juin 2006 RG n°03/17861.

l'ancienneté des relations commerciales établies, et ce, quand bien même l'évolution du cadre contractuel soit liée à une réglementation (voir § 355 et suivants), ou à la cession de la branche d'activité à un concurrent[880], ou encore à la volonté du fabricant de distribuer lui-même les produits à sa marque[881].

656. Lorsque le contrat est requalifié en contrat à durée indéterminée (voir § 125 et suivants), le fait que le contrat ait été modifié en contrat à durée déterminée n'est pas suffisant pour justifier la prévisibilité du terme des relations. En l'espèce[882], ce changement pouvait aussi être considéré comme une mise à l'épreuve de l'ancien franchisé en vue de signer le nouveau contrat, sachant que le contrat s'était en outre poursuivi après son terme.

657. Par ailleurs, il est nécessaire que le franchiseur laisse un délai raisonnable à son partenaire pour étudier les nouvelles recommandations, notamment si cela implique une modification du point de vente, et une étude financière pour en apprécier la viabilité[883]. De même, si dans le cadre de sa réorganisation un franchiseur met en demeure son franchisé dans un délai d'un mois de retirer l'enseigne du fait qu'il ne respecte pas le concept commercial, ce comportement du franchiseur peut être fautif s'il ne permet pas au cocontractant de connaître avec précision les griefs invoqués, ni ne lui octroie le temps nécessaire pour y remédier alors que les relations avaient duré plus de 10 ans[884].

§2. L'appréciation des éléments essentiels du contrat

658. Lorsque les éléments essentiels du contrat perdurent, si le franchiseur rompt les relations commerciales avec un des membres de son réseau agréé du fait qu'il n'a pas accepté la nouvelle charte de distribution, la rupture peut alors être considérée comme brutale en l'absence de tout préavis[885]. La réciproque est aussi vraie dans la mesure où le franchisé ou l'affilié ne peut utiliser la modification du contrat pour mettre fin à la relation commerciale. En l'espèce[886], le fournisseur avait souhaité passer d'un contrat de concession à un contrat de commission-affiliation, dont il n'était pas démontré qu'il aurait été plus défavorable pour le commissionnaire[887].

659. Bien entendu, si les éléments essentiels du contrat ont disparu, le partenaire qui se voit imposer unilatéralement les modifications est fondé à invoquer la rupture brutale de la re-

880 CA Versailles du 14 février 2012 RG n°09/02118.

881 CA Paris du 11 avril 2013 RG n°10/21428.

882 CA Nîmes du 10 mai 2012 RG n°10/00680.

883 CA Paris du 4 juillet 2013 RG n°11/07179.

884 CA Paris du 27 juin 2012 RG n°11/10306.

885 CA Lyon du 15 janvier 2004 RG n°02/03192.

886 CA Toulouse du 28 septembre 2010 RG n°09/03482.

887 Le commissionnaire basait ses prétentions sur le fait qu'il existait auparavant une exclusivité d'approvisionnement à son bénéfice, mais ce n'était pas le cas.

lation commerciale par le franchiseur. A ce titre, les éléments essentiels du contrat peuvent ainsi porter sur la marque des produits (A), l'exclusivité consentie (B) ou encore le schéma de distribution (C).

A. La marque des produits

660. Si le franchiseur cède la marque principale objet du contrat à une autre société qui avait décidé de passer par un autre distributeur, le contrat de franchise du premier distributeur ne pouvait dès lors être poursuivi en l'absence de l'un de ses éléments essentiels, la faute de la rupture revenant finalement au franchiseur[888].

B. L'exclusivité

1. La suppression de l'exclusivité

661. La suppression de l'exclusivité territoriale confiée au distributeur peut constituer une modification substantielle de l'économie du contrat, et dès lors caractériser une rupture brutale, nonobstant la persistance d'un courant d'affaires entre les deux partenaires[889]. Dans cette affaire, le fournisseur avait en outre communiqué auprès des clients de son distributeur afin de leur indiquer de passer leurs commandes directement auprès de lui, obérant toute possibilité de poursuite réelle de l'activité du distributeur.

662. Pour autant, la simple perte de l'exclusivité peut être insuffisante pour démontrer le caractère brutal de la rupture des relations commerciale en l'absence d'autres éléments[890]. Ainsi, si la perte de l'exclusivité n'a pas modifié les conditions commerciales consenties, que la baisse d'activité constatée trouve son origine dans la contraction soudaine du marché, alors, il est possible d'écarter toute brutalité dans la rupture des relations en l'absence de refus de livraisons[891].

2. La modification substantielle de l'exclusivité

663. Indépendamment de sa suppression pure et simple, la dégradation du niveau d'exclusivité peut aussi modifier substantiellement l'économie de la relation commerciale suivant ses caractéristiques. Elle peut ainsi priver le cocontractant d'une part significative de ses revenus, si bien qu'elle revient à rompre brutalement les relations[892]. Tel est le cas par exemple de la modification unilatérale de l'étendue de l'exclusivité territoriale consentie par le fournisseur au distributeur impliquant un réaménagement du point de vente, et qui peut nécessiter à cet égard plus de trois mois de négociation[893], ou encore de l'interdiction

---

888 Cass. Com. du 31 janvier 2012 Pourvoi n°10-27.603.

889 CA Versailles du 5 mai 2011 RG n°10/00442.

890 Cass. Com. du 9 mars 2012 Pourvoi n°08-20.036.

891 CA Douai du 15 février 2012 RG n°10/07622.

892 CA Colmar du 7 novembre 2012 RG n°09/00456.

893 CA Paris du 26 mars 2008 RG n°06/12181.

faite à un distributeur de livrer sur certains départements qui constituent l'essentiel de son activité[894].

664. A l'inverse, si le fournisseur vise à renforcer l'exclusivité consentie, cette démarche peut donner lieu à une contrepartie. Ainsi, un fabricant ne peut se faire opposer le fait de souhaiter obtenir des contreparties, notamment de volumes, à l'octroi d'une exclusivité davantage contraignante[895]. En outre dans cette affaire, le client avait lui-même modifié unilatéralement sensiblement l'économie du contrat en imposant des pénalités exorbitantes de 725 euros par produit non-conforme et de 2900 euros par produit rejeté.

3. La modification du schéma de distribution

665. Comme précisé *supra*, un fabricant a le droit de modifier le schéma organisationnel de son réseau de distribution en fonction de l'évolution du marché, mais si les changements impliquent une modification substantielle du niveau de concurrence auquel sera soumis le distributeur, cela constitue une modification significative de l'économie du contrat, laquelle nécessitera donc de laisser le temps nécessaire au distributeur pour s'adapter.

666. Par exemple[896], si un fabricant décide de diminuer fortement l'avantage concurrentiel dont bénéficiait un grossiste spécialisé, et ce, en décidant d'octroyer brutalement un niveau de remise sensiblement équivalent aux grossistes généralistes, le premier se trouve alors soumis à la concurrence d'un nombre supérieur de grossistes, laquelle est susceptible d'avoir une incidence significative sur ses ventes. Le fabricant, en décidant d'élargir brutalement le nombre de distributeurs bénéficiant de conditions commerciales équivalentes, a finalement rompu brutalement les relations commerciales.

667. Plus généralement, la même approche pourra prévaloir lorsque le franchiseur modifiera brutalement, et sans motif légitime, l'économie du contrat (§ 150 et suivants).

§3. La transparence sur le terme de la relation

668. A l'instar du cadre général, il est aussi nécessaire que la notification de fin des relations commerciales soit adressée au cocontractant, et que son contenu soit univoque. Cependant, la notification de la rupture dans le cadre de la réorganisation du réseau ne fait pas obstacle à ce que le franchiseur évoque la possibilité du nouveau contrat, sous réserve que la signature de ce nouveau contrat soit clairement présenté comme la condition nécessaire à la poursuite de la relation commerciale, s'opposant à toute prévisibilité dans la poursuite des relations en cas de désaccord[897].

---

[894] CA Nancy du 5 juin 2013 RG n°12/01810.

[895] CA Rennes du 9 mai 2012 RG n°11/06303.

[896] CA Paris du 13 novembre 2013 RG n°11/22014.

[897] CA Paris du 10 mai 2012 RG n°11/07129.

Section 2.
Les conséquences du cadre contractuel particulier franchiseur/franchisé

§1. La conséquence de l'exclusivité d'approvisionnement

669. Le contrat de distribution sélective prévoit souvent une exclusivité d'approvisionnement créant dès lors un lien de dépendance du distributeur vis-à-vis du franchiseur. Aussi, dans l'hypothèse où des difficultés liées à l'approvisionnement sont récurrentes, le distributeur [A] peut être légitime à rompre la relation commerciale sans préavis, de telles défaillances constituant des manquements contractuels suffisamment graves pour justifier l'absence de préavis. Dans une affaire par exemple[898], les défaillances concernaient l'ensemble des fournisseurs du réseau à tel point quel le franchiseur avait fait un geste commercial en dispensant ses franchisés du paiement de la redevance pour un semestre.

670. Cette contrainte au niveau des approvisionnements peut même avoir davantage de conséquences suivant le contexte. Par exemple, en raison de ses investissements réalisés dans le cadre du déploiement d'un réseau, le franchisé peut disposer de peu de fonds propres, si bien que la perte de chance liée à l'exploitation des magasins qui ont dû être fermés du fait de la brutalité de la rupture des relations commerciales a pu être ajoutée au préjudice induit par la perte de marge brute. En l'espèce[899], la société [X] avait dû fermer 6 magasins, et la cour a estimé qu'elle devait être indemnisée sur la base de la perte de chance d'exploitation de ces six magasins sur une période de 18 mois.

671. Réciproquement, il est possible à la tête de réseau de rompre brutalement les relations commerciales si son distributeur ne respecte pas son obligation d'approvisionnement exclusif. Cependant, une seule violation de l'interdiction d'approvisionnement hors réseau agréé pour un distributeur, à supposer constituée, ne saurait, en l'absence de preuves d'autres approvisionnements hors réseau, revêtir un caractère de gravité tel qu'il dispenserait le fournisseur du respect de tout préavis[900].

---

[898] CA Paris du 29 avril 2009 RG n°07/02396.

[899] CA Paris du 2 juillet 2009 RG n°06/08865.

[900] CA Paris du 10 avril 2013 RG n°12/05389.

§2. La nécessité de respecter les conditions d'agrément

672. Le contrat prévoit vis-à-vis du franchiseur des obligations essentielles que le franchisé doit respecter, lesquelles conditionnent généralement l'obtention de l'agrément. Le non-respect de telles obligations peut justifier la rupture des relations par le franchiseur, comme par exemple, l'obligation consistant à disposer d'une capacité financière suffisante dans la mesure où le contrat d'agrément prévoyait expressément la possibilité de résilier en cas de manquement à cette obligation[901]. Dans cette affaire, le franchiseur avait enjoint son franchisé à de nombreuses reprises de respecter ce critère, ce qui était reconnu par le franchisé [X] qui avait proposé une solution non adaptée, de telle sorte que la faculté de résiliation pouvait trouver application.

673. Dans le cadre d'un réseau de distribution sélective, il est nécessaire que le point de vente respecte un certain nombre de critères qualitatifs, eu égard notamment à l'image de marque des produits. Dès lors, s'il est avéré que le point de vente a présenté la marque de manière dévalorisante, négligé la tenue du matériel utilisé, affiché des opération promotionnelles en violation du contrat, et qu'une partie de son personnel souffrait d'un défaut de compétence dans l'accueil et le conseil pour la vente des produits contractuels, l'accumulation de ces différents manquements peuvent suffire pour procéder à une résiliation sans préavis une fois la mise en demeure effectuée[902].

§3. La nécessité de ne pas changer d'enseigne avant le terme du préavis

674. Lorsqu'un préavis a été convenu entre le franchiseur et le franchisé, il est nécessaire que ce dernier respecte les obligations qui lui incombent, notamment en termes de visibilité vis-à-vis du consommateur. Par exemple[903], s'il adopte de nombreuses caractéristiques d'un groupe de distribution concurrent, notamment en offrant des marchandises de marque de distributeur dudit concurrent, et en usant de toute la signalétique propre à cette enseigne, le franchisé cesse alors de remplir ses obligations vis-à-vis de son ancien franchiseur, à savoir respecter l'image de l'enseigne et assurer une cohésion de l'offre au sein du réseau de distribution. Ce faisant, le franchisé a donc rompu brutalement les relations commerciales.

---

901 CA Caen du 27 novembre 2008 RG n°05/02182.

902 CA Paris du 4 septembre 2013 RG n°10/13675.

903 CA Paris du 7 février 2013 RG n°10/24348.

CONCLUSION DU TITRE PREMIER

675. L'appréciation d'un manquement en rupture brutale des relations commerciales doit suivre les étapes suivantes (voir § 1277 et suivants, pour le détail de la partie spécifique à la détermination du préjudice) :

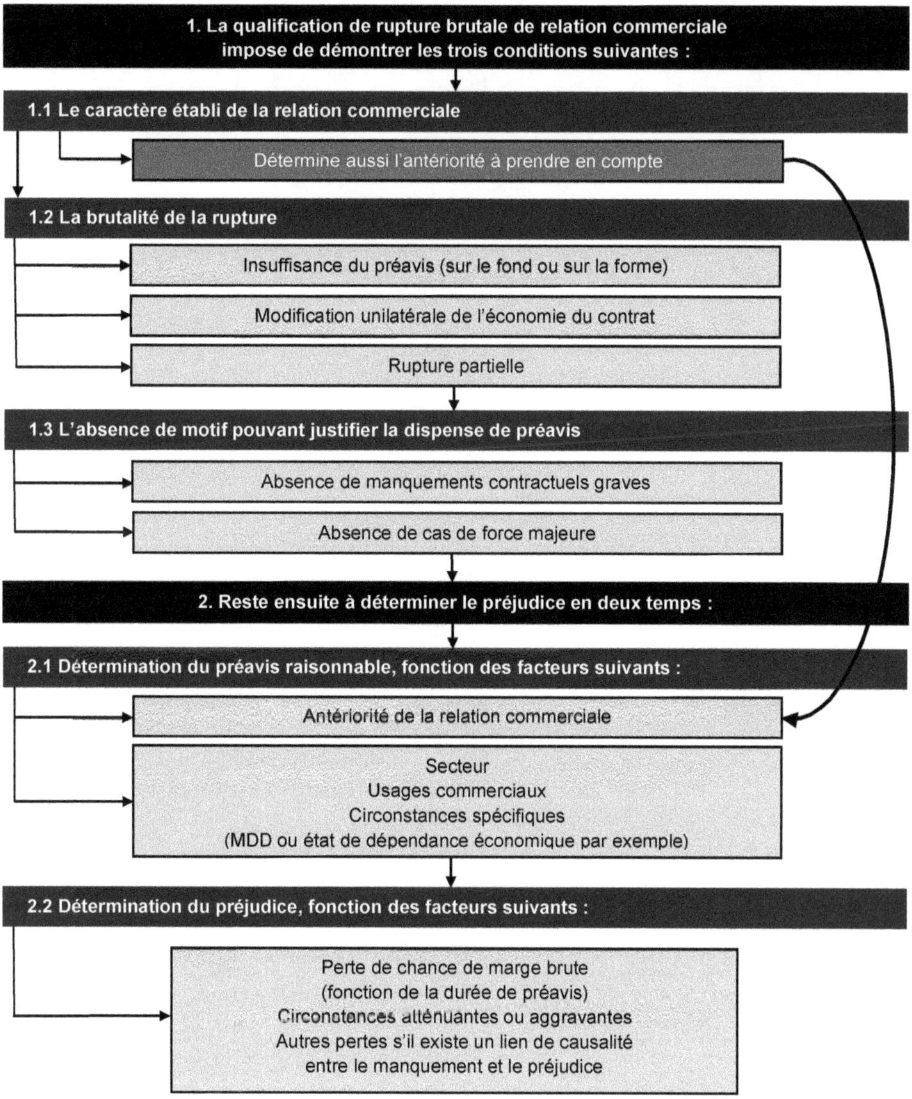

TITRE 2

LES MANQUEMENTS HORS RUPTURE BRUTALE

Chapitre 1
L'avantage disproportionné ou sans contrepartie

676. L'article L. 442-6-I-1° du code de commerce prévoit qu' « *engage la responsabilité de son auteur [...] d'obtenir ou de tenter d'obtenir d'un partenaire commercial* un avantage quelconque *ne correspondant* à aucun service commercial effectivement rendu ou manifestement disproportionné *au regard de la valeur du service rendu* » (soulignement ajouté).

677. Après avoir explicité les notions d'avantage et de contrepartie visées par ce texte (1), les éléments de jurisprudence permettant d'appréhender l'avantage sans contrepartie d'une part (2), et l'avantage manifestement disproportionné d'autre part (3) seront décryptés. Enfin, les accords de gamme et les contrats relatifs à la fourniture de produits à marque de distributeur feront l'objet de développements spécifiques en raison de l'approche particulière des juges en la matière (4).

Section 1.
Définitions préalables

§1. La notion d' « *avantage quelconque* »

678. La notion d'avantage concerne aussi bien les avantages obtenus au moment de l'opération d'achat et de vente sous forme de remises, que les avantages différés sous forme de marges arrières, ou encore les délais de paiement.

679. Toutefois, cette notion ne s'arrête pas là, et peut être étendue à tout avantage profitant à l'un des partenaires commerciaux. Elle englobe donc tout autant la mise à disposition de personnel par une société[904] ou encore un acte de cautionnement[905]. En définitive, il n'est donc pas nécessaire que l'avantage découle d'un service de coopé-

[904] CA Douai du 17 décembre 2009 RG n°08/06361.

[905] Même si pour ce dernier aspect, la cour a estimé que pour l'entreprise en cause, il y avait lieu d'écarter l'application de l'article L. 442-6-I-1° du code de Commerce – Cass. Com. du 9 décembre 2008 Pourvoi n°06-21.772.

ration commerciale[906], ni même plus généralement d'un service commercial financé par l'intermédiaire d'une remise ou d'une ristourne.

§2. La notion de contrepartie ou « service commercial effectivement rendu »

680. Cette notion fait référence dans son principe à l'approche civile, soit le bien de la chose acquise, et qui, en application de l'article 1131 du code civil, impose l'existence d'une contrepartie non dérisoire et fondée sur la cause.

681. Tout d'abord, la contrepartie peut relever des conditions générales ou particulières de vente, en référence au premier alinéa de l'article L. 441-7 du code de commerce. Un exemple classique est l'octroi d'une remise contre un engagement de volume d'achats déterminé.

682. Si la contrepartie consiste en un service commercial, deux types de services peuvent alors être distingués : les services de coopération commerciale, et les « *autres obligations* », faisant respectivement référence aux alinéas 2 et 3 de l'article L. 441-7 du code de Commerce.

683. Les services de coopération commerciale sont « *les conditions dans lesquelles le distributeur ou le prestataire de services rend au fournisseur, à l'occasion de la revente de ses produits ou services aux consommateurs ou en vue de leur revente aux professionnels, tout service propre à favoriser leur commercialisation ne relevant pas des obligations d'achat et de vente, en précisant l'objet, la date prévue, les modalités d'exécution, la rémunération des obligations ainsi que les produits ou services auxquels elles se rapportent* »[907]. La circulaire Dutreil[908] précise ainsi que les services de coopération commerciale doivent répondre à trois caractéristiques principales. Premièrement, ils ne doivent pas relever des obligations d'achat et de vente. Deuxièmement, ils doivent être rendus à l'occasion de la revente des produits ou des services aux consommateurs ou en vue de leur revente aux professionnels. Troisièmement, ils doivent être de nature à stimuler au bénéfice du fournisseur la revente de ses produits par le distributeur. Un exemple classique de coopération commerciale est la mise en avant d'un produit du fournisseur par l'intermédiaire du catalogue diffusé par le distributeur.

684. Les « *autres obligations* » sont « *destinées à favoriser la relation commerciale entre le fournisseur et le distributeur ou le prestataire de services* », et correspondent peu ou prou aux anciens services distincts[909]. Il est commun d'envisager ces services comme ceux qui ne relèvent ni des relations commerciales nouées en application de l'article L. 441-6 du code de Commerce, ni de la coopération commerciale[910]. Il s'agit généralement de ser-

---

906 CA Rennes du 20 janvier 2009 RG n°07/07013.

907 L. 441-7-I-2° du code de Commerce.

908 Circulaire du 8 décembre 2005 relative aux relations commerciales.

909 Soit *« les conditions dans lesquelles le distributeur ou le prestataire de services s'oblige à rendre au fournisseur des services distincts de ceux visés aux alinéas précédents »* en référence à l'article L. 441-7-I-3° dans sa rédaction antérieure à la LME du 6 août 2008.

910 Circulaire du 8 décembre 2005 précitée.

vices qui sont liés à la relation commerci–ale dans sa globalité, contrairement à la coopération commerciale correspondant plutôt à des opérations ponctuelles portant sur des produits spécifiques. Afin de répondre aux critères de légalité, de tels services doivent être détachables de l'obligation d'achat et de vente d'une part, et être de nature à favoriser la relation commerciale d'autre part. La principale différence entre ces services et ceux de coopération commerciale tient donc au fait que ces derniers doivent être rendus à l'occasion, ou en vue, de la revente des produits aux consommateurs. Un exemple classique de ces « *autres obligations* » est la fourniture par un distributeur de statistiques de vente des produits à un fournisseur, lesquelles lui permettent de suivre l'évolution des ventes de ses produits chez son partenaire commercial.

685. La notion de contrepartie est donc intimement liée à la délimitation jurisprudentielle établie par l'article L. 441-7 du code de Commerce. Pour autant, l'avantage pouvant revêtir une autre forme que celle d'une remise ou d'une ristourne (voir § 678 et 679), il est indispensable qu'à tout avantage corresponde une contrepartie réelle, légitime et proportionnée.

Section 2.
L'avantage sans contrepartie

686. Au regard du texte, il s'agit de tout avantage « *ne correspondant à aucun service commercial effectivement rendu* ». Plusieurs critères doivent être pris en considération pour considérer qu'un avantage n'est pas sans contrepartie ou manifestement disproportionné au sens de l'article L. 442-6 du code de Commerce[911] :

- l'existence d'un contrat préalable et exhaustif issu soit des conditions générales de vente soit d'un accord spécifique le cas échéant (1) ;
- la contrepartie doit être distincte de la fonction inhérente du partenaire commercial (2) ;
- la contrepartie doit présenter un caractère spécifique quand il s'agit d'un service commercial (3) ;
- la contrepartie doit avoir été effectivement rendue (4) ;
- la contrepartie doit présenter un intérêt (5) ;
- l'avantage doit être proportionné à la contrepartie (6).

---

911 Ces critères sont repris notamment des attendus du jugement du TGI Strasbourg du 25 novembre 2005 RG n°04/00454, confirmé par la CA Colmar du 12 juin 2008 RG n°05/05738, puis par Cass. Com. du 15 septembre 2009 Pourvoi n°08-18.443.

§1. Le contrat

A. L'existence d'un contrat préalable

1. Tout avantage doit généralement faire l'objet d'un écrit

687. Cette obligation est générale que les avantages aient pour contrepartie des services commerciaux (ii) ou non (i).

a) Les avantages n'ayant pas pour contrepartie des services commerciaux (L. 441-7 I 1°)

688. Ces avantages, qu'il s'agisse de remises, de ristournes ou de délais de paiement notamment peuvent être prévus par les conditions générales de vente du fournisseur, ou par ses conditions particulières de vente, qui, bien que négociées, doivent tout autant faire l'objet d'un écrit en vertu de l'article L. 441-6 du code de commerce.

689. Par ailleurs, le vendeur ayant l'obligation de faire figurer sur la facture tout avantage acquis au moment de l'opération d'achat-vente en application de l'article L. 441-3 du code de commerce, ce type de formalisme renforce d'autant la transparence en matière d'avantages ne relevant pas de services commerciaux.

690. Dans le cas particulier du secteur de la distribution, l'obligation de contractualiser ce type d'avantage est prévue par l'article L. 441-7 du code de commerce.

b) Les avantages ayant pour contrepartie des services commerciaux (L. 441-7 I 2° et 3°)

691. Concernant plus particulièrement le secteur de la distribution, l'obligation de contractualiser ces avantages est prévue par l'article L. 441-7 du code de commerce, lequel impose aux partenaires de signer un contrat indiquant notamment les obligations réciproques des services de coopération commerciale et les « *autres obligations* ». A ce titre, le contrat doit reprendre le contenu des services commerciaux faisant l'objet d'une rémunération, et ainsi se suffire à lui-même.

692. C'est pourquoi dans le cadre particulier d'une relation entre un distributeur et son fournisseur, le simple accord sur la chose et le prix est insuffisant étant donné l'obligation pénale de contractualiser préalablement à la réalisation de la prestation, en application de l'article L. 441-7 du code de commerce[912]. Si en l'absence de contrat avant la réalisation de la prestation, la pratique peut être appréhendée au pénal sur la base de l'article L. 441-7 précité, elle peut aussi contribuer à démontrer l'existence d'un avantage sans contrepartie au sens de l'article L. 442-6 du code de commerce.

---

912 TC Chartres du 14 octobre 2004 RG n°04/606.

2. L'absence de contrat ou d'écrit n'emporte pas nécessairement l'absence de contrepartie

693. Le fait qu'il n'existe pas de contrat n'emporte pas nécessairement la démonstration d'un avantage sans contrepartie (a), mais la preuve de la contrepartie peut être plus difficile à rapporter (b).

a) L'obligation de contrat n'est pas générale

694. Si les relations commerciales n'entrent pas dans le champ d'application de l'article L. 441-7 du code de commerce, un contrat n'est pas obligatoire. Pour un contrat de courtage par exemple, sa preuve peut être rapportée par tous moyens, et si le bénéficiaire de l'avantage apporte des éléments justifiant la réalisation d'un service (mise en avant du fournisseur dans un catalogue, organisation de réunions avec les franchisés), il n'existe pas de manquement au titre de l'avantage sans contrepartie[913].

695. Quand bien même les relations entrent dans le champ d'application de l'article L. 441-7 du code de commerce, il n'est pas exclu que l'absence de contrat pour l'opération spécifique ne soit pas suffisante pour démontrer l'absence de contrepartie, notamment si l'opération résulte de l'application d'un contrat cadre antérieur[914].

b) Les difficultés rencontrées en cas d'absence de contrat

696. L'absence de contrat peut être problématique dans la mesure où elle peut empêcher le bénéficiaire de démontrer qu'il existe bien une réelle contrepartie à l'avantage obtenu.

697. Premièrement, il peut être difficile de justifier le bénéfice de conditions dérogatoires aux conditions générales de vente en l'absence de tout engagement réciproque, par exemple sur les volumes ou bien par la fourniture d'un service.

698. Deuxièmement, il incombe au bénéficiaire de l'avantage d'apporter la preuve qu'il s'est acquitté de ses obligations. En effet, la loi Dutreil de 2005[915] a renversé sur le bénéficiaire de l'avantage, la charge de prouver qu'il s'était bien acquitté de son obligation. Suivant les dispositions de l'article L. 442-6 III du Code de Commerce, il appartient désormais au professionnel « *qui se prétend libéré de justifier du fait qui a produit l'extinction de son obligation* ». La démonstration de l'effectivité des services rendus paraît d'autant plus compliquée qu'aucun contrat n'a été signé, *a fortiori* si l'avantage est rétroactif.

3. Le caractère rétroactif emporte l'absence de contrepartie

699. Comme précisé *supra*, il est nécessaire que le contrat soit signé avant l'opération d'achat-vente (L. 441-7-1°) ou avant que la prestation ne soit réalisée (L. 441-7-2° et 3°). En effet, dans le cas contraire, il peut être fait application de l'article L. 442-6-II qui précise : « *sont nuls les clauses ou contrats prévoyant [...] la possibilité [...] de bénéficier rétroactivement de remises, de ristournes ou d'accords de coopération commerciale* ». L'obtention d'un avantage rétroactif emporte donc la nullité de la clause du contrat le

---

913 CA Paris du 21 novembre 2012 RG n°10/08275.

914 CA Poitiers du 29 janvier 2013 RG n°11/03252.

915 Loi n° 2005-882 du 2 août 2005 en faveur des petites et moyennes entreprises.

prévoyant. Si la clause du contrat est nulle, alors l'avantage qu'il procure à son bénéficiaire relève automatiquement d'un avantage sans contrepartie[916].

700. Le caractère rétroactif de l'avantage peut se déduire du fait que le contrat soit signé postérieurement à la prestation[917], mais aussi d'autres éléments tirés du contexte. A ce titre, la plupart des services étant rémunérés sous la forme d'un pourcentage appliqué sur l'assiette des ventes effectivement réalisées, le montant exact ne peut être connu le jour de la signature du contrat. Aussi, le fait que les sommes prévisionnelles correspondent très exactement aux sommes demandées à la suite supposée de l'opération, peut constituer un premier indice du caractère rétroactif de l'avantage[918]. Il en va de même si la facture finale est émise le même jour où le contrat est signé[919], ou si le distributeur rembourse la somme litigieuse d'un contrat considéré comme rétroactif, car cela peut être considéré comme la reconnaissance du caractère illégal de l'effort financier demandé aux fournisseurs[920].

701. Aucune raison ne peut justifier l'obtention d'avantages rétroactifs. Ainsi la rétroactivité ne peut pas être invoquée pour compenser des conditions commerciales moins avantageuses que celles dont bénéficieraient des concurrents[921]. Dans cette affaire, le distributeur s'était défendu en invoquant le principe de non-discrimination, lequel a été jugé inopérant étant donné que s'agissant de marge arrière, le fournisseur était libre de fixer la rémunération en accord avec le distributeur. Aussi, faute de comporter des obligations réciproques, notamment en termes de services, les accords consistaient simplement à l'obtention d'avantages rétroactifs, et étaient donc sans contrepartie. Dans le même esprit, la rétroactivité ne peut pas plus être invoquée par un magasin pour imposer à son fournisseur-grossiste ne faisant pas partie du réseau d'approvisionnement de son enseigne, des ristournes destinées à lui permettre d'acheter des produits aux mêmes conditions que par sa centrale d'achats, alors que ce fournisseur-grossiste est étranger aux accords signés par la centrale d'achats pour les produits considérés[922].

---

916 CA Versailles du 21 février 2008 RG n°06/07836 ; CA de Grenoble du 17 décembre 2009 RG n°07/03290 – Voir aussi CA Versailles du 2 février 2006 RG n°04/09265.

917 TC Laval du 9 septembre 2009 RG n°2006/3834.

918 CA Versailles du 21 février 2008 RG n°06/07836 ; CA Aix en Provence du 15 septembre 2010 RG n°08/10314.

919 TC Chartes du 14 octobre 2004 RG n° 04/606.

920 TC Brest du 7 décembre 2007 RG n°2006/001400.

921 CA Versailles du 29 octobre 2009 RG n°08/07356 suite à Cass. Com. du 8 juillet 2008 Pourvoi n°07-16.761.

922 CA Bastia du 30 septembre 2009 RG n°07/00993.

B. Le contrat doit être exhaustif

702. Le contrat doit être exhaustif car l'absence de précisions quant à la nature exacte de la contrepartie peut porter préjudice à l'appréciation de son contenu, et partant contribuer à la démonstration d'un avantage sans contrepartie.

703. Premièrement, l'imprécision des contrats peut empêcher les différents acteurs de déterminer clairement leurs obligations réciproques[923]. Ils peuvent dès lors se contredire dans leur appréciation du service litigieux, ce qui peut caractériser un avantage sans contrepartie. Cela est d'autant plus vrai si les fournisseurs eux-mêmes se sont trompés en mettant directement sur facture sous la forme de remise, la ristourne correspondant théoriquement aux services de coopération commerciale[924].

704. Deuxièmement, les services donnent généralement lieu au versement de rémunérations significatives, et dès lors, l'absence de précisions quant au contenu des services peut étayer l'absence de contrepartie[925] (en l'espèce, en plus d'être imprécis, les contrats renvoyaient à des annexes vierges). A ce titre, le fait que les relations soient anciennes n'exonère pas l'auteur d'utiliser des contrats qui indiquent précisément les obligations[926].

§2. La contrepartie doit être distincte de la fonction inhérente du partenaire commercial

705. Dans un premier temps, quelle que soit sa nature, la contrepartie doit nécessairement être exorbitante des relations commerciales habituelles. La première question à se poser est donc de déterminer si la contrepartie va au-delà de la fonction inhérente du partenaire commercial.

706. Nous développerons essentiellement la fonction inhérente de **distributeur** étant donné la nature de la jurisprudence en la matière, bien que sur le principe, rien ne s'oppose à ce que les éléments d'analyse puissent s'appliquer réciproquement à un fournisseur, ou à tout opérateur amont de la victime présumée de la pratique.

707. De manière générale, il est nécessaire que lors de son analyse, la juridiction vérifie concrètement quelles prestations ont été rendues, afin de déterminer si elles étaient distinctes des opérations d'achats et de revente incombant au distributeur. Dans le cas contraire, si seul le libellé des factures est analysé, pour motiver l'existence d'une contrepartie, la décision peut être privée de base légale[927].

708. Il est possible de distinguer les services rendus avant la livraison des marchandises (A), de ceux rendus postérieurement à la livraison qu'il s'agisse du stockage des marchandises

923 CA Rennes du 20 janvier 2009 RG n°07/07013.

924 CA Aix en Provence du 15 septembre 2010 RG n°08/10314.

925 CA Paris du 24 mars 2011 RG n°10/02616.

926 TC Chartres du 14 octobre 2004 RG n° 04/606.

927 Cass. Com. du 24 septembre 2013 RG n°12-23.353.

(B), des services rendus dans le magasin (C), ou encore des services de gestion (D), et ce, afin d'étudier en quoi ils peuvent être exorbitants ou non de la fonction inhérente de distributeur.

A. Les services rendus avant la livraison des marchandises

1. Le référencement

709. Le référencement du fournisseur fait partie de la fonction inhérente du distributeur, car il constitue la condition *sine qua non* à la distribution des produits. En effet, sans référencement, le fournisseur n'a généralement pas accès aux magasins du distributeur, et il n'est alors pas en mesure de distribuer ses produits. Le référencement ne va donc pas au-delà des obligations d'achat et de vente d'un contrat, et à ce titre, ne peux pas faire l'objet d'une rémunération au titre d'un contrat de coopération commerciale par exemple[928].

710. Cependant, l'absence de contrepartie vient surtout du fait que le distributeur ne s'engage sur aucun volume, ne permettant finalement pas au fournisseur d'apprécier le risque commercial par rapport au retour attendu[929]. En outre, si le service dit « *de référencement* » va plus loin avec par exemple la promotion de la société auprès des membres du réseau du distributeur, encore faut-il que ces services aient eu lieu et que la société justifie de la mise à jour de ces communications, sans quoi il peut là aussi être considéré qu'il s'agit d'un avantage sans contrepartie[930].

2. Les services logistiques en amont de la livraison au distributeur

711. De manière générale, il est considéré que les services logistiques, et notamment ceux rendus en amont de la livraison des marchandises (voir aussi § 716 et suivants pour les services logistiques rendus postérieurement à la livraison), relèvent de la fonction inhérente de distributeur. Le juge considère ainsi que le distributeur est seul responsable de la gestion de sa chaîne d'approvisionnement, et qu'il pourra s'attribuer les gains résultant d'une meilleure gestion soit directement si cela impute ses coûts, soit indirectement si cela impute les coûts de ses fournisseurs à travers la répercussion sur leurs prix de vente des éventuelles économies que le distributeur leur a fait réaliser.

712. Dès lors, les services d'optimisation logistique ne vont pas au-delà de l'opération d'achat et de vente, et ils ne peuvent donc faire l'objet d'un service spécifique. Tel est le cas par exemple de la réduction du temps d'attente sur les plateformes logistique[931]. Il est ainsi fait application de l'obligation de délivrance de l'article 1614 du code civil, suivant lequel si le vendeur est tenu à l'obligation de délivrance, l'acheteur est tenu de prendre livraison de la chose vendue, et ce, à sa charge intégrale.

---

928 CA Versailles du 21 février 2008 RG n°06/07780 ; CA Grenoble du 17 décembre 2009 RG n°07/03290.

929 TC Honfleur du 19 décembre 2008 RG n°07/2252.

930 CA Paris du 24 mars 2011 RG n°07/07337.

931 CA Colmar du 12 juin 2008 RG n°05/05738 confirmé par Cass. Com. du 15 septembre 2009 Pourvoi n°08-18.443.

3. Les services liés à la gestion des commandes

713. L'optimisation des commandes, la centralisation, l'unicité des négociations et des décisions peuvent relever de la fonction inhérente du distributeur, s'il s'agit de la structure propre voulue par le distributeur pour gérer l'ensemble de ses approvisionnements, dans le cadre d'une centrale d'achats par exemple[932].

714. La prestation d'écrêtage des livraisons relève tout autant de la fonction inhérente du distributeur, et ne peut donc faire l'objet d'une rémunération en tant que prestation de service[933].

715. De même, la diffusion des conditions tarifaires et des caractéristiques logistiques des produits du fournisseur, ainsi que les préconisations de commande en fonction de la taille des magasins relèvent de la fonction inhérente de distributeur[934].

B. Les services logistiques une fois la livraison effectuée

716. Les services d'optimisation de la gestion de l'entrepôt de stockage du distributeur relèvent aussi de la fonction inhérente du distributeur. En effet, la vente de marchandise implique le transfert de propriété, et partant celui du risque de détérioration des produits et du coût de stockage. Le distributeur n'est donc pas légitime à se faire rémunérer en contrepartie d'un tel service, *a fortiori* si le service en question était présenté comme relevant de la coopération commerciale[935].

717. Il en va de même pour la participation directe ou indirecte du fournisseur à l'ouverture d'un entrepôt sous forme de coopération commerciale, un tel effort de mutualisation au seul bénéfice du distributeur relevant d'un avantage sans contrepartie[936].

718. Le distributeur ne peut pas plus être rémunéré pour communiquer au fournisseur les dates limites de vente de ses produits stockés dans son entrepôt central[937]. Cette gestion est en effet sous la responsabilité du distributeur, qui ayant accepté le transfert de propriété des marchandises, est le seul à même de prendre les mesures pour prévenir la vente de produits périmés ou leur destruction. Le fournisseur ne dispose d'ailleurs d'aucun levier susceptible d'influer sur la gestion du stock du distributeur, d'autant qu'il est déjà généralement tenu au titre du « *contrat date* » de livrer au distributeur des produits ayant une certaine durée de vie fixée à l'avance. A titre subsidiaire, une telle information semble présenter un intérêt pour le moins limité pour le fournisseur comme il n'est pas en mesure d'identifier la cause du problème, comme la gestion de la politique d'achats et des stocks de la centrale, ou le manque d'anticipation des magasins qui lui sont affiliés notamment.

---

[932] Cass. Crim. du 25 juin 2008 Pourvoi n°07-80.261.

[933] TC Dreux du 9 octobre 2008 RG n°2008001395.

[934] TC Compiègne du 26 février 2013 RG n°08/00492.

[935] CA Colmar du 12 juin 2008 RG n°05/05738 confirmé par Cass. Com. du 15 septembre 2009 Pourvoi n°08-18.443.

[936] Ibid.

[937] CA Rennes du 20 janvier 2009 RG n°07/07013.

C. Les services rendus en magasin

719. De même que pour les services visant à l'optimisation des flux d'approvisionnement ou de la logistique en général, les prestations liées à l'exploitation en magasin doivent aussi aller au-delà des obligations d'achats et de vente, et notamment de la simple présentation des produits en linéaires.

1. Les services liés à la gestion même du linéaire

720. Les services relevant de la gestion du linéaire peuvent donner lieu à rémunération du fournisseur pour autant que le distributeur réalise une prestation allant au-delà des obligations d'achat et de vente inhérentes à son activité, comme ce peut être le cas par exemple pour des services de mise en avant des produits sur « *tête de gondole* », ou encore de l'optimisation du linéaire en tant qu'arbitrage entre différents fournisseurs pour l'attribution d'une surface donnée de linéaire[938].

721. En revanche, les services suivants ont été jugés comme relevant d'un avantage sans contrepartie car correspondant à la fonction inhérente de distributeur :

- la mise en place des produits en rayon, et le suivi des références par le distributeur[939] ;
- le service consistant pour un distributeur à être le plus réactif possible par rapport au plan média du fournisseur, si en réalité il s'agit simplement d'être le plus réactif possible pour la mise en place des produits en linéaires, *i.e.* la distribution des produits[940].

722. Il en va de même pour la prise en charge par le fournisseur des inventaires du distributeur[941]. L'enrichissement sans cause en découlant se déduit notamment du fait qu'une telle opération dispense le distributeur de payer du personnel chargé de réaliser ces inventaires, sachant que cette prestation ne présente aucun intérêt pour le fournisseur, et ce, d'autant que l'inventaire qu'il réalisait en l'espèce ne se limitait pas à ses seuls produits.

---

938 CA Grenoble du 17 décembre 2009 RG n°07/03290.

939 Ibid.

940 Ibid.

941 CA Douai du 17 décembre 2009 RG n°08/06361.

2. Les services consistant à transférer sur le fournisseur et après livraison un risque lié à la commercialisation des produits

723. Suivant une logique similaire, le distributeur ne peut pas faire supporter à son fournisseur le risque lié à la commercialisation de ses produits. Par exemple[942], il ne peut facturer à son fournisseur un service consistant en une participation à l'équipement antivol des produits, l'acte d'achat ayant emporté transfert de propriété au bénéfice du distributeur, et le fournisseur ne disposant au surplus d'aucun moyen de contrôler la méthode et les moyens de commercialisation de ses produits en magasin.

724. Le distributeur ne peut pas non plus être rémunéré au titre de la participation aux soldes par le fournisseur. En effet, il s'agit en théorie d'une opération commerciale à l'initiative du distributeur afin d'écouler les produits invendus encombrant son stock, et non d'un service rendu à son fournisseur[943].

725. Néanmoins, si le service va plus loin que la fonction inhérente du distributeur, il peut donner lieu à la facturation d'un service. Il en va ainsi par exemple d'un suivi qualité des produits se décomposant d'une part en un audit avant référencement, et d'autre part en des contrôles sporadiques réalisés en continu durant la commercialisation des produits[944]. Si l'audit préalable relève du référencement (et donc de la fonction inhérente de distributeur), les contrôles postérieurs peuvent en revanche présenter un intérêt réel pour le fournisseur, si bien que le service ne relève pas d'un avantage sans contrepartie. Pour autant, tel ne serait pas le cas, si le service litigieux était déjà prévu par d'autres obligations, comme par exemple les certifications qualités demandées par certains distributeurs.

D. Les services de gestion

726. Une prestation de service correspondant à la gestion du versement centralisé des ristournes ne se distingue pas des opérations d'achat et de vente du distributeur[945].

---

[942] CA Grenoble du 17 décembre 2009 RG n°07/03290.

[943] Ibid.

[944] TGI Péronne du 29 mars 2007 RG n°05/00069.

[945] CA Paris du 24 mars 2011 RG n°10/02616.

§3. La contrepartie doit présenter un caractère spécifique (applicable au 2° et 3° de l'article L. 441-7 du code de Commerce)

727. Lorsque la contrepartie est un service commercial, il est nécessaire de déterminer non seulement si le service relève ou non de la fonction inhérente de distributeur, mais aussi s'il présente un caractère spécifique. En effet, eu égard à la nature d'un service commercial, et dans la mesure où il doit être exorbitant des obligations d'achats et de vente (soit du 1° de l'article L. 441-7 du code de commerce), la contrepartie fournie par le distributeur doit se distinguer des modalités habituelles de vente et d'achat de chacune des parties.

728. Cette condition peut ainsi s'analyser sous deux angles : premièrement du point de vue des conditions de vente du fournisseur (A), deuxièmement du point de vue des conditions d'achats du distributeur (B). Par ailleurs, il ne paraît pas possible de prévoir un service consistant à atteindre un niveau déterminé de chiffre d'affaires sous la forme de service commercial (C).

A. Du point de vue des conditions de vente du fournisseur

729. La contrepartie rendue par le distributeur doit tout d'abord se distinguer des modalités habituelles de vente du fournisseur, car dans le cas contraire, si le service commercial ne présente pas un caractère spécifique, la rémunération qui en découle peut relever d'un avantage sans contrepartie.

730. A ce titre, du fait de la nécessité pour un service de présenter un caractère spécifique, l'appréciation d'un « *accord de gamme* » peut être différente suivant qu'il s'agisse d'un service ou d'une remise. En effet, deux partenaires peuvent légitimement convenir de conditions particulières de vente comme par exemple une remise en contrepartie de l'engagement du distributeur de commander une part déterminée de la gamme du fournisseur. En revanche, si l' « *accord de gamme* » est rémunéré sous forme de service commercial, il doit présenter un caractère spécifique qui le distingue des obligations d'achat et de vente issues du 1° de l'article L. 441-7. Dès lors, cette condition peut difficilement être remplie dans la mesure où la réalisation du service découle alors directement de l'opération d'achat et de vente (pour de plus amples développements, voir § 817 et suivants).

731. Pour les mêmes raisons, un service consistant en une réduction du nombre de palette en présentant les produits directement sur palettes en magasin, alors que ce type de produit (eau minérale) est dans sa grande majorité livré et présenté de la sorte, ne peut faire l'objet d'une rémunération au titre d'un service commercial[946].

---

[946] TC Dreux du 9 octobre 2008 RG n°2008001395.

B. Du point de vue des conditions d'achat du distributeur

732. Réciproquement, la contrepartie doit aller au-delà des modalités habituelles d'achat du distributeur. Tel n'est pas le cas par exemple si le service résulte du fonctionnement normal d'une relation entre un fournisseur et son client au niveau de l'organisation logistique[947], ou que le service de coopération commerciale est suivant les propres dires du distributeur une condition *sine qua non* à la poursuite des relations commerciales[948]. De même, un engagement de distribution quasi-exclusive n'est par définition pas propre au fournisseur[949], comme pourrait l'être à l'inverse une réelle exclusivité, et il n'est donc pas spécifique à la relation liant le fournisseur à son distributeur.

733. Le service rendu doit non seulement se distinguer des conditions habituelles d'achat du distributeur mais aussi des autres services qu'il propose. Si une centrale d'achat contractualise des contrats de coopération commerciale pour la mise en avant promotionnelle de certains produits, elle ne peut donc pas être rémunérée par ailleurs pour communiquer à ses magasins les produits faisant l'objet de ladite opération, cela faisant déjà par nature l'objet des contrats de coopération commerciale de mise en avant promotionnelle[950].

734. Cependant, un service rendu à un nombre important de fournisseurs peut remplir la condition de spécificité nécessaire s'il s'agit d'une prestation personnalisée, qui visait par exemple à collaborer au développement des ventes. C'est notamment le cas d'un service dit de « *singularisation* » qui visait à repenser l'ensemble de l'aménagement du magasin et à réaliser une réelle personnalisation par rapport à la commercialisation des produits du fournisseur (adaptation de l'assortiment avec la saison et des formats, planches de marchandisage adaptées, suivi de la qualité d'exposition des produits, etc.)[951]. Du fait de son caractère personnalisé, le service peut avoir été rendu dans l'intérêt commun du fournisseur et du distributeur, et ne relevait alors pas d'une simple rénovation de magasin.

C. Dans le cas où la contrepartie du service est la réalisation d'un certain montant de chiffre d'affaires

735. La réalisation d'un certain niveau de chiffre d'affaires et la collaboration à la politique commerciale du fournisseur, sont des objectifs généraux qui ne peuvent pas être considérés comme des obligations particulières exorbitantes des relations contractuelles habituelles. Ne présentant pas de caractère spécifique, ils ne peuvent donc pas être rémunérés sous forme de service commercial[952], résultant simplement de l'activité de négoce du distributeur[953]. Il en va de même pour la réalisation d'un certain objectif de vente et le main-

---

947 CA Colmar du 12 juin 2008 RG n°05/05738 confirmé par Cass. Com. du 15 septembre 2009 Pourvoi n°08-18.443.

948 TC Romans sur Isère du 28 mars 2012 RG n°2007J70079.

949 TC Tours du 23 juin 2006 RG n°200400593.

950 TC Compiègne du 26 février 2013 RG n°08/00492.

951 Cass. Com. du 8 juillet 2008 Pourvoi n°07-13.350.

952 Cass. Com. du 27 février 1990 Pourvoi n°88-12.189.

953 CA Poitiers du 29 janvier 2013 RG n°11/03252.

tien d'un stock déterminé de produits[954], ou encore l'accroissement de chiffre d'affaires sans autre indication chiffrée[955].

736. Néanmoins, les objectifs de chiffre d'affaires déterminés et précisés dans des conditions générales ou particulières de vente peuvent donner lieu au versement de ristournes ou de remises particulières, les affaires précitées ne concernant que les avantages dont la contrepartie correspond à un service commercial.

737. En définitive, la notion de « *caractère spécifique* » est importante dans l'appréciation des services commerciaux car elle peut permettre de caractériser *de facto* un avantage sans contrepartie même si le service est rendu à un nombre important de fournisseurs, dans la mesure où il n'est pas suffisamment adapté à chacun d'eux.

§4. La contrepartie remplit la condition d'effectivité

738. La contrepartie doit avoir été rendue dans les faits (A) par celui qui bénéficie en retour de l'avantage (B) et ne pas avoir été déjà rendue dans le cadre d'autres services ou obligations (C).

A. Le service doit avoir été rendu ou l'obligation remplie

739. Suivant l'approche contractuelle classique, l'absence de cause induit la nullité de la convention. Le service doit donc avoir été rendu (A-1), et ce, de manière complète et non parcellaire (A-2). Plusieurs éléments de preuve peuvent dans ce cadre être utilement soulevés (A-3).

1. Une obligation d'effectivité générale

740. La première méthode pour démontrer l'absence de contrepartie est de prouver que le service n'a pas été rendu. A ce titre, la plupart des décisions où cette méthode a été utilisée concernent des services de coopération commerciale, comme des prestations de « *Stop-rayon* » ou de « *tête de gondole* »[956]. Pour autant, certaines décisions concernent aussi les « *autres obligations* », quand par exemple, un distributeur proposant des études marketing spécifiques à chaque fournisseur et adaptées aux articles de ce dernier n'est pas

[954] CA Orléans du 28 octobre 1999 RG n°98/01692.

[955] CA Angers du 29 mai 2007 RG n°06/00563.

[956] Nîmes du 6 juin 2008 n°2007J95 ; TC Toulon du 10 juillet 2008 n°2007F00037 n°2008F00038 n°2008F00039 n°2007F00040 ; CA Douai du 13 octobre 2005 RG n°04/01971.

en mesure de communiquer lesdites études[957], n'ayant pu en l'espèce communiquer que de simples statistiques de ventes moyennes hebdomadaires.

2. Le service doit être totalement rendu

741. L'accomplissement par le distributeur de son obligation s'apprécie au sens large, qu'aucun service n'ait été rendu, ou bien qu'il l'ait été mais seulement partiellement. Dans ce dernier cas, une réalisation partielle du service peut alors caractériser un avantage manifestement disproportionné (voir § 774 et suivants). Le champ du service doit ainsi correspondre à ce pourquoi le fournisseur le rémunère, toutefois le juge garde une certaine latitude pour déterminer la prestation la plus caractéristique en cas de réalisation partielle.

742. **Le champ du service en pratique doit correspondre à son contenu théorique.** Dans cette affaire[958], les services prévus n'avaient été rendus que très partiellement du fait du manque de rigueur dans la mise en œuvre des contrats. En l'espèce, le franchiseur était rémunéré pour les services commerciaux, et en raison de la mauvaise coordination des opérations, et du manque d'information des magasins en bout de chaîne, les points de vente ne disposaient pas toujours de l'espace nécessaire à la réalisation des prestations. Ainsi, le manque de rigueur dans la mise en œuvre des opérations, qui n'ont finalement été rendues que par un nombre limité de magasins, a pu être utilement soulevé pour démontrer l'absence de contrepartie.

743. **La latitude du juge pour déterminer la prestation la plus caractéristique en cas de réalisation partielle.** Dans le cas où le service corresponde à une accumulation de plusieurs services, et si seulement une partie a été remplie, le juge garde toute latitude pour apprécier la prestation la plus caractéristique du service afin de déterminer l'absence éventuelle de contrepartie. Dans une affaire par exemple[959], le franchiseur facturait des frais spécifiques à son franchisé au titre des frais d'ouverture et de gestion annuelle. Bien que le franchisé soit ouvert depuis un certain temps, la cour a estimé qu'il demeurait des frais de gestion incombant au franchiseur et découlant des publicités à l'échelon national, de l'envoi des catalogues ou de l'organisation de salons, et partant, il existait donc bien une contrepartie au versement de la somme forfaitaire. A l'inverse, dans d'autres affaires, une telle appréciation a pu conduire à la démonstration d'un avantage disproportionné (voir § 1384).

---

957 CA Rennes du 12 novembre 2008 RG n°07/05426.

958 TC Roubaix Tourcoing du 2 juin 2004 RG n°A3/1649.

959 CA Lyon du 15 janvier 2004 RG n°02/03192.

3. Les éléments de preuve utilement soulevés

744. **Le caractère vague des dispositions contractuelles.** L'absence de contrepartie peut être démontrée par le caractère vague et imprécis, voire absent des dispositions contractuelles. Les éléments suivants ont ainsi pu être utilement soulevés pour démontrer un avantage sans contrepartie :

- L'absence de disposition contractuelle décrivant le service. Dès lors, l'avantage correspond finalement à une ristourne inconditionnelle, laquelle ne peut donc pas faire l'objet d'un contrat de coopération commerciale[960] ;
- Le fait que les contrats soient libellés de manière générique et vague, malgré une description apparemment et faussement détaillée[961] ;
- Le fait que les périodes d'application des contrats se superposent ou se chevauchent, surtout si les libellés des contrats étaient aussi très imprécis[962].

745. **Le non-respect de l'obligation contractuelle.** Lorsque le service consiste en une simple obligation contractuelle, le non-respect de cette obligation peut démontrer un avantage sans contrepartie. En cas d'engagement d'exclusivité par exemple[963], le non-respect, même partiel, de cette obligation démontre l'absence de contrepartie. Il en va de même de l'octroi d'un escompte décidé unilatéralement par le distributeur, alors qu'il ne remplit pas les conditions de son obtention[964].

746. **L'absence de preuve par le défendeur que le service ait bien été rendu.** Le changement législatif de 2005[965] a renversé la charge de la preuve, si bien qu'il appartient désormais au défendeur de prouver qu'il a rendu les services litigieux[966], et non plus au demandeur comme c'était le cas auparavant (voir § 1131 et suivants). Dans ce cadre, et afin de prouver que les services avaient bien été rendus, le distributeur a pu présenter dans certaines affaires des attestations de ses fournisseurs indiquant que les services avaient effectivement été rendus. Cependant, de telles attestations sont généralement jugées insuffisantes étant donné d'une part le pouvoir de marché dont dispose le distributeur, et d'autre part le fait que la démonstration n'est généralement pas uniquement basée sur l'absence de preuve que le service ait bien été rendu[967] (voir § 1144 et suivants).

---

960 CA Rennes du 5 novembre 2008 RG n°07/04842.

961 CA Aix en Provence du 29 juin 2011 RG n°10/02209.

962 TC Tours 23 juin 2006 RG n°200400593.

963 CA Versailles du 21 février 2008 RG n°06/07780.

964 TC Reims du 26 juin 2007 RG n°200600529.

965 Loi n° 2005-882 du 2 août 2005 en faveur des petites et moyennes entreprises (Loi Dutreil).

966 « *Dans tous les cas, il appartient au prestataire de services, au producteur, au commerçant, à l'industriel ou à la personne immatriculée au répertoire des métiers qui se prétend libéré de justifier du fait qui a produit l'extinction de son obligation* » Article L. 442-6-III du code de commerce.

967 CA Rennes du 12 novembre 2008 RG n°07/05426 ; CA Douai du 13 octobre 2005 RG n°04/01971.

B. Le service ou l'obligation doit être rendu par le distributeur

747. Le service peut présenter un avantage pour le fournisseur, mais si la prestation repose essentiellement sur le fournisseur lui-même, c'est finalement lui qui rend le service et non le distributeur. Ce dernier ne peut donc pas être rémunéré pour un service qu'il n'a pas rendu, sans quoi il s'agit d'un enrichissement sans cause.

748. A titre d'illustration[968], le distributeur peut proposer au fournisseur un service consistant à optimiser la présentation de ses produits afin d'accroître ses ventes. Cependant, si le service consiste uniquement à donner la possibilité au fournisseur de tester lui-même différentes typologies merchandising, le distributeur ne rend pas d'autre service que de mettre à disposition son linéaire au fournisseur. La prestation étant finalement rendue par le fournisseur, le distributeur ne peut être rémunéré au titre d'un tel service. Suivant une approche similaire, il en va de même de la simple mise à disposition du magasin au fournisseur pour que ce dernier installe lui-même des présentoirs spécifiques à ses produits[969].

C. Le service ou l'obligation ne doit pas avoir été déjà rendu dans le cadre d'une autre obligation

749. L'empilement des obligations contractuelles réciproques complexifie d'autant l'appréciation des avantages commerciaux et des contreparties qui leur sont associées, ce qui implique la nécessité pour le bénéficiaire des avantages de particulièrement veiller à ce qu'il n'existe pas de redondances.

750. De manière générale, les avantages relèvent principalement de trois catégories : des conditions générales de vente du fournisseur, des conditions particulières de vente négociées avec le distributeur, ou encore de services commerciaux (coopération commerciale et « *autres obligations* »). Chacun de ces avantages a pour contrepartie une obligation spécifique qui lui est propre. Aussi, dans certains cas, en raison de la complexification des contrats de distribution, et la superposition des obligations qui en découle, la même obligation peut être rendue plusieurs fois. Dès lors, cela revenant à considérer que le fournisseur a payé plusieurs fois pour le même service, un des services correspond vraisemblablement à un avantage sans contrepartie.

---

968 CA Rennes du 20 janvier 2009 RG n°07/07013.

969 CA Rennes du 12 novembre 2008 RG n°07/05426.

1. Une obligation déjà rendue au travers des conditions générales ou particulières de vente

751. Tel est le cas par exemple d'une remise issue des conditions particulières de vente qui a la même contrepartie qu'une remise issue des conditions générales de vente, ou encore d'un service de coopération commerciale qui prévoit une mise en avant alors qu'une remise promotionnelle ayant la même finalité a aussi été parallèlement négociée.

752. A titre d'illustration, dans le cas où le fournisseur facture en prix départ, le distributeur ne peut lui facturer parallèlement un service lié à la logistique jusqu'au point de vente[970]. En effet, dans ce cas, le fournisseur a déjà consenti au distributeur des conditions commerciales tenant compte du fait qu'il n'avait pas à supporter la logistique depuis le lieu d'expédition de ses marchandises. Le distributeur ne peut donc obtenir d'autres avantages liés à sa prise en charge des aspects logistiques.

753. Pour les mêmes raisons, le distributeur ne pourra pas être rémunéré pour stocker les produits dans un entrepôt central, ce qui exonère le fournisseur de livrer l'ensemble des points de vente séparément, si un tel service fait déjà l'objet d'une remise sur facture[971]. Il ne pourra pas non plus être rémunéré pour l'entreposage des produits du fait qu'ils soient volumineux à la fois sous la forme d'une remise, et sous la forme d'un service ayant une contrepartie identique[972]. Ces critères d'appréciation pourraient être transposés à beaucoup de services : par exemple dans le cas où le fournisseur laisse au distributeur la charge du SAV contre la négociation d'un prix plus bas, il paraît difficile au distributeur de négocier un service supplémentaire lié à la gestion des retours de marchandises.

2. Une obligation rendue deux fois à travers les services commerciaux

754. La comparaison des « *autres obligations* » avec les services de coopération commerciale peut aussi servir de base à la démonstration d'un avantage sans contrepartie. Par exemple[973], si le contrat prévoit un service ayant pour but de favoriser l'introduction des nouveaux produits dans les rayons, alors que le contrat de coopération commerciale a un objectif identique, un des deux services a alors été rendu deux fois, et la rémunération de l'un d'entre eux peut alors être considérée comme relevant d'un avantage sans contrepartie.

3. L'extension éventuelle à une obligation déjà rendue par un tiers

755. L'appréciation de la superposition entre deux services peut même aller plus loin dans le cas où les fournisseurs utilisent parallèlement les services de tiers proposant un service de plus grande qualité. Par exemple, dans la grande distribution, un nombre important de

---

970 Cass. Com. du 27 février 1990 Pourvoi n°88-12.189 ; Cass. Crim. du 25 juin 2008 Pourvoi n°07-80.261.

971 CA Rennes du 20 janvier 2009 RG n°07/07013.

972 CA Nîmes du 17 janvier 2008 RG n°05/01724 – Dans cette affaire, l'avantage sans contrepartie a été écarté au motif que le service avait été partiellement rendu. Seulement, en considérant que le service pourrait faire l'objet d'un grief en avantage disproportionné du fait qu'une partie seulement de la rémunération corresponde à un service effectivement rendu, la cour semble avoir pour partie méconnu ses propres constatations en écartant le grief d'avantage sans contrepartie pour la partie pour laquelle aucun service n'avait été rendu. Ce jugement a été confirmé par la cour de cassation mais les moyens soulevés ne concernaient pas de ce manquement (Cass. Com. du 16 décembre 2008 Pourvoi n°08-13.162).

973 CA Rennes du 20 janvier 2009 RG n°07/07013.

fournisseurs font appel à des panélistes pour mieux adapter leur assortiment et leur politique commerciale. Dans ce cas, et si le distributeur propose un service d'adaptation du référencement réalisé à partir de données de panélistes, son service devra apporter une plus-value supplémentaire par rapport à celui des tiers, sans quoi la rémunération du distributeur au titre de ce service peut être considérée comme un avantage sans contrepartie[974].

756. Si les données fournies par les panélistes sont plus pertinentes que celles de la centrale (données plus fines, mieux présentées, plus complètes), alors il peut s'en déduire que ces dernières sont superfétatoires, et donc relèvent d'un avantage sans contrepartie. L'appréciation de la plus-value du service commercial pourra se faire de plusieurs manières par exemple en observant qu'il dispense le fournisseur d'entretenir un service de terrain, ou encore en constatant que les préconisations du distributeur sont réellement adaptées au contexte concurrentiel local. Il est d'ailleurs possible que la plus-value ne soit pas nulle mais simplement très faible eu égard aux sommes versées, auquel cas la comparaison des deux services peut être utilisée dans le cadre de la démonstration d'un avantage manifestement disproportionné (voir 801 à 804).

757. En définitive, il est important que le bénéficiaire d'un avantage apprécie la plus-value rendue par ses services et s'assure du fait qu'ils ne puissent pas se superposer à d'autres services souscrits auprès de tiers, ou d'autres contreparties issues des conditions commerciales.

§5. La contrepartie doit présenter un intérêt

758. Les services doivent être de nature à stimuler et à faciliter la revente des produits du fournisseur pour les services de coopération commerciale (L. 441-7-I-2° du code de commerce), ou à favoriser la relation commerciale pour les « *autres obligations* » (L. 441-7-I-3° du code de commerce). En effet, si les remises ou ristournes négociées dans le cadre de l'opération de vente des produits ou des prestations de services[975] doivent avoir des contreparties réelles, le texte n'impose en revanche pas qu'ils soient de nature à favoriser la vente des produits ou la relation commerciale.

759. Le fournisseur doit donc théoriquement trouver un intérêt commercial spécifique en souscrivant au service proposé par le distributeur, sans quoi la contrepartie peut être remise en question. En effet, la « *participation non justifiée par un intérêt commun et sans contrepartie proportionnée au financement d'une opération d'animation commerciale d'une acquisition ou d'un investissement* » relève d'un avantage sans contrepartie[976]. Il n'est toutefois pas exclu que l'absence d'intérêt commun puisse être étendue aux condi-

[974] TC Créteil du 24 octobre 2006 RG n°2005F00025.

[975] Telles qu'elles résultent de la négociation commerciale en référence à l'article L. 441-7 I 1° du Code de Commerce.

[976] Attendus du TGI de Strasbourg du 25 novembre 2011 n°04/00454, confirmé par la CA de Colmar du 12 juin 2008 RG n°05/05738.

tions de l'opération de vente des produits ou des prestations de services telles qu'elles résultent de la négociation commerciale[977] (L. 441-7-I-1° du code de commerce).

760. En définitive, l'absence d'intérêt commun peut contribuer à la démonstration d'un manquement d'avantage sans contrepartie (A), une limite existant toutefois : l'absence d'obligation de résultat (B).

A. L'absence d'intérêt commun

761. La légitimité de l'avantage est intrinsèquement liée à l'utilité que revêt pour le fournisseur la contrepartie donnée par le distributeur. Si par exemple les statistiques fournies par le distributeur doivent théoriquement permettre au fournisseur d'apprécier l'efficacité de sa politique commerciale, mais ne constituent que des constatations d'ordre général, sans que soit fait référence aux produits du fournisseur, les observations succinctes voire laconiques sont manifestement insuffisantes pour dresser un bilan personnel et détaillé des ventes passées et futures du fournisseur. Ainsi, ne lui permettant pas d'individualiser ses performances ou ses faiblesses par rapport à ses concurrents, les statistiques ne présentent aucun intérêt pour le fournisseur, et la rémunération qui leur est associée constitue dès lors un avantage sans contrepartie[978] (voir aussi § 801 et suivants).

762. L'absence d'intérêt commun peut aussi découler du fait que le service rendu ne consistait qu'à mettre à disposition du fournisseur des outils de travail interne du distributeur. S'il s'agissait par exemple des plans d'implantation des produits dans les différents rayons en magasin, un tel service ne présentait pas d'intérêt pour le fournisseur, car d'une part il n'avait aucune maîtrise sur la définition des plans d'implantation par le distributeur, et d'autre part il pouvait constater lui-même dans les magasins la stratégie du distributeur[979]. Il en va de même lorsque les données ne correspondent en réalité qu'à des données à usage interne du magasin sans intérêt pour le fournisseur[980].

763. L'absence d'intérêt commun peut aussi se déduire de la répartition du risque entre les deux cocontractants. A titre d'illustration, la demande de la centrale de référencement de prise en charge par le transporteur de l'aléa lié au coût du carburant afin qu'elle puisse garantir des prix fixes à ses clients n'a aucune contrepartie. Dès lors, il est possible de considérer que les ristournes perçues à ce titre par la centrale doivent être remboursées[981].

---

[977] CA Paris du 4 octobre 2012 RG n°11/12684.

[978] TC Romans sur Isère du 28 mars 2012 RG n°2007J70079.

[979] CA Paris du 2 février 2012 RG n°09/22350.

[980] TC Dreux du 9 octobre 2008 RG n°2008001395.

[981] CA Paris du 4 octobre 2012 RG n°11/12684.

B. Une limite : l'absence d'obligation de résultats

764. La notion d'intérêt commun se heurte toutefois à l'absence d'obligation de résultats dont bénéficie le distributeur, et ce, suivant une jurisprudence constante. Si le distributeur a ainsi l'obligation de mettre en vente les produits du fournisseur dans ses linéaires et de rendre les services pour lesquels il est rémunéré, en revanche, il n'est pas responsable de la mévente de ces derniers, quand bien même les ventes aient été nulles sur la période dédiée à l'opération de coopération commerciale[982]. La jurisprudence considère donc que le distributeur a une obligation de moyens, et non de résultats.

765. Il convient toutefois de préciser que ces décisions sont antérieures à l'inversion de la charge de la preuve, et qu'à l'époque le juge estimait surtout que l'absence de ventes ne prouvait pas que le service n'ait pas été rendu. Il n'est donc pas exclu qu'un juge puisse être sensible au fait qu'un fournisseur souscrive un service d'un montant significatif sans obtenir de résultat, à plus forte raison s'il y souscrit de manière répétée dans le temps, car cela pourrait démontrer l'absence d'intérêt commun dans les faits à la souscription de tels services. A ce titre, la constatation d'une rémunération très supérieure aux ventes réalisées a pu dans certains cas permettre de démontrer un avantage disproportionné (voir § 779 à 787).

§6. L'avantage doit être proportionné à la contrepartie

766. L'avantage doit tout d'abord exister pour être opposable (A). Il doit ensuite avoir une contrepartie légitime (B). Enfin, la rémunération associée au service doit être proportionnée (C) et non discriminatoire (D).

A. L'avantage doit exister

767. En l'absence d'avantage, un manquement ne peut être démontré. Tel est le cas par exemple du travail réalisé en interne par un fournisseur dans le but de définir une offre pour son client potentiel en application du contrat qui les liait, lequel ne peut donc conduire à la démonstration d'un manquement[983].

768. L'avantage peut cependant revêtir n'importe quelle forme, que ce soit sous la forme d'avantages en nature ou d'avantages financiers. Concernant plus particulièrement les avantages financiers, si généralement ils correspondent à la rémunération perçue au titre de la coopération commerciale ou des autres obligations, laquelle constitue l'essentiel de

[982] Cass. Com. du 20 février 2007 Pourvoi n°04-20.449 ; CA de Bourges du 18 octobre 2004 RG n°04/01019.

[983] CA Paris du 9 juillet 2010 RG n°10/03248.

la jurisprudence, le simple non-paiement des factures dues peut aussi constituer un avantage sans contrepartie[984].

B. L'avantage doit avoir une contrepartie légitime

769. Il est nécessaire que la contrepartie soit légitime car dans le cas contraire, si elle est non applicable au fournisseur, ou non utilisable par lui dans le cadre de son activité par exemples, la rémunération qui lui correspond est par essence non proportionnée. Dès lors, la seule constatation de l'absence d'un intérêt commun peut caractériser un avantage sans contrepartie.

770. Ainsi, une contrepartie qui ne se justifie pas eu égard à l'activité de la société [X] n'est pas justifiée. Tel est le cas par exemple d'une ristourne correspondant à un taux de freinte, qui ne peut être justifiée d'un point de vue technique si les produits du fournisseur sont des produits préemballés[985], ou encore d'un service lié à un maintien de gamme alors que les produits vendus ne répondaient à aucune gamme prédéterminée, faisant l'objet de commandes déterminées suivant les usages dans le secteur (pièces de boucherie fraîche)[986].

C. La rémunération associée au service ou l'obligation doit être proportionnée

771. Le fait que le service rendu soit généralement immatériel n'exonère pas celui qui le rend de la nécessité pour la rémunération du service d'être proportionnée à la prestation rendue, cette condition étant nécessaire pour considérer le service comme étant légitime. Néanmoins, en raison des particularités liées à la quantification de la disproportion, ce critère fait l'objet d'une partie spécifique (voir § 774 et suivants).

D. La rémunération ne doit pas être discriminatoire

772. Depuis la Loi de Modernisation de l'Economie de 2008, la discrimination a été supprimée des manquements prévus par l'article L. 442-6 du code de commerce, raison pour laquelle ces dispositions antérieures ne font pas l'objet de développements spécifiques, n'étant désormais plus applicables. Pour autant, certains jugements de pratiques discriminatoires reposent sur des analyses dont certains attendus pourraient être transposables à la démonstration d'un avantage sans contrepartie. En effet, un avantage donné à titre discriminatoire est par essence non justifié, il n'a donc vraisemblablement pas de contrepartie. La cour de cassation a ainsi rappelé la nécessité de rechercher en quoi les conditions

---

984 CA Montpellier du 9 novembre 2010 RG n°09/06166.

985 CA Douai du 8 septembre 2005 RG n°04/01257.

986 CA Rennes du 20 janvier 2009 RG n°08/00246.

commerciales demandées ou octroyées par l'un des partenaires étaient justifiées par des contreparties réelles[987].

773. A titre d'illustration[988], un fournisseur octroyant une remise de 3% à un type de distributeur particulier (pharmacies) mais pas à un autre (parapharmacies), la remise en question a donc été jugée comme relevant d'une pratique discriminatoire. Pour autant, la qualification d'avantage sans contrepartie pourrait éventuellement être recherchée dans la mesure où il n'existe pas de contrepartie déterminée à une telle remise.

Section 3.
L'avantage « manifestement disproportionné »

774. A l'inverse de l'absence de contrepartie, dont la démonstration est relativement dichotomique, celle d'un avantage disproportionné implique d'apprécier la proportion existant entre l'avantage consenti et la valeur ajoutée du service rendu du point de vue du fournisseur. En définitive, et suivant la même approche que précédemment, il s'agit de déterminer si l'intérêt commun des parties pour le service justifiait le niveau de rémunération qui lui était associé.

775. En premier lieu, cette appréciation ne s'oppose pas au principe de liberté de fixation des prix prévu par l'ordonnance n° 86-1243 du 1er décembre 1986 relative à la liberté des prix et de la concurrence (1). En second lieu, le caractère disproportionné peut se déduire de la comparaison du coût supporté par le fournisseur avec le montant des ventes pendant l'opération (2), ou avec le coût de l'opération supporté par le fournisseur (3), ou encore le coût de services équivalents (5). Il peut aussi se déduire des modalités de calcul des rémunérations litigieuses (4) ou encore de l'appréciation *in concreto* du service par l'analyse de son contenu (6).

776. En tout état de cause, la difficulté inhérente à la démonstration de ce type de manquement, moins clairement balisé que l'avantage sans contrepartie, peut expliquer pourquoi il existe moins de décisions relatives à des manquements en obtention d'avantage manifestement disproportionné.

---

987 Cass. Com. du 16 décembre 2009 Pourvoi n°06-21.118.

988 CA Versailles du 27 janvier 2005 RG n°03/06500.

§1. La compatibilité avec le principe de libre fixation des prix

777. Depuis 1986, les acteurs privés sont libres de définir le niveau du prix qu'ils souhaitent pratiquer. Néanmoins, le législateur a gardé la capacité de sanctionner d'éventuels abus manifestes, et ce, que ce soit au travers des pratiques anticoncurrentielles, ou des pratiques restrictives de concurrence. Ainsi, sur le principe, la démonstration d'un manquement reposant sur la constatation que le service est facturé à un niveau de prix tel qu'il porte atteinte à l'ordre public économique, n'est donc pas incompatible avec la liberté des prix accordée aux acteurs économiques.

778. La jurisprudence a ainsi rappelé que le principe de liberté des prix ne constitue pas une liberté absolue, cette dernière s'exerçant dans le cadre de différentes réglementations œuvrant dans l'intérêt général[989]. Il appartient *in fine* à la juridiction invoquée d'apprécier au fond, et dans le respect notamment de ce principe, les demandes et les moyens invoqués par l'administration dans le cadre de procédures civiles sur la base de l'article L. 442-6 du code de commerce[990].

§2. La comparaison avec le montant des ventes

A. Le montant des ventes pendant l'opération commerciale (services de coopération commerciale)

1. La seule comparaison avec le montant des ventes est insuffisante

779. Comme précisé précédemment (voir § 764 et 765), le distributeur n'a pas d'obligation de résultat quant au service qu'il propose, notamment car il est possible que le produit ne corresponde pas aux attentes de la demande. Ainsi, le faible niveau des ventes du (ou des) produit(s) faisant l'objet du service commercial ne permet pas toujours de démontrer que le niveau de rémunération associé au service est disproportionné[991].

780. Dans certains cas toutefois, la comparaison du chiffre d'affaires des produits concernés avec le montant payé par le fournisseur a pu contribuer à démontrer l'obtention d'un avantage manifestement disproportionné. En effet, si l'opération peut éventuellement influer positivement sur les ventes de toute la gamme du fournisseur, la comparaison entre

989 CA Paris du 2 février 2012 RG n°09/22350.

990 CA Nîmes du 25 février 2010 RG n°07/00606.

991 CA Rennes du 20 janvier 2009 RG n°07/07013 ; Cass. Com. du 20 février 2007 Pourvoi n°04-20.449 ; CA de Bourges du 18 octobre 2004 RG n°04/01019. Ces décisions sont généralement antérieures à la LME et le renversement induit de la charge de la preuve au bénéfice du demandeur.

le montant payé au distributeur et les ventes limitées aux produits concernés par l'opération demeure néanmoins pertinente[992].

781. Tel est le cas par exemple[993] lorsque le montant payé par le fournisseur au titre du service était environ 10 fois supérieur au montant des ventes réalisées pendant l'opération, dans un contexte où de surcroît certains magasins n'avaient pas été approvisionnés en produits pendant la période promotionnelle. Ne s'agissant pas de produits nouveaux, et étant donné son expérience, le distributeur aurait dû être en mesure d'évaluer le chiffre d'affaires induit par l'opération commerciale. Dans une autre affaire[994], la disproportion trouvait son origine dans le fait que les montants de coopération commerciale étaient négociés en amont entre les fournisseurs et le franchiseur, et qu'ensuite chaque magasin mettait en œuvre lui-même les opérations ainsi contractualisées, et ce, indépendamment du montant de rémunération du service fourni.

782. La comparaison peut même être encore plus fine, car dans certaines affaires, il a été considéré que l'intérêt commun réside non de la constatation d'un chiffre d'affaires en produits supérieur au coût de la prestation supporté par le fournisseur, mais que seule l'existence d'une marge supérieure à ce coût permet de conclure à l'existence d'un intérêt commun[995]. Par conséquent, quand bien même le chiffre d'affaires soit supérieur au montant de l'opération financé par le fournisseur, si la marge qu'il avait obtenu était négative, cela pourrait démontrer l'absence d'intérêt commun à la souscription du service, et partant une disproportion manifeste.

783. Néanmoins, cette condition n'a pas toujours été jugée pertinente, ce qui a conduit à des divergences de jurisprudence en la matière. Dans une affaire par exemple[996], partant du principe que le service peut être légitimement négocié en amont, soit un moment où par définition le chiffre d'affaires est inconnu, les juges ont estimé que le fait que le montant supporté par le fournisseur soit supérieur au chiffre d'affaires réalisé ne saurait constituer *de facto* une violation de l'article L. 442-6 au titre d'un avantage manifestement disproportionné.

784. La cour de cassation a finalement tranché récemment en estimant que « *si la faiblesse du chiffre d'affaires réalisé par le distributeur sur le ou les produits concernés par une action de coopération commerciale pendant la période de référence au regard de l'avantage qui lui a été consenti ou l'absence de progression significative des ventes pendant cette période de référence peuvent constituer des éléments d'appréciation de l'éventuelle disproportion manifeste entre ces deux éléments, elles ne peuvent à elles seules constituer la preuve de cette disproportion manifeste, les distributeurs qui concluent des accords de coopération commerciale n'étant pas tenus à une obligation de résultat [... et dès lors] qu'en se déterminant par de tels motifs impropres à caractériser*

---

992 CA Angers du 10 juin 2008 RG n°07/01769.

993 CA Nîmes du 17 janvier 2008 RG n°05/01724 confirmé par Cass. Com. du 16 décembre 2008 Pourvoi n°08-13.162.

994 CA Angers du 10 juin 2008 RG n°07/01769.

995 CA Bourges du 10 décembre 2009 RG n°09/00464 ; Voir aussi CA Versailles du 24 septembre 2009 RG n°08/05366.

996 CA Versailles du 24 septembre 2009 RG n°08/05366.

une disproportion manifeste entre les avantages obtenus par la société Carrefour et la valeur des services rendus la cour d'appel n'a pas donné de base légale à sa décision »[997]. Il semble désormais qu'une telle approche ne soit plus acceptée par la jurisprudence en l'absence d'autres éléments pour corroborer la disproportion, position suivie par la cour d'appel dans cette affaire[998].

785. Par conséquent, la disproportion ne peut être tirée de la seule constatation d'une disproportion manifeste entre le chiffre d'affaires réalisé avec le produit concerné, et le prix de la rémunération du service versée au distributeur.

2. Une utilisation possible de l'argument du montant des ventes sous certaines conditions

786. Une telle comparaison peut néanmoins contribuer à la démonstration dans le cadre d'une accumulation d'indice laissant présumer la disproportion, si en plus de ce premier critère, aucune vente n'a été réalisée, ou si les libellés de contrats étaient imprécis[999], ou encore par la persistance de la souscription au service, le fournisseur ne semblant en tirer qu'un bénéfice très limité.

787. Par ailleurs, l'évolution de la rémunération versée au distributeur peut aussi être comparée utilement à l'évolution du chiffre d'affaires du fournisseur, notamment si la participation demandée aux fournisseurs d'une année sur l'autre est sans corrélation avec l'évolution de leur chiffre d'affaires, par exemple si un fournisseur paye deux fois plus alors que son chiffre d'affaires a baissé de 50% (d'autres critères avaient aussi été utilisés – voir § 813 à 815)[1000].

B. Le montant des ventes découlant du contrat (services correspondant aux « *autres obligations* »)

788. Dans le cadre du contrat liant un franchiseur avec son franchisé, ce dernier ne peut démontrer une disproportion en comparant les ventes réalisées en direct grâce au système centralisé de l'enseigne avec les rémunérations versées dans le cadre du contrat. En l'espèce[1001], il s'agissait de prestations hôtelières, le courant d'affaires découlant non seulement du propre système du franchiseur, mais aussi des autres circuits classiques de réservation. Dès lors, il ne pouvait être soutenu que l'apport du franchiseur se limitait aux réservations directes, les services étant plus larges et susceptibles d'avoir un impact sur les ventes indirectes.

---

997 Cass. Com. du 27 avril 2011 Pourvoi n°10-13.690.

998 CA Orléans du 12 avril 2012 RG n°11/02284.

999 Le jugement définitif (CA Orléans du 12 avril 2012 RG n°11/02284) a seulement réformé partiellement la décision initiale (CA Bourges du 10 décembre 2009 RG n°09/00464) et notamment pour des services vis-à-vis desquels les ventes de produits n'avaient pas été négligeables.

1000 TC Compiègne du 26 février 2013 RG n°08/00492.

1001 CA Paris du 28 novembre 2012 RG n°10/06796.

§3. La comparaison avec le coût de l'opération supporté par le distributeur

789. La comparaison de la rémunération versée au distributeur avec le coût de revient de l'opération en elle-même supporté par ce dernier, dans le cas où ce coût est dérisoire par rapport aux montants versés par les fournisseurs, peut aussi contribuer à étayer la démonstration d'un avantage disproportionné, et notamment à l'appui de la comparaison avec le chiffre d'affaires réalisé durant la période. Dans une affaire par exemple[1002], le fournisseur avait payé 25% du coût d'une des prestations (catalogue) bien qu'elle concernait près d'une centaine de fournisseurs, dans un contexte où ses produits étaient en plus mal mis en valeur.

790. Néanmoins, à l'instar de la comparaison avec le montant des ventes, la seule comparaison de la rémunération versée par le fournisseur avec le coût supporté par le distributeur ne semble pas suffisante. Dans une affaire par exemple[1003], près de la totalité du coût du catalogue avait été financé par une quinzaine de fournisseurs. Cependant, d'une part le coût pris en compte ne comportait pas les coûts de diffusion, et donc ne correspondait pas au coût total de l'opération, et d'autre part, aucun élément n'avait été versé afin de comparer les marges bénéficiaires de chacun des partenaires pour apprécier leur intérêt respectif à l'opération, si bien que finalement le caractère disproportionné n'a pas été retenu.

791. De manière générale, il peut être difficile de déterminer de manière exacte les coûts supportés par le distributeur, nécessitant des calculs de coût de revient soumis à caution, notamment quand une partie de la prestation est internalisée. En définitive, si cette comparaison constitue un argument, elle ne semble toutefois pas suffisante à elle seule pour démontrer une disproportion.

[1002] CA Nîmes du 17 janvier 2008 RG n°05/01724 confirmé par Cass. Com. du 16 décembre 2008 Pourvoi n°08-13.162.

[1003] CA Versailles du 24 septembre 2009 RG n°08/05366.

§4. Les modalités de calcul des rémunérations disproportionnées ou le contexte

792. Les modalités de calcul des rémunérations peuvent permettre de démontrer la disproportion : que ce soit par rapport au mode de calcul en lui-même (A), ou en cas de régularisation *ex post* d'un engagement contractuel (B), ou bien suivant le nombre de magasins ayant mis en place le service (C), le nombre de fournisseurs ayant bénéficié du service (D), ou encore la marge dégagée par les fournisseurs ayant bénéficié du service en question (E).

A. La formule de base utilisée

793. Dans certains contrats, il peut exister deux modes de rémunération : l'un au forfait, l'autre en pourcentage. Dans l'hypothèse où le distributeur choisit systématiquement le mode de financement qui lui est le plus favorable, en l'occurrence celui au forfait, indépendamment des dispositions contractuelles convenues avec le fournisseur, cela peut caractériser un avantage disproportionné[1004].

794. Dans le même esprit, il est nécessaire que les critères pris en compte dans le calcul soient ceux initialement convenus et ne conduisent pas à gonfler artificiellement le montant des rémunérations versées au distributeur. Tel peut être le cas par exemple si la rémunération, bien que théoriquement proportionnelle à la surface de vente des magasins du distributeur, était en réalité calculée sur la base de la surface totale des centres commerciaux, ce qui permettait dès lors au distributeur de bénéficier d'une rémunération manifestement disproportionnée[1005].

B. La régularisation ex post d'un engagement contractuel

795. La proportion s'apprécie aussi au regard de la légitimité de la contrepartie. Un engagement contractuel par exemple, s'il ne s'est pas concrétisé dans la pratique, ne peut donner lieu postérieurement à une régularisation, laquelle peut alors être considérée comme relevant d'un avantage rétroactif. Dans une affaire par exemple[1006], le distributeur avait demandé à son fournisseur de régulariser *ex post* sur une période allant jusqu'à trois années, le taux moyen promotionnel dont le distributeur devait théoriquement bénéficier eu égard au contrat.

796. Un engagement de taux moyen promotionnel annuel relève de la négociation entre les parties et, en cela, n'est pas discutable dans son principe. En revanche, si le taux effectivement consenti en fin d'année n'atteint pas le niveau prévu, le distributeur ne peut pas

---

[1004] TC Lille du 4 mars 2008 RG n°2006-03753 ; TGI Hazebrouck du 7 mai 2008 RG n°06/00167.

[1005] TGI Hazebrouck du 7 mai 2008 RG n°06/00167.

[1006] TC d'Arras du 27 mars 2009 n°2007/249.

demander à son fournisseur de payer la différence afin d'atteindre le niveau théorique du taux moyen promotionnel initialement convenu. En outre, cette constatation se trouvait renforcée par le fait que l'avantage avait été rétrocédé sous la forme de service commercial, une forme différente de celle initialement prévue, laquelle ne permettait pas à l'époque une baisse du prix au profit du consommateur comme c'est le cas d'un taux promotionnel figurant sur facture. Dès lors, cette régularisation *ex post* de l'engagement contractuel relevait d'un avantage disproportionné, l'indu correspondant au complément demandé. Au surplus, le caractère unilatéral de la démarche du distributeur se trouvait renforcé par le fait que les services facturés par ce dernier avaient été directement compensés sur des factures de marchandises.

C. Le nombre de magasins ayant mis en place le service

797. La proportion peut aussi se déduire du nombre de points de vente ayant rendu le service en pratique par rapport au nombre théoriquement prévu au contrat. Dans une affaire[1007], une centrale d'achats proposait un service de « *singularisation* » qui consistait à réorganiser les produits dans les magasins, et à adapter leur assortiment ainsi que leur présentation dans le temps (voir § 734). Ce service avait été souscrit par un grand nombre de fournisseurs, mais à l'aval moins de 20% des points de vente l'avaient en retour souscrit auprès de la centrale d'achats. De plus, seule une partie de ces 20% avait eu le temps matériel de mettre en œuvre les changements proposés dans le cadre du service. En définitive, le nombre de magasins ayant rempli le service a été jugé à ce point disproportionné que la clause de « *singularisation* » a été annulée de l'ensemble des contrats.

D. Le nombre de fournisseurs ayant bénéficié du service

798. Un avantage disproportionné peut aussi être démontré si un service souscrit par un nombre important de fournisseurs n'est en réalité rendu que partiellement et pour une partie d'entre eux. Dans une affaire par exemple[1008], le service proposé par le distributeur était un service général comprenant notamment des prestations d'animation, de déploiement d'une force de vente dédiée, et de mise en avant des produits en magasin ou sur prospectus. Or l'action des animateurs commerciaux ne concernait que très peu de fournisseurs, l'implantation des produits était réalisée par les fournisseurs eux-mêmes, et de manière plus générale, seulement une partie des services étaient rendus. En définitive, les moyens étant largement sous-estimés par rapport à l'objectif du service, ces éléments ont permis de démontrer un avantage disproportionné une partie seulement des services ayant été rendus.

[1007] Cass. Com. du 8 juillet 2008 Pourvoi n°07-13.350.

[1008] TC Orléans du 11 décembre 2009 RG n°2008/7224.

E. La marge dégagée par les fournisseurs

799. Comme indiqué précédemment (voir § 782), le juge a pu estimer dans certains cas que des données de marges étaient finalement nécessaires afin d'apprécier les intérêts respectifs des parties prenantes à la réalisation de telle ou telle opération commerciale. En pratique de telles données sont difficiles à produire, aussi une analyse circonstanciée peut-elle être menée pour caractériser une éventuelle disproportion.

800. Dans une affaire par exemple[1009], les opérations de coopération commerciale « *stop-rayon* » étaient systématiquement précédées plusieurs semaines auparavant par des prix promotionnels qui d'une part diminuaient encore la marge des fournisseurs, et d'autre part avaient un véritable effet sur les ventes de produits, bien plus que ces opérations « *stop-rayon* » pour lesquelles le distributeur n'a pas été en mesure de prouver l'effet sur les ventes de produits. Eu égard aux circonstances de l'espèce, la rémunération associée à ces services de coopération commerciale a donc été jugée disproportionnée.

§5. La comparaison avec des services équivalents fournis par des tiers

801. L'appréciation du caractère disproportionné de la rémunération d'un service peut aussi se baser sur la comparaison entre le coût supporté par le fournisseur au titre du service litigieux avec celui de services similaires proposés par des tiers.

A. Exemples de services équivalents rendus par des tiers

1. Les services bancaires

802. Si le service rendu par le distributeur consiste en des facilités de paiement, son coût peut être comparé avec celui de services bancaires équivalents. Dans une affaire par exemple[1010], ce type de comparaison a permis de conclure au caractère proportionné de la rémunération. En l'espèce, la rémunération du distributeur était effectivement plus élevée que celle de services bancaires, mais les services étaient plus souples, et ne présentaient pas un caractère obligatoire, le fournisseur ayant souscrit au service de manière discontinue.

[1009] CA Bourges du 10 décembre 2009 RG n°09/00464. Après cassation partielle (Cass. Com. du 27 avril 2011 Pourvoi n°10-13.690), le jugement définitif (CA Orléans du 12 avril 2012 RG n°11/02284) a seulement réformé partiellement la décision initiale et notamment validé l'appréciation ici développée.

[1010] CA Nîmes du 25 février 2010 RG n°07/00606 – La qualification retenue était celle de l'abus de dépendance économique. Toutefois ces attendus semblent transposables à la qualification d'avantage disproportionné.

2. Les services de fourniture de statistiques

803. Si le service rendu par le distributeur consiste en la fourniture de statistiques de vente, son coût peut être comparé avec celui de services rendus par les panélistes. Dans une affaire par exemple[1011], la comparaison du prix payé pour ces statistiques avec celui payé à des panélistes pour des données au demeurant davantage détaillées, a permis de démontrer le caractère disproportionné de la rémunération perçue par le distributeur. En l'espèce, les données fournies par le distributeur étaient difficilement exploitables et ne donnaient pas une vision globale du marché, ce qui conduisait les fournisseurs à acheter par ailleurs des données plus complètes aux panélistes, alors même que le prix payé au distributeur était entre 10 à 20 fois supérieur à celui payé aux panélistes. D'autres critères supplémentaires avaient aussi étayé la démonstration tels que la disproportion entre le prix et le coût de revient pour le distributeur, ou encore l'absence de logique dans la tarification du distributeur vis-à-vis de ses fournisseurs.

3. Les services souscrits auprès du franchiseur

804. Le fait pour un franchisé de facturer pour un même service, un prix supérieur à celui convenu entre le fournisseur et son franchiseur peut être utilisé pour démontrer une éventuelle disproportion. Dans cette affaire[1012], la cour avait conclu que la facturation supplémentaire obtenue par le magasin ne correspondait pas de manière univoque à un avantage manifestement disproportionné dans la mesure où, les faits étant antérieurs à l'inversion de la charge de la preuve, elle a considéré que l'administration n'avait pas apporté la preuve que des prestations complémentaires n'avaient pas été réalisées. Ce jugement est toutefois intéressant en ce qu'il introduit la possibilité de comparer les services facturés initialement par la centrale de référencement avec ceux qui seront facturés par le point de vente, afin de caractériser une éventuelle disproportion à contenu de service équivalent.

B. La nécessité d'une équivalence entre les services

805. Pour que le coût du service rendu par le distributeur puisse être comparé avec celui de services rendus par des tiers, il est indispensable que les services soient relativement équivalents. Ainsi, il n'est pas pertinent pour un distributeur de comparer la rémunération obtenue au titre d'un catalogue avec le montant nécessaire pour diffuser une publicité à la radio ou à la télévision, les deux canaux n'ayant pas la même finalité[1013]. En l'espèce, une publicité par ces médias a pour but de faire connaître les produits du fournisseur sur une échelle très large, indépendamment du magasin alimentaire dans lequel ils sont commercialisés, alors que le catalogue a pour but d'attirer des clients en les détournant des points de vente concurrents.

[1011] CA Paris du 2 février 2012 RG n°09/22350.

[1012] CA Rennes du 20 janvier 2009 RG n°08/00246.

[1013] CA Nîmes du 17 janvier 2008 RG n°05/01724 confirmée par Cass. Com. du 16 décembre 2008 Pourvoi n°08-13.162.

§6. L'appréciation *in concreto* du service rendu par le distributeur

806. Une appréciation concrète du service, au regard de l'environnement économique dans lequel il s'insère, peut aussi étayer la démonstration d'un avantage disproportionné, et ce, en complément ou indépendamment de toute comparaison comme base d'étalonnage.

A. Le contenu au support de la comparaison avec une base d'étalonnage

807. En plus d'une comparaison du coût supporté par le fournisseur avec une base d'étalonnage (service identique de tiers, coûts supporté par le distributeur, chiffre d'affaires réalisé par le fournisseur sur la période, etc.), d'autres critères peuvent aussi être utilisés afin d'étayer la démonstration d'un avantage disproportionné :

- Pour la fourniture de statistiques de vente : le contenu du service est peu exploitable et ne donne pas une vision exhaustive du marché comparativement à des services de panélistes[1014] ;
- Pour un service de mise en avant sur prospectus : les produits du fournisseur étaient mal mis en avant alors qu'il finançait 25% du coût de l'opération[1015].

808. Ainsi, l'appréciation du contenu peut renforcer la démonstration du caractère proportionné ou non de la rémunération associée à un service.

B. Le contenu comme seule base de la démonstration du manquement

809. La seule analyse du contenu peut éventuellement permettre de démontrer un avantage manifestement disproportionné. Dans une affaire par exemple[1016], le distributeur proposait un service d'analyse marketing théoriquement personnalisé suivant chaque fournisseur et son activité spécifique. Pourtant en pratique, l'analyse des contenus communiqués par le distributeur a permis de démontrer qu'il s'agissait seulement de données générales non personnalisées en fonction de chaque fournisseur, et commentées de manière marginale, attestant dès lors du caractère disproportionné de la rémunération associée au service.

810. Ainsi, il est nécessaire au distributeur d'adapter son offre à chacun de ses fournisseurs. En effet, si un service peut correspondre à une contrepartie réelle pour certains, cela n'est pas forcément le cas pour d'autres fournisseurs étant donné leur spécificité propre. Par

---

[1014] CA Paris du 2 février 2012 RG n°09/22350.

[1015] CA Nîmes du 17 janvier 2008 RG n°05/01724 confirmé par Cass. Com. du 16 décembre 2008 Pourvoi n°08-13.162.

[1016] CA Paris du 2 février 2012 RG n°09/22350.

exemple[1017], dans le cas d'un service donnant accès à des financements, la situation est totalement différente pour un fournisseur utilisant le service, par rapport à un fournisseur n'utilisant pas ou très peu le service et ce d'autant que ce dernier avait payé un prix bien supérieur à celui versé par la société utilisant davantage le service. Dès lors, il s'infère de la comparaison des rémunérations versées par chaque fournisseur, et de la constatation que le prix facturé par le distributeur présente un caractère aléatoire indépendant de son coût (lequel dépend notamment de l'utilisation qui en est faite par le fournisseur) que la rémunération présente un caractère manifestement disproportionné (voir § 1390).

C. Le pouvoir d'appréciation discrétionnaire du juge

811. Il est possible au juge de considérer sur la base d'un faisceau d'indices précis et pertinents que la rémunération versée pour des services a été manifestement disproportionnée, et de décider de manière discrétionnaire quel aurait dû être le niveau de rémunération adéquat (voir § 1385 et suivants).

812. Dans une affaire par exemple[1018], les services de coopération commerciale étaient libellés de manière floue et leur contenu n'était pas clairement défini, si bien qu'il pouvait être difficile de distinguer les services entre eux, notamment les services « *classification, sélection, assortiment des produits* » des services de « *mise en avant en magasin* ». A ce titre, le seul service paraissant correspondre à une vraie contrepartie (l'utilisation d'un centre de règlement des fournisseurs) était celui qui était facturé le moins cher (seulement 1,2% du chiffre d'affaires). En définitive, les rémunérations associées aux services de coopération commerciale n'étaient pas établies en considération de la consistance des services rendus, mais en fonction d'un taux global arrêté préalablement. Un courrier du distributeur indiquait en effet au fournisseur que pour être compétitif il était nécessaire d'affecter 50% du chiffre d'affaires à la coopération commerciale, ce taux ayant effectivement été constaté chez d'autres fournisseurs concurrents. Sur la base de l'ensemble de ses éléments, les juges ont considéré que les rémunérations étaient manifestement disproportionnées.

D. Autres cas

813. Une société avait facturé une prestation de service consistant simplement à mettre en relation son client avec des gardiens d'immeubles, et d'envoyer deux simples courriers à l'administration[1019]. Eu égard au montant de la prestation facturée 80 000 €, le juge a estimé que le prix n'aurait pas dû excéder 30 000 €[1020].

[1017] CA Nîmes du 25 février 2010 RG n°07/00606.

[1018] Cass. Com. du 11 septembre 2012 Pourvoi n°11-14.620 voir aussi pour davantage de précision le jugement en appel CA Paris du 19 janvier 2011 RG n°07/22152.

[1019] CA Aix en Provence du 7 septembre 2011 RG n°10/05892.

[1020] Le jugement n'indique pas les éléments ayant permis d'arriver à une telle conclusion.

814. L'objectif quantitatif imposé par un fournisseur à un détaillant peut constituer un avantage disproportionné s'il est hors de proportion avec la consommation réelle du détaillant. Dans une affaire par exemple[1021], le fournisseur imposait une obligation d'approvisionnement à hauteur de 150 HL, alors que la consommation moyenne du détaillant se situait aux alentours de 80 HL. Pour autant, le contrat n'avait jamais été exécuté ni résilié sur la base de cette exigence contractuelle, comme la non-atteinte de ces objectif n'avait pas donné lieu à des réclamations quant à la différence du niveau d'approvisionnement, le contrat de fourniture de matériel ayant même été amorti sur la base du temps restant à courir et non sur la base des quantités de bières qui auraient dû être achetées. Par conséquent, cet engagement ne constituait pas un avantage manifestement disproportionné au détriment du détaillant.

815. La rémunération associée à la prestation de service consistant pour la centrale d'achats à organiser des salons professionnels dans le but de présenter les produits du fournisseur à ses adhérents peut être remise en cause si le distributeur n'apporte aucun élément permettant de corréler les montants demandés au titre du service avec des éléments susceptible de déterminer objectivement le prix de cette participation : nature et nombre de produits présentés, positionnement des produits dans la gamme de la centrale d'achats, nombre de m² et positionnement au sein du salon[1022]. En outre, la centrale n'avait pas non plus démontré que des commandes importantes n'entrant pas dans le champ de son activité classique avaient été conclues dans le cadre de ces salons, si bien que la rémunération associée à ce servie a été considérée comme disproportionnée.

Section 4.
Les problématiques spécifiques

816. L'approche peut être particulière dans certaines situations, notamment dans le cadre des accords de gamme (1), ou si le produit faisant l'objet du contrat est un produit sous marque de distributeur (2).

§1. Les accords de gamme

817. La problématique des accords de gamme est ancienne et peut paraître, de prime abord, avoir été appréhendée de manière hétérogène par la jurisprudence. Cette partie vise donc à dresser un bilan en la matière pour déterminer aussi clairement que possible si les « *accords de gamme* » sont compatibles avec l'article L. 442-6 du code de commerce.

1021 CA Montpellier du 6 mars 2013 RG n°11/06291.

1022 TC Compiègne du 26 février 2013 RG n°08/00492.

A. Définition d'un « *accord de gamme* »

818. Un « *accord de gamme* » consiste pour le fournisseur à rémunérer le distributeur afin que ce dernier référence une part déterminée, voire la totalité, de sa gamme. Dans la pratique, cette contrepartie a pu être rémunérée sous la forme d'une remise ou bien d'un service commercial (de coopération commerciale ou relevant des « *autres obligations* »).

819. En référence aux développements précédents (voir § 727 à 734), si un service ne présente pas de caractère spécifique, alors la rémunération qui lui est associée constitue un avantage sans contrepartie au sens de l'article L. 442-6 du code de commerce. Suivant cette approche, les « *accords de gamme* » ont pu être considérés dans certains cas comme non spécifiques à la relation commerciale (B), la rémunération qui leur était associée constituant dès lors un avantage sans contrepartie. Par ailleurs, si la jurisprudence n'a pas toujours été très constante en la matière, il convient de relever que les faits litigieux auxquels ces affaires faisaient référence, étaient dans la plupart des cas antérieurs au reversement de la charge de preuve opéré suite à l'application de la loi Dutreil de 2005 (C).

B. L'accord de gamme considéré comme un service non spécifique

820. Si l' « *accord de gamme* » relève des conditions commerciales négociées entre les deux partenaires, un tel avantage est donc lié à la commande. D'une part son effectivité est simple à démontrer, et d'autre part, l'engagement coïncide avec l'opération d'achat-vente. Il est donc envisageable pour un fournisseur d'octroyer à son distributeur une remise contre l'engagement que son client lui commandera une part déterminée de sa gamme.

821. En revanche, si l' « *accord de gamme* » consiste en un service commercial (2° et 3° de l'article L. 441-7 du code de commerce), le distributeur est alors théoriquement déjà propriétaire des marchandises. Le service devant être exorbitant des obligations d'achat et de vente des produits, le distributeur ne peut dès lors prétendre à être rémunéré, car cela reviendrait à lui permettre d'obtenir une rémunération du seul fait de la possession des marchandises, et constituerait ainsi un enrichissement sans cause.

1. L'accord de gamme ne va pas au-delà des obligations d'achat et de vente

822. Dans un arrêt qui constitue la base jurisprudentielle en la matière[1023], la cour de cassation avait estimé que « *les obligations des détaillants se limita[nt] à la réalisation d'un chiffre d'affaires annuel déterminé, à maintenir en exposition un échantillonnage complet de la gamme de produits, et à collaborer à la politique commerciale de la société [X] [...] n'allaient pas au-delà des simples obligations résultant des achats et des ventes, et que ces objectifs généraux ne pouvaient être considérés comme des obligations particulières exorbitantes des relations commerciales habituelles et susceptible de recevoir de la part*

[1023] Cass. Com. du 27 février 1990 Pourvoi n°88-12.189.

du fournisseur une rémunération spéciale ». Suivant ces considérations, les accords de gamme ne semblent donc pas pouvoir donner lieu à une rémunération du distributeur au titre d'un service commercial.

823. Cette approche a été confirmée dans une autre affaire[1024], la cour considérant qu'un service consistant à référencer l'intégralité de la gamme d'un fournisseur n'allait pas au-delà des simples obligations résultant des achats et des ventes. Les services en question allaient théoriquement plus loin que le seul référencement, en proposant par exemple une optimisation de la gamme suivant la période, mais la redondance des services entre la centrale de référencement et la centrale d'achats, le fait que les produits n'étaient soumis à aucune saisonnalité, ou encore le fait que la mise en rayon des produits soit inhérente à la fonction de distributeur ont contribué à démontrer l'avantage sans contrepartie.

824. Par ailleurs, l'optimisation de la gamme, au travers d'un service d' « *analyse de l'assortiment* » par exemple, a aussi été jugée comme n'allant pas au-delà des obligations d'achat et de vente du fait que rien ne soit communiqué au fournisseur, les études réalisées par le distributeur restant ainsi d'une portée uniquement interne[1025]. Dans l'hypothèse où ces études eues été communiquées, il n'est pas exclu que cela ait pu infléchir la position du juge pour autant que le service apporte une plus-value réelle au fournisseur.

2. L'accord de gamme ne doit pas créer de distorsion de concurrence

825. Ces considérations relèvent généralement davantage du droit des pratiques anticoncurrentielles, mais il a pu arriver qu'elles soient abordées sous l'angle des pratiques commerciales restrictives. Dans une affaire par exemple[1026], même si la pratique visée à la base relevait d'un comportement discriminatoire, les arguments paraissent transposables à la démonstration d'un manquement en avantage sans contrepartie, notamment en partant du principe qu'un « *accord de gamme* » doit s'appliquer à des produits de nature identique. En l'espèce, l'octroi d'une remise pour des produits cosmétiques à des pharmacies et non aux parapharmacies en raison d'un effet de gamme pour les premiers n'était pas justifié si les pharmaciens, bénéficiaires de cette remise étaient les seuls à pouvoir commercialiser la gamme complète en raison d'une règlementation particulière (couplage entre produits pharmaceutiques et produits cosmétiques). En définitive, la démonstration reposait sur la considération qu'une telle remise de gamme n'avait pas de contrepartie réelle car aucun effet de gamme ne peut exister entre des produits qui ne soient pas de même nature eu égard aux contraintes techniques et réglementaires s'appliquant à leur commercialisation.

3. L'accord de gamme est inconsistant en l'absence d'engagement quantitatif

826. Indépendamment de savoir si un « *accord de gamme* » va intrinsèquement au-delà des obligations d'achats et de vente, il est possible de démontrer directement l'absence de contrepartie si rien dans le contrat ne permet de vérifier ou de quantifier la nature de

---

[1024] CA Grenoble du 17 décembre 2009 RG n°07/03290.

[1025] CA Rennes du 20 janvier 2009 RG n°08/00246.

[1026] CA Versailles du 27 janvier 2005 RG n°03/06500.

l'engagement véritable du distributeur[1027]. Ces éléments sont de nature à mettre en doute le caractère spécifique des services rendus, caractère nécessaire pour considérer les services comme exorbitants des obligations d'achat et de vente[1028]. A plus forte raison, le fait que des produits de la gamme ne soient pas présents en linéaire atteste généralement du caractère fictif du service[1029].

C. Des jurisprudences contradictoires mais antérieures à l'inversion de la charge de la preuve en 2005

827. La différence d'approche entre les décisions relatives à des faits antérieurs à 2005 et celles concernant des pratiques postérieures à cette date doit être prise en compte. En effet, lorsque les faits étaient antérieurs à 2005, il incombait au demandeur, soit généralement à l'administration, et non au défendeur, d'apporter la preuve que le service n'avait pas été rendu. Par conséquent, la démonstration a pu faire défaut et ainsi expliquer certaines décisions visant à considérer les « *accords de gamme* » comme relevant de contreparties effectives, et ce, finalement non pas parce que les services allaient au-delà des obligations d'achats et de vente, mais plutôt parce que le demandeur n'avait pas su démontrer que le service n'avait pas été rendu.

828. Dans une affaire[1030], un distributeur avait facturé un service de préconisation de gamme à destination de ses magasins, alors que parallèlement il bénéficiait d'une ristourne de gamme, comme il référençait la totalité de la gamme du fournisseur. La cour a considéré que les rémunérations associées aux deux services ne faisaient pas doublon au motif que la préconisation de gamme présentait un caractère spécifique, et que l'administration n'avait pas démontré la non-effectivité de ce service, ni que l'ensemble des références n'ait pas été mis en vente. Toutefois, la remise dont bénéficiait le distributeur consistait à acquérir une gamme complète. Aussi, quand bien même le service de préconisation ait été effectivement rendu, la cour d'appel semble avoir méconnu ses propres constatations, car si la ristourne avait pour contrepartie l'engagement de commercialiser la totalité des produits, il importe finalement peu que le distributeur procède à des préconisations de gamme auprès de ses magasins, son engagement premier consistant à commercialiser la totalité de la gamme auprès de ces derniers.

829. De la même manière, la Cour de Cassation a estimé que la « *« détention de gamme » par laquelle un fournisseur est assuré de la présence dans les linéaires d'une partie très importante ou de l'intégralité de sa gamme de produits constitue une prestation spéci-*

[1027] TC Manosque du 6 mai 2008 n°2006/000120 ; TC Tours du 23 juin 2006 n°200400593 ; CA Rennes du 20 janvier 2009 RG n°08/00246.

[1028] TC Tours du 23 juin 2006 n°200400593.

[1029] CA Rennes du 20 janvier 2009 RG n°08/00246.

[1030] CA Reims du 5 novembre 2007 RG n°06/01898.

fique »[1031]. A première vue, cet arrêt semble entrer en contradiction avec le fait de considérer l'accord de gamme comme n'allant pas au-delà des obligations d'achat et de vente (voir § 822). Toutefois, cette conclusion était essentiellement tirée du fait que le demandeur n'avait pas apporté la preuve de l'absence de service effectivement rendu. Ainsi, le moyen consistant à analyser en quoi le service se détachait de l'obligation d'achat et de vente n'avait pas été soumis. A cet effet, le fait que la marchandise ait été achetée paraît difficilement compatible avec la possibilité pour le distributeur d'être rémunéré ensuite à ce titre. Cela reviendrait à un enrichissement sans cause, les services commerciaux devant nécessairement être distincts des conditions commerciales découlant des obligations d'achat et de vente.

830. En définitive, étant donné leurs lacunes respectives, ces jugements ne semblent pas s'opposer aux développements présentés dans la partie précédente, consistant à apprécier la rémunération d'un « *accord de gamme* » sous forme de service commercial, comme relevant d'un avantage sans contrepartie.

§2. Les produits sous marque de distributeur (MDD)

831. Pour considérer qu'un produit est à marque de distributeur, il est nécessaire que ses caractéristiques soient définies par le distributeur en référence de l'article L. 112-6 du code de la consommation qui précise : « *est considéré comme produit vendu sous marque de distributeur le produit dont les caractéristiques ont été définies par l'entreprise ou le groupe d'entreprises qui en assure la vente au détail et qui est le propriétaire de la marque sous laquelle il est vendu* ».

832. Aucune affaire relative à des manquements en avantage sans contrepartie ou manifestement disproportionné sur un fondement civil ne concernait des produits à marque de distributeur sur la période analysée, ce type de problématique, à travers notamment les services commerciaux, concernant essentiellement les produits à marque nationale. Pour autant, si la rémunération par le fournisseur d'un service de mise en avant des produits à ses marques peut paraître légitime, un tel service paraît en revanche plus discutable quand il s'agit de produits à marque de distributeur, et ce, d'autant que dans un certain nombre de cas, le même produit MDD peut être fabriqué par plusieurs fournisseurs.

833. La Commission d'Examen des Pratiques Commerciales a ainsi rendu un avis dans ce sens[1032] en indiquant que « *la commercialisation d'un produit MDD ne peut donner*

[1031] Cass. Com. du 20 février 2007 Pourvoi n°04-20.449.

[1032] CEPC, recommandation du 1er septembre 2009 n°10-01 relative à l'élaboration des contrats de marques de distributeurs.

lieu à une facturation par le distributeur de prestations de services ayant pour objectif la mise en avant du produit élaboré par le fournisseur auprès des consommateurs », notamment car cet outil n'est « *absolument pas adapté au cas des MDD produits de fidélisation des clients à l'enseigne et non au fabricant* »[1033].

834. Cette approche a par ailleurs été reprise dans un arrêt la cour de cassation particulièrement intéressant[1034], où il était reproché à la tête de réseau d'avoir obtenu des avantages sans contrepartie notamment dans le but de masquer ses prix d'achats réels vis-à-vis de ses franchisés. Les produits considérés étaient pour partie des produits MDD et les attendus du jugement sont très clairs en ce qu'ils confirment, à l'appui de la position de la CEPC, que la cour de cassation considère les services commerciaux relatifs aux produits MDD comme sans réelle contrepartie. En conséquence, la rémunération qui leur est associée relève d'avantages sans contrepartie.

835. Plus précisément, la cour considère que « *la mise en avant de ces produits [MDD] ne procure, en tout état de cause, [au fournisseur] aucun avantage particulier, étant observé au demeurant que [le fournisseur] n'est pas le seul fournisseur de la [MDD] et qu'elle ne pourrait, en tout état de cause, satisfaire à des commandes supplémentaires alors que les volumes sur lesquels elle s'engage constituent des maxima ; que, par conséquent, la présence sur les cadenciers [du distributeur] toute l'année, des produits sous MDD [...] ne saurait être assimilée à une opération de «diffusion de marque» faite dans l'intérêt du fournisseur, pour mettre en avant un produit de sa marque auprès des consommateurs ; que l'avantage prétendu [...] et sa rémunération imposée corrélativement au fournisseur [...], apparaissent donc dépourvus de fondement réel* ».

836. Au demeurant, les services éventuellement souscrits par un fournisseur auprès du distributeur doivent aussi être appréciés dans le contexte particulier de ce type de relation commerciale. Par exemple, tout service visant à optimiser l'adéquation du produit avec les attentes du marché relève clairement du distributeur, et partant, un tel service ne peut avoir de contrepartie réelle. En effet, les produits MDD répondent au cahier des charges du distributeur qui en le définissant est responsable de l'adéquation du produit avec la demande (voir aussi sur la définition de produit MDD § 638 et 639).

837. En définitive, il est peu probable qu'un service commercial attaché à la fourniture d'un produit à marque de distributeur puisse ne pas relever d'un manquement au titre de l'avantage sans contrepartie.

[1033] CEPC, avis du 1er janvier 2009 n°09-13, venant compléter le dispositif de questions-réponses relatif à la mise en œuvre de la loi de modernisation de l'économie, point n° 09120906.

[1034] Cass. Crim. du 25 juin 2008 Pourvoi n°07-80.261. Ce jugement est original car il s'agit d'une procédure pénale en faux en écriture privée sur la base de l'article 441-1 du code pénal, et non d'une procédure civile sur la base de l'article L. 442-6 du code de commerce.

Conclusion

838. Les cases de couleur grise correspondent à des conditions qui si elles ne sont pas remplies peuvent caractériser directement un manquement au titre des dispositions du L. 442-1-I-1° C. Com. Pour les autres, le non-respect de cette seule condition n'est pas toujours suffisant.

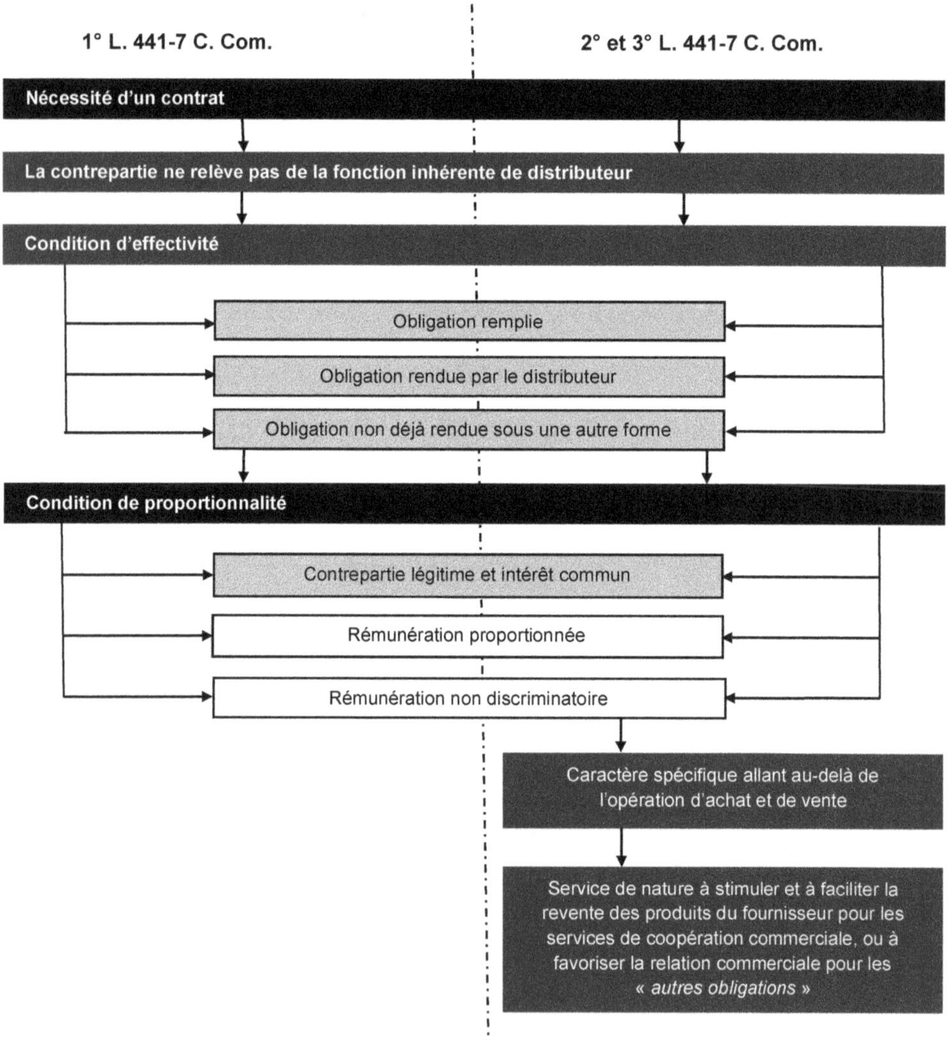

Chapitre 2
Le déséquilibre significatif

839. L'article L. 442-6 du code de commerce prévoit qu' « engage la responsabilité de son auteur et l'oblige à réparer le préjudice causé le fait, par tout producteur, commerçant, industriel ou personne immatriculée au répertoire des métiers : [...]

2° De soumettre ou de tenter de soumettre un partenaire commercial à des obligations créant un déséquilibre significatif dans les droits et obligations des parties ».

840. La sanction du déséquilibre significatif entre les droits et obligations des parties a été introduite en remplacement de celle « *d'abus de dépendance économique* » ou son pendant « *l'abus de puissance d'achat* ». En effet étant donné la difficulté de démontrer la condition préalable, soit un état de dépendance économique ou réciproquement une situation de puissance d'achat, les dispositions antérieures ont été peu mises en œuvre.

841. L'introduction de la notion de « *déséquilibre significatif* » entre les droits et obligations des parties vise ainsi à sanctionner toute asymétrie significative dans la relation commerciale entre deux entreprises indépendamment du poids que la relation représente dans l'activité de chacune d'elles. Une telle asymétrie peut donc être sanctionnée *per se*, ce qui met à niveau ce manquement avec les autres pratiques prohibées par l'article L. 442-6 du code de commerce, sa mise en œuvre n'étant désormais plus soumise à une condition initiale restrictive. Néanmoins, à l'instar de la pratique décisionnelle relative à la rupture de relation commerciale, il n'est pas exclu que le constat d'une dépendance économique de la société victime puisse accentuer la gravité de la pratique, et par conséquent le montant du préjudice et de la sanction.

842. Afin d'apprécier l'équilibre de la relation commerciale, il est nécessaire de mettre en relief les droits et obligations de l'acheteur, et réciproquement du vendeur. Un des principaux principes sous-jacents de la démonstration du déséquilibre significatif est l'absence de réciprocité. En effet, quand un partenaire impose des conditions très strictes à son cocontractant, sans aucune réciprocité ou bénéfice pour ce dernier, alors, les obligations ou clauses peuvent être de nature à créer un déséquilibre significatif.

843. Par ailleurs, le fait que le déséquilibre ne soit pas justifié par des raisons économiques liées au fonctionnement du secteur peut aussi être mis utilement en avant afin de démontrer un manquement, de même que l'imprécision des clauses litigieuses[1035].

[1035] CEPC, avis du 7 juillet 2004 n°04-04 concernant certaines clauses contenues dans les conditions d'achat.

844. Introduite dans le cadre de la LME en 2008, la notion de « *déséquilibre significatif* » était jugée trop imprécise par certains opérateurs, ce qui pouvait être de nature, selon eux, à porter atteinte au principe de légalité des délits et des peines consacré par l'article 8 de la Déclaration des droits de l'Homme et du Citoyen de 1789. Néanmoins, le conseil constitutionnel a validé la notion de « *déséquilibre significatif* »[1036]. En premier lieu, il rappelle que cette notion est utilisée en droit de la consommation (en référence à l'article L. 132-1 du code de la consommation), sa mise en œuvre donnant lieu à des précisions par la jurisprudence sans que son interprétation puisse encourir la critique d'arbitraire. En second lieu, il met en avant que les avis de la Commission d'Examen des Pratiques Commerciales constituent un premier guide pour apprécier la compatibilité des pratiques avec l'article L. 442-6 du code de commerce. Au surplus, la jurisprudence, après 6 années d'application, constitue un guide pertinent pour apprécier l'équilibre contractuel.

845. Afin de démontrer un tel manquement, il est nécessaire au préalable de vérifier qu'un certain nombre de conditions initiales sont remplies (1). Les clauses litigieuses peuvent être susceptibles de créer un déséquilibre contractuel (3), ou bien plus simplement un déséquilibre financier (2). Il existe toutefois certaines limites à la démonstration d'un manquement en déséquilibre significatif (4).

Section 1.
Conditions d'applications initiales

§1. Champs d'application

846. Premièrement, il est nécessaire que la société qui se prétend victime ait la qualité de partenaire économique vis-à-vis de la société qu'elle met en cause[1037].

847. Deuxièmement, le manquement relatif au déséquilibre significatif ne peut être formé que lorsque les conventions auxquels les faits se rapportent ont été conclues postérieurement 1er janvier 2009, date d'entrée en vigueur du manquement correspondant au déséquilibre significatif[1038].

1036 Cons. Const. du 13 janvier 2011, n°2010-85 DC, Établissements Darty et Fils [Déséquilibre significatif dans les relations commerciales].

1037 CA Lyon du 13 mars 2014 RG n°12/06585.

1038 TC Paris 9 février 2012 RG n°2010024988 ; CA Metz 24 mai 2012 RG n°12/00311 ; CA Montpellier 18 septembre 2012 RG n°11/03272.

§2. Nécessité de procéder à une analyse globale du contrat et de la relation

848. Une clause créant un déséquilibre doit être analysée au regard de l'équilibre général du contrat. Si certaines clauses introduisent un déséquilibre tel qu'il paraisse difficile d'établir quelle pourrait en être la compensation raisonnable[1039], d'autres, au contraire, peuvent être compensées par des engagements contractuels, ou par le contexte dans lequel s'insère ou a évolué la relation commerciale.

849. Tel est le cas par exemple d'une clause prévoyant des objectifs commerciaux assortis d'une garantie financière imposés à une société à qui il appartenait d'évaluer convenablement ses objectifs commerciaux, sachant que parallèlement, la conclusion du contrat d'achat exclusif lui avait permis de bénéficier d'une avance de ristourne source de trésorerie et d'un cautionnement permettant de crédibiliser sa demande de financement bancaire, et donc le démarrage de son activité économique[1040]. De même, la suppression brutale par un fournisseur des conditions commerciales plus avantageuses consenties à son client ne constitue pas un manquement si cela fait suite aux difficultés de paiement du client, cette situation étant par ailleurs prévue dans les CGV du fournisseur[1041]. Dans ces différents cas, le déséquilibre significatif a ainsi été écarté en raison des contreparties dont avait bénéficié la société.

850. En définitive, il doit être possible de « *racheter* » le déséquilibre significatif induit par une clause sur la base de l'équilibre général du contrat. Cette possibilité apparaît dans plusieurs décisions, bien que les circonstances de l'espèce n'aient pas permis le rachat des clauses litigieuses[1042].

851. L'analyse des clauses du contrat indépendamment de leur application dans les faits ne fait pas obstacle à la démonstration d'un manquement (voir § 857 et suivants). A ce titre, le juge est invité à se prononcer sur un cas d'espèce, composé d'un ensemble précis de droits et d'obligations, et non sur une disposition d'ordre général sans considération des éléments concrets et particuliers du dossier. Dès lors, il ne porte pas atteinte au principe de l'interdiction des arrêts de règlement[1043].

852. En tout état de cause, la nullité d'une clause litigieuse au titre du déséquilibre significatif, n'emporte pas la nullité de l'ensemble du contrat[1044].

1039 TC Paris du 7 février 2013 RG n°2009F00727.

1040 CA Lyon du 4 novembre 2011 RG n°10/03606.

1041 CA Versailles du 4 juin 2013 RG n°12/01171.

1042 CA Paris du 4 juillet 2013 RG n°12/07651 ; CA Paris du 18 décembre 2013 RG n°12/100150.

1043 TC Evry du 27 juin 2013 RG n°2009F00729.

1044 CA Lyon du 13 janvier 2012 RG n°10/08521.

§3. Charge de la preuve incombant au demandeur

853. Il appartient à la société qui se prétend victime d'apporter la preuve du déséquilibre qu'elle subit. Le simple énoncé du grief est insuffisant pour faire foi en l'absence d'éléments de nature à le corroborer.

854. Dans plusieurs cas, le manquement a ainsi été écarté faute d'éléments susceptibles de démontrer le déséquilibre financier prétendument subi par l'un des deux partenaires. Dans une affaire par exemple, la société [X] mettait en cause une clause l'obligeant à procéder au remboursement des sommes dépensées pour son compte par l'incubateur de start-up. Pour autant, non seulement la prestation rendue par l'incubateur dépassait largement la simple mission de levée de fonds, mais aussi, la prétendue stagnation de l'activité de la société [X] n'était étayée par aucune donnée chiffrée tant au cours de la période d'exécution du contrat que postérieurement[1045]. Dans une autre affaire, il n'était pas démontré que les investissements du fournisseur (fabrication et délais de paiements) étaient d'un niveau tel qu'ils créaient un déséquilibre significatif[1046].

855. A plus forte raison, s'il apparaît que les obligations et avantages financiers découlant de la clause litigieuse sont proportionnés à la finalité que constitue la relation économique entre les deux partenaires commerciaux, il n'est pas possible de caractériser un déséquilibre significatif entre les droits et obligations des parties[1047].

§4. Tentative de soumission suffisante

856. La seule tentative d'imposition à un partenaire commercial d'une clause créant un déséquilibre significatif entre les droits et obligations des parties est répréhensible.

857. Il n'est donc pas nécessaire de démontrer que la clause a été systématiquement appliquée dès lors qu'elle est, dans les faits, imposée au partenaire commercial dès le début de la négociation commerciale[1048]. Dans ce cadre, elle confère en effet à son bénéficiaire la portée d'un principe auquel le partenaire commercial ne peut déroger qu'aux termes d'une négociation. A ce titre, le fait que certains partenaires ne se soient pas vus appliquer la clause litigieuse n'est pas opposable dans la mesure où les fournisseurs en question avaient un poids économique certain[1049].

858. Concernant l'appréciation du critère de « *soumission* », la cour d'appel a eu l'occasion de préciser que « *la tentative de soumission ne suppose pas l'exercice de pressions irrésis-*

[1045] CA Douai du 14 avril 2011 RG n°10/00238.

[1046] CA Paris du 3 octobre 2012 RG n°10/10308.

[1047] CA Paris du 12 décembre 2013 RG n°11/18274.

[1048] CA Paris du 4 juillet 2013 RG n°12/07651.

[1049] CA Paris du 20 novembre 2013 RG n°12/04791.

tible ou de coercition, mais plutôt l'existence d'un rapport de force économique déséquilibré entre les parties dont il se déduit la soumission du partenaire, influencé par de simples suggestions, invitations fermes ou pressions »[1050]. Suivant ces considérations et dans un contexte où la grande distribution est en oligopole, elle a considéré que l'envoi de simples lettres-types invitant certains fournisseurs à restituer des fonds était automatiquement perçu comme une injonction directive.

Section 2.
Clauses susceptibles de créer un déséquilibre financier

§1. Prix convenu

859. En raison du principe de liberté de prix, la contestation du prix convenu au titre du déséquilibre significatif semble difficile.

860. Etablissant un parallèle avec l'article L. 132-1 du code de la consommation, laquelle exclu expressément l'adéquation du prix ou de la rémunération au bien vendu ou au service, le juge a pu considérer que la notion de déséquilibre significatif telle que visée par l'article L. 442-6 du code de commerce, ne saurait être étendue à l'adéquation du prix avec le bien ou le service vendu[1051]. Ce constat se trouverait par ailleurs renforcé par l'impossibilité pour le juge de modifier le prix en vertu de l'article L. 410-2 du code de commerce, aux termes duquel « *sauf dans les cas où la loi en dispose autrement, les prix des biens, produits, et services [...] sont librement déterminés par le jeu de la concurrence* ». Dans cette affaire, le ministre remettait en cause uniquement une RFA issue des conditions d'achat du distributeur et qui présentait un caractère inconditionnel, mais s'agissant d'une des composantes de la détermination du prix, le juge a écarté tout manquement de déséquilibre significatif au cas d'espèce.

861. Toutefois, une telle approche peut être différente dans le cadre d'appels d'offres, procédures au cours desquelles un prix est intrinsèquement lié à une quantité, elle-même découlant du cahier des charges de départ. Ainsi l'imposition du prix le plus avantageux qui ne tiendrait pas compte des volumes à partir desquels a été réalisée la cotation, pourrait constituer un déséquilibre significatif.

862. Néanmoins, il est nécessaire pour cela que le prix finalement obtenu n'ait pas été renégocié compte-tenu de la baisse de volume, auquel cas, il ne saurait constituer en lui-même

[1050] CA Paris du 18 septembre 2013 RG n°12/03177 – Un jugement de première instance a cependant eu une lecture plus restrictive (TC Paris du 24 septembre 2013 RG n°2011058615).

[1051] TC Paris du 24 septembre 2013 RG n°2011058615.

un déséquilibre, peu importe que le niveau de prix issu de la négociation ne soit pas favorable au fournisseur[1052].

§2. Clauses de renégociation tarifaire

863. Une clause créant une asymétrie significative au niveau de la négociation tarifaire entre deux partenaires commerciaux peut relever d'un déséquilibre significatif. Tel est le cas lorsqu'un fournisseur a l'obligation de baisser ses tarifs suite à une baisse des prix de ses intrants, alors que réciproquement les conditions lui permettant d'appliquer une hausse tarifaire sont très strictes et rigides[1053] et sont susceptible de laisser un pouvoir discrétionnaire au distributeur quant à son application effective[1054]. De telles clauses, en ce qu'elles peuvent notamment occasionner un délai plus ou moins long dans l'application des hausses, voire un phénomène de tassement de la marge du fournisseur, et en l'absence de réciprocité au seul profit du distributeur, constituent un déséquilibre significatif.

864. Par ailleurs, la justification avancée dans une des affaires, consistant pour le distributeur à lutter contre l'inflation a été jugée inopérante en l'absence d'engagement de ce dernier sur le niveau du prix de revente au détail ou de sa marge. En tout état de cause, si la LME avait pour objectif de lutter contre l'inflation, elle avait aussi pour objectif de protéger les petites et moyennes entreprises des abus de leurs partenaires commerciaux[1055].

865. Suivant les mêmes principes, la CEPC considère qu'il n'est pas possible pour un acheteur d'exclure toute clause d'indexation, fonction d'une autre donnée, et/ou une clause de « *hardship* »[1056] sans quoi cela pourrait caractériser un déséquilibre significatif[1057]. Dans ce contexte, le fait pour un partenaire commercial d'annoncer une révision de ses tarifs à l'issue de l'année écoulée ne crée pas nécessairement un déséquilibre significatif entre les droits et obligations des parties en l'absence notamment de brutalité dans la notification de la hausse, et de formalisme contractuel prévu en la matière[1058]. Pour autant, le seul énoncé de hausses de coûts par le fournisseur n'est pas forcément suffisant pour légitimer une telle hausse en l'absence d'éléments objectifs pour l'étayer[1059].

1052 CA Paris du 23 mai 2013 RG n°12/01166.

1053 CA Paris du 4 juillet 2013 RG n°12/07651.

1054 CA Paris du 11 septembre 2013 RG n°11/17941.

1055 CA Paris du 4 juillet 2013 RG n°12/07651.

1056 Pour clause d'adaptation, de sauvegarde ou d'imprévision permettant à l'une des parties d'exiger de l'autre la renégociation de leur accord à exécution successive lorsque l'équilibre économique qui existait lors de sa conclusion a disparu par suite d'un bouleversement des circonstances techniques, économiques ou politiques - notion distincte de la force majeure.

1057 CEPC, avis du 1er juin 2011 n°11-06 relatif à deux questions posées par une fédération professionnelle industrielle.

1058 CA Douai du 9 mai 2012 RG n°11/00533.

1059 CA Paris du 23 mai 2013 RG n°12/01166.

§3. Asymétrie en termes de délais de paiement

A. Asymétrie bilatérale entre le paiement des marchandises et celui des services qui leur sont associés

866. Une clause créant une asymétrie significative en termes de délais de paiements entre le distributeur et son fournisseur peut constituer un déséquilibre significatif dans la mesure où elle permet alors au distributeur de bénéficier d'un apport de trésorerie supplémentaire au détriment de son fournisseur. Tel est le cas par exemple lorsque le distributeur demande le paiement des prestations de services à son profit, avant même d'avoir payé les marchandises ou dans un délai significativement plus court[1060].

867. Si ce raisonnement est valable en considération des délais de paiement introduits par la LME (45 jours fin de mois ou 60 jours date de facture), il est d'autant plus transposable en cas d'accord dérogatoire prévoyant des délais de paiement plus longs pour les marchandises. Dans le secteur des articles de bricolage par exemple, les opérateurs avaient négocié un accord dérogatoire portant le délai de paiement des marchandises à 75 jours fin de mois. La modification litigieuse introduite par le distributeur d'une part exigeait le paiement de la marge arrière sous forme d'acomptes mensuels, ce qui lui permettait de bénéficier *in fine* d'un apport de trésorerie significatif contraire à l'esprit de la LME, et d'autre part était assortie de pénalités exorbitantes payées par compensation, basculant ainsi sur les fournisseurs la charge de la contestation, ce qui créait finalement un déséquilibre significatif au seul profit du distributeur[1061].

868. Au surplus, l'Autorité de la concurrence a indiqué qu'il ne paraissait pas acceptable que les prestations de service soient payées avant les marchandises, ce qui revenait à traiter différemment les débiteurs suivant qu'il s'agisse de distributeurs ou de fournisseurs[1062].

869. Suivant le même principe, le fait pour un partenaire de pouvoir bénéficier d'un escompte en cas de paiement anticipé, sans que cette possibilité ne soit ouverte réciproquement à l'autre partenaire commercial, peut constituer un déséquilibre significatif[1063].

[1060] TC Lille du 6 janvier 2010 RG n°2009/05184 ; CA Paris 20 novembre 2013 RG n°12/04791 ; CA Paris 18 décembre 2013 RG n°12/100150.

[1061] TC Lille du 6 janvier 2010 RG n°2009/05184.

[1062] Adlc., avis n°09-A-02 du 20 février 2009, relatif à un accord dérogatoire pour les délais de paiement dans le secteur du bricolage, §73-75.

[1063] CA Paris du 18 décembre 2013 RG n°12/100150.

B. Asymétrie tripartite des délais de paiement entre l'amont et l'aval d'une filière

870. De même, il peut être considéré comme constitutif d'un déséquilibre significatif le fait pour une entreprise de soumettre ses fournisseurs et/ou sous-traitants à des conditions de paiement non justifiées eu égard à celles dont elle bénéfice elle-même[1064]. Par extension au secteur de la sous-traitance, il n'est donc pas exclu que l'imposition à un sous-traitant par le donneur d'ordres, de délais de paiement significativement plus courts que ceux dont il bénéficie vis-à-vis du client final, puisse être considérée comme relevant d'un déséquilibre significatif.

C. Modification brutale des délais de paiement

871. La modification brutale des délais de paiement peut créer un effet « *ciseau* » au détriment de la société devant régler sa dette dans un délai significativement plus court. Si une telle modification peut entraîner une rupture brutale des relations commerciales eu égard aux conséquences qu'elle est susceptible d'entrainer au niveau de la trésorerie de la société, elle peut aussi être mise en avant par la société victime de la modification, comme constitutive d'un déséquilibre significatif. Néanmoins, il appartient alors à cette dernière d'apporter la preuve d'une part que le délai convenu antérieur était plus long, et d'autre part que l'autre société a modifié ce délai de manière substantielle[1065].

872. Pour autant, si la modification des délais de paiement, comme le passage à un paiement comptant par exemple, fait suite à des retards de paiements de la part du client, elle ne constitue pas un déséquilibre significatif, ayant simplement pour objectif de permettre au fournisseur de se protéger des risques d'impayés[1066].

§4. Détournement de procédure par la partie sanctionnée à une restitution d'indu

873. Un distributeur avait été condamné à rembourser un certain nombre de ses fournisseurs pour avoir perçu rétroactivement des rémunérations sans contrepartie car ne correspondant à aucune prestation commerciale. Au cours de cette affaire, le distributeur avait obtenu de ses fournisseurs leur engagement à ne pas faire valoir les droits qui leur seraient ouverts par décision de justice. En novembre 2010, soit en pleine période de renégociation des contrats annuels avec ses fournisseurs, le distributeur leur a envoyé un courrier

---

[1064] CEPC, avis du 1er janvier 2009 n°09-12, venant compléter le dispositif de questions-réponses relatif à la mise en œuvre de la Loi de modernisation de l'économie ; directive 2000/35/CE du parlement européen et du Conseil du 29 juin 2000 concernant la lutte contre le retard de paiement dans les transactions commerciales.

[1065] CA Rennes du 17 mars 2011 RG n°09/06455.

[1066] CA Paris du 29 janvier 2014 RG n°12/08976.

leur rappelant cet engagement, et leur demandant de restituer les sommes perçues au titre de l'indu au trésor public, ce qui aurait finalement conduit ce dernier à restituer les sommes au distributeur. Dès lors, la démarche du distributeur en ce qu'elle constituait une tentative de soumettre ses fournisseurs à une obligation de restitution des sommes versées au mépris d'une décision de justice, relevait d'un déséquilibre significatif des droits et obligations des parties[1067].

874. Au surplus, la cour d'appel a suivi le raisonnement du ministre consistant à s'inspirer du droit de la consommation pour appréhender un déséquilibre significatif. En l'espèce, est considérée comme une clause noire le fait de « *supprimer ou réduire le droit à réparation du préjudice subi par le non-professionnel ou le consommateur en cas de manquement par le professionnel à l'une quelconque de ses obligations* » en vertu de l'article R. 132-1-6° du code de la consommation ; ainsi que le fait de « *supprimer ou entraver l'exercice d'actions en justice ou des voies de recours par le consommateur* » en vertu de l'article R. 132-1-10° du code de la consommation. Le comportement du distributeur dans la présente affaire revenant précisément à réduire le droit à réparation des fournisseurs lésés, et à entraver l'exercice de l'action autonome du ministre visant à rétablir l'ordre public économique, ces éléments caractérisaient donc le déséquilibre significatif.

§5. Clause pénale et autres pénalités

875. Dans son principe, une clause pénale sanctionnant une des parties en cas de défaillance de l'une d'entre elles ne crée pas de déséquilibre significatif entre les droits et obligations des parties. Premièrement, elle n'est appliquée qu'en cas de défaillance de l'une des parties, et ne constitue pas la source de la défaillance[1068]. Deuxièmement, elle tire sa justification du préjudice subi par la partie lésée, que ce soit par rapport à l'investissement déjà engagé[1069], ou eu égard à la nécessité d'assurer une bonne exécution de l'approvisionnement[1070].

876. Pour autant, et avant même l'introduction de la notion de déséquilibre significatif, la CEPC s'est prononcée sur le caractère excessif que pouvaient revêtir certaines pénalités applicables par les distributeurs à leurs fournisseurs en cas de défaillance de ces derniers[1071], en indiquant que « *les parties sont libres de convenir de la sanction de l'inexécution de leurs engagements contractuels, en particulier du montant des pénalités exigibles [...] Cependant, certaines conditions d'achat prévoient des sanctions disproportionnées et brutales* ».

877. Le déséquilibre significatif pourrait donc en théorie apparaître non seulement dans la disproportion entre le niveau de la pénalité et le préjudice réellement subi, mais aussi

1067 CA Paris du 18 septembre 2013 RG n°12/03177.

1068 CA Aix en Provence du 9 novembre 2011 RG n°10/11739.

1069 CA Nancy du 14 décembre 2011 RG n°10/02664.

1070 CA Paris du 18 décembre 2013 RG n°12/100150.

1071 CEPC, avis du 7 juillet 2004 n°04-04, concernant certaines clauses contenues dans les conditions d'achat.

dans le défaut de réciprocité entre le montant de sanction applicable à chacun des deux partenaires, ou encore dans la multiplicité des obligations imputables à l'un des deux partenaires, qui constituent autant d'occasions de lui facturer des pénalités.

A. Quantum de la pénalité

878. Outre le fait qu'il puisse éventuellement constituer un déséquilibre significatif, le montant de la clause pénale, en ce qu'il doit s'apprécier en considération du préjudice réellement subi par le créancier de l'indemnité, sans nécessairement en limiter le montant au préjudice subi, peut être révisé sur le fondement de l'article 1152 du code civil[1072].

879. En revanche, si le niveau de pénalité paraît approprié au regard des circonstances de l'espèce, une telle pénalité ne constitue pas un déséquilibre significatif[1073]. Tel est le cas par exemple d'une clause pénale correspondant à 10% des loyers à échoir en cas de résiliation anticipé du locataire[1074]. De même, la clause prévoyant l'exigibilité totale et immédiate des factures sur l'intégralité de la durée du contrat en cas de résiliation ou de non-paiement d'une facture à l'échéance peuvent être justifiées suivant les circonstances. En l'espèce[1075], il ressortait du contrat que l'autre opérateur devait supporter des frais importants de pose et de fabrication des panneaux publicitaires objets du contrat, lesquels étaient répartis sur trois ans. Ainsi l'examen de cette clause au regard de l'économie générale du contrat ne permettait pas de déduire l'existence d'un déséquilibre significatif.

880. Par ailleurs, si un contrat contient deux pénalités en cas de résiliation anticipée, et si les deux pénalités visent à couvrir le même dommage, le fait qu'elles fassent ainsi double emploi pourrait caractériser un déséquilibre significatif. Tel n'est pas le cas en revanche si les deux pénalités ne visent pas à couvrir le même dommage. Par exemple[1076], dans le cadre d'une relation entre un loueur de matériel et un utilisateur, une pénalité visait à réparer le dommage résultant du défaut de restitution du bien loué, l'autre la résiliation anticipée du contrat par l'utilisateur. Il n'était donc pas démontré qu'elles faisaient double emploi n'intervenant pas forcément de manière cumulative.

B. Circonstances déclenchant son application

881. En premier lieu, si l'introduction d'une clause pénale n'est pas discutable dans son principe, il semble préférable qu'il existe une certaine réciprocité entre les deux partenaires commerciaux. Dans le cas contraire, cela pourrait conduire à un déséquilibre significatif, notamment si, par exemple, une clause pénale a vocation à s'appliquer uniquement à l'un des deux partenaires commerciaux, sans qu'il ne soit rien prévu pour l'autre, alors même

---

1072 CA Aix en Provence du 9 novembre 2011 RG n°10/11739.

1073 CA Colmar du 19 novembre 2010 RG n°07/03/03189.

1074 CA Aix en Provence du 20 juin 2013 RG n°12/07275.

1075 CA Nancy du 14 décembre 2011 RG n°10/02664.

1076 CA Paris du 7 février 2013 RG n°12/01230.

que le non-respect de certaines des obligations de ce dernier peut aussi avoir des conséquences financières importantes, et dès lors justifier l'application d'une clause pénale[1077].

882. En second lieu, l'application de la clause pénale doit être légitime eu égard aux circonstances de l'espèce.

883. Le fait pour un fournisseur de se voir appliquer une pénalité par compensation sans avoir pu discuter la réalité du grief pourrait constituer un déséquilibre significatif, car si la compensation peut être légale, encore faut-il qu'elle corresponde à une créance réelle et avérée. C'est notamment pour éviter une telle situation que six distributeurs de la grande distribution ont pris le 5 octobre 2010 un engagement aux termes duquel ils se sont engagés à mettre en place une procédure « *mettant le fournisseur en mesure de contrôler la matérialité des griefs qui lui sont reprochés et à lui accorder un délai pour les contester de bonne foi* ».

884. Suivant la même logique, l'application d'une clause pénale peut entraîner un déséquilibre significatif en cas d'exception d'inexécution. Par exemple, si la défaillance incombe initialement à la partie invoquant la clause pénale, cette dernière est alors mal fondée à s'en prévaloir ayant, la première, manqué à ses obligations. Dans une affaire par exemple[1078], un vendeur devait livrer une remorque à un client, mais n'avait pu respecter le délai de livraison contractuellement prévu. Suite à un retard significatif, le client avait alors résilié sa commande, et le fabricant demandait alors l'application de la clause pénale. Cependant l'application d'une telle clause eu égard au contexte serait de nature à créer un déséquilibre significatif, comme cela reviendrait à priver l'acquéreur sans contrepartie de toute possibilité de résiliation, alors que le vendeur a manqué à l'une des obligations essentielles du contrat.

Section 3.
Clauses susceptibles de créer un déséquilibre contractuel

§1. Clause permettant de baisser rétroactivement les conditions d'achats

885. Un distributeur de produits informatiques et d'électroménager avait introduit dans ses contrats une clause lui permettant de bénéficier postérieurement à l'acquisition des produits, d'avantages venant diminuer leur prix d'achat, et ce, par l'intermédiaire de deux clauses qui en pratique conduisaient au même résultat : (i) si le fournisseur baissait ses ta-

[1077] CA Paris du 18 décembre 2013 RG n°12/100150.

[1078] CA Bordeaux du 21 novembre 2011 RG n°10/02746.

rifs, il devait répercuter cette baisse rétroactivement sur le stock déjà en possession du distributeur, (ii) si les produits devenaient obsolètes et/ou se vendaient mal, le fournisseur devait verser une compensation au distributeur[1079].

886. La capacité pour un distributeur de rétroagir sur les conditions d'achats des produits qu'il a acquis constitue déjà en soi un déséquilibre, mais plusieurs autres considérations renforçaient la démonstration du manquement. Premièrement, les clauses étaient rédigées de manière confusionnelle, ce qui donnait un pouvoir discrétionnaire au distributeur sur le montant d'avoir dont il pouvait bénéficier. A ce titre, rien de faisait contractuellement obstacle à ce que le distributeur cumule des avoirs liés à une mévente des produits avec d'autres découlant d'une baisse de tarif.

887. Deuxièmement, ces clauses n'étaient compensées par aucune autre obligation imputable au distributeur comme la rotation de stock, sachant que le fournisseur ne disposait que de leviers limités pour influer sur les conditions de commercialisation des produits. En tout état de cause, partant du principe que le risque de mévente est pris en compte par le distributeur dans sa négociation commerciale, les juges ont considéré qu'en définitive, ces clauses constituaient l'assurance pour le distributeur de ne pas prendre de risque commercial dans le cadre de la distribution des produits, caractérisant dès lors un déséquilibre significatif au détriment des fournisseurs concernés. Le caractère significatif se trouvait d'ailleurs renforcé par le fait que les clauses litigieuses s'appliquaient à l'ensemble des fournisseurs et à l'ensemble de leurs produits.

§2. Les conditions logistiques

888. Un distributeur imposait un taux de service logistique de 98,5% à ses fournisseurs. Ce taux d'un niveau élevé était calculé mensuellement, et non annuellement, rendant d'autant plus difficile le lissage d'éventuels aléas, et il était parallèlement assorti de pénalités très importantes, représentant 10% du prix de la marchandise livrée pour les produits permanents et 20% pour les produits promotionnels[1080].

889. Ce taux de service était imposé à l'ensemble des fournisseurs sans recherche d'un objectif commun, le distributeur n'ayant pas apporté la preuve que des fournisseurs aient pu négocier un taux différent. Or 60% d'entre eux n'atteignaient pas l'objectif, si bien que seulement 25% des pénalités calculées automatiquement étaient appliquées, et ce, sans qu'une règle objective soit utilisée pour déterminer quand elles devaient s'appliquer ou non. Ce type de pénalité était ainsi susceptible de constituer un levier significatif lors de la négociation du prochain contrat annuel, et, ce, au profit du seul distributeur.

[1079] TC Bobigny du 29 mai 2012 RG n°2009F01541.

[1080] CA Paris du 11 septembre 2013 RG n°11/17941.

890. De surcroît, les pénalités étaient appliquées par compensation, alors que le distributeur visé avait pris un engagement vis-à-vis du ministre pour permettre aux fournisseurs de vérifier la matérialité du grief qui leur était reproché avant de déclencher une pénalité[1081].

891. Finalement, un tel taux de service, de par son niveau et ses conditions d'application, créait un déséquilibre significatif.

§3. Imposition unilatérale des conditions d'achats du distributeur au détriment des conditions générales de vente du fournisseur

892. La CEPC s'est prononcée avant même l'introduction de la notion de « *déséquilibre significatif* » sur la prédominance des conditions d'achats du distributeur en indiquant que les conditions générales de vente du fournisseur « *ne sauraient être globalement remises en cause par des conditions d'achat [car] la clause excluant les « conditions générales de vente » conduit à leur substituer les conditions d'achat, de sorte que le sens, prévu à l'article L. 441-6 du code de commerce, de l'établissement des relations entre fournisseur et distributeur à partir précisément de l'offre du fournisseur se trouve inversé puisque les relations sont ici établies à partir de l'offre du distributeur. Or ce sens commande tout le dispositif des articles L. 441-1 et s. du code de commerce, c'est-à-dire le contrôle de la « transparence » de l'offre [...] et, grâce à cette transparence, le contrôle des « pratiques restrictives de concurrence » [...] ces règles de concurrence ayant pour finalité de faire ainsi jouer la concurrence non seulement entre les fournisseurs en leur imposant de communiquer leurs conditions de vente à l'ensemble des distributeurs mais également entre les distributeurs en les soumettant aux mêmes conditions de vente de la part de chaque fournisseur* »[1082].

893. La jurisprudence a adopté une approche similaire lorsqu'elle a eu à connaître d'une clause excluant l'application des conditions générales de vente des fournisseurs au profit des conditions générales d'achat du distributeur. C'était ainsi l'éviction pure et simple des conditions générales de vente des fournisseurs, et non leur inadéquation qui créait un déséquilibre entre les droits et obligations des parties. En outre, cette approche demeure valable quand bien même certaines CGV excluent aussi les CGA dans la mesure où le distributeur ne démontre pas en quoi elles lui seraient opposables, car seules les CGA étaient contresignées, et surtout le distributeur ne précisait pas ce qui résultait de la confrontation entre les conditions générales d'achat et de vente[1083].

894. Une juridiction de première instance a néanmoins eu une approche différente en considérant que la négociation commerciale peut aboutir, quelles que soient les parties en cause,

---

[1081] Engagement n°2 de clarification des relations commerciales du 5 octobre 2010.

[1082] CEPC, avis du 7 juillet 2004 n°04-04, concernant certaines clauses contenues dans les conditions d'achat.

[1083] CA Paris du 18 décembre 2013 RG n°12/100150.

au même résultat, à savoir l'exclusion des conditions générales de vente du fournisseur. Dans ce cadre, le demandeur ne prouvant pas l'existence d'un déséquilibre résultant d'une telle clause, ni qu'en son absence la situation aurait été différente, la clause n'a pas été considérée comme constituant un déséquilibre significatif[1084].

§4. Autres clauses susceptibles de créer un déséquilibre significatif

895. **Le couplage d'un contrat de référencement avec un contrat de prestation de services.** La CEPC a considéré qu'une telle pratique pouvait constituer un déséquilibre significatif[1085]. En effet, non seulement l'arrêt du référencement entrainait la fin immédiate de la convention de service, pouvant ainsi constituer une rupture brutale de relation commerciale, mais aussi, ce couplage privait le fournisseur de l'opportunité de bénéficier de conditions plus avantageuses auprès d'autres prestataires.

896. **La modification par un distributeur de son organisation logistique**. Si une telle modification peut résulter de la volonté des parties de faire évoluer les schémas organisationnels afin de les rationnaliser, encore faut-il que cette évolution respecte plusieurs conditions pour ne pas créer de déséquilibre significatif[1086]. Premièrement, le distributeur doit laisser un délai suffisant de plusieurs mois, pour permettre à son partenaire d'adapter son organisation. A ce titre, l'engagement pris par plusieurs distributeurs sur les stocks déportés peu de temps après cet avis répond aussi à cette problématique, en indiquant qu'un délai de plusieurs mois est nécessaire[1087]. Deuxièmement, les coûts et gains supportés par chacune des parties doivent être estimés aussi précisément que possible, de telle sorte que leur répartition, et l'éventuelle renégociation des conditions commerciales en découlant, ne doivent pas être susceptible de créer un déséquilibre significatif par rapport à la situation antérieure. Au demeurant, dans l'hypothèse où une telle modification des conditions logistiques permette à un seul partenaire d'en tirer un bénéfice financier au détriment de l'autre, il n'est pas exclu qu'une telle situation puisse aussi caractériser un avantage sans contrepartie.

897. **La clause obligeant le fournisseur à utiliser le virement comme moyen de paiement**. Un distributeur peut valoriser un moyen de paiement comme le virement par exemple, mais il paraît difficile de l'imposer quant à l'inverse le distributeur ne s'interdit aucun moyen de paiement pour les factures de marchandises, dans un contexte où de surcroît, il était à l'hostile à la compensation à échéance qu'il pratiquait pourtant lui-même[1088].

1084 TC Evry du 7 février 2013 RG n°2009F00727.

1085 CEPC, avis n°10-15 du 4 novembre 2010, sur l'application de la LME à certaines relations fournisseurs/distributeurs.

1086 CEPC, avis n°10-13 du 29 septembre 2010, relatif à une demande d'avis émanant d'une organisation professionnelle de fournisseurs portant sur une pratique d'un distributeur à l'égard de ses fournisseurs en matière d'organisation logistique.

1087 Engagements de clarification des relations commerciales du 5 octobre 2010.

1088 TC Lille du 6 janvier 2010 RG n°2009/05184.

898. **La clause permettant la résiliation du contrat à la discrétion d'un des partenaires.** Un distributeur avait introduit une clause lui permettant de résilier le contrat en cas de sous performance du produit, et ce, dans un délai très court. Etant donné le pouvoir discrétionnaire qu'elle lui conférait quant à la rupture de la relation commerciale indépendamment de son antériorité, ne laissant pas forcément au partenaire commercial le temps de corriger le manquement avant la résiliation, alors même que seul le distributeur maîtrise les conditions de commercialisation des produits en magasin, cette clause constituait un déséquilibre significatif[1089]. De même, la clause permettant à un fournisseur en position dominante (messageries de presse) d'imposer dans le contrat de son revendeur une clause stipulant que l'agrément était personnel et révocable *ad nutum* avec un préavis de 48 heures, a pu être considérée comme constitutive d'un déséquilibre significatif des droits et obligations des parties, car non seulement elle rendait le revendeur totalement dépendant sans contrepartie clairement indentifiable, mais aussi du fait de l'absence de réciprocité, le revendeur ne pouvant quant à lui mettre fin à la relation commerciale qu'en respectant certaines conditions précises, et notamment un préavis d'un mois[1090]. En revanche, si la relation commerciale est nouvelle, et que la faculté de résiliation a été acceptée librement au départ, elle ne constitue pas un déséquilibre significatif[1091].

899. **La clause de retour des invendus.** Avec cette clause, le fournisseur s'engageait à reprendre les marchandises non vendues en fin d'exercice ou de période de commercialisation saisonnière. Si la reprise peut être légitime dans certains cas (lancement d'un nouveau produit par exemple) ce n'est pas le cas quand la portée de la clause est générale et s'applique potentiellement à l'ensemble des produits de manière systématique[1092]. A ce titre, la préservation du risque de dégradation des produits référencés au bénéfice du distributeur, pas plus que la mise à disposition desdits produits tout au long de l'année, n'ont été considérés comme une justification suffisante, de même pour le marketing du produit, qui, s'il est essentiel, est connu au moment du référencement, sachant qu'encore une fois, seul le distributeur maîtrise les conditions de commercialisation des produits. Néanmoins, ce type de clause peut sous certaines conditions ne pas constituer un déséquilibre significatif. Dans le domaine de la diffusion musicale par exemple, un producteur avait bénéficié de commissions sensiblement supérieure à la moyenne, soit 71-74% contre 60-65%, si bien qu'eu égard au risque lié à la commercialisation d'un disque, le distributeur était alors fondé à bénéficier de la reprise des invendus[1093].

900. **La clause visant à dédommager le distributeur des produits non vendus.** Suivant une approche analogue à la clause précédemment décrite, un distributeur émettait des factures correspondant indistinctement à des produits dont l'emballage était dégradé ou dont la date limite de consommation était dépassée. De telles pratiques en ce qu'elles consistaient pour le distributeur à reporter la responsabilité de ses propres pratiques commerciales sur

---

1089 CA Paris du 20 novembre 2013 RG n°12/04791.

1090 CA Paris du 27 avril 2011 RG n°08/21750.

1091 CA Douai du 23 mai 2013 RG n°12/01628.

1092 CA Paris du 4 juillet 2013 RG n°12/07651.

1093 CA Paris du 22 mai 2013 RG n°10/19022.

le fournisseur en termes d'invendus, constituait un déséquilibre significatif, et ce, quand bien même le montant ne représente qu'une faible part du courant d'affaires (entre 1,2 et 2,7 %)[1094]. Ce constat se trouvait renforcé par le fait que les fournisseurs ne disposaient d'aucun contrôle sur les produits visés par les demandes du distributeur.

901. **La clause relative au retour des produits dégradés par la clientèle.** Cette clause avait pour objet de garantir le distributeur contre toute détérioration par les clients du magasin des produits faisant l'objet d'une promotion. Cependant, dès lors que le fournisseur ne maîtrise pas les conditions de commercialisation des produits (notamment emplacement, mise en rayon, surveillance), une telle clause opère un véritable transfert des risques inhérent à la mise en vente du produit dont le distributeur devrait assumer seul la charge, et constitue ainsi un déséquilibre significatif[1095].

§5. Clauses ne créant pas de déséquilibre significatif

902. **La clause de tacite reconduction révocable.** Une clause de tacite reconduction annuelle pouvant être levée à une durée déterminée avant l'échéance ne constitue pas un déséquilibre significatif entre les droits et obligations des parties, que ce soit au regard des modalités de résiliation ou de la durée de préavis compte-tenu de l'antériorité, dans la mesure où les clauses s'appliquent réciproquement aux deux partenaires[1096], et que les conditions commerciales demeurent identiques[1097]. De même, le fait que deux contrats à durée déterminée d'un an aient été conclus successivement avec à chaque fois une période d'essai de 4 mois ne constitue pas un déséquilibre significatif dans la mesure où les deux parties avaient la faculté de résilier le contrat[1098].

903. **La clause imposant une restitution du matériel loué dans des conditions normales d'utilisation.** Dans le cadre d'une location longue durée, la clause imposant au locataire la restitution en bon état du bien loué, par laquelle le matériel devra avoir subi une usure normale, et être le cas échéant remis en état par le locataire, ne constitue pas un déséquilibre significatif[1099].

904. **La clause imposant le paiement différé des prestations par voie de prélèvement bancaire, et non par chèque.** Une telle clause constitue une contrainte minime quand bien même certains dysfonctionnements existent, et ce, en raison non seulement de

---

1094 TC Lyon du 21 mai 2013 RG n°2012J2351.

1095 CA Paris du 18 décembre 2013 RG n°12/100150.

1096 CA Versailles du 12 mai 2011 RG n°10/00800.

1097 CA Montpellier du 17 septembre 2012 RG n°12/05690.

1098 CA Paris du 1er février 2013 RG n°11/06560.

1099 CA Versailles du 12 mai 2011 RG n°10/00800.

l'avantage que constitue le différé du paiement, mais aussi de la remise de 1% qui en découlait au cas d'espèce[1100].

905. **La clause imposant la présentation des produits (voitures) dans un local séparé.** Une telle clause ne constitue pas un déséquilibre significatif dans la mesure où le fournisseur laissait un temps raisonnable à son distributeur pour construire ledit bâtiment[1101].

906. **La clause imposant lors de la livraison du produit (site Internet) la signature d'un procès-verbal de conformité de la prestation.** Si la signature du procès-verbal entraînait l'exigibilité des loyers découlant de la prestation, il appartenait au client de ne pas signer le document si la prestation ne répondait pas à son cahier des charges ou s'il n'avait pas été en mesure d'en vérifier le contenu, une telle clause ne constituait donc pas un déséquilibre significatif[1102].

907. **La clause résultant de la mise en adéquation du contrat avec un texte réglementaire.** Une telle modification ne peut pas être considérée comme constitutive d'un déséquilibre significatif dans la mesure où elle consistait à mettre la rédaction en adéquation avec les exigences d'une directive communautaire[1103].

908. **La clause limitative de responsabilité (suivant les circonstances de l'espèce).** Une société contestait la clause limitative de responsabilité insérée au contrat, laquelle lui imposait de formuler une réclamation sur le produit fourni (en l'occurrence du carburant) au moment de la livraison. Cependant, non seulement la clause avait été régulièrement acceptée par les parties sans qu'une contestation ne soit formulée, mais aussi, il était facile de voir sans analyse que le produit livré était altéré, si bien que le déséquilibre significatif a été écarté[1104].

909. **Les obligations de stockage.** De telles obligations imposées au fournisseur ou réciproquement à son client suivant l'origine du pouvoir de marché, peuvent éventuellement créer un déséquilibre. Cependant, si le niveau de stock faisant l'objet du litige n'est pas imposé par la partie mise en cause, et n'est finalement que la conséquence d'une erreur de prévision de la partie qui se prétend victime, il ne saurait constituer un manquement, et ce, d'autant que cette dernière gardait la faculté d'écouler elle-même le produit[1105].

910. **Les clauses d'exclusivité et de non-concurrence.** Ces clauses ne constituent pas un déséquilibre significatif si le partenaire commercial garde la possibilité de développer ou maintenir son activité par diversification. Dans une affaire par exemple, l'exclusivité concernait uniquement d'autres sociétés du même secteur (énergie) et la clause de non-concurrence était limitée dans le temps, si bien que le partenaire commercial disposait toujours de la faculté de se diversifier dans des secteurs différents[1106].

[1100] CA Toulouse du 10 janvier 2012 RG n°10/01200.

[1101] CA Paris du 15 janvier 2014 RG n°12/13845.

[1102] CA Lyon du 13 janvier 2012 RG n°10/08521.

[1103] CA Paris du 27 mars 2014 RG n°12/04409.

[1104] CA Besançon du 19 décembre 2012 RG n°11/02445.

[1105] CA Paris du 16 mars 2011 RG n°10/04224.

[1106] CA Paris du 12 septembre 2013 RG n°11/22934.

911. **La clause introduisant un préavis de rupture convenu.** Le délai de préavis contractuel peut éventuellement être revu si son application conduit à des ruptures brutales de relation commerciale. Pour autant, si le même délai s'applique aux deux partenaires commerciaux, il ne constitue pas un déséquilibre significatif[1107].

912. **La clause prévoyant une rémunération variable**. La rémunération pour les droits de diffusion d'un bouquet de chaînes télévisuelles incluait une part variable proportionnelle au nombre d'abonnés du diffuseur exploitant la licence d'exploitation, et ne constituait pas un déséquilibre significatif entre les droits et obligations des parties[1108].

913. **Le délai de réclamation**. Le fait d'exiger que toute réclamation liée à l'application du contrat soit formulée dans un délai de deux jours sous peine d'être irrecevable ne constitue pas un déséquilibre significatif[1109].

914. **La clause de résiliation justifiée.** La clause permettant la résiliation de plein droit d'un contrat en cas de retard de paiement, et après mise en demeure, ne constitue pas un déséquilibre significatif[1110].

915. **La clause permettant la modification des tarifs.** Lorsque les tarifs dépendent intrinsèquement des conditions d'approvisionnement (secteur de l'énergie), la société ne peut laisser de liberté sur les tarifs de revente à ses courtiers sauf à prendre le risque d'obérer son activité économique, si bien que cela ne constitue pas un déséquilibre significatif[1111].

916. **La clause indiquant que le paiement des factures présume l'effectivité de la prestation et la proportionnalité de la rémunération qui lui est associée.** Une telle clause ne fait que rappeler les dispositions du droit des obligations selon lequel la charge de la preuve du paiement indu incombe au demandeur en restitution. Le jugement indique que le rappel d'un principe élémentaire du code civil ne peut ainsi constituer une clause abusive susceptible de déséquilibrer un contrat de manière significative[1112].

917. **Le mode de règlement n'incluant pas toutes les prestations.** Un prestataire de service était facturé non sur la base des prestations réellement effectuées mais sur celles figurant sur l'ordre d'achat émis par son client. Dès lors, un certain nombre de prestations n'étaient pas prises en compte. Cependant, ce mode de fonctionnement quoique discuté par le prestataire lors de sa mise en place, a été utilisé pendant 5 ans, traduisant ainsi un accord des parties sur ce point[1113].

[1107] CA Paris du 25 octobre 2013 RG n°11/20079.

[1108] CA Paris du 13 mars 2013 RG n°11/14346.

[1109] CA Montpellier du 9 avril 2013 RG n°11/08596.

[1110] CA Douai du 11 avril 2013 RG n°12/02678.

[1111] CA Paris du 12 septembre 2013 RG n°11/22934.

[1112] TC Evry du 7 février 2013 RG n°2009F00727.

[1113] CA Limoges du 5 décembre 2012 RG n°12/01327.

Section 4.
Limites dans l'application de ces dispositions

§1. La difficulté de viser l'ensemble des partenaires commerciaux de la société mise en cause

918. Souvent, le déséquilibre significatif découle de clauses générales, ce qui a pu conduire le demandeur à considérer qu'elles s'appliquaient à l'ensemble des partenaires économiques de la société mise en cause. Néanmoins, la jurisprudence considère qu'il est nécessaire de prouver que les contrats s'appliquent à l'ensemble des partenaires visés sans quoi l'appréciation du juge (qui impacte notamment l'amende civile) peut se limiter aux seuls fournisseurs pour lesquels il est démontré que les clauses litigieuses s'appliquent. En pratique, cela peut revenir à limiter la constatation d'un manquement aux seuls fournisseurs pour lesquels les contrats ont été portés à la procédure[1114].

919. Si en revanche la preuve est apportée qu'il s'agit de contrats-types[1115], ou que les contrats sont conclus à l'identique sans que la société en cause ne puisse apporter la preuve de modification substantielles pour certains fournisseurs[1116], alors l'appréciation du juge peut être étendue à l'ensemble des fournisseurs ou clients de la société en cause.

§2. En cas de comportement discutable de la société [X]

920. Le déséquilibre significatif ne doit pas résulter d'une attitude discutable du cocontractant. Dans une affaire, un concessionnaire avait bénéficié de remises spécifiques dans le cadre d'une opération, en contrepartie desquelles il devait permettre au concédant de réaliser un audit pour vérifier que les modalités de l'opération commerciale avaient bien été respectées. Le concessionnaire n'ayant pu justifier de certaines pièces pourtant simples à produire, le concédant demandait le remboursement des remises consenties. Cette demande ne constituait pas un déséquilibre significatif car non seulement les pièces étaient faciles à produire par le concessionnaire, mais aussi du fait que le principe de l'audit avait été librement accepté, le concessionnaire étant initialement libre de ne pas participer à l'opération[1117].

1114 TC Bobigny du 29 mai 2012 RG n°2009F01541 ; TC Créteil du 13 décembre 2011 RG n°2009F01018 – 2009F01017.

1115 CA Paris du 11 septembre 2013 RG n°11/17941 ; TC Lille du 6 janvier 2010 RG n°2009/05184.

1116 CA Paris du 20 novembre 2013 RG n°12/04791 ; CA Paris du 4 juillet 2013 RG n°12/07651.

1117 TGI Paris du 3 mars 2009 RG n°09/00356.

§3. Discrimination tarifaire et déséquilibre significatif

921. L'utilisation de la notion de déséquilibre significatif comme rempart contre la discrimination tarifaire paraît difficile. En effet, le texte doit s'apprécier dans la formation et l'exécution des relations contractuelles entre les parties au contrat, et non, de celles liant la société mise en cause à d'autres sociétés concurrentes de la société [X]. Dès lors, les moyens tirés de la comparaison des conditions commerciales consenties entre un partenaire commercial et plusieurs de ses clients ou fournisseurs concurrents semble avoir peu de chance de prospérer au titre du déséquilibre significatif.

922. Dans une affaire par exemple[1118], la société victime se plaignait du fait que son fournisseur avait accordé des conditions commerciales plus avantageuses à l'un de ses concurrents, notamment au regard des contreparties exigées pour avoir les prix d'achat les plus bas. Néanmoins, elle s'était vue appliquer les conditions litigieuses depuis plusieurs années sans que cela n'ait entravé son développement ou qu'elle s'en soit ouverte auprès de son fournisseur, conditions qui n'avaient pas évolué suite à l'arrivée de son concurrent. En définitive, le seul constat de l'octroi de conditions commerciales plus avantageuses à un concurrent est inopérant à lui seul pour caractériser le déséquilibre significatif dans les droits et obligations des parties. Néanmoins, il ne ressortait pas de façon indiscutable que les conditions commerciales accordées à la société concurrentes aient été significativement plus avantageuses.

923. Pour autant, si la discrimination était telle qu'elle empêche la société victime de concurrencer un opérateur bénéficiant de conditions commerciales plus avantageuses, il n'est pas exclu qu'indépendamment de la qualification de déséquilibre significatif, celle de rupture brutale de relation commerciale puisse être retenue, en raison des effets possibles d'une telle situation sur l'évolution du chiffre d'affaires de l'ancien partenaire commercial.

[1118] CA Versailles du 27 octobre 2011 RG n°10/05259.

§4. Sur l'absence de réciprocité

924. La réciprocité n'est pas une référence absolue si elle se justifie par la nature du contrat. Dans une affaire par exemple[1119], une société considérait qu'il existait un déséquilibre significatif dans le contrat de location financière liant la société à son bailleur (crédit), du fait que la faculté pour ce dernier de céder son contrat ne lui était pas accordée réciproquement. Pour autant, la cour a considéré que ce type de contrat de crédit était empreint de par sa nature d'intuitu personae, ce qui justifiait dès lors sont incessibilité. Inversement, seules les conditions de financement proposées intéressent le preneur, et non la personne du bailleur. Ainsi, l'absence de réciprocité étant la conséquence du type de contrat, elle ne constituait pas un déséquilibre significatif.

[1119] CA Paris du 21 octobre 2011 RG n°10/12570.

Conclusion

925. Le schéma ci-dessous résume les questions auxquelles il est nécessaire de répondre afin de déterminer si un manquement au titre du déséquilibre significatif entre les droits et obligations des parties peut être démontré. A ce titre, la seule absence de réciprocité peut être nécessaire mais elle n'est pas toujours suffisante. En revanche, si la réponse aux trois questions de la qualification est négative, alors il est probable qu'un déséquilibre significatif puisse être démontré.

926. Bien qu'un manquement puisse être démontré, il est possible qu'il n'ait eu qu'un impact limité, ce qui pourra contribuer à diminuer le montant de sanction (en vert), cette partie faisant l'objet de développements infra (voir § 1392 et suivants).

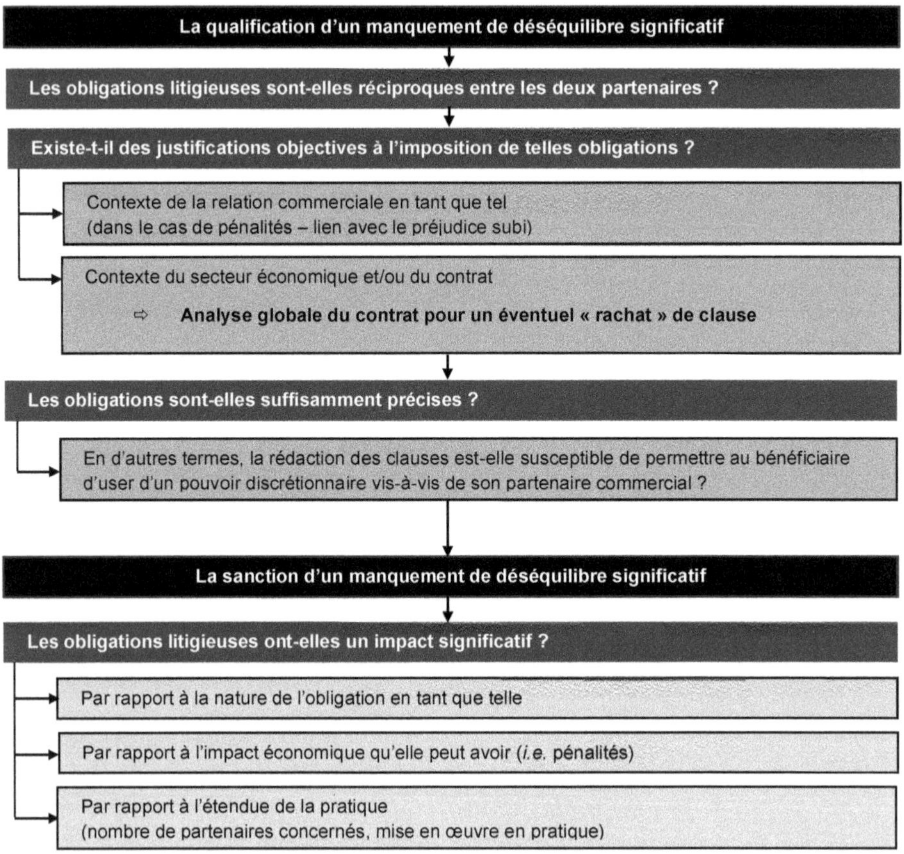

Chapitre 3
Les autres manquements peu utilisés

927. De nombreux manquements sont prévus par l'article L. 442-6 du code de commerce, mais certains d'entre eux sont peu soulevés devant les juridictions comme l'obtention d'un avantage comme condition préalable à la passation de commande (1), la menace de rupture de la relation commerciale (2) ou encore la violation d'exclusivité (3). Enfin, les autres manquements prévus par le texte ne sont même quasiment jamais soulevés (4).

Section 1.
L'obtention d'un avantage comme condition préalable à la passation de commande

928. L'article L. 442-6 du code de commerce prévoit qu' : « *engage la responsabilité de son auteur et l'oblige à réparer le préjudice causé le fait, par tout producteur, commerçant, industriel ou personne immatriculée au répertoire des métiers : [...]*

3° D'obtenir ou de tenter d'obtenir un avantage, condition préalable à la passation de commandes, sans l'assortir d'un engagement écrit sur un volume d'achat proportionné et, le cas échéant, d'un service demandé par le fournisseur et ayant fait l'objet d'un accord écrit ».

929. Ces dispositions sont peu utilisées étant donné les restrictions inhérentes à la définition du manquement. A ce titre, il semble que la qualification d'avantage sans contrepartie ou de déséquilibre significatif soit préférable étant donné la souplesse qu'elle procure.

§1. Des exemples d'avantages comme conditions préalable à la passation de commande

930. La prestation consistant pour le distributeur à se faire rémunérer contre le simple référencement peut constituer un tel manquement. Dans une affaire par exemple[1120], le distributeur [A] était rémunéré au titre d'un « *budget de référencement* », et en l'absence de tout engagement de volume écrit, une telle somme a pu être jugée illicite.

931. La même approche demeure valable lorsqu'un fournisseur se voit imposer l'octroi d'une remise supplémentaire et un allongement des délais de paiement au bénéfice de son client[1121], ou lorsque le sous-traitant réalise un investissement en termes d'outils industriels servant à la production des produits contractuels[1122], si cela n'est assorti d'aucun minimum de commande ou autre engagement de volume.

§2. Les limites d'une telle qualification

932. A l'instar des autres manquements prévus par l'article L. 442-6 du code de commerce, l'appréciation de l'avantage donné peut être réalisée *in concreto*, que ce soit en prenant en compte l'ensemble des éléments susceptibles d'impacter la relation commerciale (A), ou que ce soit en appréciant le fonctionnement de fait de la relation commerciale (B).

A. La nécessité de prendre en compte l'ensemble de la relation

933. Dans une affaire[1123], un des services litigieux consistait pour le distributeur à optimiser pour son seul bénéfice la logistique aval et le système d'information afférant aux produits, soit une fois la livraison des produits réalisée. Le ministre considérait qu'il s'agissait d'un avantage préalable à la passation de commande dans la mesure où il n'existait pas d'engagements sur les volumes. Pourtant, les juges ont finalement estimé qu'un tel service pouvait relever d'une prestation globale de référencement impliquant un engagement sur les volumes d'achats, car le contrat d'enseigne du franchiseur obligeait ses franchisés à réaliser 80% de leurs achats auprès des fournisseurs référencés par la centrale. Il a donc été considéré que même en l'absence d'engagement de volume, une telle disposition complétait le contrat cadre de référencement, de telle sorte que le référencement impliquait dans les faits un certain volume d'achats du fait de l'obligation d'approvisionnement.

[1120] Cass. Com. du 5 mai 2009 Pourvoi n°08/15.264.

[1121] CA Versailles du 18 mai 2006 RG n°04/08829.

[1122] CA Paris du 6 juillet 2011 RG n°10/008832 - En l'espèce, le sous-traitant avait cofinancé à hauteur de 43% les nouveaux outils industriels alors que le donneur d'ordre en demeurait de surcroît pleinement propriétaire.

[1123] TC Orléans du 11 décembre 2009 RG n°2008/7224.

934. Pour autant, il n'est pas exclu qu'un tel service puisse relever de la fonction inhérente du distributeur, constituant dès lors un avantage sans contrepartie (voir § 705 à 725).

B. La nécessité d'apprécier le fonctionnement de la relation commerciale en pratique

935. Dans leur analyse de la compatibilité d'un avantage avec les dispositions de l'article L. 442-6, les juges ne se limitent pas au seul constat qu'aucun contrat n'ait été signé entre les parties, mais analysent la situation *in concreto*. Ainsi, bien qu'elle ne soit versée au support d'aucun contrat, une rémunération peut tout de même avoir une contrepartie dans les faits.

936. Tel est le cas par exemple d'un fournisseur ayant initialement négocié un contrat par lequel il rémunérait la centrale d'achats à hauteur de 5% du chiffre d'affaires réalisé avec ses adhérents, en échange de quoi il avait accès au réseau d'adhérents, soit autant de débouchés commerciaux possibles[1124]. Si le contrat avait été résilié, il avait néanmoins perduré en pratique avec d'une part le versement des 5% à la centrale, et d'autre part l'accès au réseau d'adhérent pour le fournisseur. Le versement ayant donc une contrepartie réelle découlant d'un contrat de fait, il ne pouvait donc être considéré comme un avantage préalable à la passation de commande.

937. Par ailleurs, la remise en cause de l'augmentation de la rémunération concédée à l'un des deux partenaires commerciaux au titre de l'avantage préalable à la passation de commande ne peut prospérer s'il n'est pas démontré que son montant est abusif, et si son augmentation s'explique par le jeu de la concurrence[1125].

Section 2.
La menace de rupture brutale des relations commerciales

938. L'article L. 442-6 du code de commerce prévoit qu' « *engage la responsabilité de son auteur et l'oblige à réparer le préjudice causé le fait, par tout producteur, commerçant, industriel ou personne immatriculée au répertoire des métiers : [...]*

4° D'obtenir ou de tenter d'obtenir, sous la menace d'une rupture brutale totale ou partielle des relations commerciales, des conditions manifestement abusives concernant les prix, les délais de paiement, les modalités de vente ou les services ne relevant pas des obligations d'achat et de vente ».

939. Cette notion est intimement liée à celle de rupture brutale des relations commerciales du fait de la mise en œuvre de la menace dans certains cas. Par ailleurs, si la relation per-

[1124] Cass. Com. du 17 mars 2004 Pourvoi n°02-14.751.

[1125] CA Paris du 9 juillet 2010 RG n°10/03248.

dure, il n'est pas exclu que la qualification en avantage sans contrepartie puisse se révéler plus pertinente suivant les circonstances de l'espèce. En tout état de cause, et de même que pour les autres manquements, la charge de la preuve incombe demandeur qui en fait la demande, en l'absence de laquelle le grief ne sera pas retenu[1126].

940. Bien que peu de décisions aient eu à traiter ce manquement, il paraît nécessaire que deux conditions cumulatives soient remplies pour le caractériser : l'existence d'un avantage d'une part (1), et la matérialité de la menace d'autre part (2).

§1. L'existence d'un avantage

941. En premier lieu, il est nécessaire que le mis en cause ait obtenu ou tenté d'obtenir un avantage quelconque car en l'absence de cette condition, la demande a peu de chance de prospérer[1127]. Cet avantage découle généralement de la modification unilatérale de ses conditions d'achat ou de vente.

A. La modification unilatérale de ses conditions d'achats par le client

1. Les critères essentiels de l'économie du contrat

942. Plus concrètement, la modification des conditions d'achats peut notamment correspondre à une baisse du tarif. Une telle baisse peut en premier lieu être directe, par la demande explicite d'une baisse de prix des produits ou des prestations. Dans une affaire par exemple[1128], la société [X] effectuait les prestations d'après-vente pour un fabricant de produits électroniques. Cependant les conditions avaient évolué car non seulement la part de marché du fabricant s'était fortement dégradée, mais aussi, les évolutions apportées aux produits rendaient moins coûteuses les prestations d'après-vente. Si le partenaire peut souhaiter faire évoluer la relation commerciale du fait de l'évolution du marché, il n'en demeure pas moins qu'il ne peut l'imposer.

943. En second lieu, une demande de baisse de prix peut aussi être indirecte par l'intermédiaire d'une ristourne par exemple. Si l'octroi de cette ristourne constitue la condition nécessaire à la poursuite des relations commerciales, le manquement peut là aussi être démontré. En l'espèce[1129], la ristourne exigée consistait à appliquer un taux de freinte qui d'une part ne se justifiait pas pour des produits préemballés, et d'autre part était dérogatoire aux conditions générales de vente du fournisseur.

1126 Cass. Com. du 9 décembre 2008 Pourvoi n°06-21.772.

1127 CA Paris du 14 mai 2009 RG n°06/21725 ; CA Rouen du 24 juin 2010 RG n°09/02193.

1128 CA Versailles du 18 novembre 2010 RG n°09/05695.

1129 CA Douai du 8 septembre 2005 RG n°04/01257.

944. Cette modification peut aussi consister pour un client à imposer une baisse de tarifs rétroactive à son fournisseur. Dans une affaire par exemple[1130], le fournisseur ayant refusée la baisse de tarifs alors même qu'une précédente baisse avait déjà été exigée puis obtenue, le client a décidé de mettre fin à la relation commerciale, caractérisant ainsi le manquement.

945. Enfin, la modification des conditions d'achats peu non seulement consister en une baisse des tarifs mais aussi au passage d'un flux commercial continu à des commandes ponctuelles[1131].

2. Limites

946. Dans l'hypothèse où les baisses demandées par le client soient justifiées par le fait que les prix du fabricant se situent sans conteste très au-dessus du marché, les demandes de baisse de prix peuvent être légitimes. En l'espèce[1132], les prix du fabricant étaient de 26 à 117% plus élevés que ceux de ses concurrents. Aussi, le fabricant ayant de son côté contraint son client à accepter auparavant des produits à un prix révisé à la hausse, les demandes de baisse de prix de son client étaient légitimes.

B. La modification unilatérale de ses conditions de vente par un fournisseur

1. Les critères essentiels de l'économie du contrat

947. La tentative, sous la menace de la rupture de la relation commerciale, de faire passer une hausse significative sur les produits, peut constituer un manquement au titre de ces dispositions. Dans une affaire, le fournisseur avait tenté d'imposer une hausse de 7% environ, laquelle était d'autant moins justifiée que les deux parties venaient de signer un protocole d'accord après d'âpres discussions[1133]. A l'occasion de ce jugement, il a été indiqué que le fournisseur ne pouvait arguer du fait que son client distributeur dispose d'une santé financière confortable lui permettant de répercuter les prix à l'aval. Dans une autre affaire, le fournisseur avait tenté d'obtenir une augmentation de ses tarifs de 30% sous la menace de la rupture des relations commerciales[1134].

948. La modification de l'économie du contrat peut aussi consister pour un fournisseur à facturer des prestations complémentaires alors même que le contrat initial était négocié à un prix forfaitaire et non révisable[1135].

[1130] Cass. Com. du 17 mars 2004 Pourvoi n°02-14.751.

[1131] CA Paris du 11 janvier 2008 RG n°05/24025.

[1132] CA Caen du 29 mars 2012 RG n°10/03241.

[1133] CA Aix en Provence du 7 septembre 2011 RG n°09/17983.

[1134] CA Angers du 7 février 2006 RG n°05/00054.

[1135] CA Aix en Provence du 15 juin 2011 RG n°11/03547.

2. Limites

949. Toutefois, si les conditions financières avaient été régulièrement acceptées par le client, qui les avait appliquées pendant plusieurs mois, il n'y a pas eu de modification des conditions financières du contrat, et partant de manquement sur la base du 4° de l'article L. 442-6 du code de commerce[1136].

§2. La matérialité de la menace

950. Il est nécessaire à la victime présumée de démontrer la matérialité de la menace de rupture des relations commerciales. En pratique, les seules décisions ayant donné lieu à une réparation au titre de ces dispositions sont des affaires où la relation commerciale a effectivement été rompue au bout du compte. Dès lors, la menace de rupture des relations commerciale ayant été suivie d'effets, sa matérialité ne pouvait être que difficilement contestée.

951. L'administration de la preuve de la menace est relativement libre. A titre d'illustration, elle peut se baser sur un courrier envoyé par [A] demandant explicitement l'avantage sous peine de mettre fin à la relation commerciale[1137], ou bien sur un compte-rendu de réunion faisant état de l'acceptation par [X] des nouvelles conditions afin d'être en mesure de poursuivre la relation commerciale[1138]. En revanche, le simple fait d'indiquer qu'en cas d'échec des négociations, la société [A] mettrait fin aux relations est insuffisant pour matérialiser la menace de rupture, ce et, d'autant que les relations ont perdurées pendant deux années[1139].

952. Pour autant, quand bien même la relation ait finalement été rompue, le contexte doit être pris en compte afin d'écarter la responsabilité de la victime présumée dans le processus de rupture. Dans une affaire par exemple[1140], un fournisseur [A] avait maintenu la relation commerciale malgré l'échec des négociations avec son client [X], continuant ainsi la fourniture du service. S'il avait effectivement rompu les relations après quatre mois de négociation pour le nouveau contrat, cela répondait avant tout à la suspension des paiements décidée par son client. Dès lors, il ne pouvait lui être reproché d'avoir mis fin à la relation commerciale faute d'un accord sur l'augmentation du niveau de rémunération versé pour ses prestations.

1136 CA Aix en Provence du 1er juillet 2010 RG n°10/03027.

1137 CA Douai du 8 septembre 2005 RG n°04/01257.

1138 CA Paris du 11 janvier 2008 RG n°05/24025.

1139 CA Versailles du 18 novembre 2010 RG n°09/05695.

1140 CA Paris du 15 mai 2008 RG n°05/23026.

Section 3.
La violation d'exclusivité

953. L'article L. 442-6 du code de commerce prévoit qu' : « *engage la responsabilité de son auteur et l'oblige à réparer le préjudice causé le fait, par tout producteur, commerçant, industriel ou personne immatriculée au répertoire des métiers : [...]*

6° De participer directement ou indirectement à la violation de l'interdiction de revente hors réseau faite au distributeur lié par un accord de distribution sélective ou exclusive exempté au titre des règles applicables du droit de la concurrence ».

954. Si la violation d'une exclusivité peut justifier la rupture de la relation commerciale (voir § 497 à 500), elle peut aussi donner droit à l'obtention d'une indemnité au titre du préjudice subi. A noter que le manquement au titre de cet article ne se distingue pas du manquement délictuel de concurrence déloyale au sens de l'article 1382 du code civil[1141].

§1. L'existence d'un système de distribution sélective licite

A. L'existence

955. Il est nécessaire que le réseau de distribution sélective mis en avant par le fabricant existe vraiment, faute de quoi, en l'absence de stipulations contractuelles univoques, aucun manquement ne peut être caractérisé[1142]. Il est ainsi nécessaire que le contrat prévoie une étanchéité juridique par l'interdiction de revente des produits à des membres non agréés[1143], et dans ce cadre, il peut être utile que le contrat prévoie la faculté pour le fabricant de racheter les produits à leur prix d'achat.

B. La licéité du réseau

1. Le guide d'analyse

956. Le réseau de distribution sélective doit être licite. A ce titre, le règlement d'exemption n°330/2010[1144] peut constituer un guide d'analyse pertinent afin de vérifier la licéité du réseau suivant les arguments avancés par la tête de réseau, notamment du fait que les définitions le régissant sont parfaitement transposables en droit interne.

1141 Cass. Com. du 23 mars 2010 Pourvoi n°09-66.522 – 09-66.987 – 09-65.844.

1142 CA Nancy du 8 février 2006 RG n°03/02163.

1143 CA Paris du 11 septembre 2013 RG n°11/17552.

1144 Règlement (UE) n°330/2010 de la Commission du 20 avril 2010 concernant l'application de l'article 101, paragraphe 3, du traité sur le fonctionnement de l'Union européenne à des catégories d'accords verticaux et de pratiques concertées.

957. Notamment, afin qu'un réseau de distribution sélective soit licite, il est nécessaire le choix des revendeurs s'opère en fonction de critères objectifs, fixés d'une manière uniforme à l'égard de tous les revendeurs potentiels et appliqués de façon non discriminatoire ; que les propriétés du produit en cause nécessitent, pour en préserver la qualité et en assurer le bon usage, un tel réseau de distribution ; et que les critères définis n'aillent pas au-delà de ce qui est nécessaire.

958. La preuve de la licéité du réseau de distribution doit être apportée par le fabricant, et ne peut être excipée du fait qu'aucune décision du Conseil de la concurrence ou d'une autre juridiction n'a estimé que ledit système de distribution sélective fût illicite[1145].

2. Le caractère manifestement illicite

959. Un des critères nécessaires à la légitimité d'un réseau de distribution sélective est l'absence de discrimination entre distributeurs potentiels. Au regard de ces obligations, les clauses visant à spécifiquement écarter une catégorie d'opérateur, en l'occurrence la grande distribution, sans se baser sur aucun critère qualitatif objectif, peuvent être déclarées illicite, ce qui implique la nullité du contrat de distribution sélective. Dès lors, le système de distribution sélectif n'étant plus licite, un manquement au titre de la vente hors réseau ne peut être caractérisé[1146].

3. En l'absence de caractère manifestement illicite

960. Si la licéité du réseau fait l'objet de procédures pendantes en application du droit de la concurrence, suivant lesquelles les juridictions n'ont pas définitivement statué quant à la licéité du réseau de distribution, alors l'illicéité du réseau n'est pas manifeste, et le franchiseur peut faire valoir ses droits en cas de violation de son système de distribution. En l'espèce[1147], le litige avait trait à l'interdiction de vente en ligne portant sur des produits cosmétiques, et à l'époque, la cour d'appel n'avait pas encore statué, après un renvoi par la Cour de Justice des Communautés Européennes. Cela étant, le juge des référés a eu une approche inverse dans un autre jugement[1148] estimant que la société n'avait pas apporté la preuve de la licéité de son réseau, peu importe que la cour d'appel n'ait pas encore statué, se basant notamment sur plusieurs décisions de l'Autorité de la concurrence suivant lesquelles une telle interdiction constituait une restriction de concurrence contraire au droit de la concurrence[1149].

1145 Cass. Com. du 21 juin 2011 Pourvoi n°09-70.304.

1146 Cass. Com. du 18 décembre 2012 Pourvoi n°11-27.342.

1147 CA Aix en Provence du 11 octobre 2012 RG n°11/12322.

1148 CA Paris du 11 janvier 2013 RG n°11/17764.

1149 Adlc, avis n°12-A-20 du 18 septembre 2012 relatif au fonctionnement concurrentiel du commerce électronique, et décision n°08-D-25 du 29 octobre 2008 relative à des pratiques mises en œuvre dans le secteur de la distribution de produits cosmétiques et d'hygiène corporelle vendus sur conseils pharmaceutiques.

§2. La mise en cause de la responsabilité

A. Du fabricant

961. Le fabricant est libre d'agréer les distributeurs qu'il souhaite, et ce, d'autant que le système de distribution choisi est un système de distribution sélective qualitatif[1150]. Dans ce cadre, l'agrément d'un autre distributeur sur une zone ne constitue pas un manquement à l'article L. 442-6 I-6° du code de commerce, dans la mesure où l'agrément a été concédé dans des conditions régulières et économiquement justifiées[1151].

B. Du grossiste

962. La responsabilité de la société ayant vendu les produits en violation d'un réseau de distribution sélective peut être recherchée. Dans une affaire[1152], le contrat prévoyant le rachat des produits par le fabricant, ce dernier l'avait proposé au grossiste ayant acquis les produits dans le cadre d'une liquidation, et lui avait par la même occasion communiqué le contrat de distribution sélective. Le grossiste n'avait pas donné suite et avait ensuite permis la commercialisation des produits par ses franchisés, si bien que sa responsabilité a pu être recherchée, ayant participé à la violation du réseau de distribution sélective du fabricant.

C. Du revendeur

963. Si la responsabilité du grossiste ayant vendu les produits en violation du réseau de distribution sélective peut théoriquement être recherchée, en pratique, seule l'est généralement celle du revendeur ayant fourni les produits au consommateur final.

964. Bien que le revendeur n'ait pas signé de contrat de distribution sélective, sa responsabilité doit être mise en cause, notamment en démontrant au travers d'un faisceau d'indice qu'il ne pouvait ignorer l'existence d'un système de distribution sélective.

965. Dans une affaire par exemple[1153], le revendeur [A] avait acquis les produits [X] dans le cadre d'une vente aux enchères et les avait ensuite vendu bien qu'il ne faisait pas partie du réseau de distribution sélectif. Le revendeur ne pouvait ignorer l'existence d'un tel réseau car d'une part les annonces légales ayant précédé la vente aux enchères spécifiaient l'obligation pour les acquéreurs de « *se conformer à la législation et aux clauses accréditives de distribution des parfums et cosmétiques* », mais surtout cette obligation était mentionnée expressément sur chaque emballage de produit. Cette violation du réseau de

---

1150 Par opposition à un système de distribution quantitatif qui peut prévoir par exemple de concéder une exclusivité.

1151 CA Paris du 21 novembre 2013 RG n°12/05692.

1152 CA Paris du 11 septembre 2013 RG n°11/17552.

1153 CA Rennes du 20 janvier 2009 RG n°08/01468 ; CA Rennes du 20 janvier 2009 RG n°08/00157.

distribution sélectif avait permis au revendeur de profiter de la notoriété de la marque de [X] en tentant de vendre d'autres articles.

966. Par ailleurs, le fait que le revendeur soit informé de l'existence du réseau de distribution sélective peut aussi se déduire de la persistance de la violation d'exclusivité à travers la création par le revendeur de nouvelles sociétés malgré les procédures engagées par le fournisseur [X] [1154].

967. La simple négligence peut même être suffisante dans certains cas. Une place de marché en ligne a ainsi été condamnée en « *considérant que la prestation de courtage fournie [...] supposait [...] qu'elles vérifient que les marchandises dont elles permettaient la vente par voie électronique et organisaient la promotion auprès des acheteurs potentiels, ne relevaient pas d'un réseau de distribution sélective* » et à ce titre, « *elles ne sauraient prétendre avoir satisfait à leurs obligations en édictant dans leurs règlements des mises en garde générales à l'adresse des annonceurs ou en mettant à la charge des titulaires de droits la surveillance des sites litigieux ou encore en invoquant l'existence d'un filtrage dont elles ne décrivent pas le fonctionnement effectif et ne détaillent pas les résultats* »[1155]. La cour de cassation a cependant cassé cette décision sur la base de plusieurs moyens[1156] parmi lesquels le fait que les ventes accomplies par de simples particuliers ne sont pas susceptibles de constituer une violation de l'interdiction de revente hors réseau de distribution sélective, la cour d'appel ayant retenu qu'il importait peu que la violation soit commise par un particulier ou un professionnel.

968. En tout état de cause, la négligence n'est pas toujours suffisante pour démontrer un manquement au titre de ces dispositions. Par exemple[1157], le revendeur ayant acquis de manière régulière les produits auprès d'un revendeur à l'étranger, ne peut se voir opposer la violation d'un système de distribution sélective, n'ayant pas connaissance de ce que l'approvisionnement trouvait son origine dans la violation par un distributeur officiel de l'interdiction de la vente hors réseau. Pour autant, l'approche peut être différente si les pratiques se poursuivaient, le distributeur continuant de commercialiser les produits sans justifier de leur origine régulière[1158].

969. Enfin, la simple production d'une publicité non datée dans laquelle le distributeur se présenterait comme membre du réseau de distribution sélectif peut être insuffisante pour démontrer une violation du réseau de distribution sélectif. En l'espèce, la publicité indiquait « *[marque du constructeur] véhicules neufs et après-vente* » et le constructeur concerné reprochait au distributeur de se prévaloir de la qualité d'agent de sa marque[1159].

1154 CA Paris du 8 juin 2005 RG n°03/11305.

1155 CA Paris du 3 septembre 2010 RG n°08/12822.

1156 Cass. Com. du 3 mai 2012 Pourvoi n°11-10.508.

1157 CA Nancy du 25 avril 2012 RG n°10/01695.

1158 Cass. Com. du 22 octobre 2013 RG n°12-22.281.

1159 CA Limoges du 9 février 2012 RG n°10/01700.

§3. L'évaluation du préjudice

970. Ce type de manquement ouvre droit principalement à deux préjudices, l'un tiré des ventes indues qui devra être calculé sur la base des sommes effectivement perçues par la société visée, et l'autre tiré de la perte liée à l'image de marque[1160].

971. En revanche, si le revendeur est condamné en contrefaçon sur la base des articles L. 713-2 et L. 713-4 du code de la propriété intellectuelle, ainsi qu'en violation de l'article L. 442-6-I-6°, le préjudice découlant de l'application de l'article L. 442-6 du code de commerce peut être annulé au motif que les faits retenus dans les deux cas n'étaient pas distincts[1161]. Ainsi, la vente en violation de l'interdiction de la vente hors réseau par un revendeur, et la commercialisation d'un produit dans des conditions portant atteinte à l'image de la marque tout en utilisant sa valeur publicitaire pour développer les ventes du revendeur, ne constituent pas des faits distincts de ceux d'usage illicite de la marque, ce qui s'oppose alors aux demandes supplétives basées sur l'article L. 442-6 du code de commerce[1162].

Section 4.
Les autres manquements à l'article L. 442-6 du code de commerce

972. L'article L. 442-6 du code de commerce peut aussi être utilisé dans d'autres circonstances qui découlent de dispositions successivement ajoutées au fur et à mesure de l'évolution législative du texte, mais qui n'ont pas encore, ou alors de manière marginale, donné lieu à des décisions.

973. Ces manquements sont les suivants :

« *8° De procéder au refus ou retour de marchandises ou de déduire d'office du montant de la facture établie par le fournisseur les pénalités ou rabais correspondant au non-respect d'une date de livraison ou à la non-conformité des marchandises, lorsque la dette n'est pas certaine, liquide et exigible, sans même que le fournisseur n'ait été en mesure de contrôler la réalité du grief correspondant*[1163] *;*

1160 CA Paris du 3 septembre 2010 RG n°08/12822.

1161 Cass. Com. du 24 mai 2011 Pourvoi n°10-18.474.

1162 CA Nancy du 16 janvier 2013 RG n°11/01754.

1163 Si la compensation sauvage effectuée sur le paiement des marchandises est effectivement interdite, cela n'est pas le cas lorsque le fournisseur a été informé des problèmes qualité et qu'il a lui-même proposé de prendre en charge une partie des coûts qu'ils ont engendrés (CA Dijon du 5 octobre 2010 RG n°09/01811). En revanche, si les pénalités sont appliquées de manière automatique sans vérification par le client que le manquement constaté relève bien de la défaillance du fournisseur, de telles déductions d'office constituent des pénalités indues au titre de l'article L. 442-6-I-8° du code de commerce (TC Compiègne du 26 février 2013 RG n°08/00492).

9° De ne pas communiquer ses conditions générales de vente, dans les conditions prévues à l'article L. 441-6, à tout acheteur de produits ou tout demandeur de prestations de services qui en fait la demande pour l'exercice d'une activité professionnelle[1164] *;*

10° De refuser de mentionner sur l'étiquetage d'un produit vendu sous marque de distributeur le nom et l'adresse du fabricant si celui-ci en a fait la demande conformément à l'article L. 112-6 du code de la consommation ;

11° D'annoncer des prix hors des lieux de vente, pour un fruit ou légume frais, sans respecter les règles définies aux II et III de l'article L. 441-2 du présent code ;

12° De passer, de régler ou de facturer une commande de produits ou de prestations de services à un prix différent du prix convenu résultant de l'application du barème des prix unitaires mentionné dans les conditions générales de vente, lorsque celles-ci ont été acceptées sans négociation par l'acheteur, ou du prix convenu à l'issue de la négociation commerciale faisant l'objet de la convention prévue à l'article L. 441-7, modifiée le cas échéant par avenant, ou de la renégociation prévue à l'article L. 441-8».

1164 S'agissant de l'obligation de communication des conditions générales de vente, il a été fait droit dans une affaire à la société [X] qui la réclamait à un fournisseur, la communication des documents contractuels attestant de l'existence d'un réseau de distribution exclusive. Le juge semble ainsi avoir une vision extensive des conditions générales de vente (CA Rennes du 21 septembre 2010 RG n°10/01175).

SECONDE PARTIE

La mise en œuvre du dispositif

TITRE 1

LA PROCEDURE DE MISE EN ŒUVRE

Chapitre 1

Le déclenchement de l'action

Section 1. La compétence territoriale

974. La compétence territoriale est l'une des caractéristiques pertinentes à prendre en compte pour différencier la mise en œuvre de l'article L. 442-6 du code de commerce de celle des dispositions générales du code civil. En effet, les manquements prévus par l'article L. 442-6 du code de commerce mettent en cause la responsabilité délictuelle, alors que ceux prévus par le code civil sont purement contractuels. Cela a une incidence sur la détermination de la compétence territoriale, que les deux sociétés soient en France, ou bien que l'une d'elle soit en France et l'autre à l'étranger.

975. En tout état de cause, et notamment quand une des parties au litige est une société de droit étranger, il est nécessaire que le tribunal précise quelle est la loi applicable à l'espèce, sans quoi elle prive de base légale sa décision[1165]. Par ailleurs, si une des parties souhaite soulever une exception d'incompétence, elle doit le faire dès la première instance, car toute demande soulevée en première cause d'appel est irrecevable, y compris s'agissant de la compétence territoriale[1166] (voir aussi § 1195 à 1199).

976. Dans le cadre d'une procédure fondée sur la responsabilité délictuelle, il est tout d'abord nécessaire de déterminer la juridiction compétente (1), laquelle peut s'avérer délicate en cas de contestation de la compétence territoriale de la juridiction entre les parties, notamment si l'une d'entre elles est étrangère (2). La mise en œuvre de la responsabilité contractuelle n'a d'ailleurs pas la même incidence (3).

[1165] Cass. Com. du 17 septembre 2003 Pourvoi n°01-12.415.

[1166] CA Paris du 20 avril 2005 RG n°02/12212.

§1. Les juridictions compétentes

977. Les juridictions compétentes en matière de pratiques commerciales restrictives en France sont énumérées par l'article 2 du décret n°2009-1384[1167].

978. En première instance, seuls les huit tribunaux de commerce suivants sont désormais compétents[1168] :

Siège des tribunaux de commerce	Ressort
Marseille	Cours d'appel d'Aix-en-Provence, Bastia, Montpellier et Nîmes
Bordeaux	Cours d'appel d'Agen, Bordeaux, Limoges, Pau et Toulouse
Lille	Cours d'appel d'Amiens, Douai, Reims et Rouen
Fort-de-France	Cours d'appel de Basse-Terre et de Fort-de-France
Lyon	Cours d'appel de Chambéry, Grenoble, Lyon et Riom
Nancy	Cours d'appel de Besançon, Colmar, Dijon, Metz et Nancy
Paris	Cours d'appel de Bourges, Paris, Orléans, Saint-Denis de La Réunion et Versailles
Rennes	Cours d'appel d'Angers, Caen, Poitiers et Rennes

979. En matière d'appel, si la procédure a été introduite après l'entrée en vigueur du décret n°2009-1384 du 11 novembre 2009[1169], le décret s'applique, seule la cour d'appel de Paris est désormais compétente[1170]. Lorsqu'une autre cour d'appel est saisie, la demande doit être déclarée irrecevable, car le fait de ne pas respecter ces dispositions d'ordre public est sanctionné par une fin de non-recevoir, laquelle doit être relevée d'office lorsqu'elle a un caractère public en vertu de l'article 125 du code de procédure civile[1171].

980. Si la procédure d'appel a été introduite avant l'entrée en vigueur du décret précité, la juridiction primitivement saisie demeure applicable en vertu de l'article 8 du décret, car les dispositions de l'article D. 442-3 du code de commerce ne sont pas applicables[1172]. Il en va de même lorsque l'invocation de l'article L. 442-6 du code de commerce n'a été faite qu'au stade de l'appel, et que la juridiction de premier degré a statué[1173]. En revanche, si l'appel est interjeté postérieurement à l'entrée en vigueur du décret, s'agissant

---

1167 Décret n°2009-1384 du 11 novembre 2009 relatif à la spécialisation des juridictions en matière de contestations de nationalité et de pratiques restrictives de concurrence.

1168 Annexe 4-2-1 du décret n°2009-1384 précité.

1169 Soit le 1er décembre 2009.

1170 CA Versailles du 31 mars 2011 RG n°10/09794.

1171 CA Aix en Provence du 30 mai 2013 RG n°11/18861.

1172 Cass. Com. du 24 septembre 2013 Pourvoi n°12-24.538.

1173 CA Nîmes du 18 avril 2013 RG n°12/05728.

d'une nouvelle procédure, l'article 8 ne s'applique pas et la juridiction compétente est celle de Paris[1174].

981. Si l'action repose à la fois sur l'action contractuelle classique et sur celle quasi-délictuelle de l'article L. 442-6 du code de commerce, la cour d'appel non spécialisée peut être amenée à statuer sur la partie contractuelle, et renvoyer à la cour d'appel de Paris le traitement des manquements invoqués sur la base de l'article L. 442-6[1175], sauf s'il existe un lien de connexité et d'indivisibilité tel qu'il serait nécessaire de les juger ensemble[1176], ce qui est en pratique assez rare. Il est toutefois nécessaire que le demandeur fasse une demande de disjonction, car dans le cas contraire, l'appel pourra être déclaré irrecevable pour le tout[1177]. Par ailleurs, le seul fait de ne plus viser que le fondement contractuel en appel n'est pas forcément suffisant pour justifier l'absence d'application de l'article D. 442-3 du code de commerce, notamment si la démonstration des manquements invoqués est amplement motivée par le caractère brutal de la rupture des relations[1178].

982. En définitive, la concentration des dossiers auprès de juridictions plus spécialisées devrait ainsi permettre d'homogénéiser la jurisprudence issue de l'application des dispositions de l'article L. 442-6 du code de commerce.

§2. La détermination de la juridiction compétente en cas de mise en œuvre de la responsabilité délictuelle

983. La mise en œuvre de l'article L. 442-6 du code de commerce engage nécessairement la responsabilité délictuelle de l'auteur de la pratique, et non la responsabilité contractuelle[1179]. Dans ce cadre, la détermination de la juridiction compétente peut être différente suivant que les deux parties soient françaises (A), ou que l'une d'entre elles soit étrangère (B).

1174 CA Lyon du 1er octobre 2013 RG n°13/04409.

1175 CA Versailles du 14 mai 2013 RG n°11/09150.

1176 CA Lyon du 27 juin 2013 RG n°13/01573.

1177 Cass. Com. du 24 septembre 2013 Pourvoi n°12-21.089.

1178 CA Versailles du 17 décembre 2013 RG n°13/05301.

1179 Cass. Com. du 13 janvier 2009 Pourvoi n°08-13.971 ; Cass. Com. du 13 octobre 2009 Pourvoi n°08-20.411 ; Cass. Com. du 15 septembre 2009 Pourvoi n°07-10.493 ; Cass. Civ. du 18 janvier 2011 Pourvoi n°10-11.885. A ce titre, si des jugements ont fait application de la responsabilité contractuelle (exemple : CA Toulouse du 16 décembre 2009 RG n°08/02871), ils semblent avoir méconnu la position de la jurisprudence sur l'application de l'article L. 442-6 du code de commerce.

A. En cas d'application franco-française

984. L'article 46 du code de procédure civile précise : « *Le demandeur peut saisir à son choix, outre la juridiction du lieu où demeure le défendeur [...] en matière délictuelle, la juridiction du lieu du fait dommageable ou celle dans le ressort de laquelle le dommage a été subi* ». Or l'article L. 442-6 mettant en œuvre la responsabilité délictuelle, le demandeur peut faire valoir que la juridiction compétente est celle de son siège social, soit le lieu où le dommage a été subi[1180].

985. Il a pu être fait application de la théorie dite « *des gares principales* », en vertu de laquelle le tribunal compétent peut être celui de la succursale de la société fautive [A] pour peu qu'elle bénéficie de l'autonomie nécessaire à l'engagement des relations contractuelles faisant l'objet du litige[1181]. Mais statuant sur la même affaire, la cour d'appel considère que seule l'approche en responsabilité délictuelle est pertinente[1182].

1. La clause attributive de compétence

986. Contrairement à ce qui prévaut pour l'approche en responsabilité contractuelle (voir § 1042 à 1049), en responsabilité délictuelle, la clause attributive de compétence n'est pas opposable lorsque le litige oppose deux sociétés françaises[1183]. En effet, « *dès lors que l'action est de nature délictuelle, la clause attributive de juridiction ne peut faire obstacle à la compétence du tribunal du lieu du dommage prévue à l'article 46 alinéa 3 du code de procédure civile qui prévoit le possibilité pour le demandeur de saisir à son choix, outre la juridiction du lieu où demeure le défendeur, en matière délictuelle, la juridiction du lieu du fait dommageable ou celle dans le ressort de laquelle le dommage a été subi* »[1184].

987. Dans ce contexte, et eu égard au fait qu'une telle clause ne soit pas opposable dans le cadre d'une procédure en référé sur la base de la responsabilité contractuelle (voir § 1044), elle l'est donc encore moins si le juge des référés est saisi d'une demande au titre des dispositions de l'article L. 442-6 du code de commerce.

988. En revanche, la clause compromissoire régulièrement acceptée peut être opposable, y compris en cas d'application de l'article L. 442-6 du code de commerce, en application du principe « *compétence-compétence* » en droit arbitral, selon lequel, sauf cas de nullité ou d'inapplicabilité manifeste de la clause compromissoire, il appartient au tribunal arbitral de statuer sur l'existence et la validité de la convention d'arbitrage[1185]. Encore est-il nécessaire que la clause soit valable, ce qui n'est pas le cas en

---

[1180] CA Nîmes du 25 mai 2008 RG n°07/00606.

[1181] TC Lille du 14 juin 2007 RG n°2006/02092.

[1182] CA Douai du 13 décembre 2007 RG n°07/04253.

[1183] Cass. Com. du 6 février 2007 Pourvoi n°04-13.178 ; Cass. Com. du 13 octobre 2009 Pourvoi n°08-20.411.

[1184] CA Nancy du 18 mars 2009 RG n°08/03053.

[1185] CA Paris du 18 janvier 2012 RG n°11/06398 ; CA Riom du 11 juillet 2012 RG n°12/00025.

l'absence de toute désignation d'arbitre et de toute modalité de désignation[1186], ou si la clause est applicable uniquement à un contrat précis à non à l'ensemble de la relation[1187].

2. L'appréciation en pratique de l'article 46 § 3 du CPC

989. **Le lieu du fait dommageable.** Il peut correspondre au lieu du siège social des sociétés victimes de pratiques commerciales restrictives dans la mesure où il s'agit du lieu où elles exercent leur activité économique. Cette approche a été validée que ce soit en cas d'obtention d'avantage sans contrepartie ou manifestement disproportionné[1188], ou bien en cas de rupture brutale des relations commerciales[1189].

990. Le lieu du fait dommageable peut aussi s'entendre comme celui où le dommage est survenu et non « *le lieu où ont pu ultérieurement être mesurées les conséquences financières des agissements allégués* »[1190]. Le dommage étant survenu dès que les agissements reprochés à l'intimée ont été mis en œuvre, le lieu du fait dommageable peut correspondre au lieu du siège social de la société [A][1191].

991. **La juridiction dans le ressort de laquelle le dommage a été subi.** Ce lieu s'entend comme le lieu du siège social de la société [X] dans la mesure où le dommage allégué est susceptible d'avoir été subi au siège de cette société. Cette approche vaut pour l'ensemble des manquements listés dans l'article L. 442-6 que ce soit l'obtention d'un avantage sans contrepartie ou manifestement disproportionné[1192] ou le refus de vente sous l'égide des anciennes dispositions de l'article 36 de l'ordonnance du 1er décembre 1986[1193] ou encore la rupture brutale de relation commerciale.

992. S'agissant plus particulièrement de la rupture brutale, si dans une affaire, la cour a pu relever que le dommage invoqué était constitué par la cessation de l'activité de [X] suite aux difficultés financières résultant du comportement de la société [A], et que donc le dommage avait été subi au lieu où s'exerçait l'activité de la société [X][1194], la cessation d'activité n'est bien entendu pas une condition nécessaire à cette démonstration. En effet, le tribunal a pu considérer que le lieu dans le ressort duquel le dommage avait été subi correspondait au lieu du siège social de

---

1186 CA Paris du 16 février 2012 RG n°11/08976.

1187 Cass. Com. du 12 juin 2012 RG n°11-18.852.

1188 Cass. Com. du 18 octobre 2011 Pourvoi n°10-28.005

1189 CA Orléans du 18 février 2010 RG n°09/01914.

1190 CA Rennes du 12 décembre 2006 RG n°06/02485.

1191 L'arrêt ci-dessus met en avant le lieu de la juridiction « *dans le ressort de laquelle le dommage a été subi* » mais il doit s'agit d'une erreur. En effet, s'agissant d'un fournisseur victime de pratiques d'un distributeur, le dommage a été subi par le fournisseur à son siège social, le distributeur ne subissant quant à lui aucun dommage.

1192 CA Nîmes du 29 mai 2008 RG n°07/00606.

1193 CA Versailles du 26 octobre 1995 RG n°7772/94.

1194 Cass. Com. du 6 octobre 2005 Pourvoi n°03-20.187 ; Voir aussi Cass. Com. du 7 juillet 2009 Pourvoi n°08-16.633.

la société [X] victime de rupture brutale de relation commerciale, sans que la société [X] n'ait pour autant disparu[1195].

B. En cas d'application à une société étrangère

993. L'approche peut différer sensiblement suivant que la victime soit étrangère (1) ou française (2).

1. Dans le cas d'une société [X] étrangère victime de pratiques imputables à la société [A] française

994. Si la pratique litigieuse est imputable à une société française, son partenaire étranger peut se prévaloir de l'application de l'article L. 442-6 du code de commerce. En effet, en l'absence de moyen juridique qui l'interdirait, le droit français s'impose à une société française que son partenaire soit lui-même étranger ou non[1196]. Cette approche est à plus forte raison valable si les parties ont entendu soumettre le contrat au droit français[1197].

995. Ainsi, en l'absence de clause attributive de compétence, une société de droit étranger peut valablement saisir la juridiction civile de manquements au titre de l'article L. 442-6 du code de commerce[1198]. Au renfort de cette approche, le moyen tiré de la définition du lieu du fait dommageable peut aussi être utilement soulevé dans la mesure où il peut s'interpréter suivant le demandeur comme le lieu de l'évènement causal ou bien le lieu où le dommage a été subi[1199] (voir § 1023 à 1038).

996. En revanche, la question peut se poser si les deux partenaires avaient régulièrement conclu une clause attributive de compétence, laquelle déterminerait alors la juridiction compétente pour tout litige découlant du contrat. A ce titre, si le contrat contient une clause attributive de compétence au profit des juridictions françaises, le droit applicable est le droit français[1200]. Réciproquement, si on se réfère à la jurisprudence en la matière (mais qui concerne l'application territoriale du texte quand l'intimée est étrangère et non le demandeur, voir § 997 et suivants), il paraît probable que la clause attributive de compétence au bénéfice d'une juridiction étrangère demeure valable, y compris en cas de mise

---

1195 CA Rouen du 26 mai 2005 RG n°04/04404 ; Voir aussi bien qu'il ne soit pas précisé expressément que la société [X] n'ait pas été liquidée – Cass. Com. du 21 avril 1992 Pourvoi n°90-18.750 ; Cass. Com. du 13 octobre 2009 Pourvoi n°08-20.411 ; Cass. Civ. du 6 janvier 2012 Pourvoi n°10-20.788.

1196 CA Versailles du 14 octobre 2004 RG n°2003/04512.

1197 CA Douai du 28 janvier 2010 RG n°08/04397.

1198 CA Paris du 16 février 2005 RG n°03/09634 ; CA Paris du 1er juillet 2009 RG n°07/14283 ; CA Paris du 14 octobre 2009 RG n°07/19854 ; Cass. Com. du 8 février 2005 Pourvoi n°02-12.855.

1199 CA Nancy du 1er octobre 2008 RG n°06/02023.

1200 CA Versailles du 14 octobre 2004 RG n°2003/04512 ; Voir aussi CA Versailles du 17 décembre 2009 RG n°07/04811 Dans une affaire, la clause attributive de compétence au profit d'une juridiction française a été déclarée non applicable l'action ayant un fondement délictuel. Le litige a ainsi été soumis aux juridictions françaises sur la base du lieu du fait dommageable alors même que l'intimée suisse soulevait l'exception d'incompétence (CA Rennes du 11 septembre 2012 RG n°11/08997). En tout état de cause, lorsque la société victime des pratiques est française, et en l'absence d'une clause attributive au profit d'une juridiction étrangère, les juridictions françaises peuvent être valablement saisies.

en cause de la responsabilité délictuelle. Dans tous les cas, pour être opposable, il est nécessaire que la clause attributive de compétence soit valable (voir § 1007 et suivants).

2. Dans le cas d'une société [X] française victime de pratiques imputables à la société [A] étrangère

997. Le fait que l'application de l'article L. 442-6 du code de commerce engage la responsabilité délictuelle de l'auteur de la pratique a une incidence sur la détermination de la compétence territoriale quelle que soit la nationalité de l'entreprise [A].

998. Tout d'abord, il est nécessaire de déterminer s'il existe une clause attributive de compétence valable car elle pourra alors être opposable que l'entreprise [A] soit européenne ou non (a), plusieurs conditions devant être remplies pour pouvoir considérer une telle clause comme opposable (b). Ensuite, en l'absence d'une telle clause applicable au litige, la compétence territoriale pourra être déterminée en fonction du lieu du fait dommageable (c). Enfin, la responsabilité d'une société étrangère peut aussi être mise en cause sur la base d'autres considérations (d).

a) La clause attributive de compétence

(i) Les textes servant de cadre de référence à la clause attributive de compétence

999. **Si la société [A] est dans le ressort de l'UE :** Dans ce cas, la clause attributive de compétence est prévue par l'article 23 du règlement n°44-2001[1201] (ou antérieurement la convention de Bruxelles) qui prévoit dans son premier alinéa que « *si les parties, dont l'une au moins a son domicile sur le territoire d'un État membre, sont convenues d'un tribunal ou de tribunaux d'un État membre pour connaître des différends nés ou à naître à l'occasion d'un rapport de droit déterminé,* [alors] *ce tribunal ou les tribunaux de cet État membre sont compétents. Cette compétence est exclusive, sauf convention contraire des parties* ».

1000. **Si la société [A] est en dehors de l'UE :** Dans ce cas, la clause attributive de compétence est prévue[1202] par l'article 23-1 de la convention de Lugano du 30 octobre 2007[1203] indiquant que « *si les parties, dont l'une au moins a son domicile sur le territoire d'un État lié par la présente convention, sont convenues d'un tribunal ou de tribunaux d'un État lié par la présente convention pour connaître des différends nés ou à naître à l'occasion d'un rapport de droit déterminé,* [alors] *ce tribunal ou ces tribunaux de cet État sont seuls compétents* ». Il s'agit donc peu ou prou des mêmes dispositions que celles prévues par le règlement européen n°44/2001 précité[1204].

1201 Règlement (CE) n°44/2001 du conseil du 22 décembre 2000 concernant la compétence judiciaire, la reconnaissance et l'exécution des décisions en matière civile et commerciale.

1202 Sous réserve que l'Etat où la société [A] est domiciliée fasse partie de la liste de signataires.

1203 Cette convention est entrée en vigueur au 1er janvier 2011.

1204 Certains jugements mettent en avant les dispositions des conventions internationales sur la loi applicable dans le contrat. Leurs dispositions et/ou spécificités n'ont pas été développées. Il s'agit en droit communautaire du règlement (CE) n°593/2008 du parlement européen et du conseil du 17 juin 2008 sur la loi applicable aux obligations contractuelles, et en droit extra-communautaire, la convention de La Haye du 15 juin 1955 sur la loi applicable aux ventes à caractère international d'objets mobiliers corporels.

(ii) Son effet sur l'applicabilité de l'article L. 442-6 du code de commerce dans l'espace

1001. **La clause attributive de compétence valable est opposable :** Dans l'hypothèse où la clause attributive de compétence soit applicable au cas de l'espèce (voir § 1007 et suivants), et quand bien même la responsabilité délictuelle soit mise en œuvre, la cour de cassation a estimé que la clause attributive de compétence demeure valable que la société [A] soit européenne[1205] ou non[1206].

1002. Le fait que plusieurs contrats aient été successivement signés, et que le litige porte donc sur une relation commerciale qui dépasse le cadre strict du dernier contrat en cours n'est pas plus opérant pour rendre non applicable la clause attributive de compétence[1207]. L'approche est d'ailleurs identique si les deux partenaires ont convenu d'une clause compromissoire dans leur contrat pour tout litige découlant de son exécution ou de sa non-exécution[1208], cette clause devant alors trouver application dans le cadre du règlement du litige.

1003. En définitive, lorsque l'un des partenaires commerciaux est étranger, la cour de cassation estime que la clause attributive de compétence régulièrement conclue et applicable au litige, prévaut sur les dispositions impératives constitutives de loi de police découlant de la responsabilité délictuelle mise en œuvre par l'article L. 442-6 du code de commerce[1209].

1004. **Les dispositions dérogatoires :** En vertu de l'article 31 du règlement n°44/2001 (si la société [A] est européenne) ou de l'article 24 de la convention de Lugano (si la société [A] n'est pas européenne), le demandeur peut, sous certaines circonstances, demander un traitement dérogatoire de sa demande par un Etat quand bien même un autre Etat soit compétent au fond. Ces dispositions précisent ainsi : « *les mesures provisoires ou conservatoires prévues par la loi d'un État [membre/lié par la convention] peuvent être demandées aux autorités judiciaires de cet État, même si, en vertu du présent règlement, une juridiction d'un autre État [membre/lié par la convention] est compétente pour connaître du fond* ».

1005. Par conséquent, il n'est pas exclu qu'une clause attributive de compétence puisse être écartée dans le cadre d'une procédure en référé. A ce titre, le fait que le contrat comporte une clause compromissoire n'est pas opposable pour écarter la compétence du juge des référés en vertu de l'article 873 alinéa 1 du code de Procédure civile[1210].

1006. Toutefois, il est nécessaire qu'il existe un lien de rattachement réel entre l'objet des mesures sollicitées et la compétence de l'Etat du juge saisi. Dans le cadre d'une rupture brutale de relation commerciale entre un fournisseur allemand [A] et un client français [X]

[1205] Cass. Civ. du 6 mars 2007 Pourvoi n°06-10.946 ; Cass. Civ. du 20 mars 2012 Pourvoi n°11-11.570 ; CA Montpellier du 22 mars 2012 RG n°11/05090 ; CA Paris du 17 décembre 2013 RG n°13/13637.

[1206] Cass. Civ. du 22 octobre 2008 Pourvoi n°07-15.823.

[1207] Ibid.

[1208] CA Aix en Provence du 29 mai 2008 RG n°07/16801 ; Cass. Civ. du 8 juillet 2010 Pourvoi n°09-67.013 ; CA Paris du 18 mars 2014 RG n°12/13601.

[1209] Cass. Civ. du 22 octobre 2008 Pourvoi n°07-15.823.

[1210] CA Metz du 4 septembre 2012 RG n°12/00598.

par exemple[1211], si la victime de la pratique demande une obligation de délivrance à l'encontre de son fournisseur [A], cette obligation ne peut être exécutée qu'en Allemagne, peu importe que le dommage soit subi en France. Dès lors, la juridiction française ne pouvait être saisie au titre des dispositions relatives aux mesures provisoires et conservatoires prévues par les textes en matière de compétence internationale.

b) Les conditions de validité de la clause attributive de compétence

1007. Afin que la clause attributive de compétence soit valable, et donc opposable, plusieurs conditions doivent être remplies :

- Le litige faisant l'objet de la demande doit être couvert par la clause (i) ;
- La clause doit avoir été régulièrement acceptée par le partenaire commercial à qui elle est opposée (ii) ;
- Son bénéficiaire ne doit pas y avoir renoncé (iii).

1008. Enfin, il n'est pas exclu que l'opposabilité d'une telle clause puisse être discutée dans certains cas particuliers où le litige dépasse le cadre contractuel liant deux sociétés (iv).

(i) Le litige faisant l'objet de la demande doit être couvert par la clause attributive de compétence

1009. **Exemples de clauses attributives valables :** Il est nécessaire que la rédaction de la clause couvre la nature du litige faisant l'objet de la demande au titre de l'article L. 442-6 du code de commerce. A titre d'illustration, les stipulations suivantes ont été jugées suffisantes pour considérer la clause attributive de compétence valable et donc opposable dans le cadre de ruptures de relations commerciales, étant suffisamment large et compréhensible pour s'appliquer au cas d'espèce :

- « *Les lois de la République fédérale allemande sont seules applicables pour tous les litiges découlant des relations contractuelles. Les procédures doivent être portées devant les juridictions compétentes du siège de la société ou du lieu de la succursale responsable pour la commande* »[1212] ;
- « *La validité, l'interprétation et l'exécution du présent contrat seront régis par les lois de l'Etat de Californie. La juridiction de l'Etat de Californie [...] aura compétence pour connaître des litiges nés du présent contrat* »[1213] ;
- « *En cas de litige entre les parties, il sera recherché une solution à l'amiable. A défaut le TGI de [...] arbitrera le différend* »[1214] ;

[1211] Cass. Com. du 20 mars 2012 Pourvoi n°11-11.570.

[1212] Cass. Civ. du 20 mars 2012 Pourvoi n°11-11.570.

[1213] Cass. Civ. du 22 octobre 2008 Pourvoi n°07-15.823 – Clause extraite du jugement en appel (CA Paris du 28 septembre 2006 RG n°04/04462).

[1214] CA Montpellier du 22 mars 2012 RG n°11/05090.

- « *La clause compromissoire visant tout litige ou différend né du contrat ou en relation avec celui-ci* », car cette clause « *n'était pas manifestement inapplicable dès lors que la demande de [la société X] présentait un lien avec le contrat puisqu'elle se rapportait notamment aux conditions dans lesquelles il y avait été mis fin et aux conséquences en ayant résulté pour [la société X]* »[1215] ;
- « *Les parties conviennent explicitement que la présente convention sera réglée par, et interprétée par le droit belge, nonobstant toute clause légale contraire* »[1216].

1010. **Exemples de clauses attributives non valables :** En revanche, si le champ d'application de la clause est trop restrictif, la clause attributive de compétence peut alors ne pas être opposable. En effet, une clause est d'interprétation stricte, et ne saurait donc être étendue à tout litige intéressant la convention cadre en l'absence de dispositions le prévoyant. L'application des clauses suivantes a été rejetée du fait qu'elles ne visaient pas la rupture brutale des relations commerciale :

- Clause attribuant compétence pour « *tout différend ou litige relatif à la formation, l'interprétation, l'exécution, la résiliation ou la cessation du contrat* » [1217] ;
- Ou pour tout litige « *concernant l'interprétation des présentes conditions générales ou l'exécution d'une commande* »[1218] ;
- Ou pour « *tout différent né relativement à l'interprétation ou à l'application du présent contrat* »[1219].

(ii) La clause doit avoir été régulièrement acceptée

1011. Les articles 23-1 du règlement n°44/2001 (applicable aux société européennes) et 23-1 de la convention de Lugano précitée (applicable aux sociétés en dehors de l'UE) prévoient que la clause attributive de compétence puisse être conclue « *a) par écrit ou verbalement avec confirmation écrite, ou b) sous une forme qui soit conforme aux habitudes que les parties ont établies entre elles, ou c) dans le commerce international, sous une forme qui soit conforme à un usage dont les parties avaient connaissance ou étaient censées avoir connaissance et qui est largement connu et régulièrement observé dans ce type de commerce par les parties à des contrats du même type dans la branche commerciale considérée* ».

1012. A ce titre, l'acceptation de la clause attributive de compétence par la société [X] paraît difficilement discutable quand la clause est issue d'une convention cadre ou d'un contrat librement

---

1215 Cass. Civ. du 8 juillet 2010 Pourvoi n°09-67.013.

1216 CA Paris du 17 décembre 2013 RG n°13/13637.

1217 Cass. Civ. du 9 mars 2010 Pourvoi n°09-10.216. Dans cette affaire, la société visée était une société française et non étrangère mais le raisonnement est transposable à toute clause attributive de compétence.

1218 CA Grenoble du 20 septembre 2006 RG n°06/00805. Dans cette affaire, la société visée était une société française et non étrangère mais le raisonnement est transposable à toute clause attributive de compétence.

1219 CA Paris du 7 mars 2013 RG n°12/04392.

signé par les parties[1220], sous réserve que la signature des parties puisse être clairement identifiable[1221].

1013. En revanche, elle a pu être discutée quand elle figurait dans des documents annexes. Par exemple, le fait que la clause apparaisse dans les conditions générales de vente et au dos des factures adressés par un fournisseur [A] à son distributeur [X] français, peut être suffisant pour établir l'acceptation de la clause attributive par [X] du fait de la réitération des commandes et des paiements, et ce, quand bien même le client n'ait jamais signé spécifiquement un document stipulant ladite clause[1222]. Il en va de même de documents dont il était expressément indiqué qu'ils étaient annexés aux confirmations de commandes[1223].

1014. A l'inverse, dans une autre affaire, la clause figurant sur des confirmations de commandes valant facturation pour un fournisseur, a été écartée au motif que ces documents n'avaient pas été contresignées par l'autre société[1224]. A ce titre, si la relation était régie par un contrat spécifique, le fait qu'existe une clause attributive de compétence au dos des bons de commande peut être insuffisant, la société l'invoquant n'apportant pas la preuve que la clause figurait sur ledit contrat[1225]. Ce raisonnement est d'autant plus applicable lorsque la clause figure sur le verso des bons de commandes et que ceux-ci sont faxés au fournisseur qui n'a donc que le recto[1226].

1015. De même, si la clause est issue des conditions générales d'achats du client [X], et mentionnée au dos de ses bons de commande, le juge peut souverainement estimer qu'au fondement de l'article 23-1 du règlement n°44/2001, il n'est pas démontré l'acceptation par la société [A] de droit étranger de la clause attributive de compétence[1227]. Si les conditions générales d'achats ont en revanche été régulièrement acceptées, la clause est alors applicable au litige[1228].

(iii) Le bénéficiaire ne doit pas y avoir renoncé

1016. Dans l'hypothèse où le bénéficiaire de la clause attributive renonce à l'application de la clause attributive de compétence en première instance, il ne peut revenir sur sa décision par la suite. En effet, de telles exceptions doivent être soulevées *in limine litis*[1229].

1220 Cass. Civ. du 22 octobre 2008 Pourvoi n°07-15.823 ; Cass. Civ. du 6 mars 2007 Pourvoi n°06-10.946 ; CA Aix en Provence du 29 mai 2008 RG n°07/16801.

1221 CA Toulouse du 6 mars 2012 RG n°10/02436.

1222 Cass. Com. du 20 mars 2012 Pourvoi n°11-11.570 ; Voir aussi Cass. Com. du 6 mars 2007 Pourvoi n°06-10.946.

1223 CA Besançon du 13 février 2013 RG n°12/02424.

1224 CA Aix en Provence du 15 juin 2011 RG n°11/03547. Il n'est pas exclu que le fait que la relation n'ait duré qu'un peu plus d'un an, ait motivé cette appréciation.

1225 CA Metz du 31 mai 2011 RG n°10/00170.

1226 CA Versailles du 29 septembre 2011 RG n°11/00914.

1227 Cass. Com. du 18 janvier 2011 Pourvoi n°10-11.885.

1228 CA Paris du 31 janvier 2013 RG n°12/17503.

1229 CA Aix en Provence du 8 mars 2012 RG n°10/16252.

(iv) Les limites possibles de la clause attributive de compétence

1017. L'ensemble des décisions où l'exception d'incompétence a été soulevée concernent des affaires en rupture brutale de relation commerciale. A cet égard, si la jurisprudence considère que la clause attributive de compétence prévaut sur la notion du lieu du fait dommageable dans le cadre de la mise en œuvre de l'article L. 442-6 du code de commerce, fussent-elles des dispositions de loi de police engageant la responsabilité délictuelle de l'auteur des manquements présumés, ces décisions ne concernent que des litiges en rupture brutale se limitant par définition à deux sociétés. Par conséquent, il n'est pas exclu que l'appréciation par les juges puisse être différente si le litige dépasse le cadre contractuel liant deux sociétés.

1018. A titre d'illustration, l'intervention du ministre au nom du trouble à l'ordre public économique, pourrait impliquer un litige dépassant le cadre strict de la relation contractuelle, quand bien même le contrat serve de base à la démonstration du préjudice.

1019. Premièrement, lorsque le litige concerne à la fois une société [A] française et sa filiale ou maison mère étrangère, cette dernière pourrait être mise en cause d'une part pour permettre une bonne administration de la justice (voir § 1040) et d'autre part suite à la mise en cause des deux sociétés [A] *in solidum* du fait de leur comportement (voir § 1039).

1020. Deuxièmement, chaque contrat fait naître des droits et obligations pour chaque partenaire commercial. Dans l'hypothèse où la société [X] soit liée par plusieurs contrats, l'appréciation des manquements pourrait concerner la globalité de la relation commerciale, par l'analyse notamment des droits et obligations des parties découlant de chaque contrat (sur le modèle de certaines démonstrations réalisées en application du droit interne, voir § 749 à 757). Dès lors, le litige ne porterait pas uniquement sur le contrat de droit étranger en tant que tel.

1021. Troisièmement, comme précisé précédemment (voir § 1007 à 1013), deux conditions sont nécessaires pour qu'une clause attributive de compétence soit valable, et donc opposable. Notamment, la clause doit couvrir la nature du litige. Dans l'hypothèse où le ministre fasse valoir une application des dispositions prévues par l'article L. 442-6 à des contrats de droit étrangers au titre de manquements distincts de la rupture de relation commerciale et concernant plusieurs victimes potentielles, il n'est pas certain que la clause attributive soit systématiquement validée, l'action du ministre étant une action autonome au titre de l'ordre public économique dépassant le cadre d'un litige entre deux parties.

1022. L'opposition entre la clause attributive de compétence et l'applicabilité d'une règle relevant d'une loi de police peut expliquer l'existence d'une décision antagoniste considérant la clause attributive comme non opposable à l'action du ministre. Dans une affaire par exemple[1230], l'action du demandeur avait été appuyée par le ministre au titre du trouble à l'ordre public économique. La cour avait estimé que l'article L. 442-6 donnait au ministre une mission de protection générale d'un ordre public économique lié au respect des règles de concurrence, et qu'en conséquence, la finalité de l'action échappant aux prévisions contractuelles, la clause d'arbitrage figurant au contrat de vente n'était pas applicable.

[1230] CA Lyon du 9 septembre 2004 RG n°2004/00108.

c) En cas d'absence de clause attributive de compétence opposable

1023. Dans le cas où aucune clause attributive de compétence ne détermine *ex ante* la juridiction compétente, ou si une clause est prévue, mais n'est pas opposable du fait qu'elle ne remplisse pas les différentes conditions de validité, les dispositions d'ordre général s'appliquent, *i.e.* le lieu du fait dommageable.

(i) Le lieu du fait dommageable

1024. Tout d'abord, deux cas de figure doivent être distingués, suivant que le siège social de [A] se trouve ou non dans le ressort territorial de l'Union européenne.

1025. **Si la société [A] est dans le ressort de l'UE :** Dans ce cas, la juridiction compétente est déterminée suivant les dispositions du règlement n°44/2001[1231], et plus particulièrement l'article 5-3 qui précise : « *une personne domiciliée sur le territoire d'un État membre peut être attraite, dans un autre État membre [...] en matière délictuelle ou quasi délictuelle, devant le tribunal du lieu où le fait dommageable s'est produit ou risque de se produire* »[1232].

1026. La cour de justice des Communautés Européennes a précisé qu'au sens de la convention de Bruxelles précitée, et donc du règlement n°44/2001 qui en reprend strictement les termes, « *la notion de matière délictuelle ou quasi délictuelle couverte par l'article 5, point 3, de la convention de Bruxelles comprend toute demande qui vise à mettre en jeu la responsabilité d'un défendeur et qui ne se rattache pas à la matière contractuelle* »[1233], laquelle « *présuppose la détermination d'une obligation juridique librement consentie par une personne à l'égard d'une autre et sur laquelle se fonde l'action du demandeur* »[1234].

1027. Par ailleurs, les notions figurant aux articles 5, points 1 et 3 notamment « *doivent être interprétées de façon autonome, en se référant principalement au système et aux objectifs de ladite convention, en vue d'assurer l'application uniforme de celle-ci dans tous les États contractants* »[1235], et qu'en conséquence « *un tribunal compétent au titre de l'article 5 § 3 pour connaître de l'élément d'une demande reposant sur un fondement délictuel n'est pas compétent pour connaître les autres éléments de la même demande reposant sur des fondements non délictuels* »[1236]. Il est donc envisageable que suivant les cir-

---

[1231] Règlement (CE) n°44/2001 du 22 décembre 2000 concernant la compétence judiciaire, la reconnaissance et l'exécution des décisions en matière civile et commerciale.

[1232] Avant le 1er mars 2002, en vertu de l'article 76 dudit règlement, la convention de Bruxelles du 27 septembre 1968 concernant la compétence judiciaire et l'exécution des décisions en matière civile et commerciale était applicable. La disposition similaire existait par son article 5-3 qui précisait « *Le défendeur domicilié sur le territoire d'un État contractant peut être attrait, dans un autre État contractant [...] en matière délictuelle ou quasi délictuelle, devant le tribunal du lieu où le fait dommageable s'est produit* ».

[1233] CJUE du 20 janvier 2005 Petra Engler c / Janus Versand GmbH C-27/02, point 29 – Voir aussi arrêts du 27 septembre 1988, Kalfelis, C189/87, Rec. p. 5565, point 17; du 26 mars 1992, Reichert et Kockler, C 261/90, Rec. p. I 2149, point 16; du 27 octobre 1998, Réunion européenne e.a., C 51/97, Rec. p. I 6511, point 22; Gabriel, précité, point 33, et du 1 er octobre 2002, Henkel, C 167/00, Rec. p. I-8111, point 36.

[1234] CJUE du 20 janvier 2005 Petra Engler c / Janus Versand GmbH C-27/02, point 51.

[1235] CJUE du 20 janvier 2005 Petra Engler c / Janus Versand GmbH C-27/02, point 33 – Voir aussi arrêts du 21 juin 1978, Bertrand, 150/77, Rec. p. 1431, points 14 à 16; du 19 janvier 1993, Shearson Lehman Hutton, C 89/91, Rec. p. I 139, point 13; du 3 juillet 1997, Benincasa, C-269/95, Rec. p. I 3767, point 12; du 27 avril 1999, Mietz, C 99/96, Rec. p. I 2277, point 26, et Gabriel, précité, point 37.

[1236] CJUE du 27 septembre 1988, Kalfelis, C189/87, Rec. p. 5565.

constances de l'espèce, des demandes basées sur l'article L. 442-6 du code de commerce puissent prospérer, mais pas celles basées sur les principes généraux du code civil et la responsabilité contractuelle.

1028. En tout état de cause, le texte a été jugé applicable à des sociétés étrangères situées dans l'UE en l'absence de clause attributive de compétence opposable[1237].

1029. **Si la société [A] est en dehors de l'UE :** Dans ce cas, la juridiction compétente est déterminée suivant les dispositions de la convention de Lugano du 30 octobre 2007[1238] concernant la compétence judiciaire et l'exécution des décisions en matières civile et commerciale, et plus particulièrement l'article 5-3 selon lequel : « *le défendeur domicilié sur le territoire d'un État contractant peut être attrait, dans un autre État contractant [...] en matière délictuelle ou quasi délictuelle, devant le tribunal du lieu où le fait dommageable s'est produit* ».

1030. Dans le cas où cette convention s'applique, *i.e.* si l'Etat en question fait partie de la liste des signataires, il est possible d'attraire la société domiciliée à l'étranger devant les juridictions françaises au titre du lieu du fait dommageable. Dans le cas contraire, en l'absence de convention internationale, l'article 46 du code de procédure civile est valable, ainsi que la jurisprudence en découlant, le demandeur ayant le choix d'attraire la société mise en cause devant les juridictions françaises au titre du lieu du fait dommageable[1239].

1031. En conclusion, que la société [A] soit européenne ou non, le principe directeur à la détermination de la juridiction compétente est dans tous les cas le lieu du fait dommageable. A ce titre, la cour de cassation a confirmé l'applicabilité de l'article L. 442-6 du code de commerce à un partenaire étranger en précisant que tout manquement à ces dispositions particulières « *engage la responsabilité délictuelle de son auteur et que la loi applicable à cette responsabilité est celle de l'Etat où le fait dommageable s'est produit* »[1240].

(ii) La détermination du lieu du fait dommageable

1032. En responsabilité délictuelle ou quasi-délictuelle, la notion du lieu du fait dommageable ouverte au demandeur recouvre deux situations : le lieu de l'évènement causal et le lieu où le préjudice a été subi. A titre d'illustration, dans le cadre d'une rupture de relation commerciale entre une société [A] de droit étranger et une société [X] de droit français, il s'agit de déterminer si le lieu du fait dommageable s'entend comme le lieu de

---

1237 CA Montpellier du 21 juin 2011 RG n°10/03569 ; CA Lyon du 6 septembre 2012 RG n°10/05522.

1238 Sous réserve que l'Etat dans lequel la société [A] est domiciliée fasse partie de la liste de signataires.

1239 Cette approche a pu être utilisée dans le cadre d'un litige opposant une place de marché en ligne à des fabricants, au motif que des produits étaient vendus en dehors de leur réseau de distribution sélective par le site Internet (CA Paris du 3 septembre 2010 RG n°08/12822). Le site américain de la place de marché a pu être attrait à la cause non seulement car les internautes français y avaient accès, mais aussi car ils y étaient même incités par le site français pour élargir leur recherche ou bénéficier d'opérations commerciales. Bien que le jugement ait été cassé sur ce point par la cour de cassation (Cass. Com. du 3 mai 2012 Pourvoi n°11/10.508), la cour d'appel n'ayant pas démontré à suffisance de droit en quoi le site s'adressait directement à des internautes français, le raisonnement sur la compétence territoriale demeure cependant applicable.

1240 Cass. Com. du 21 octobre 2008 Pourvoi n°07-12.336.

l'évènement causal auquel cas la juridiction étrangère est compétente, ou s'il s'agit du lieu où le dommage a été subi auquel cas la juridiction française est compétente.

1033. **Si la société [A] est située dans le ressort de l'UE :** La Cour de Justice de l'Union Européenne a répondu sans ambigüité à cette question dans un arrêt de 1976, où elle indique que dans le cadre de la mise en œuvre de l'article 5-3 du règlement n°44/2001, « *le défendeur peut être attrait, au choix du demandeur, devant le tribunal soit du lieu où le dommage est survenu, soit du lieu de l'évènement causal qui est à l'origine de ce dommage* »[1241].

1034. Dès lors, dans le cadre de manquements au titre de l'article L. 442-6, le demandeur peut donc attraire une société de droit étranger devant les juridictions françaises s'il démontre que le dommage a été subi en France. Ainsi, pour une rupture des relations commerciales par exemple, le lieu peut être celui du siège social de la société [X] victime de la rupture, quand bien même le fait générateur, soit la décision de rompre, ait été commis à l'étranger[1242].

1035. Dans certaines affaires, il a pu arriver à une société étrangère d'être condamnée sur la base de l'article L. 442-6, sans pour autant que la démonstration du lieu du fait dommageable fasse l'objet de développements particuliers[1243].

1036. **Si la société [A] est située en dehors de l'UE :** De même que pour l'approche prévalant en droit communautaire, si la société [A] n'est pas dans l'Union européenne, le lieu du fait dommageable détermine la juridiction compétente suivant les mêmes principes que ceux prévalant lorsque l'entreprise visée est européenne.

1037. Il est ainsi possible d'attraire une société étrangère devant les juridictions françaises, mais il est pour cela nécessaire de démontrer un lien entre la société étrangère et son impact en France. La responsabilité d'une société étrangère a par exemple été invoquée dans le cadre d'un litige opposant une place de marché en ligne à des fabricants, au motif que des produits étaient vendus en dehors de leur réseau de distribution sélective par le site Internet. En l'espèce[1244], les sites suisses de la place de marché n'ont pas pu être visés au motif que le simple fait d'être accessibles n'était pas suffisant en l'absence d'un lien significatif entre les sites français et suisse, dont l'activité respective était ignorée, et ce, quand bien même les internautes pouvaient mettre en œuvre des dispositifs de traduction partielle.

1038. Cette approche a ainsi été adoptée par la jurisprudence qui a pu considérer conformément aux demandes du demandeur que le lieu du fait dommageable était le lieu où le préjudice

---

[1241] CJUE du 30 novembre 1976 Handelskwekerij G. J. Bier BV c/ Mines de potasse d'Alsace SA, C21/76, Rec. p. 1735.

[1242] CA Colmar du 10 juin 2008 RG n°06/05058 ; Voir aussi CA Versailles du 16 septembre 2004 RG n°2003/02914 ; CA Rennes du 3 novembre 2009 RG n°08/07491 ; CA Douai du 22 avril 2008 RG n°06/04340 ; CA Rennes du 4 janvier 2011 RG n°09/07515.

[1243] CA Paris du 23 juin 2005 RG n°03/11769 ; CA Dijon du 4 décembre 2012 RG n°06/02172 ; CA Rennes du 3 novembre 2009 RG n°08/07491 ; CA Lyon du 4 juin 2009 RG n°08/02521 ; CA Paris du 16 novembre 2005 RG n°05/07002 ; CA Pau du 9 juin 2008 RG n°06/01169 ; CA Lyon du 25 septembre 2008 RG n°07/00701 ; CA Rennes du 29 janvier 2008 RG n°06/00074.

[1244] CA Paris du 3 septembre 2010 RG n°08/12822.

avait été subi du fait de l'incidence de la pratique sur le territoire français[1245], ou le lieu de l'évènement causal, lorsque la société victime est de droit étranger[1246], générateur de l'acte de rupture des relations commerciales.

d) La mise en cause de la société étrangère sur d'autres bases

1039. La société étrangère peut aussi être condamnée sur d'autres bases que le seul fait dommageable. En premier lieu, il est possible que sa responsabilité soit mise en cause *in solidum* avec celle de sa filiale lorsque cette dernière est impliquée et domiciliée en France. Dans une affaire par exemple[1247], la société française avait assigné à la fois la maison mère britannique et sa filiale de commercialisation française pour rupture brutale des relations commerciales.

1040. En second lieu, la responsabilité de la maison-mère peut aussi être recherchée en cas de pluralité des défendeurs[1248], et ce, bien que le fondement de l'action soit en partie contractuel et en partie délictuel. Dans une affaire par exemple[1249], la société [X] reprochait à son fournisseur danois d'avoir rompu brutalement leur relation commerciale tout en créant une filiale de commercialisation concurrente sur le territoire français à son détriment. La juridiction française s'est ainsi déclarée compétente.

1245 CA Orléans du 28 octobre 1999 RG n°98/01692 ; CA Grenoble du 4 octobre 2012 RG n°12/02110.

1246 CA Nancy du 1er octobre 2008 RG n°06/02023.

1247 CA Paris du 18 janvier 2007 RG n°03/18220 ; Dans une autre affaire, il a été fait application de ces dispositions particulières bien que la société étrangère ne soit finalement pas condamnée en l'absence d'éléments permettant de caractériser la pratique (TC Lille du 12 janvier 2012 RG n°2011/03836).

1248 Lorsque la société étrangère est dans l'UE, l'article 6-1 du règlement n°44/2001 s'applique en indiquant « *s'il y a plusieurs défendeurs, devant le tribunal du domicile de l'un d'eux, à condition que les demandes soient liées entre elles par un rapport si étroit qu'il y a intérêt à les instruire et à les juger en même temps afin d'éviter des solutions qui pourraient être inconciliables si les causes étaient jugées séparément* ». Lorsque la société étrangère est en dehors de l'UE, l'article 6-1 de la convention de Lugano s'applique, cet article reprenant des dispositions similaires à celles du règlement précité, à savoir « *ce même défendeur peut aussi être attrait s'il y a plusieurs défendeurs, devant le tribunal de l'un d'eux* ».

1249 CA Versailles du 16 septembre 2004 RG n°2003/02914.

§3. La détermination de la juridiction compétente en cas de mise en œuvre de la responsabilité contractuelle

1041. A l'instar de ce qui est applicable lorsque la responsabilité délictuelle est invoquée, l'approche est différente suivant que puisse être opposée (A) ou non (B) une clause attributive de compétence.

A. La clause attributive de compétence

1042. Dans le cadre d'une approche en responsabilité contractuelle, la clause attributive de compétence, si elle est valable, demeure opposable dans tous les cas, et quelle que soit la nationalité des sociétés visées ou victimes.

1. En cas d'application franco-française

1043. Dans ce cas, l'article 48 du code de procédure civile s'applique, indiquant « *toute clause qui, directement ou indirectement, déroge aux règles de compétence territoriale est réputée non écrite à moins qu'elle n'ait été convenue entre des personnes ayant toutes contracté en qualité de commerçant et qu'elle n'ait été spécifiée de façon très apparente dans l'engagement de la partie à qui elle est opposée* ». Toutefois, si dans une procédure normale, la clause attributive de compétence demeure valable, il en va différemment en cas de saisie du juge des référés, dans la mesure où dans ce cas, elle est inopposable au demandeur[1250].

2. En cas d'application à une société étrangère

1044. Dans ce cas, la clause attributive de compétence est régie par des règles similaires à celles prévalant en cas de mise en cause de la responsabilité délictuelle (voir § 999 à 1003). La juridiction compétente correspondra donc là aussi à celle prévue au contrat et librement consentie entre les deux sociétés[1251].

B. En l'absence de clause attributive de compétence

1. Si la relation commerciale se limite au marché français

1045. Dans ce cas, l'article 46 du code de procédure civile s'applique, indiquant « *le demandeur peut saisir à son choix, outre la juridiction du lieu où demeure le défendeur [...] en matière contractuelle, la juridiction du lieu de la livraison effective de la chose ou du lieu de l'exécution de la prestation de service* ».

[1250] Cass. Civ. du 17 juin 1998 Pourvoi n°95-10.563 ; Cass. Com. du 25 juin 2002 Pourvoi n°99-14.761.

[1251] CA Versailles du 30 septembre 2004 RG n°01/07008.

2. Si la relation commerciale dépasse le cadre du marché français

1046. A ce titre, les dispositions applicables[1252] indiquent que dans ce cas la juridiction compétente correspond « *en matière contractuelle, [au] tribunal du lieu où l'obligation qui sert de base à la demande a été ou doit être exécutée* ». En matière de droit communautaire, l'article 5-1 du règlement n°44/2001 apporte des précisions complémentaires, indiquant qu' « *aux fins de l'application de la présente disposition, et sauf convention contraire, le lieu d'exécution de l'obligation qui sert de base à la demande est :*

- *pour la vente de marchandises, le lieu d'un État membre où, en vertu du contrat, les marchandises ont été ou auraient dû être livrées,*

- *pour la fourniture de services, le lieu d'un État membre où, en vertu du contrat, les services ont été ou auraient dû être fournis* ».

1047. Cependant, les décisions existantes dans le cadre de vente de marchandises ont au contraire considéré que le lieu de la prestation la plus caractéristique correspondait au lieu où le fournisseur exerçait son activité et non à l'endroit où les marchandises devaient être livrées. Dans une affaire par exemple, le litige opposait un fournisseur allemand et un distributeur français[1253], et les juges ont considéré que la prestation la plus caractéristique correspondait à celle du fournisseur. Réciproquement, dans un litige opposant un fournisseur [A] de droit français à un distributeur [X] de droit belge, les juges ont considéré que la loi alors applicable était la loi française[1254].

1048. En conclusion, l'intérêt à mettre en œuvre l'article L. 442-6 du code de commerce plutôt que les dispositions générales du code civil, peut résider dans la possibilité, du fait qu'il engage la responsabilité délictuelle, d'écarter l'application d'une éventuelle clause attributive de compétence, cette possibilité étant certaine quand le litige concerne uniquement des sociétés françaises, probable si une société de droit étranger est mise en cause dans le cadre d'une action plus large qu'une rupture bipartite, notamment dans le cadre de l'action autonome du ministre. De plus, en l'absence d'une telle clause, en responsabilité délictuelle, la juridiction compétente est déterminée par la notion de « *lieu du fait dommageable* » par opposition à celle du « *lieu où l'obligation qui sert de base doit être exécutée* », ce qui peut procurer davantage de souplesse au demandeur.

1049. Le diagramme suivant résume la méthodologie à suivre pour déterminer la juridiction compétente d'un cas d'espèce.

[1252] Articles 5-1 de la convention de Lugano du 30 octobre 2007 et du règlement n°44/2001.

[1253] CA Rouen du 15 mai 2007 RG n°03/04545.

[1254] Cass. Civ. du 25 novembre 2003 Pourvoi n°01-01.414.

Synthèse comparative sur la juridiction compétente en matière de litige commercial

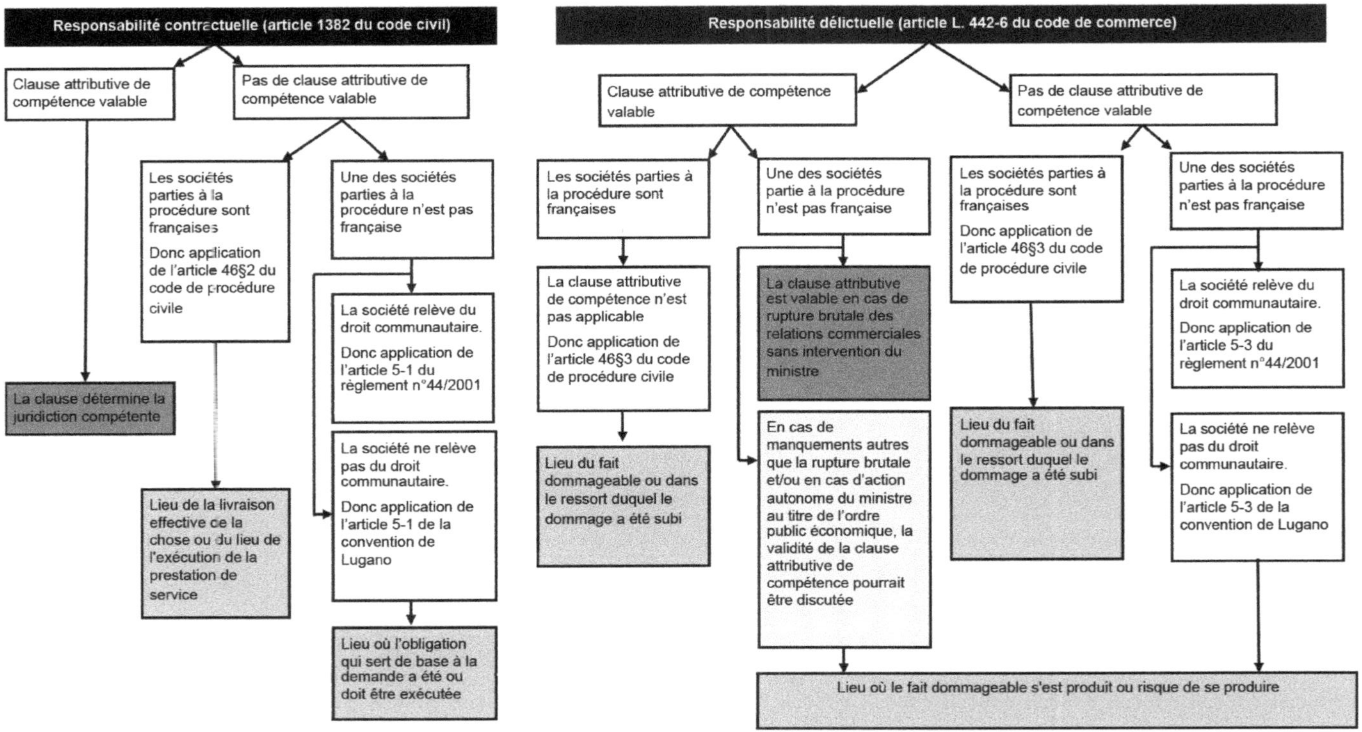

Section 2.
La recevabilité de l'action

1050. Tout manquement aux dispositions particulières de l'article L. 442-6 du code de commerce peut être introduit « *devant la juridiction civile ou commerciale compétente* par toute personne justifiant d'un intérêt, *par le ministère public,* par le ministre chargé de l'économie_*ou par le président de l'Autorité de la concurrence lorsque ce dernier constate, à l'occasion des affaires qui relèvent de sa compétence, une pratique mentionnée au présent article* »[1255] (soulignement ajouté).

1051. Si les dispositions relevant de la rupture brutale des relations commerciales sont généralement mises en œuvre par les entreprises elles-mêmes ou leurs représentants, les autres dispositions, et notamment l'avantage sans contrepartie ou le déséquilibre significatif sont le plus souvent mises en œuvre par le ministre lui-même.

1052. Dans le cas d'une mise en œuvre par la société [X] elle-même, il est nécessaire qu'existe un lien commercial qu'il soit direct ou indirect, et que les faits ne soient pas prescrits (1). Lorsque la procédure est mise en œuvre par le ministre, des règles spécifiques s'appliquent (2).

1053. Exceptionnellement, l'action a pu être introduite par l'Autorité de la concurrence mais cela reste tout à fait marginal[1256]. En effet, en vertu de l'article L. 442-6 III, l'Autorité de la concurrence a aussi qualité à agir pour introduire devant les juridictions de commerce une action basée sur un manquement au titre du droit des pratiques commerciales restrictives. De ce fait, cela lui confère aussi le statut de partie à la procédure, et donc lui permet d'interjeter appel en application des dispositions de l'article 546 du code de procédure civile. Ce type d'action est toutefois très rare. D'un point de vue procédural, l'Autorité de la concurrence est dépourvue de personnalité morale, et doit être représentée en justice et dans tous les actes de la vie civile par son président, lequel a qualité pour agir en justice au nom de l'Autorité de la concurrence[1257].

[1255] Article L. 442-6 III du code de commerce.

[1256] Par exemple suite à : Adlc, décision n°07-D-50 du 20 décembre 2007 relative à des pratiques mises en œuvre dans le secteur de la distribution de jouets.

[1257] CA Caen du 26 mars 2013 RG n°11/03883.

§1. Les règles générales

A. L'intérêt à agir à travers le lien commercial

1054. L'action peut être introduite par tout partenaire économique justifiant d'un intérêt à agir, qu'il existe un lien commercial direct ou indirect.

1. Lorsqu'il existe un lien commercial direct

1055. L'article L. 442-6 du code de commerce peut être mis en œuvre par tout partenaire économique justifiant d'un intérêt à agir. Au-delà des sociétés ou associations qui peuvent être victimes, l'action d'un syndicat professionnel qui intervient au renfort de son adhérent peut être recevable dans la mesure où il a pour objet de préserver les intérêts de ses adhérents, et s'il dispose à ce titre d'un pouvoir pour mener auprès des tribunaux toute action nécessaire pour atteindre cet objectif[1258].

1056. Le liquidateur judiciaire ou le mandataire social peuvent aussi engager une procédure au titre de ces dispositions pourvu que leurs pouvoirs ne soient pas expressément limités et qu'ils disposent du pouvoir d'ester en justice aussi bien en demande qu'en défense[1259], et ce, quand bien même le plan de cession aurait été complètement réglé[1260]. Pour autant, le commissaire à l'exécution du plan n'a en revanche pas qualité à agir pour représenter le débiteur dans le cadre d'une action basée sur l'article L. 442-6 du code de commerce, cette action ne tendant pas à la défense des intérêts collectifs des créanciers, et s'agissant d'un préjudice particulier[1261].

2. Lorsqu'il existe uniquement un lien commercial indirect

1057. De manière générale, un tiers non lié contractuellement avec la société intimée n'est pas fondé à agir sur le fondement de l'article L. 442-6 du code de commerce. Tel est le cas par exemple d'une société visant les accords signés entre son concurrent et les fournisseurs de ce dernier[1262].

1058. Pour autant, dans certains cas très particuliers, il est possible que le demandeur ne soit pas contractuellement lié à l'une des sociétés qu'il met en cause (voir § 616 et suivants en cas de sous-traitance, ainsi que § 1247 et suivants pour les autres cas). Pour ce faire, il est nécessaire que le demandeur prouve avoir subi un préjudice personnel et distinct de celui qui aurait été subi par la société directement liée à la société [A][1263].

1258 CA Lyon du 15 janvier 2004 RG n°02/03192 – Voir aussi TC Brest du 7 décembre 2007 RG n°2006/001400 ;

1259 CA Paris du 16 septembre 2009 RG n°07/13021 – Voir aussi CA Caen du 27 novembre 2008 RG n°05/02182 ; CA Nancy du 23 novembre 2005 RG n°04/03710.

1260 CA Caen du 2 juin 2005 RG n°03/03155 – l'argument du défendeur se basait sur l'article L. 621-90 du code de commerce depuis abrogé.

1261 CA Aix en Provence du 2 février 2012 RG n°11/12002.

1262 CA Paris du 17 octobre 2013 RG n°11/19394.

1263 Cass. Com. du 26 novembre 2013 Pourvoi n°12-26.332.

1059. A titre d'illustration, les adhérents d'une coopérative peuvent être légitimes à agir suivant les circonstances dans laquelle s'insère la relation avec leur coopérative. En l'espèce[1264], les règles d'adhésion limitaient totalement leurs débouchés ayant l'obligation de confier l'intégralité de leur production à la coopérative. Dès lors, compte-tenu du mode de production soumis à de telles règles de mise sur le marché, la perte brutale et sans préavis d'une filière exclusive de transformation de leur production légumière est de nature à générer pour chaque sociétaire un préjudice personnel distinct de celui de la société coopérative, résultant de la désorganisation de son exploitation agricole et des pertes économiques découlant d'un changement brutal de pratiques culturales.

1060. De même, les anciens actionnaires de la société [X] peuvent aussi avoir intérêt à agir. Dans une affaire par exemple[1265], les actionnaires avaient dû consentir un rabais substantiel à leur acheteur du fait de la brutalité de la rupture occasionnée par la décision unilatérale de la société [A], et la perte de chiffre d'affaires en découlant, si bien qu'ils étaient légitimes à mettre en cause la société [A] en leur nom propre. A plus forte raison, les actionnaires actuels de la société [X] peuvent agir en justice sur un fondement délictuel[1266].

B. La prescription

1061. Depuis 2008, l'action au titre du L. 442-6 du code de commerce est soumise à une prescription de 5 ans[1267], sans que la date d'introduction à l'instance ait une quelconque incidence sur la qualification des pratiques[1268]. Bien entendu, si les faits relèvent des dispositions antérieures prévoyant une prescription de 10 ans, cette dernière durée s'applique au litige[1269].

1062. A ce titre, s'il existe une prescription spécifique au secteur d'un point de vue contractuel, cette prescription ne fait pas obstacle à l'application de l'article L. 442-6 du code de commerce, s'agissant d'une action délictuelle. Tel est le cas par exemple de la prescription annale dans le transport de marchandises, qui de ce fait n'est pas opposable à une action délictuelle sur la base de l'article L. 442-6 du code de commerce[1270].

1264 CA Amiens du 21 juin 2012 RG n°11/01055.

1265 CA Toulouse du 15 septembre 2010 RG n°08/00313.

1266 CA Bordeaux du 26 mars 2012 RG n°10/03519.

1267 Article L. 110-4 du code de commerce.

1268 CA Amiens du 30 novembre 2001 RG n°00/00407.

1269 Cass. Com. du 11 septembre 2012 Pourvoi n°11-17.458.

1270 Cass. Com. du 11 mai 2010 Pourvoi n°09-10.797.

§2. Les règles spécifiques en cas d'action autonome du ministre

1063. Le ministre est recevable dans son action qu'il intervienne à titre principal de manière autonome, ou qu'il intervienne à titre subsidiaire, notamment à l'appui de victimes présumées de pratiques commerciales restrictives. Son action n'est nullement conditionnée à la persistance des pratiques dénoncées[1271].

1064. Par ailleurs, la communication de son action par le ministre, et la publicité en découlant, n'est pas condamnable étant donné qu'il agit dans le cadre de sa mission de protection de l'ordre public économique[1272]. En tout état de cause, un abus de la part du ministre dans l'exercice de son action[1273] peut être sanctionné par la mise en cause de la responsabilité de l'Etat, mais cela n'influe pas sur la recevabilité de l'action[1274].

1065. La compatibilité de l'article L. 442-6 du code de commerce avec la CESDH (A), ou avec d'autres principes généraux du droit (B) a pu être très contestée par le passé, mais est désormais définitivement validée. Les demandes adressées par le ministre doivent néanmoins respecter certaines conditions pour être recevables (C). Par ailleurs, suivant les caractéristiques de l'espèce, une société victime de pratiques commerciales restrictives peut avoir véritablement intérêt à associer la DGCCRF dans la procédure (D).

A. La compatibilité de l'article L. 442-6 avec la CESDH

1066. Le législateur a souhaité que l'action du ministre au titre de l'article L. 442-6 du code de commerce ne soit pas conditionnée par le fait que les victimes présumées soient parties à l'instance, d'où le caractère autonome de l'action du ministre. Le principe de cette autonomie d'action a pu toutefois être présenté comme étant contraire à la Convention Européenne de Sauvegarde des Droits de l'Homme (CESDH), et plus particulièrement l'article 6, concernant le droit à un procès équitable.

1067. En instaurant l'article L. 442-6 du code de commerce, les pouvoirs publics souhaitaient sanctionner le trouble à l'ordre public économique (1), ce qui a depuis été validé par les plus hautes instances judiciaires (2). La mise en œuvre de l'action autonome du ministre implique néanmoins le respect de certaines conditions (3).

[1271] TGI Hazebrouck du 7 mai 2008 RG n°06/00167 ; TC Lille du 4 mars 2008 RG n°2006/03753 ; TC Meaux du 24 janvier 2012 RG n°2009/02296.

[1272] TC Bobigny du 29 mai 2012 RG n°2009F01541.

[1273] Dans le cas où son action soit arbitraire ou discriminatoire par exemple.

[1274] CA Reims du 5 novembre 2007 RG n°06/01898.

1. L'approche souhaitée initialement par les pouvoirs publics : sanctionner l'atteinte à l'ordre public économique

1068. L'objectif initialement poursuivi par le législateur à travers l'article L 442-6 du code de commerce était de « *donner plus d'efficacité à l'action du Ministre devant les tribunaux en lui permettant de demander la nullité des clauses illicites et la réparation du préjudice subi, car actuellement ne lui est reconnue, en l'absence de plaignant, que la possibilité de demander la cessation des pratiques abusives* »[1275], « *c'est pourquoi [...] cet article prévoit que le ministre chargé de l'économie puisse se substituer aux victimes, inhibées par la crainte de représailles de leurs puissants partenaires, pour obtenir du juge civil ou commercial un certain nombre de dispositions. Cependant autant il est légitime que les tribunaux puissent lui accorder, en tant que garant de l'ordre public économique, la cessation de pratiques abusives, l'annulation des contrats ou des clauses illicites, la répétition de l'indu ou le prononcé d'une amende civile, autant la réparation des préjudices subis, sous la forme de dommages et intérêts, implique une action des parties lésées elles-mêmes et exclut que l'on puisse plaider par procureur* »[1276].

1069. En définitive, l'objectif premier de ces disposition consiste à sanctionner le trouble à l'ordre public économique par le ministre, et non pas à réparer les préjudices éventuels liés à un intérêt privé spécifique. C'est pour cette raison que toute action en réparation du préjudice initiée par le ministre lui-même est irrecevable[1277], ce dernier ne pouvant intervenir que dans le cadre qui lui est donné : le prononcé d'une amende civile, la restitution de l'indu, et la nullité des clauses.

2. Une compatibilité définitivement validée

1070. Jusqu'en 2008, il existait une certaine inconstance jurisprudentielle quant à la légitimité fondant l'action autonome du ministre, certains jugements estimant que cette action était contraire à l'article 6-1 de la Convention Européenne de Sauvegarde des Droits de l'Homme[1278].

1071. Dans deux arrêts fondateurs[1279], la cour de cassation validé l'action du ministre en statuant qu'« a*ttendu que l'action du ministre chargé de l'économie, exercée en application des dispositions [de l'article L. 442-6 du code de commerce ...] est une action autonome de protection du fonctionnement du marché et de la concurrence, qui n'est pas soumise au consentement ou la présence des fournisseurs ; [...]*

Attendu que pour décider que l'action du ministre chargé de l'économie était irrecevable et dire sans objet sa demande d'amende civile, l'arrêt retient que par son action fondée sur les dispositions de l'article L. 442-6-III du C. Com., il recherchait le rétablissement des fournisseurs dans leurs droits patrimoniaux individuels afin de défendre et de restau-

---

1275 Présentation du projet de loi NRE à l'Assemblée Nationale par le Ministre de l'Economie du 20 mars 2000.

1276 Présentation du projet de loi NRE à l'Assemblée Nationale par Monsieur le Sénateur Marini le 4 octobre 2000.

1277 CA Caen du 29 octobre 2009 RG n°08/01874.

1278 A titre d'illustration : CA Versailles du 3 mai 2007 RG n°05/09223 ; CA Angers du 29 mai 2007 RG n°06/00563 ; CA Angers du 10 juin 2008 RG n°07/01769.

1279 Cass. Com. du 8 juillet 2008 Pourvoi n°07-16.761 et Cass. Com. du 8 juillet 2008 Pourvoi n°07-13.350.

rer l'ordre public économique prétendument troublé par les transactions intervenues [entre les sociétés] et qu'il avait introduit cette action de substitution sans en informer les fournisseurs, titulaires des droits et qu'il a poursuivi la procédure sans les y associer alors que 17 d'entre eux avaient expressément exprimé leur volonté contraire en violation de l'article 6 §1 de la convention qui garantit à toute personnes le droit à ce que sa cause soit entendue équitablement devant un tribunal indépendant et impartial qui décidera des contestations sur ses droits et obligations de caractère civil ;

Attendu qu'en statuant ainsi, la cour d'appel a violé les textes susvisés »[1280].

1072. Un autre arrêt d'ajouter que « *l'action du ministre chargé de l'économie, exercée en application des dispositions de l'article L. 442-6-III [...] est une action autonome de protection du fonctionnement du marché et de la concurrence qui n'est pas soumise au consentement ou à la présence des fournisseurs ; que c'est donc à bon droit que la cour d'appel a retenu que l'intervention du ministre de l'économie, des finances et de l'industrie concernait un domaine d'activité où la liberté contractuelle des fournisseurs peut parfois être rendue virtuelle par des pratiques commerciales que le législateur a voulu interdire pour garantir les droits fondamentaux des opérateurs économiques* »[1281].

1073. La conformité de l'article L. 442-6 du code de commerce avec la CESDH et plus particulièrement avec le droit à un procès équitable a ensuite été validée par le conseil constitutionnel[1282] principalement sur la base de deux arguments. Premièrement, les dispositions de l'article L. 442-6 n'interdisent pas à une victime présumée de saisir elle-même la juridiction civile, pas plus que le défendeur d'appeler à la cause son cocontractant. Deuxièmement, le législateur peut reconnaître à une autorité le pouvoir d'introduire, pour la défense d'un intérêt général, une action en justice visant à faire cesser une pratique contraire à l'ordre public sans que la liberté contractuelle ne s'oppose à l'exercice de ce pouvoir.

1074. Finalement, les différentes juridictions ont validé sans ambigüité :

- l'action autonome du ministre ;
- le fait qu'il n'agisse pas en action de substitution vis-à-vis des fournisseurs, leur présence et/ou consentement n'est donc pas nécessaire à la poursuite de l'action ;
- qu'il ne s'agit pas de rétablir les droits patrimoniaux des fournisseurs (approche civiliste du litige) ;
- que la finalité de l'action est bien la protection du marché contre un trouble à l'ordre public économique.

1075. Cette approche a depuis été validée par plusieurs décisions[1283] comme dans une affaire par exemple où la cour rappelle que l'action du ministre « *constitue une action de protec-*

[1280] Cass. Com. du 8 juillet 2008 Pourvoi n°07-16.761.

[1281] Cass. Com. du 16 décembre 2008 Pourvoi n°08-13.162.

[1282] Décision du Conseil Constitutionnel n° 2011–126 QPC du 13 mai 2011, Société Système U Centrale Nationale et autre [Action du ministre contre des pratiques restrictives de concurrence].

[1283] CA Nîmes du 25 février 2010 RG n°07/00606 ; CA Bastia du 30 septembre 2009 RG 07/00993 ; CA Grenoble du 17 décembre 2009 RG n°07/03290 ; CA Rennes du 20 janvier 2009 RG n°07/07013 ; CA Rennes du 20 janvier 2009 RG

tion du fonctionnement du marché et de la concurrence qui n'est pas soumise au consentement ou à la présence des fournisseurs mais qui garantit les droits fondamentaux des opérateurs économiques et est justifiée par des impératifs légitimes d'intérêt général. L'intérêt de ces dispositions législatives d'ordre public est de permettre l'action du ministre pour obtenir la condamnation des opérateurs ayant commis des pratiques illicites à des sanctions, sans possibilité pour des parties privées de paralyser leur application de par leur seule volonté »[1284].

1076. Finalement, la CESDH a définitivement validé l'action autonome du ministre et le fait qu'il n'agissait pas en substitution des fournisseurs en indiquant que « *le ministre agit avant tout en défense de l'ordre public économique qui n'est pas limité aux intérêts immédiats des fournisseurs. Le ministre par son action, n'exclut pas les cocontractants lésés par la relation commerciale puisque des derniers restent en droit d'engager eux-mêmes une action en justice aux fins d'obtenir l'annulation des clauses ou des contrats illicites, la réparation de l'indu et le paiement des dommages-intérêts, ou de se joindre à l'instance initiées par le ministre. [...] Il y a donc lieu de rejeter l'argument de la requérante selon lequel le ministre aurait agi en substitution des fournisseurs, ceux-ci disposant d'un droit de recours autonome à celui du ministre et vice versa* »[1285].

1077. Au surplus, l'équilibre entre les parties est assuré par la soumission de l'action du ministre aux dispositions du code de procédure civile, que ce soit pour le mode de résolution des conflits, pour l'administration de la preuve, ou encore pour la communication des pièces, étant rappelé que le procès est la chose des parties qui apportent au soutien de leurs prétentions les éléments de preuve qu'elles choisissent et que le juge statue au vue des seuls éléments de preuve qui lui sont communiqués[1286].

3. Les conséquences de la validation du caractère autonome de l'action du ministre vis-à-vis des victimes présumées des pratiques

a) L'action du ministre n'est pas une action de substitution

1078. Parce que c'est la prévention du trouble à l'ordre public économique qui motive l'action du ministre, et non la réparation d'un préjudice particulier, le ministre n'agit donc pas en substitution au nom des fournisseurs. Son action vise ainsi non pas la défense d'intérêts privés qui exigerait la présence du cocontractant, mais uniquement la défense de l'ordre public économique[1287].

1079. Cela explique pourquoi ni l'absence de vice de consentement (b), ni l'opposition des fournisseurs (c) ne sont nécessaires à l'application du texte. En revanche, si la présence

---

n°08/00246 ; Cass. Com. du 5 mai 2009 Pourvoi n°08/15.264 ; CA Rennes du 5 novembre 2008 RG n°07/04842 ce dernier jugement contient des développements très intéressants étayant la conformité de l'article avec la CESDH.

1284 CA Paris du 2 février 2012 RG n°09/22350.

1285 CEDH 17 janvier 2012 n°51255/08 GALEC c/ France.

1286 CA Paris du 11 septembre 2013 RG n°11/17941.

1287 CA Douai du 13 octobre 2005 RG n°04/01971.

des fournisseurs à l'instance n'est pas non plus nécessaire (d), il paraît préférable qu'ils soient informés de l'action en cours (e).

b) Le vice de consentement n'est pas une condition nécessaire

1080. Le vice de consentement du fournisseur n'a pas à être démontré, car il ne constitue pas une condition nécessaire à l'application de l'article L. 442-6 du code de commerce. Ainsi, la qualification de ces manquements n'est ni conditionnée à la démonstration d'un vice de consentement de la victime, ni à l'existence de pressions exercées à son encontre. Le texte vise en effet seulement à sanctionner les pratiques restrictives de concurrence qui troublent l'ordre public économique, et nuisent à l'établissement d'un rapport de force relativement équilibré entre les parties[1288]. Cette approche est d'ailleurs parfaitement illustrée par le fait que la seule tentative d'obtention d'un avantage sans contrepartie relève d'un manquement. Dans ce cas, le consentement, et donc à plus forte raison le vice de consentement, n'est donc pas nécessaire[1289].

c) L'opposition des fournisseurs n'est pas nécessairement un obstacle

1081. Non seulement il n'est pas nécessaire que les fournisseurs soient partie à l'instance, mais en outre, quand bien même ils s'opposent à la procédure, l'action autonome du ministre demeure légitime au titre du trouble à l'ordre public économique. Dans une affaire par exemple[1290], la cour a écarté le moyen tiré d'attestions de fournisseurs déclarant qu'ils étaient satisfaits du service, et donc ne souhaitaient pas être cités à la procédure, jugeant que l'action autonome du ministre n'avait pas pour conditions *sine qua non* l'adhésion des prétendues victimes puisqu'il s'agissait de sanctionner un trouble à l'ordre public économique. Au demeurant, comme nous le verrons ultérieurement (voir § 1144 et 1147), la pertinence de telles attestations comme moyen de preuve peut être utilement discutée en l'état actuel des textes.

1082. La contestation de l'action du ministre par les victimes présumées des pratiques peut toutefois être prise en compte par la juridiction, le défendeur pouvant appeler en cause son cocontractant pour, le cas échéant, témoigner à décharge. Néanmoins, il n'appartient pas au ministre de demander l'adhésion du cocontractant pour saisir la juridiction civile[1291] ce qui est d'ailleurs conforme à la décision de la CESDH citée *supra*[1292] sans quoi cela pourrait interdire au ministre l'accès au tribunal.

[1288] CA de Rennes du 20 janvier 2009 RG n°07/07013 ; CA de Rennes du 20 janvier 2009 RG n°08/00246.

[1289] Attendu de la CA de Bourges du 18 octobre 2004 RG n°04/01019 confirmé par Cass. Com. du 20 février 2007 Pourvoi n°04-20449.

[1290] Cass. Com. du 8 juillet 2008 Pourvoi n°07-16.761.

[1291] CA Rennes du 20 janvier 2009 RG n°07/07013 ; CA Rennes du 20 janvier 2009 RG n°08/00246.

[1292] CEDH, du 17 janvier 2012 n°51255/08 GALEC c/ France.

d) La présence des fournisseurs à l'instance n'est pas une condition nécessaire …

1083. Dans le cadre d'une action initiée par le ministre, il est fréquent que les fournisseurs ne soient pas partie à la procédure, de crainte notamment de représailles de la part de leur client distributeur. En effet, si dans le cadre d'une rupture brutale la société victime n'a plus rien à perdre, la relation étant rompue, tel n'est généralement pas le cas pour les autres manquements prévus par l'article L. 442-6 du code de commerce. C'est notamment ce risque que le législateur a voulu prévenir en permettant au ministre d'exercer une action autonome non conditionnée à la présence du (ou des) fournisseur(s).

1084. Le principe de l'autonomie de l'action du ministre ayant été entériné par la cour de cassation et la CESDH, il n'est donc pas nécessaire que les fournisseurs soient présents à l'instance, et ce, même dans le cadre d'une procédure en restitution de l'indu. A ce titre, l'essentiel des décisions en restitution de l'indu hors rupture ont ainsi été prononcées sans qu'aucun fournisseur ne soit partie à l'instance.

e) …mais il est nécessaire que les fournisseurs aient connaissance de la procédure

1085. L'action autonome du ministre a été validée par le conseil constitutionnel par une décision du 13 mai 2011[1293], indiquant « *que ni la liberté contractuelle ni le droit à un recours juridictionnel effectif ne s'opposent à ce que, dans l'exercice de ce pouvoir, cette autorité publique poursuive la nullité des conventions illicites, la restitution des sommes indûment perçues et la réparation des préjudices que ces pratiques ont causés, dès lors que les parties au contrat ont été informées de l'introduction d'une telle action* ».

1086. Par conséquent, le conseil constitutionnel conditionne la demande en restitution de l'indu et/ou en nullité des clauses, au fait que les sociétés prétendument lésées soient prévenues de l'introduction par le ministre d'une action devant les juridictions civiles[1294]. Il n'impose pas pour autant un formalisme particulier quant aux modalités attachées à cette information, et notamment d'évoquer la possibilité pour le fournisseur d'agir à titre principal et autonome et pas seulement dans le cadre d'une intervention volontaire[1295].

1087. Cette obligation d'information s'étend non seulement aux fournisseurs concernés par les contrats litigieux mais aussi aux tiers ayant réalisé une prestation dans le cadre desdits contrats. Par exemple, dans le cadre d'un service consistant pour le distributeur à sous-traiter des analyses de produits, et en faire supporter la charge par le fournisseur, il incombe au ministre d'informer lesdits fournisseurs ainsi que les laboratoires chargés des analyses[1296].

[1293] Cons. Const. du 13 mai 2011, n° 2011–126 QPC, Société Système U Centrale Nationale et autre [Action du ministre contre des pratiques restrictives de concurrence].

[1294] Bien qu'antérieurement à la décision du Conseil constitutionnel de 2011, une cour d'appel s'était déjà prononcée sur cette base – CA Versailles du 3 mai 2007 RG n°05/09223.

[1295] TC Paris du 24 septembre 2013 RG n°2011058615.

[1296] CA Paris du 12 juin 2013 RG n°11/03025.

(i) En cas de demande de nullité et de restitution de l'indu

1088. L'obligation d'information préalable explique pourquoi dans plusieurs affaires[1297], les fournisseurs n'ayant pas été prévenus, le ministre a changé ses prétentions en ne demandant plus l'annulation des clauses et la restitution de l'indu mais uniquement la cessation des pratiques et une amende civile, approche qui a été validée par la cour d'appel[1298].

1089. En effet, la cour d'appel de Paris a motivé ce choix en précisant que, suivant le commentaire de la décision du conseil constitutionnel précitée, « *la nécessité d'informer les cocontractants s'impose en raison de l'immixtion du pouvoir public dans le champ contractuel qui, par principe, n'appartient qu'aux parties et constitue leur loi. L'examen des moyens fondant la question prioritaire de constitutionnalité permet d'ailleurs de constater que la disposition en cause était attaquée en ce qu'elle portait atteinte, d'une part, au droit au recours juridictionnel, qui comporte le droit de décider ou non d'intenter une action en justice, d'autre part, à la liberté contractuelle, qui laisse aux partenaires économiques le droit de décider ce qui est, ou non, conforme à leurs intérêts. Dans ce contexte, lorsque le ministre de l'économie intervient pour faire reconnaître par l'autorité judiciaire que la pratique consistant à faire figurer certaines clauses dans un contrat, doivent cesser, parce qu'elles sont de nature à instaurer un déséquilibre significatif entre les parties, il exerce une action qui lui est propre, visant à maintenir ou à rétablir l'ordre public économique. En ne demandant pas la nullité des contrats, ni toutes les conséquences qui en découlent, comme les restitutions et la réparation des préjudices éventuels, il n'intervient pas dans le champ d'action qui n'appartient théoriquement qu'aux parties et que le législateur a exceptionnellement ouvert au tiers qu'est le ministre à la condition qu'il informe les parties de cette action* »[1299].

1090. Pour autant, la CEDH considère que quand bien même cette condition ne soit pas remplie « *il n'est pas démontré que cela aurait causé un préjudice quelconque dans le chef de la requérante au titre des garanties de l'article 6§1 dans la mesure où la requérante était libre d'attirer ses cocontractant à l'instance* »[1300]. La cour de cassation a néanmoins une appréciation plus restrictive en considérant qu'à partir du moment où les demandes du ministre s'immiscent dans le contrat en cours (soit une demande d'annulation des conventions, ou de restitution de l'indu) cette information est nécessaire. La cour a ainsi cassé un jugement de cour d'appel au motif unique que cette dernière n'avait pas apporté la preuve que les fournisseurs concernés aient été informés de l'introduction de l'action du ministre[1301].

1091. S'il n'est pas nécessaire de prévenir les fournisseurs au préalable de l'introduction de l'instance, il est en revanche nécessaire de le faire en première instance, s'ils ne sont in-

---

[1297] TC Lille du 6 janvier 2010 RG n°2009/05184 ; TC Meaux du 6 décembre 2011 RG n°2009/02295 ; TC Lille du 7 septembre 2011 RG n°2009/05105 ; TC Meaux du 24 janvier 2012 RG n°2009/02296.

[1298] CA Paris du 4 juillet 2013 RG n°12/07651 ; CA Paris du 11 septembre 2013 RG n°17941.

[1299] CA Paris du 4 juillet 2013 RG n°12/07651.

[1300] CEDH 17 janvier 2012 n°51255/08 GALEC c/ France.

[1301] Cass. Com. du 9 octobre 2012 Pourvoi n°11-19.833 – Voir aussi CA Paris du 12 juin 2013 RG n°11/03025.

formés qu'au stade de l'appel, cela constitue une amputation du droit de ces derniers, non régularisable au sens de l'article 126 1er du code de procédure civile[1302].

1092. En définitive, s'il existe une demande en réparation de l'indu et en nullité des clauses de contrats spécifiques, il est nécessaire que les fournisseurs soient informés sans quoi une telle demande pourra être rejetée.

(ii) En cas de demande limitée à l'amende civile et la modification des contrats futurs

1093. L'absence d'information préalable des fournisseurs ne fait toutefois pas obstacle au prononcé d'une amende civile[1303], ni à l'action tendant à la cessation des pratiques, notamment eu égard à la rédaction des futurs contrats[1304]. En effet, ce faisant le ministre n'intervient pas dans le champ contractuel des parties, exerçant une action qui lui est propre ayant pour objectif de maintenir ou de rétablir l'ordre public, ce qui finalement ne l'oblige pas à informer les fournisseurs de sa démarche. Il ne saurait être davantage reproché le fait d'analyser la clause *in abstracto*, dans la mesure où elle est délimitée et précise, et que le déséquilibre qui en résulte est bien identifié.

B. La compatibilité de l'article L. 442-6 du code de commerce avec les principes généraux du droit

1. Avec le principe de la liberté contractuelle

1094. L'action du ministre sur la base de l'article L. 442-6 III du code de commerce n'est pas contraire à la liberté contractuelle et notamment la liberté d'entreprendre. D'un point de vue général, des limitations peuvent exister pour autant qu' « *elles poursuivent un but légitime et s'il existe un rapport raisonnable de proportionnalité entre les moyens employés et le but visé* »[1305].

1095. En l'espèce, le conseil constitutionnel a indiqué que « *le législateur a opéré une conciliation entre le principe de la liberté d'entreprendre et l'intérêt général tiré de la nécessité de maintenir un équilibre dans les relations commerciales ; que l'atteinte portée à la liberté d'entreprendre par les dispositions contestées n'est pas disproportionnée au regard de l'objectif poursuivi* »[1306].

1096. En outre, le texte est aussi compatible avec le principe de libre fixation des prix (voir § 777-778).

[1302] CA Poitiers du 29 janvier 2013 RG n°11/03252.

[1303] Ibid.

[1304] CA Paris du 20 novembre 2013 RG n°12/04791 ; CA Paris du 18 décembre 2013 RG n°12/100150.

[1305] CEDH du 28 mai 1985 – Affaire ASHINGDANE c. Royaume-Uni Requête n°8225/78.

[1306] Cons. Const. du 13 mai 2011, n° 2011–126 QPC, Société Système U Centrale Nationale et autre [Action du ministre contre des pratiques restrictives de concurrence].

2. Avec le principe de légalité des délits

1097. Certains opérateurs estimaient que l'action du ministre revêt un caractère pénal compte tenu de sa finalité et du montant élevé de la sanction civile encourue, et du fait que les termes de l'article permettant la qualification d'une pratique restrictive de concurrence n'étaient pas suffisamment univoques. A ce titre, le conseil constitutionnel a eu à juger de la compatibilité du texte avec le principe de légalité des délits et des peines qui impose au législateur d'énoncer en des termes suffisamment clairs et précis la prescription dont il sanctionne le manquement[1307].

1098. Plusieurs alinéas du texte ont ainsi été définitivement validés :

- S'agissant de l'avantage sans contrepartie ou manifestement disproportionné (L. 442-6 I-1° du code de commerce), les termes du texte « *définissent de manière claire, précise et sans ambiguïté le comportement qu'ils visent, que ces termes ont, en outre, déjà fait l'objet d'une jurisprudence des juges du fond cohérente et nombreuse et qu'enfin ils incluent un élément moral de l'infraction* »[1308]. C'est la raison pour laquelle cette infraction « *est définie en des termes suffisamment clairs et précis pour ne pas méconnaître le principe de légalité des délits et ses dispositions ne sont contraires à aucun autre droit ou liberté que la Constitution garantit* »[1309] ;
- S'agissant du déséquilibre significatif entre les droits et obligation des parties (L. 442-6 I-2° du code de commerce), faisant référence à la notion juridique de déséquilibre significatif figurant à l'article L. 132-1 du code de la consommation, le conseil constitutionnel estime qu'« *eu égard à la nature pécuniaire de la sanction et à la complexité des pratiques que le législateur a souhaité prévenir et réprimer, l'incrimination est définie en des termes suffisamment clairs et précis pour ne pas méconnaître le principe de légalité des délits* »[1310].

3. Avec le principe de légalité des peines

1099. En vertu de l'article 7§1 de la CESDH, « *Nul ne peut être condamné pour une action ou une omission qui, au moment où elle a été commise, ne constituait pas une infraction d'après le droit national ou international. De même il n'est infligé aucune peine plus forte que celle qui était applicable au moment où l'infraction a été commise* ».

1100. Cet article exige d'une part que l'infraction ait existé au moment où les fait litigieux ont existé, et d'autre part que la peine prononcée n'excède pas celle qui était prévue au moment où l'infraction a été commise, ce qui ne fait donc pas obstacle à la mise en œuvre des dispositions de l'article L. 442-6 du code de commerce[1311].

1307 Plusieurs juridictions d'appel s'étaient déjà prononcé favorablement auparavant – voir notamment CA Nîmes du 25 février 2010 RG n°07/00606.

1308 Cass. Com. du 15 février 2011 Pourvoi n°10-21.551.

1309 CA Paris du 2 février 2012 RG n°09/22350.

1310 Cons. Const. du 13 janvier 2011, n°2010-85 DC, Établissements Darty et Fils [Déséquilibre significatif dans les relations commerciales].

1311 CA Nîmes du 25 février 2010 RG n°07/00606.

1101. A ce titre, les amendes civiles prévues par l'article L. 442-6 du code de commerce sont compatibles avec le principe de légalité des peines, en ce qu'elles sont parfaitement proportionnées aux droits fondamentaux des opérateurs économiques et justifiées par l'ordre public économique, et dès lors, ces peines respectent l'article 7 de la CESDH[1312].

C. Les conditions de recevabilité de l'action du ministre

1102. Premièrement, l'approche est différente suivant que le ministre a initié l'action ou est simplement intervenu au soutient d'une des parties, car dans ce cas, pour que les demandes du ministre soient recevables, elles doivent être considérées comme allant au-delà de la simple intervention au titre de l'article L. 470-5 du code de commerce[1313] sans quoi elles seront déclarées irrecevables[1314].

1103. La cour de cassation a confirmé cette position dans une affaire où le demandeur principal avait été déclaré irrecevable dans ses demandes[1315]. Or dans ses conclusions, le ministre ne faisait pas de demande spécifique distincte du demandeur, alors même que la loi NRE de 2001 avait étendu de manière significative les demandes qu'il pouvait formuler. Ce constat a conduit le juge à considérer que le ministre était irrecevable dans ses demandes car sa présence dans le débat ne revêtait pas le caractère d'une intervention (voir aussi § 1195 à 1197 dans le cadre d'une procédure d'appel). Cependant, si dans le cadre de ses conclusions le ministre demande le prononcé d'une amende civile à l'encontre de la société mise en cause, il a alors la qualité de partie à l'instance, ce qui, outre le fait de démontrer la recevabilité de la demande, lui permet aussi de demander à la cour d'appel de réformer le jugement[1316].

1104. Deuxièmement, dans le cadre d'une action autonome il est préférable que le ministre informe les différentes sociétés potentiellement victimes citées dans le cadre de la procédure (voir § 1085 à 1087).

1105. Troisièmement, au stade de l'appel, il est nécessaire que les demandes du ministre aient déjà été produites en première instance, sans quoi, si elles sont formulées en première cause d'appel, les demandes du ministre qui seraient exorbitantes de celles du demandeur principal seront rejetées (voir § 1195 à 1197).

1106. Quatrièmement, il est nécessaire que le ministre ait régulièrement communiqué les documents relatifs à sa représentation devant les juridictions commerciales, afin qu'ils puissent être éventuellement discutés par la partie mise en cause (voir § 1172 et suivants).

1107. En revanche, il n'est pas nécessaire au ministre de démontrer le trouble à l'ordre public économique, distinct du dommage subi par l'une des parties[1317]. Les manquements de l'article L. 442-6 peuvent en effet être sanctionnés *per se* indépendamment de toute démonstration de l'effet éco-

---

[1312] CA Paris du 11 septembre 2013 RG n°11/17941.

[1313] Suivant lequel « *le ministre chargé de l'économie ou son représentant peut, devant les juridictions civiles ou pénales, déposer des conclusions et les développer oralement à l'audience* ».

[1314] CA Paris du 16 juin 2011 RG n°09/28449.

[1315] Cass. Com du 7 juillet 2004 Pourvoi n°03-11.369.

[1316] Cass. Com. du 4 décembre 2012 Pourvoi n°11-21.743.

[1317] CA Aix en Provence du 25 janvier 2007 RG n°04/03925.

nomique des pratiques, ce point faisant l'objet de développements dans la partie suivante (voir § 1113 et suivants).

D. L'intérêt pour une société de saisir le ministre

1108. En matière commerciale, si la preuve est libre, il n'en demeure pas moins que les moyens à disposition de l'entreprise victime de pratiques commerciales restrictives peuvent être limités.

1109. C'est la raison pour laquelle la saisine du ministre peut présenter un intérêt, les agents disposant de pouvoirs d'enquêtes significatifs en vertu des articles L. 450-3 et 450-4 du code de commerce.

1110. A titre d'illustration, il est ainsi possible pour le demandeur en saisissant la DGCCRF, de disposer de davantage d'éléments quant au point de départ de la relation commerciale à prendre en compte, en cas de passage à une procédure d'appel d'offres comme prétexte à la rupture, ou afin de démontrer l'absence d'autonomie des différentes entités vis-à-vis de la maison mère, facilitant ainsi l'imputation de la sanction à la structure le plus solvable financièrement[1318]. Il peut aussi présenter un intérêt pour étayer la continuité de la relation commerciale ainsi que l'absence d'alternative crédible à court terme[1319].

[1318] CA Paris du 24 mars 2011 RG n°07/07337.

[1319] CA Paris du 13 septembre 2012 RG n°10/07699.

Chapitre 2
Le déroulement de l'action

1111. Il est nécessaire de respecter le formalisme applicable en matière de règle de preuve (1) comme de procédure *stricto sensu* (2).

Section 1.
Les règles de preuve

1112. Les preuves doivent avoir pour objet de démontrer un manquement, et non son effet (1). Dans ce cadre, la charge de la preuve incombe au demandeur, sauf dans le cas particulier de services commerciaux, pour lesquels il incombe au distributeur de justifier du fait qui a produit l'extinction de son obligation (2). Si la preuve est libre en droit commercial, elle doit avoir été régulièrement obtenue afin d'être présentée légitimement devant les juridictions (3).

§1. L'objet de la preuve

1113. Contrairement à ce qui prévaut dans le cadre des pratiques anticoncurrentielles, où il est généralement nécessaire de démontrer un dommage à l'économie, *i.e.* l'effet de la pratique, la qualification de pratique restrictive de concurrence n'impose pas de démontrer un préjudice économique.

1114. Les différents manquements peuvent en effet être sanctionnés *per se* si bien que leur qualification ne nécessite donc pas la démonstration d'un préjudice particulier (1), ni celle d'un trouble à l'ordre public économique (2), et encore moins celle d'un état de dépendance économique (3) ou d'un arrêt de la relation commerciale en cours (4). Suivant la même logique, la poursuite des manquements n'est pas nécessaire (5).

A. La démonstration d'un préjudice n'est pas nécessaire

1115. En raison du caractère *per se* des manquements, il n'est pas nécessaire au demandeur, que ce soit la société qui se prétend victime ou bien l'administration, de démontrer, ni de quantifier le préjudice que ces pratiques illicites ont pu causer[1320].

1116. Ainsi, dans le cadre d'une rupture par exemple, le fait que la société [X] ait trouvé des marchés de substitution, lui permettant ainsi de ne subir aucun préjudice ne permet pas de démontrer l'absence de manquements « *considérant que le législateur n'a pas introduit dans ce texte un système de justification ou d'explication et que l'obligation de prévenance est générale dès lors que la rupture peut être qualifiée de brutale* »[1321].

1117. Dans le même esprit, le fait que le fournisseur appartiennent à un groupe international a pu être jugé inopérant car il n'est pas de nature à « *exclure, l'importance pour la société filiale, tenue de présenter des résultats profitables, de conserver le référencement de ses produits auprès [du distributeur] en France* », et ce, d'autant qu'en l'espèce, la situation financière du fournisseur en question s'était très largement dégradée passant d'un bénéfice significatif à un résultat négatif en 1 an[1322].

1118. En définitive, la mise en jeu de la responsabilité de la société [A] sur le fondement de l'article L. 442-6 du code de commerce n'est pas subordonnée à la démonstration d'un préjudice subi de manière individuelle par chaque fournisseur[1323].

1119. Toutefois, cela n'empêche pas l'entreprise visant l'obtention de dommages et intérêts, notamment dans le cadre de rupture brutale de relation commerciale, de faire une demande en ce sens, en démontrant, conformément aux principes de la procédure civile, le préjudice que lui a causé le comportement de la société [A] (voir § 1277 et suivants).

B. La démonstration du trouble à l'ordre public économique n'est pas nécessaire

1120. La démonstration d'un trouble à l'ordre public économique n'est pas plus nécessaire à la qualification des pratiques car elle est la conséquence directe des manquements aux dispositions de l'article L. 442-6 du code de commerce[1324].

1121. Par exemple en cas de rupture brutale des relations commerciales, le fait que la société [X] ait, par son dynamisme commercial, réussi à pallier la brutalité de la rupture en retrouvant rapidement de nouveaux clients[1325], ou une nouvelle enseigne de distribution[1326], si bien que son ac-

---

[1320] Cass. Com. du 6 avril 1999 Pourvoi n°97-11.288 ; CA Versailles du 27 janvier 2005 RG n°03/06500 ; CA Aix en Provence du 25 janvier 2007 RG n°04/03925.

[1321] CA Paris du 13 février 2009 RG n°07/02714.

[1322] CA Nîmes du 25 février 2010 RG n°07/00606.

[1323] CA Angers du 10 juin 2008 RG n°07/01769.

[1324] CA Nîmes du 18 octobre 2007 RG n°05/04507.

[1325] CA Rouen 9 décembre 2010 RG n°10/00274.

tivité ne s'en est pas trouvée altérée de manière significative, n'empêche pas l'indemnisation du caractère brutal de la rupture. L'effet des manquements n'ayant pas à être démontré, le juge ne peut donc tirer aucune conclusion d'effets supposés (si le chiffre d'affaires avec l'autre partenaire commercial est faible), ou avérés (si le chiffre d'affaires est demeuré stable), pour écarter la démonstration d'un manquement, sauf à priver sa décision de base légale[1327].

1122. De même, l'idée suivant laquelle les sommes versées indument par les fournisseurs peuvent être compensées par des hausses de prix de ces derniers, est inopérante. La cour de cassation a ainsi relevé « *qu'il est illusoire de considérer que les PME, confrontées à des difficultés croissantes pour obtenir le référencement de leurs produits par les distributeurs, en particulier pour celles commercialisant leurs produits sous marques propres, peuvent revoir leurs tarifs à la hausse pour compenser les demandes de rémunérations abusives de services auxquelles elles se trouvent confrontées de la part des distributeurs* »[1328].

1123. Par ailleurs, le fait que la société [A] ait cessé les pratiques ne fait pas obstacle à ce qu'elles soient sanctionnées, sauf si les pratiques sont couvertes par les règles de la prescription[1329].

1124. Enfin, il est possible de mener une analyse théorique des clauses indépendamment de leur application (voir § 857) eu égard à leur impact intrinsèque dans la négociation commerciale.

1125. En revanche, l'impact des pratiques peut être pris en compte dans le cadre de la détermination de l'indu (voir § 1381 et suivants), de l'amende civile (voir § 1397 et suivants), ou encore dans le cadre de la détermination du préjudice en cas de rupture brutale (voir § 1277 et suivants).

C. L'état de dépendance économique n'est pas nécessaire

1126. L'état de dépendance économique ne constitue pas non plus une condition préalable à l'établissement des manquements prévus par l'article L. 442-6 du code de commerce qu'il s'agisse de la rupture brutale[1330] ou des autres dispositions, comme l'obtention d'un avantage sans contrepartie ou manifestement disproportionné[1331]. Cette condition n'est en effet pas prévue par le texte d'une part, et l'abus de dépendance économique est déjà sanctionné par un autre texte du code de commerce d'autre part[1332].

1326 Cass. Com. du 6 novembre 2012 Pourvoi n°11-24 570.

1327 Cass. Com. du 9 octobre 2012 Pourvoi n°11-23.549 ; Cass. Com. du 9 juillet 2013 Pourvoi n°12-20.468.

1328 Cass. Com. du 10 septembre 2013 Pourvoi n°12-21.804.

1329 TGI Hazebrouck du 7 mai 2008 RG n°06/00167.

1330 CA Amiens du 30 novembre 2001 RG n°00/00407 ; Cass. Com. du 23 janvier 2007 Pourvoi n°04-16.779 et 04-17.951 ; Cass. Com. du 17 mars 2004 Pourvoi n°02-17.575 ; CA Rouen du 14 décembre 2006 RG n°05/03484 ; CA Paris du 23 février 2007 RG n°04/16524 ; CA Douai du 2 mai 2006 RG n°04/07476 ; CA Nancy du 10 mars 2004 RG n°02/00650.

1331 CA Paris du 2 février 2012 RG n°09/22350.

1332 CA Paris du 2 février 2012 RG n°09/22350.

1127. Néanmoins, la démonstration d'un état de dépendance économique peut avoir des conséquences, notamment sur l'appréciation de la brutalité de la rupture[1333] (voir § 360 et suivants) ou dans le cadre de la détermination du préavis raisonnable.

D. L'arrêt de la relation commerciale n'est pas nécessaire

1128. La poursuite de la relation commerciale n'entre pas en contradiction avec la démonstration d'un manquement sur la base de l'article L. 442-6 du code de commerce. Premièrement, cela reviendrait à priver de sens l'application de tous les alinéas prévus par le texte, à l'exception de la rupture brutale de relation commerciale, et lesquels visent théoriquement à s'appliquer à une relation en cours. Deuxièmement, même les multinationales, fournisseurs de produits de grande consommation, ne sont pas forcément en mesure de s'opposer à l'octroi d'avantages injustifiés[1334].

E. La poursuite des manquements n'est pas nécessaire

1129. Une société mise en cause ne peut se prévaloir d'avoir changé son comportement ou ses clauses litigieuses pour justifier de l'absence de manquement[1335].

§2. La charge de la preuve

1130. De manière générale, la démonstration d'un manquement invoqué sur la base de l'article L. 442-6 du code de commerce incombe au demandeur qui se prétend victime. Il existe toutefois une particularité si le litige porte sur des services commerciaux au sens des alinéas 2° et 3° de l'article L. 441-7 du code de commerce. Avant 2005, il incombait au demandeur de démontrer que le distributeur n'avait pas rempli ses obligation, ce qui n'était pas sans conséquences (A). Néanmoins, eu égard à la difficulté pour les tiers de prouver que le service avait bien été rendu en magasin par le distributeur, la loi Dutreil de 2005 a renversé la charge de la preuve sur ce dernier (B).

A. La situation prévalant avant 2005 et ses conséquences

1. La charge de la preuve incombant au demandeur

1131. Cette notion est particulièrement importante dans le cadre d'une action en avantage sans contrepartie, car avant 2005, il appartenait au demandeur de démontrer que l'obligation n'avait pas été rendue. Plus concrètement, quand le demandeur était le ministre et qu'il

---

[1333] CA Versailles du 18 mai 2006 RG n°05/03952.

[1334] TC Meaux du 21 novembre 2006 RG n°2005/00421.

[1335] CA Paris du 4 juillet 2013 RG n°12/07651.

agissait contre un distributeur, il appartenait au ministre d'apporter la preuve que le distributeur n'avait pas rendu le service pour lequel il avait été rémunéré.

2. Les conséquences de cette situation

1132. Dans le cadre d'un litige opposant le ministre à un distributeur, et portant sur le fait qu'un service n'ait pas été rendu comme convenu au fournisseur, cette situation pouvait poser problème dans la mesure où les moyens de preuve les plus pertinents appartenaient généralement au distributeur, et non au fournisseur ou au ministre. Tel pouvait être le cas lorsqu'il s'agissait par exemple de démontrer qu'une opération de mise en avant sur une tête de gondole avait bien été réalisée, le fournisseur ou le ministre pouvant difficilement se rendre dans chaque magasin afin de vérifier les conditions de mise en œuvre du service commercial, et ce, d'autant que la démonstration devait le plus souvent s'établir *ex post*.

1133. Dès lors, le demandeur n'avait à sa disposition que des moyens de preuve indirects : niveau de vente des produits mis en avant dans le cadre de l'opération, contrats imprécis ou mal rédigés, etc., là où le distributeur opposait l'accord des fournisseurs du fait qu'ils consentaient à payer les prestations.

1134. Ainsi, notamment en raison de cette situation, un certain nombre de décisions ont été défavorables au ministre en l'absence de preuve suffisante. A titre d'illustration, dans le cas extrême où les ventes du produit concerné par la mise en avant aient été nulles, ce constat pouvait ainsi être insuffisant pour démontrer l'absence de contrepartie. Cela est aussi de nature à expliquer certains jugements contradictoires pour les « *accords de gamme* » (voir § 827 à 830). Au surplus, il existait concomitamment une certaine instabilité juridique sur la légitimité fondant l'action du ministre qui a pu contribuer à écarter certaines de ses demandes suivant les circonstances de l'espèce (voir § 1068 et suivants).

1135. En définitive, le fait que la charge de la preuve incombe au demandeur explique le fait que les moyens de preuve indirects mis en avant par le demandeur, et notamment par le ministre, ont pu être jugés insuffisants dans un certain nombre de cas, et qu'au contraire de tels moyens pouvaient finalement bénéficier au défendeur pour écarter sa responsabilité.

1136. **L'effet de l'acceptation des factures de service par les fournisseurs.** Si des jugements ont estimé que l'acceptation par le fournisseur des factures étaient insuffisante pour attester de l'effectivité du service rendu[1336], d'autres au contraire ont tiré l'effectivité du service notamment du fait que les factures aient été payées par les fournisseurs[1337].

1137. **L'effet de l'imprécision des contrats.** L'imprécision des contrats (formalisme lié à l'application du L. 441-7 du C. Com.) ou des factures (formalisme lié à l'application du L. 441-3 du C. Com.) n'est généralement pas suffisante en elle-même pour prouver que les services n'ont pas été rendus[1338]. A cet égard, la cour de cassation a précisé que

---

[1336] CA Angers du 29 mai 2007 RG n°06/00563.

[1337] CA Rennes du 12 novembre 2008 RG n°07/05426.

[1338] CA Reims du 5 novembre 2007 RG n°06/01898 ; Cass. Com. du 20 février 2007 Pourvoi n°04-20.449 ; Cass. Com. du 8 février 2005 Pourvoi n°02-12.855.

l'inconsistance des engagements « *ne saurait être déduite de leur caractère général dès lors qu'ils s'analysent à des prestations concrètes et identifiables, spécifiques et parfaitement détachables des simples obligations résultant des achats et ventes* »[1339].

1138. **L'effet des attestations de fournisseurs.** Dans certaines affaires, des attestations adressées par des fournisseurs, déclarant avoir réellement bénéficié du service, ont pu contribuer à démontrer que les obligations avaient bien été rendues par le distributeur[1340], ou bien que la rémunération associée au service n'était pas disproportionnée. Cependant ce moyen de preuve n'était pas toujours suffisant pour démontrer l'absence de manquement suivant les éléments de contexte du dossier[1341].

1139. **L'effet de l'absence ou d'une baisse des ventes sur la période.** Dans une affaire[1342], la démonstration se basait notamment sur le fait que les volumes de vente des produits baissaient lorsque le pourcentage alloué à la coopération commerciale augmentait. Cette démonstration indirecte n'a pas été suffisante pour démontrer l'absence de contrepartie pour plusieurs raisons, et notamment le fait que le prix d'une tête de gondole puisse varier suivant la période, que la durée de vie des produits soit relativement limitée, et enfin que les volumes de vente de la plupart des autres fournisseurs aient au contraire évolué à la hausse. Dans des cas extrêmes, il a pu être constaté l'absence de vente des produits considérés sur la période de l'opération. Pour autant, une telle absence est insuffisante pour démontrer que le service n'a pas été rendu par le distributeur, ce dernier « *n'étant tenu d'aucune obligation de résultat* »[1343] (voir aussi § 764 à 765).

1140. **L'effet de la variation importante de la marge arrière.** La variation subite du taux de coopération commerciale, ou de la rémunération d'un même service n'est pas suffisante pour caractériser l'absence de contrepartie dans la mesure où les deux partenaires procèdent à un arbitrage entre l'offre et la demande ainsi que leurs objectifs respectifs[1344].

B. Le renversement de la charge de la preuve

1. La loi Dutreil de 2005

1141. Le reversement de la charge de la preuve a été adopté dans le cadre de la loi Dutreil du 2 février 2005[1345], laquelle a modifié l'article L. 442-6 III du code de commerce en introduisant la mention suivante : « *Dans tous les cas, il appartient au prestataire de services, au producteur, au commerçant, à l'industriel ou à la personne immatriculée au répertoire des métiers qui se prétend libéré de justifier du fait qui a produit l'extinction de son obligation* ».

[1339] Cass. Com. du 29 janvier 2008 Pourvoi n°07-13.778.

[1340] Cass. Com. du 5 mai 2009 Pourvoi n°08/15.264.; CA Rennes du 12 novembre 2008 RG n°07/05426.

[1341] TC Chartres du 14 octobre 2004 RG n°04/606 ; TC Morlaix du 28 février 2006 RG n°2005/000146.

[1342] TC Meaux du 21 novembre 2006 RG n°2005/00421.

[1343] Cass. Com. du 20 février 2007 Pourvoi n°04-20.449.

[1344] TC Meaux du 21 novembre 2006 RG n°2005/00421.

[1345] Loi n° 2005-882 du 2 août 2005 en faveur des petites et moyennes entreprises.

1142. En pratique, dans le cadre d'un service rendu par un distributeur au bénéfice de son fournisseur par exemple, cette disposition impose désormais au distributeur de prouver qu'il a réellement rempli de l'obligation pour laquelle il a obtenu un avantage.

2. Les effets du reversement de la charge de la preuve

a) Le principe de non-rétroactivité

1143. Même si cela a peu de chances de s'appliquer, la loi datant désormais de 2005 et en raison du délai de prescription, il convient de rappeler qu'eu égard au principe de non rétroactivité, ces dispositions étant plus contraignantes vis-à-vis du professionnel, elles ne sauraient s'appliquer à des faits antérieurs à la loi Dutreil[1346]. Dans ce cas, la charge de la preuve demeure au demandeur.

b) L'effet des attestations de fournisseurs

1144. La pertinence de telles attestations en tant que moyen de preuve semble désormais très discutable : premièrement en raison du pouvoir de marché dont peut bénéficier le distributeur (i), deuxièmement en raison du caractère autonome de l'action du ministre (ii), et troisièmement du fait que généralement la démonstration du manquement ne se base pas uniquement sur le fait que rien ne prouve qu'il ait été rendu (iii).

(i) La limite de l'attestation du fait du pouvoir de marché du distributeur

1145. Dans une affaire postérieure au renversement de la charge de la preuve, le juge a estimé que des attestations de fournisseurs n'étaient pas suffisantes pour démontrer l'effectivité des services rendus, en indiquant que la réalité du service « *ne peut résulter des seules attestations des fournisseurs alors que le ministre exerce une action autonome précisément destinées à libérer ceux-ci de toute implication dans le litige* »[1347]. Ainsi, le pouvoir de marché dont peut bénéficier le distributeur est de nature à créer un lien de subordination propre à mettre en doute l'objectivité du fournisseur quant au fait que le service ait été effectivement rendu, et ce, surtout si les attestations sont rédigées sur le même modèle, ou si elles contredisent les propres déclarations du fournisseur[1348].

1146. A ce titre, les juges ont pu utilement relever que les fournisseurs étaient toujours référencés par le distributeur, si bien qu'ils avaient « *un intérêt fondamental à ce que leurs produits soient référencés par le canal de distribution essentiel que constitue la grande distribution [...] de sorte que leurs témoignages [devaient] être examinés avec beaucoup de précautions* » [1349]. Ainsi, il semble que désormais de tels documents ne puissent pas être utilisés pour démontrer l'effectivité d'une obligation.

1346 Cass. Com. du 16 décembre 2008 Pourvoi n°07-20.099; CA Reims du 5 novembre 2007 RG n°06/01898.

1347 CA Rennes du 12 novembre 2008 RG n°07/05426.

1348 TC Chartres du 14 octobre 2004 RG n° 04/606.

1349 CA Paris du 2 février 2012 RG n°09/22350.

(ii) L'attestation ne peut pas faire obstacle à l'action autonome du ministre

1147. Le consentement des fournisseurs ne conditionne pas l'action autonome du ministre (voir aussi § 1080 à 1082). C'est pourquoi, la cour a pu écarter le moyen tiré d'attestions de fournisseurs déclarant qu'ils étaient satisfaits du service, et qu'en conséquence, ils ne souhaitaient pas être cités à la procédure, jugeant que l'action autonome du ministre n'avait pas pour condition *sine qua non* l'adhésion des prétendues victimes puisqu'il s'agissait de sanctionner un trouble à l'ordre économique[1350].

(iii) Un manquement caractérisé par un faisceau d'éléments

1148. La démonstration de l'administration ne se base généralement pas uniquement sur l'absence de preuve par le distributeur que le service ait été effectivement rendu, si bien qu'une telle attestation aura dès lors un effet très limité par rapport à la démonstration du manquement. Son utilisation peut permettre le cas échéant de lever une ambiguïté, mais ne peut servir de seule base de preuve. A ce titre, la constatation que les attestations n'apportent pas plus d'informations que les contrats, peut aussi contribuer à les écarter[1351].

c) L'effet de l'acceptation des factures de service par les fournisseurs

1149. Suivant la même approche que celle valant pour les attestations, la présentation des factures d'acomptes payées par les fournisseurs est désormais insuffisante pour emporter la démonstration que les services aient été rendus[1352].

§3. La régularité des preuves

1150. La régularité des preuves peut être analysée qu'il s'agisse de pièces apportées par le demandeur (A) ou de pièces apportées par le ministre lorsqu'il intervient dans l'instance (B).

A. La régularité des preuves apportées par le demandeur

1. Le cadre général

1151. En matière commerciale, tous les modes de preuve sont admissibles en vertu de l'article L. 110-3 du code de commerce[1353].

1350 Cass. Com. du 8 juillet 2008 Pourvoi n°07-16.761.

1351 CA Douai du 13 octobre 2005 RG n°04/01971 ; CA Rennes du 5 novembre 2008 RG n°07/04842.

1352 CA Douai du 13 octobre 2005 RG n°04/01971.

1353 Qui précise « *A l'égard des commerçants, les actes de commerce peuvent se prouver par tous moyens à moins qu'il n'en soit autrement disposé par la loi* ».

1152. Les preuves doivent cependant avoir été régulièrement récoltées, et ce, de manière loyale sans quoi elles ne peuvent être opposées. Dans le cadre d'une violation de système de distribution sélective, n'est pas loyal par exemple le fait de produire des attestations d'huissier établies sur la base du témoignage d'un tiers s'étant fait passer pour un consommateur, s'agissant d'une manœuvre déloyale[1354].

1153. Des témoignages anonymes de clients peuvent en revanche être utilisés. Le principe prévalant en matière de preuve devant les juridictions commerciales étant celui de la libre administration de la preuve, il ne fait donc pas obstacle à la fourniture de tels témoignages. Néanmoins, la crédibilité de ces pièces est nécessairement réduit par le fait que le contexte entourant leur rédaction est largement inconnu, et elles sont insuffisantes à établir intrinsèquement l'existence d'un fait, nécessitant d'être corroborées par d'autres éléments de preuve[1355].

1154. Lorsque des pièces en langue étrangère sont produites au débat, elles doivent être intégralement traduites, si bien que la traduction ne peut se limiter aux seuls passages qui seraient jugés intéressants par l'une des parties. En effet, « *le principe de la contradiction et de la loyauté des débats impose qu'une pièce dès lors qu'elle est versée puisse être utilement critiquée dans son intégralité sans que la partie qui l'a produite puisse être admise à limiter cette discussion aux seuls passages qu'elle a elle-même discriminés et qu'elle tient comme seuls pertinents* »[1356].

1155. Dans ce cadre, la saisie des services de la DGCCRF peut présenter un intérêt dans le cadre de la recherche de preuve, leurs pouvoirs étant plus étendus, basés sur les articles L. 450-3 et 450-4 du code de commerce.

2. La possibilité pour un demandeur d'utiliser un rapport administratif

1156. Il est possible pour une société (défendeur ou demandeur) d'utiliser un rapport administratif au renfort de son argumentaire. Pour cela, il est nécessaire que ledit rapport comporte les mentions obligatoires suivantes : nom, prénom, qualité de son auteur, et signature manuscrite. En effet « *le principe de sécurité juridique qui fait partie de l'ordre juridique communautaire exige que tout acte de l'administration produisant des effets juridiques soit certain, notamment quant à son auteur et à son contenu* »[1357]. Si ces conditions ne sont pas remplies, la circonstance que le rapport ait été communiqué à une partie accompagné d'une lettre qui elle était signée est insuffisante pour prendre en considération le rapport, en l'absence de tout autre élément établissant un lien entre les deux documents.

3. La possibilité d'utiliser les services d'un expert

1157. Quand une juridiction fait appel à un expert, il est nécessaire que celui-ci produise des données chiffrées et objectives, indépendamment de tout jugement de valeur. Dans le cas contraire, la

---

[1354] CA Paris du 27 juin 2012 RG n°10/04245.

[1355] CA Paris du 4 septembre 2013 RG n°10/13675.

[1356] CA Paris du 18 mars 2014 RG n°12/13601.

[1357] CA Versailles du 29 janvier 2004 RG n°02/02854.

partie de son rapport ne présentant pas ce type de garantie pourrait être écartée. Il ne lui est pas possible par exemple de se prononcer sur le caractère « *vague* » de dispositions contractuelles car « *la mission d'un technicien est par nature exclusive de toute appréciation de la portée juridique d'une convention* »[1358].

4. La possibilité d'utiliser des constats d'huissier

1158. Le demandeur a la possibilité d'utiliser des constats d'huissier afin d'étayer la matérialité des griefs qu'il oppose à la société mise en cause. Cependant, la méthode employée doit être rigoureuse et assurer une traçabilité sur l'origine des informations, sans quoi de tels rapports pourront être contestés.

1159. Si les preuves portent sur des sites Internet, il est nécessaire que le procès-verbal d'huissier mentionne notamment l'adresse IP de l'ordinateur cible, et vérifie l'absence de connexion à un serveur proxy, ainsi que l'absence de services de cache, éventuellement de déconnexion et de vidage des répertoires de cette mémoire cache, sans quoi il ne peut être retenu que les captures d'écran correspondent à une page active au moment du contrôle[1359].

1160. Si les preuves portent sur des contrôles qualité *in situ*, il est nécessaire que le procès-verbal porte sur un nombre significatif de produits, et mentionne notamment les références des pièces examinées, ainsi que la réalisation ou non de tests comparatifs et le mode de contrôle des produits, afin de vérifier que ce dernier était pertinent[1360].

B. La régularité des preuves apportées par le ministre

1161. La validité des procès-verbaux établis par les agents de la DGCCRF a pu dans certaines affaires être discutée. En tout état de cause, si l'analyse est uniquement fondée sur des documents envoyés par l'entreprise, il n'est pas nécessaire que les services de la DGCCRF rédigent un procès-verbal[1361].

1. Sur le fait que l'objet n'ait pas été clairement communiqué

1162. La loyauté des preuves a pu être discutée du fait notamment que l'objet de l'enquête n'avait pas été indiqué au professionnel, ce qui aurait dès lors faussé sa capacité à se défendre. Toutefois, le juge considère que la mention de l'objet comme la vérification des dispositions du livre IV du code de commerce sont suffisantes[1362]. En effet, dans la mesure où ils débutent leurs investigations, il ne peut être reproché aux agents de la DGCCRF de ne pas avoir qualifié les manquements supposés[1363].

[1358] CA Nancy du 22 mars 2006 RG n°04/01069.

[1359] CA Lyon du 28 mars 2013 RG n°10/03398.

[1360] CA Besançon du 3 mai 2013 RG n°12/00231.

[1361] CA Paris du 4 juillet 2013 RG n°12/07651.

[1362] CA Aix en Provence du 15 septembre 2010 RG n°08/10314.

[1363] CA Rennes du 20 janvier 2009 RG n°08/00246 – voir aussi TC Manosque du 6 mai 2008 RG n°2006/000120 ; CA Rennes du 20 janvier 2009 RG n°07/07013.

1163. De manière générale, à partir du moment où l'enquête est loyale, l'objet étant explicite et ayant été porté à la connaissance du professionnel, les preuves ainsi apportées sont valables[1364].

1164. Par ailleurs, lorsque l'action de la DGCCRF fait suite à une plainte de la société [X], l'administration n'est pas tenue d'indiquer ce point au professionnel dès lors qu'elle lui indique l'objet de son enquête, pas plus qu'elle n'est obligée de donner un accès à l'intégralité du dossier d'enquête du moment que le professionnel garde un double du procès-verbal[1365].

2. Sur la validité de la signature du professionnel

1165. Le fait que ce ne soit pas le représentant légal de la société qui ait signé le procès-verbal a pu être soulevé pour contester la validité du document. Néanmoins, ce moyen ne peut être retenu si les signataires présents n'étaient pas de simples employés mais des responsables disposant d'une délégation de signature, notamment de celle de signer les contrats de coopération commerciale litigieux[1366].

1166. En outre, les agents de la DGCCRF ne sont pas tenus de prendre attache préalablement auprès du responsable du magasin, la contradiction étant suffisamment respectée par la connaissance des actes de procédure donnés au représentant de la personne morale concernée, et par la faculté qui lui est offerte de faire la preuve contraire des faits constatés[1367].

3. Sur la communication des pièces

1167. Afin de maintenir une égalité des droits tout au long de la procédure contradictoire, il est nécessaire de permettre à la société mise en cause un accès aux pièces sur lesquelles la procédure est basée. La question peut notamment se poser dans le cadre de procès-verbaux de déclaration et de prise de copie de document, lorsque seulement une partie des documents, celle intéressant au litige, est portée à la procédure. Pour autant la demande de communication ne peut être arbitrairement étendue à tout document établi ou détenu par la partie adverse, et il est nécessaire qu'un lien puisse être établi entre les documents dont la communication est réclamée et les demandes contenues dans la procédure.

1168. Dans une affaire par exemple[1368], le ministre ayant abandonné ses demandes d'annulation des contrats passés, les pièces dont la communication était exigée appartenaient à une procédure abandonnée sans lien avec le débat, si bien que la demande de nullité en raison de la non-communication de ces pièces a été écartée.

1364 TC Toulon du 10 juillet 2008 RG n°2007F00037-38-39-40.

1365 CA Versailles du 18 mai 2006 RG n°05/03952.

1366 TC Manosque du 6 mai 2008 RG n°2006/000120.

1367 CA Nîmes du 26 janvier 2012 RG n°09/05026.

1368 TC Paris du 7 février 2013 RG n°2009F00727.

4. La possibilité de réaliser des perquisitions

1169. Il est possible d'utiliser les pouvoirs de visites et saisies découlant de l'article L. 450-4 du code de commerce pour obtenir la preuve d'agissements contraires aux dispositions de l'article L. 442-6. Dans une affaire par exemple[1369], il s'agissait d'obtenir les preuves de l'obtention d'avantages rétroactifs visant un alignement des conditions d'achat vis-à-vis de celles des concurrents.

Section 2.
La procédure stricto sensu

1170. Certains points de procédure ont pu être soulevés dans le cadre d'affaires invoquant à titre principal ou liminaire l'article L. 442-6 du code de commerce, et ce, que ce soit au stade de la première instance (1) ou dans le cadre de la procédure d'appel (2).

§1. En première instance

A. La couverture de la nullité avant le jugement

1171. Il est possible de couvrir une nullité en vertu de l'article 121 du code de procédure civile, suivant lequel « *dans le cas où elle est susceptible d'être couverte, la nullité ne sera pas prononcée si sa cause a disparu au moment où le juge statue* ». A titre d'illustration[1370], cette faculté a pu être utilisée afin d'écarter la nullité tirée de l'absence de délégation de signature du ministre car elle avait disparue au moment où le juge statuait, et ce, indépendamment du fait que les actes litigieux soient de nature conservatoire ou non[1371].

B. La délégation pour ester en justice

1. Pour le ministre

1172. La délégation du ministre aux autorités administratives compétentes pour saisir les juridictions civiles en son nom ou bien pour le représenter devant les juridictions

---

[1369] Cass. Com. du 27 septembre 2006 Pourvoi n°05-84.413.

[1370] Cass. Com. du 20 février 2007 Pourvoi n°04-20.449 ; TC Tours du 23 juin 2006 RG n°200400593 ; ; CA Rennes du 20 janvier 2009 RG n°07/07013 .

[1371] CA Rennes du 20 janvier 2009 RG n°07/07013 – Voir aussi TC Meaux du 21 novembre 2006 RG n°2005/00421.

est prévue par le décret n°2010-1010 du 30 août 2010[1372]. Plus particulièrement, lorsque l'action est fondée sur la base des dispositions de l'article L. 442-6 du code de commerce, le ministre délègue sa compétence aux directeurs régionaux des DIRECCTE (direction régionale des entreprises de la concurrence, de la consommation, du travail et de l'emploi).

1173. En ce qui concerne les anciennes dispositions, le fait que l'arrêté du 25 juillet 2005 par lequel le Ministre avait auparavant délégué sa signature à des cadres précis de la DGCCRF par un renvoi à l'article 1er du décret du 12 mars 1987, et en référence à l'article 36 de l'ordonnance du 1er décembre 1986, pour les procédures basées sur l'article L. 442-6 du code de commerce, n'est pas entaché de nullité au motif que les dispositions ont été successivement élargies par les modifications du dispositif sanctionnant les pratiques commerciales restrictives. En effet, ces modifications n'ont pas eu pour effet de changer la nature et l'objet de l'action prévue à cet article, si bien que ledit renvoi doit s'entendre comme un renvoi aux dispositions originales ainsi qu'à leurs modifications[1373].

1174. Il est cependant nécessaire que le ministre communique à la société mise en cause les documents justifiant du pouvoir de représentation confié à la personne qui le représente devant les juridictions commerciales[1374], sans quoi la décision peut être privée de base légale.

2. Pour d'autres parties de manière générale

1175. Il est nécessaire en premier lieu que le pouvoir confié à la société qui l'invoque ne soit pas d'ordre général, et prévoie notamment les modalités d'ester en justice pour celui en bénéficiant (voir § 1056 si le pouvoir est donné à un mandataire social). En second lieu, il faut qu'il soit donné par le responsable ayant qualité pour engager la société[1375].

C. Principes généraux applicables à la procédure civile y compris en cas d'application de l'article L. 442-6 du code de commerce

1. Lien entre pénal et civil

1176. L'invocation des dispositions de l'article L. 442-6 du code de commerce devant les juridictions civiles ne fait pas obstacle à ce que les pratiques puissent aussi être sanctionnées au pénal. Dans un arrêt de 2008[1376], la Cour de Cassation indique en effet que

[1372] Décret n° 2010-1010 du 30 août 2010 relatif à la désignation des autorités administratives compétentes pour transiger ou saisir la juridiction civile ou administrative en matière de consommation et de concurrence et représenter le ministre chargé de l'économie pour l'application de l'article L. 470-5 du code de commerce

[1373] CE du 26 mai 2010 n°325623.

[1374] CA Paris du 11 septembre 2013 RG n°11/17941.

[1375] CA Versailles du 16 janvier 2003 RG n°00/07951-7950.

[1376] Cass. Com. du 25 juin 2008 Pourvoi n°07-80.261.

« l'institution par la loi [...] d'un régime spécifique de sanctions civiles pour réprimer la coopération commerciale fictive ou abusive, dérogatoire au droit commun, n'exclut pas que les faits puissent faire l'objet de poursuite pénales conformément aux règles de droit commun ».

1177. A ce titre, en vertu de l'article 4 alinéa 3 du code de procédure pénale, la juridiction civile n'a pas l'obligation de surseoir à statuer si une action pénale a été parallèlement enclenchée, sauf en cas d'action civile en réparation du dommage causé par l'infraction, et ce, quand bien même elle soit susceptible d'influer sur la décision au civil. En définitive, il appartient au juge civil d'apprécier l'opportunité de surseoir ou non à statuer.

1178. Ainsi dans une affaire[1377], le juge a souverainement estimé que les suites engagées au pénal ne sauraient avoir une incidence déterminante sur le jugement au civil, si bien que rien ne s'opposait à ce que la juridiction civile puisse connaître du litige.

2. La révocation de l'ordonnance de clôture

1179. La révocation d'une ordonnance de clôture par le juge n'est possible que s'il existe un motif grave. Tel n'est pas le cas par exemple si le jugement a été rendu contradictoirement, car dans cette situation, le défendeur ne pouvait alors ignorer les éléments de fait lui étant reprochés, et ce, d'autant qu'il avait conclu subsidiairement au fond en respectant l'injonction faite par le conseiller de la mise en l'état[1378].

3. Simultanéité des exceptions soulevées

1180. Sous peine d'irrecevabilité, les exceptions doivent être soulevées simultanément avant toute défense au fond ou fin de non-recevoir en vertu de l'article 74 du code de procédure civile. Si par exemple la société avait formé un contredit de compétence jugé par la cour d'appel, le fait de soulever ensuite une irrégularité quant à la personne visée, sans que ce moyen n'ait été soulevé auparavant, peut être considéré comme un comportement dilatoire[1379].

4. La nécessité de répondre à tous les moyens soulevés par le défendeur

1181. Afin d'être valable, il est nécessaire que la cour réponde à l'ensemble des moyens soulevées par les parties. Par exemple, si des manquements graves sont opposés pour justifier la brutalité d'une rupture[1380], il est nécessaire que la cour se prononce afin de déterminer si les manquements allégués par la société [A] étaient susceptibles de constituer ou non un manquement grave susceptible de la dispenser d'octroyer un préavis, sans quoi elle prive sa décision de base légale.

[1377] CA Versailles du 17 décembre 2009 RG n°07/04811.

[1378] CA Douai du 17 décembre 2009 RG n°08/06361.

[1379] TC Lille du 19 juin 2008 RG n°2006/02092.

[1380] Cass. Com. du 31 mars 2009 Pourvoi n°07-20.991.

5. L'interprétation des clauses en cas d'ambigüité

1182. Dans l'hypothèse où il existe une ambiguïté sur l'interprétation à donner d'une clause du contrat, cette dernière doit être interprétée en vertu de l'article 1162 du code civil, soit à la faveur de celui qui s'engage[1381].

6. L'évocation

1183. Il est possible à la cour d'appel d'utiliser son pouvoir d'évocation en vertu de l'article 89 du code de procédure civile[1382] pour éviter d'éventuelles manœuvres dilatoires[1383]. Par exemple, si le jugement de première instance a conclu à l'irrecevabilité des demandes du ministre, mais que ce point est contredit en appel, la cour d'appel peut alors directement statuer sur les conséquences de la recevabilité de la demande sur le litige qui lui est soumis[1384]. Une telle approche n'est toutefois pas automatique, une cour d'appel ayant considéré à l'inverse que l'affaire ne devait pas être évoquée si cela revenait à priver la demanderesse d'un degré de juridiction (lorsque la cour d'appel est par exemple amenée à trancher à titre liminaire de la compétence territoriale)[1385].

7. En cas de dommages et intérêts la société présumée victime doit être partie à la procédure

1184. Dans le cas contraire, si la société pour laquelle des dommages et intérêts sont demandés n'est pas partie à la procédure, la demande du ministre ne peut être recevable[1386].

8. L'approche distincte entre les pratiques commerciales restrictives et les pratiques anticoncurrentielles

1185. Dans une affaire[1387], la société [A] avait mis en avant que les accords visés pouvaient être exemptés en vertu du règlement d'exemption applicable aux accords verticaux, notamment du fait que sa part de marché était inférieure à 30%[1388]. Cependant, le droit communautaire a reconnu aux Etats membres la faculté de prévoir des mesures spécifiques pour protéger la concurrence sur un marché, dont font notamment partie les pratiques commerciales restrictives. Il en résulte que les pratiques relevant de manquements au titre de l'article L. 442-6 du code de commerce ne peuvent être exonérées par des dispositions relatives aux pratiques anticoncurrentielles.

[1381] CA Paris du 9 septembre 2009 RG n°07/10355.

[1382] Qui dispose « *Lorsque la cour est juridiction d'appel relativement à la juridiction qu'elle estime compétente, elle peut évoquer le fond si elle estime de bonne justice, de donner à l'affaire une solution définitive après avoir ordonné elle-même, le cas échéant, une mesure d'instruction* » - CA Versailles du 18 novembre 2010 RG n°09/02118.

[1383] CA Nîmes du 29 août 2008 RG n°07/00606.

[1384] CA Paris du 18 décembre 2013 RG n°12/100150.

[1385] CA Douai du 16 mars 2011 RG n°10/09281.

[1386] CA Nîmes du 18 octobre 2007 RG n°05/04507.

[1387] CA Versailles du 27 janvier 2005 RG n°03/06500.

[1388] Il s'agissait d'accords de distribution de produits cosmétiques entre un fournisseur et ses distributeurs qui établissaient une discrimination entre deux grandes catégories de clients.

9. La motivation du jugement

1186. Pour être valable, le jugement doit comporter un exposé des motivations respectives des parties. L'article 455 du code de procédure civile précise ainsi que « *le jugement doit exposer succinctement les prétentions respectives des parties et leurs moyens. Cet exposé peut revêtir la forme d'un visa des conclusions des parties avec l'indication de leur date. Le jugement doit être motivé* ». Cela peut notamment se déduire du fait qu'un certain nombre de moyens ont été écartés, et que le préjudice a été ajusté[1389].

1187. En revanche, si le jugement ne fait que reprendre les conclusions d'une des parties, « *en statuant ainsi, par une apparence de motivation pouvant faire peser un doute sur l'impartialité de la juridiction et sur l'examen effectif des moyens de la partie adverse* », il peut alors être réformé.

10. Les procédures d'urgence

1188. Il est possible de saisir le juge en référé sur la base de l'article L. 442-6 du code de commerce.

1189. Dans un cas par exemple[1390], le juge a validé le principe d'une provision au bénéfice de la société [X] pour compenser la perte de marge découlant de la rupture de la relation commerciale. Dans une autre affaire, il a été fait droit à la société [X] qui réclamait la communication des documents attestant de l'existence d'un réseau de distribution exclusive[1391].

1190. Plus particulièrement en cas de rupture brutale, la société [X] peut aussi assigner à bref délai suivant les dispositions générales de la procédure civile dans la mesure où la rupture des relations est susceptible d'avoir des conséquences significatives et avérées sur la société, voire d'entraîner sa liquidation. Dans un cas par exemple[1392], cela a permis au demandeur d'obtenir l'injonction à la société [A] de maintenir la relation commerciale sous astreinte, dans l'attente de statuer sur le fond. Dans un autre cas, le juge a exigé des parties qu'elles reviennent dans la situation antérieure en réinstallant le matériel qui avait été désinstallé sans préavis, cette mesure étant proportionnée du fait que le coût de réinstallation par site était limité (60 euros)[1393].

1191. Dans la mesure où la juridiction constate souverainement l'existence d'un dommage imminent, et fixe un terme certain à la mesure de maintien des relations commerciales, le principe d'un tel maintien ne porte pas atteinte à la liberté du commerce et n'excède pas le pouvoir conféré par l'article 873 1° du code de procédure civile[1394]. Réciproquement, lorsque les faits de l'espèce permettent de constater que la société victime de la rupture a

---

1389 CA Paris du 9 juillet 2010 RG n°10/03248.

1390 CA Toulouse du 8 septembre 2005 RG n°05/00673.

1391 CA Rennes du 21 septembre 2010 RG n°10/01175.

1392 CA Paris du 24 septembre 2009 RG n°09/10508.

1393 CA Paris du 12 octobre 2010 RG n°11/09644.

1394 Cass. Com. du 3 mai 2012 RG n°10-28.367.

manqué à ses obligations, le maintien des relations commerciales peut être légitimement rejeté, en l'absence de dommage imminent ou de trouble manifestement illicite[1395].

1192. En revanche, il est nécessaire que le caractère établi de la relation ne soit pas sujet à contestation, car sinon, si cette appréciation manifestement du fond, la société ne peut se prévaloir de la rupture brutale devant la juridiction des référés[1396].

§2. En procédure d'appel

1193. Ayant la possibilité d'introduire l'action devant les juridictions commerciales, le ministre a aussi le statut de partie à la procédure, ce qui lui permet par voie de conséquence d'interjeter appel en application des dispositions de l'article 546 du code de procédure civile. En outre, si le ministre est intervenu en première instance, et demande à nouveau une amende civile en appel, son intervention est valable en vertu de l'article 329 du code de procédure civile[1397].

1194. Cependant, une vigilance particulière doit être apportée aux demandes en première cause d'appel, tant au niveau de la recevabilité de l'intervention en tant que telle (1), que dans celle des demandes le cas échéant (2). D'autres moyens de nullité ont aussi pu être soulevés ou rappelés dans le cadre de différentes affaires en application de l'article L. 442-6 du code de commerce (3).

A. Recevabilité de l'intervention en première cause d'appel

1. Cas de l'intervention du ministre

1195. En application de l'article 325 du code de procédure civile, « *l'intervention n'est recevable que si elle se rattache aux prétentions des parties par un lien suffisant* »[1398], sachant que lorsqu'il intervient en première cause d'appel le ministre n'a pas la qualité de partie à l'action. Par conséquent, pour être recevable, l'intervention du ministre doit présenter un lien suffisant avec le litige de première instance.

1196. Dans une affaire par exemple[1399], la demande initiale du demandeur concernait un refus de vente, mais en appel, le ministre demandait le prononcé de la nullité de certaines clauses du règlement intérieur de la société mise en cause. Dès lors, le juge a pu considérer que la demande du ministre n'avait pas de lien suffisant avec la demande initiale pour être recevable et l'a donc écartée.

[1395] Cass. Com. du 17 septembre 2013 Pourvoi n°12-20.147.

[1396] CA Paris du 16 novembre 2010 RG n°10/18978.

[1397] CA Orléans du 29 mai 2008 RG n°07/01118.

[1398] Cass. Com. du 9 juillet 1986 Pourvoi n°85-10.750.

[1399] Cass. Com. du 26 novembre 1996 Pourvoi n°94-20.651.

1197. Dans une autre affaire[1400], le ministre s'était contenté d'appuyer le demandeur afin de démontrer un abus de dépendance économique et une rupture brutale des relations commerciales. Dès lors, le ministre ne modifiait pas les termes du litige, et le lien entre son intervention et les prétentions du demandeur était suffisant pour satisfaire aux dispositions de l'article 325 précité.

2. Cas de l'intervention d'une société victime présumée

1198. Une société prétendument victime des pratiques en cause est recevable en première cause d'appel en sa qualité de victime directe, eu égard à l'article 554 du code de procédure civile suivant lequel « *peuvent intervenir en cause d'appel dès lors qu'elles y ont intérêt les personnes qui n'ont été ni parties ni représentées en première instance ou qui y ont figuré en une autre qualité* ».

B. Recevabilité d'une demande en première cause d'appel

1199. De manière générale et selon une jurisprudence constante[1401] tirée de l'application de l'article 565 du code de procédure civile, toute demande nouvelle formée en première cause d'appel n'est pas recevable, sachant que « *les prétentions ne sont pas nouvelles dès lors qu'elles tendent aux mêmes fins que celles soumises au premier juge même si leur fondement juridique est différent* ». En définitive, une demande est considérée comme nouvelle si elle n'est ni l'accessoire, ni le complément de la demande initiale.

1200. Il est néanmoins possible de soumettre de nouvelles prétentions uniquement « *pour opposer compensation, faire écarter les prétentions adverses ou faire juger les questions nées de l'intervention d'un tiers, ou de la survenance ou de la révélation d'un fait* », en vertu de l'article 564 du code de procédure civile.

1. Cas de la demande émanant du demandeur

1201. Suivant ces principes, l'article L. 442-6 du code de commerce peut être invoqué en première cause d'appel par le demandeur pour autant que sa demande tende aux mêmes fins que sa demande initiale, et ce, même si leur fondement juridique est différent[1402].

1202. A titre d'illustration[1403], un demandeur demandait l'annulation d'un acte de cautionnement en prétendant que cette garantie avait été obtenue sous la menace de la rupture des relations commerciales par son fournisseur, du fait de l'état de dépendance économique de sa société. Il a ainsi invoqué l'application de l'article L. 442-6 du code de commerce uniquement en première cause d'appel. Cependant, le juge a considéré que la demande n'était pas nouvelle étant « *virtuellement comprise dans les demandes initiales* » tendant

---

[1400] TC Paris du 24 juin 2009 RG n°2007066678.

[1401] Cass. Com. du 11 juin 1975 Pourvoi n°73-14.233.

[1402] CA Versailles du 7 octobre 2010 RG n°09/04974.

[1403] CA Versailles du 12 octobre 2006 RG n°2006/530.

aux mêmes fins que celles soumise aux premiers juges, sachant qu'au surplus elle remplissait les conditions requises par l'article 564 du code de procédure civile.

1203. Suivant la même approche, dans le cadre d'une rupture brutale de relation commerciale, si l'action visait initialement l'article 1382 du code civil, le demandeur peut viser en première cause d'appel l'article L. 442-6-I-5° et L. 420-2 du code de commerce dans la mesure où les demandes reposent sur les mêmes faits et tendent aux mêmes fins[1404].

1204. En revanche, si la demande tend à d'autres fins, elle est alors irrecevable. Tel est le cas par exemple d'une demande de dommages et intérêts pour concurrence déloyale qui tend à d'autres fins que l'indemnisation des préjudices liés au paiement tardif des factures[1405].

2. Cas de la demande émanant du ministre

1205. S'agissant du ministre, s'il peut intervenir en première cause d'appel parallèlement à un demandeur pour éventuellement appuyer ses demandes sur le fondement de l'article L. 470-5 du code de commerce, il ne peut demander le prononcé d'une amende civile sans méconnaître les dispositions de l'article 564 du code de procédure civile[1406].

1206. En revanche, lorsqu'il est intervenu dès la première instance, le ministre est tout à fait recevable dans ses demandes en cause d'appel au titre des dispositions particulières qui lui sont applicables (et notamment l'article L. 442-6 II et III du code de commerce)[1407].

C. Autres éléments soulevés par la jurisprudence

1. Nullité de la déclaration d'appel

1207. Le fait que le représentant de la personne morale ne soit pas mentionné dans la déclaration d'appel de l'entache pas de nullité en application de l'article 901 du code de procédure civile[1408].

2. Nullité des exceptions soulevées

1208. Sous peine de nullité, les exceptions doivent être soulevées en première instance en vertu de l'article 74 du code de procédure civile, d'où il suit que les exceptions soulevées en première cause d'appel doivent être écartées[1409].

1404 CA Rennes du 12 avril 2005 RG n°03/07969 ; CA Versailles du 7 octobre 2010 RG n°09/04974.

1405 CA Paris du 11 octobre 2006 RG n°04/22481.

1406 Cass. Com. du 23 janvier 2007 Pourvoi n°04-16.779 et 04-17.951 ; Un jugement de la cour de cassation a validé une décision d'appel prononçant une amende civile à l'encontre de la société [A] alors que le ministre intervenait en première cause d'appel. Néanmoins, le moyen de l'irrecevabilité de la demande du ministre n'avait pas été soulevé devant la juridiction suprême (voir CA de Douai du 13 octobre 2005 RG n°04/01971 confirmé par Cass. Com. du 12 juin 2007 Pourvoi n°05-21.561).

1407 Cass. Com. du 6 novembre 1990 Pourvoi n°89-13.116.

1408 CA Paris du 20 avril 2005 RG n°02/12212.

1409 Ibid.

TITRE 2

L'IMPUTABILITE ET LA SANCTION

Chapitre 1

La détermination des responsabilités

1209. La mise en cause de la responsabilité implique d'abord d'apprécier la notion de partenaire économique, afin de déterminer si le manquement peut être imputable (1). Il est par ailleurs possible sous certaines conditions d'imputer la responsabilité d'un manquement à une autre société que celle directement liée à la société [X] (2).

Section 1. L'appréciation de la notion de partenaire économique

§1. Définition et exemples

1210. La première condition est que l'activité en cause puisse être considérée comme une activité commerciale (A), ce qui peut s'illustrer par de nombreux exemples (B).

A. L'activité commerciale comme condition unique

1211. L'article L. 442-6 du code de commerce peut être mis en œuvre par « *tout producteur, commerçant, industriel ou personne immatriculée au répertoire des métiers* », ce qui implique l'existence d'une activité économique. Il convient de relever que le statut de commerçant n'est pas une condition nécessaire à l'application de ces dispositions.

1212. Le partenaire économique est « *la personne avec laquelle on est associé dans une action quelconque induisant une volonté commune et réciproque d'effectuer de concert des actes ensemble* »[1410].

1213. Cela comprend toute activité de vente de marchandises, de prestation de services ou de combinaison des deux, dans la mesure où il s'agit d'une activité commerciale[1411]. Dans l'hypothèse où la relation commerciale ait été très courte, il est nécessaire à la société qui

[1410] CA Versailles du 7 octobre 2004 RG n°03/02078.

[1411] Cass. Com. du 23 avril 2003 Pourvoi n°01-11.664.

invoque ces dispositions de démontrer en quoi elle pouvait être qualifiée de partenaire commercial, sans quoi les dispositions ne peuvent s'appliquer[1412]. En revanche, cela exclut les relations existant entre plusieurs sociétés au sein du capital de l'une d'entre elles[1413].

1214. Un jugement a opposé la notion de partenaire économique à celle plus étroite de cocontractant, en estimant que la notion de partenaire économique se définissait comme « *le professionnel avec lequel une entreprise commerciale entretient des relations commerciales pour conduire une action quelconque, ce qui suppose une volonté commune et réciproque d'effectuer de concert des actes ensembles dans les activités de production, de distribution ou de service* »[1414]. Dans cette affaire, un centre équestre avait noué une relation avec un prestataire de service pour l'exploitation d'un site Internet devant promouvoir le centre, mais il a été estimé que le prestataire de services n'avait pas la qualité de partenaire commercial, ce qui paraît étonnant au regard de l'approche prévalant généralement à travers la jurisprudence.

1215. Par ailleurs, il est possible de viser nominativement un dirigeant au titre de manquements qu'ils soient ou non détachables de ses fonctions sociales et générateurs ou non d'une responsabilité personnelle de ce dernier, dès lors que les faits se rattachent directement à la gestion de sa société[1415].

1. Les associations

1216. Les dispositions de l'article L. 442-6 du code de commerce peuvent être mises en œuvre quelque soit le statut juridique de la victime du comportement incriminé[1416]. Il est donc possible à une association d'intenter une action si elle entretient une activité commerciale avec un partenaire commercial. Par exemple, ces dispositions ont pu être invoquées par des associations ayant pour objet la promotion de manifestations et d'artistes de cirques[1417], ou la réhabilitation par l'intermédiaire d'un centre d'aide au travail (CAT)[1418].

1217. La question peut en revanche s'avérer plus délicate si la partie mise en cause relève d'une association. Dans ce cas, il est nécessaire de prouver que l'association réponde aux critères légaux et jurisprudentiels qui feraient d'elle un commerçant, sans quoi l'application du texte peut être légitimement écartée par les juges[1419]. Par exemple[1420], l'action dirigée contre l'Institut Technique d'une fédération professionnelle, constitué sous forme d'association, a pu être écartée l'organisme n'étant ni producteur, ni commerçant ou industriel, ni une personne immatriculée au répertoire des métiers.

1412 CA Lyon du 16 mai 2013 RG n°11/07152.

1413 CA Paris du 4 juin 2013 RG n°09/13803.

1414 CA Nancy du 14 février 2013 RG n°12/00378.

1415 CA Bordeaux du 23 mai 2012 RG n°11/07867.

1416 Cass. Com. du 6 février 2007 Pourvoi n°03-20.463.

1417 Ibid.

1418 CA Montpellier du 24 janvier 2006 RG n°04/05929.

1419 CA Douai du 23 février 2012 RG n°11/01950 ; Voir aussi CA Douai du 27 juin 2013 RG n°12/05867.

1420 CA Paris du 21 novembre 2013 RG n°11/03876.

1218. Dans une affaire cependant, l'association a pu être mise en cause sans que ce point ne fasse l'objet de développements particuliers. En l'espèce[1421], l'association assurait la gestion d'un institut médico-éducatif, et prenait en charge le transport de personnes handicapées, ce qui l'avait conduit à nouer une relation avec un artisan taxi.

2. L'absence de finalité lucrative

1219. Il n'est pas non plus nécessaire que la société visée ou celle victime de pratiques au sens de ces dispositions aient un but lucratif. Il est donc possible de viser l'activité d'une mutuelle à but non lucratif à travers l'influence qu'elle exerce sur ses adhérents-cotisants[1422].

B. Exemples illustrant la qualité de partenaire économique

1220. A titre d'illustration, les activités suivantes ont été considérées comme entrant dans le champ d'application de l'article L. 442-6 du code de commerce :

- La production audiovisuelle. A ce titre, peu importe que le secteur soit soumis à une règlementation spécifique à l'instar de nombreuses activités économiques (achats de programme par une chaîne publique)[1423], cette activité relevant bien du droit commun des relations commerciales et non du droit de la propriété intellectuelle ;
- La prestation de service : rendue par un architecte[1424], de présentation de projets de modèles de vêtements[1425], de recherche de sites d'installations radioélectriques[1426], d'action de presse[1427], de création de maquettes et d'annonces publicitaires[1428], de consulting en ressources humaines pour des missions d'accompagnement [1429], d'organisation de foire commerciale[1430] ou de salon[1431], d'adhésion permettant l'accès à un système de paiement par carte bancaire[1432], de transport[1433], de nettoyage[1434], pour le conditionnement de plantes[1435] ; d'intérim avec la société utilisatrice[1436] ;

1421 CA Paris du 4 avril 2012 RG n°09/25117.

1422 Cass. Com. du 13 mars 2002 Pourvoi n°00-11.638.

1423 CA Paris du 8 octobre 2008 RG n°07/19021.

1424 Cass. Com. du 16 décembre 2008 Pourvoi n°07-18.050.

1425 CA Paris du 13 septembre 2006 RG n°04/12955.

1426 Cass. Com. du 3 octobre 2006 Pourvoi n°04-11.956.

1427 CA Reims du 6 novembre 2006 RG n°05/01183.

1428 CA Rouen du 14 décembre 2006 RG n°05/03484.

1429 CA Paris du 6 juillet 2007 RG n°05/14409.

1430 CA Colmar du 20 juin 2006 RG n°05/02968.

1431 CA Aix en Provence du 7 janvier 2010 RG n°08/14912.

1432 CA Aix en Provence du 28 mai 2004 RG n°01/16042.

1433 CA Reims du 17 mai 2004 RG n°03/01616.

1434 CA Aix en Provence du 19 novembre 2004 RG n°02/00148 ; CA Amiens du 15 juin 2004 RG n°03/01857.

1435 CA Reims du 29 novembre 2010 RG n°09/02246.

1436 CA Paris du 14 février 2014 RG n°11/07827.

- L'activité découlant d'un contrat d'agrément de diffuseur de presse[1437] ;
- La relation entre un GIE (groupement d'intérêt économique) et l'un de ses adhérents[1438] ;
- Les relations entre une SCI gérant un domaine viticole et la société commercialisant ses produits[1439] ;
- La relation entre un agent commercial et la société qui l'emploie[1440] ;
- Les relations entre une société d'assurance mutuelle, client par subrogation, et un réparateur automobile[1441], ou un expert automobile chargé d'évaluer les dommages[1442] ;
- L'activité entre un donneur d'ordre et son sous-traitant à qui est fournie la machine spécifique nécessaire à la production des produits[1443] ;
- Les relations entre organisme de gestion locative et un artisan[1444]. En revanche, il n'est pas possible de viser une société ayant simplement agi en qualité de syndic des copropriétaires ou associations syndicales concernées. Dans le mesure où elle a alors agi en simple mandataire, sa responsabilité ne peut dès lors être recherchée, sauf à démontrer un caractère fautif de la société détachable de sa qualité de mandataire[1445] ;
- Les relations entre une société et son établissement bancaire[1446] ;
- Les relations entre une centrale de référencement et un prestataire de transport, lequel réalisait l'acheminement des produits des fournisseurs de la centrale[1447] ;
- Les relations entre une société commercialisant des produits et un établissement bancaire proposant des solutions pour les financer[1448].

§2. Limites relatives au caractère commercial de la relation

1221. S'il n'est pas obligatoire que l'activité ait un but lucratif, elle doit tout de même être de nature commerciale, ce qui peut ne pas être le cas suivant le statut juridique d'une des parties (A), ou si le mis en cause est une centrale de référencement non rémunérée (B), ou

---

1437 CA Paris du 13 septembre 2007 RG n°05/12371.

1438 Cass. Com. du 3 avril 2007 Pourvoi n°06-10.526 ; CA Nîmes du 21 avril 2005 RG n°03/00331.

1439 CA Bordeaux du 8 mars 2012 RG n°10/06656.

1440 Cass. Com. du 5 mai 2009 Pourvoi n°08-11.916.

1441 Cass. Com. du 14 septembre 2010 Pourvoi n°09-14.322.

1442 CA Paris du 7 décembre 2011 RG n°08/05128.

1443 CA Douai du 2 mai 2006 RG n°04/07476.

1444 CA Pau du 12 septembre 2011 n°10/03373.

1445 CA Bordeaux du 14 mars 2012 RG n°10/02324.

1446 CA Rouen du 22 septembre 2011 RG n°10/05429.

1447 CA Paris du 4 octobre 2012 RG n°11/12684.

1448 CA Paris du 14 février 2013 RG n°11/07610.

une organisme administratif (C), ou encore en cas de ventes aux particuliers (D). L'appréciation du caractère commercial de la relation dépendra aussi du type de contrat régissant la relation commerciale, suivant qu'il s'agisse d'un mandat (E) ou bien d'un contrat d'agent commercial (F).

A. Le statut juridique particulier d'une des parties

1222. Le statut juridique d'une des parties peut, suivant ses spécificités, s'opposer au caractère commercial de la relation, et ainsi sortir du champ d'application de l'article L. 442-6 du code de commerce.

1223. **Le cas de l'activité strictement réglementée.** Certaines activités sont très strictement réglementées, que ce soit au niveau des conditions d'exercice ou même du prix des prestations, si bien qu'elles sont incompatibles avec une activité commerciale. Tel est le cas par exemple de l'activité de recouvrement exercée par un huissier de justice[1449]. Son activité ne relève pas d'un acte de commerce car il s'agit d'un officier ministériel bénéficiant d'un monopole conféré par l'Etat et soumis à une tarification en partie imposée par la loi.

1224. **L'interdiction d'exercer une activité commerciale en raison du statut.** Plus généralement, il est nécessaire que la personne ait le droit d'exercer une activité commerciale, car dans le cas contraire, la profession ayant l'interdiction de pratiquer une activité commerciale, cela s'oppose à l'application du texte. Tel est le cas pour les professions suivantes du fait du régime particulier auquel elles sont soumises :

- Un notaire ne peut valablement opposer à un organisme bancaire une rupture brutale de relation commerciale sur une activité de prêts immobiliers, car l'article 13-1° du décret du 19 décembre 1945 relatif au statut du notariat lui interdit de se livrer à des opérations de commerce[1450].
- La profession d'avocat est incompatible avec les activités à caractère commercial exercées directement ou par personne interposée en vertu des dispositions de l'article 111 du décret n°91-1197[1451]. Il s'agit en effet d'une relation basée sur la confiance, vis-à-vis de laquelle la liberté de choix est un principe fondamental. Aussi, dès lors qu'un litige survient, par exemple sur les honoraires, le client est en droit de prendre attache d'un autre avocat sans préavis[1452] ;
- Le conseil en propriété industrielle interdit expressément toute activité à caractère commercial en vertu de l'article L. 422-12 du code de la propriété intellectuelle. Par

[1449] CA Lyon du 8 septembre 2005 RG n°04/01046.

[1450] Cass. Com. du 20 janvier 2009 Pourvoi n°07-17.556.

[1451] CA Rennes du 3 avril 2012 RG n°11/01911.

[1452] CA Aix en Provence du 7 février 2013 RG n°11/04575.

conséquent, la relation ne peut être considérée comme revêtant un caractère commercial, peu importe que l'activité soit exercée sous forme de société commerciale[1453].

1225. La même approche a été utilisée dans une autre affaire[1454] où la mise à disposition de locaux par une clinique pour l'exercice libéral de la médecine par des praticiens, avait pris fin après sa fermeture. Les coûts supportés par la clinique étant remboursés par les praticiens sans marge, et au surplus l'article 19 du code de déontologie médicale prohibant expressément l'exercice de la médecine comme un commerce, la relation n'a donc pas été considérée comme étant commerciale, ce qui a eu pour conséquence d'écarter l'application de l'article L. 442-6.

B. La centrale de référencement non rémunérée

1226. Si la société [A] est une centrale de référencement non rémunérée par le revendeur [X] qui s'approvisionne par son intermédiaire, alors l'application du texte peut être écartée car la relation n'a pas de caractère commercial. Dans une affaire par exemple[1455], l'activité de la centrale de référencement se résumait d'une part à communiquer à ses adhérents les conditions commerciales des fournisseurs, et d'autre part à régler certaines commandes des adhérents qu'elle se faisait ensuite rembourser sans marge, sachant qu'en tout état de cause, l'adhérent n'avait aucune obligation de passer par elle. En définitive, sa relation avec l'adhérent n'avait pas de caractère commercial faute pour ce dernier de rémunérer la centrale de référencement.

1227. Pour autant, la responsabilité de la centrale de référencement peut tout de même être mise en cause sous certaines conditions, notamment si son rôle dépasse le simple référencement ou si elle est rémunérée dans le cadre de sa prestation. Il est donc nécessaire de déterminer le rôle exact joué par la centrale pour en apprécier le niveau de responsabilité. A titre d'illustration, la responsabilité de la société présentée comme centrale de référencement a pu être retenue dans les cas suivants :

- La société [A] était présentée comme un simple mandataire, ayant pour seule mission la négociation des conditions d'achats, alors qu'elle disposait en réalité des mêmes pouvoirs que son pseudo-mandant (faculté d'engager l'enseigne au niveau national avec signature de tout contrat cadre, encaissement des règlements de prestations de services rendus aux fournisseurs) [1456] ;
- La société [A] agissait pour le compte d'un groupement d'adhérents, mais son rôle était plus large dans la mesure où une partie des flux de marchandises transitait par elle d'une part, et qu'elle exerçait des prestations de service de coopération commerciale d'autre part[1457] ;

1453 Cass. Com. du 3 avril 2013 Pourvoi n°12-17.905.

1454 Cass. Civ. du 23 octobre 2007 Pourvoi n°06-16.774.

1455 CA Paris du 24 septembre 2009 RG n°09/10508.

1456 Cass. Com. du 16 décembre 2008 Pourvoi n°08-13.162.

1457 TC Orléans du 11 décembre 2009 RG n°2008/7224.

- La société [A] n'était pas signataire des contrats de référencement, mais ces contrats étaient signés pour son compte et c'est elle qui exploitait les magasins en France et qui exécutait une partie des accords commerciaux contractualisés avec les fournisseurs[1458].

C. Les organismes administratifs

1228. Dans plusieurs affaires, les organismes administratifs ou consulaires ont été exclus de l'application de l'article L. 442-6 du code de commerce, n'étant ni producteurs, ni commerçants, ni encore industriels. Les organismes suivants n'ont ainsi pas pu être mis en cause sur la base de l'article L. 442-6 du code de commerce :

- La caisse du régime social des indépendants[1459] n'entre pas dans la catégorie des commerçants et artisans, et ne peut y être assimilée, contrairement aux sociétés d'assurance ou de mutuelles intervenant sur le marchés de la complémentaire santé par exemple ;
- La chambre nationale des huissiers de justice[1460] ;
- Un organisme public (CEA)[1461] . Une cour d'appel a cependant eu une approche différente en considérant qu'il était possible de mettre en cause un organisme administratif chargé d'une mission de service public dans le mesure où la relation qu'il a entretenue avec la société [X] est de nature commerciale[1462].

D. Les ventes aux particuliers

1229. La notion de partenaire économique ne comprend pas l'activité de vente exercée par des particuliers. Par exemple[1463], un fournisseur ne peut reprocher à un site marchand de mise en relation de type place de marché en ligne, une violation d'exclusivité si les ventes sont réalisées uniquement par des particuliers, peu importe que le site marchand soit ensuite commissionné.

E. Le contrat de mandat

1230. Dans l'hypothèse où la relation soit régie par un contrat de mandat simple, l'application de l'article L. 442-6 du code de commerce peut être écartée, ce qui n'est pas le cas si la relation est régie par un mandat d'intérêt commun.

1458 CA Paris du 2 février 2012 RG n°09/22350.

1459 CA Nîmes du 10 janvier 2013 RG n°11/02745.

1460 CA Paris du 10 janvier 2013 RG n°11/02294.

1461 CA Paris du 2 mars 2011 RG n°08/08309.

1462 En l'espèce, il s'agissait d'un organisme interprofessionnel du vin de champagne qui avait utilisé les services d'une société pour conduire des actions de communication spécifiques au produit - CA Reims du 6 novembre 2006 RG n°05/01183.

1463 Cass. Com. du 3 mai 2012 Pourvoi n°11-10.508.

1. Le mandat simple

1231. De manière générale, lorsque la relation est régie par un mandat simple, les conditions de révocation sont prévues par l'article 2004 du code civil[1464] suivant lequel un mandat est révocable *ad nutum*. Dans une affaire par exemple, une société [X] bénéficiant d'un mandat pour procéder à du recouvrement pour le compte d'une banque, n'avait pas démontré qu'elle fournissait une prestation de service au sens de l'article L. 442-6 du code de commerce, si bien qu'elle s'est vue refuser l'application de ce texte[1465].

1232. La démonstration que la relation est soumis à un contrat de mandat peut aussi découler de la réglementation applicable. Par exemple, l'activité de conseil en propriété intellectuelle est une profession libérale qui s'exerce dans le cadre juridique du mandat, ainsi qu'il ressort du règlement intérieur de la compagnie nationale des conseils en propriété intellectuelle approuvé par arrêté du 29 juillet 1994[1466], si bien que cette profession échappe à l'application de l'article L. 442-6 du code de commerce.

1233. En tout état de cause, afin de déterminer le type de contrat applicable, il appartient au juges de restituer leur exacte qualification aux faits et actes litigieux, sans s'arrêter à la dénomination que les parties en auraient proposé, la seule présentation de la relation comme relevant d'un mandat n'étant pas suffisante. En vertu de l'article 12 du code de procédure civile, il convient donc, en matière contractuelle, de rechercher la commune intention des parties contractantes. Par exemple, la simple constatation du caractère commercial de l'intitulé du contrat ainsi que du contenu de ses obligations peut permettre de considérer qu'il ne s'agit pas d'un mandat[1467]. Il en va de même lorsque le mandataire fixe de manière autonome ses tarifs en tenant compte du marché[1468].

2. Le mandat d'intérêt commun

a) Conséquence sur l'appréciation de la relation entre le mandant et son mandataire

1234. Un mandat d'intérêt commun est défini comme celui par lequel les parties sont liées par une convergence d'intérêts, et particulièrement lorsque la réalisation de l'objet présente pour le mandant comme le mandataire un intérêt à travers l'essor de l'entreprise par la création et le développement de la clientèle. Cette qualification est aussi subordonnée à l'existence d'un pouvoir d'accomplir au nom et pour le compte du mandant un ou plusieurs actes juridiques, si bien qu'en l'absence d'un tel pouvoir, il n'est pas nécessaire d'examiner la convergence d'intérêt des parties à la réalisation de l'objet du mandat. Enfin le mandat d'intérêt commun suppose la participation des deux parties aux projets et

---

[1464] Qui précise « *Le mandant peut révoquer sa procuration quand bon lui semble et contraindre, s'il y a lieu, le mandataire à lui remettre soit l'écrit sous seing privé qui la contient, soit l'original de la procuration, si elle a été délivrée en brevet, soit l'expédition, s'il en a été gardé minute* ».

[1465] CA Montpellier du 20 mai 2008 RG n°06/03981.

[1466] Arrêté portant approbation du règlement intérieur de la Compagnie nationale des conseils en propriété industrielle - CA Paris du 14 mars 2012 RG n°10/15338.

[1467] Cass. Com. du 12 mai 2004 Pourvoi n°01-12.865 ; CA Paris du 31 mai 2012 RG n°11/05516.

[1468] CA Douai du 27 juin 2013 RG n°12/05867.

aux risques qui y sont associés, ce qui n'est pas le cas si le mandataire garantit une rémunération au mandant[1469].

1235. Dans ces conditions, lorsque la relation dépasse le cadre du mandat simple, les conditions de révocation du mandat sont différentes comme il « *ne peut être révoqué par la seule volonté de l'une des parties, mais seulement de leur consentement mutuel, ou pour une cause légitime reconnue en justice, ou enfin suivant les conditions et clauses spécifiées au contrat* »[1470].

1236. Dès lors, ces relations sont soumises aux dispositions de droit commun, et il suffit que la relation d'affaires soit ancienne et stable, et présente une certaine intensité pour que le partenaire évincé puisse bénéficier de l'application de l'article L. 442-6 du code de commerce.

1237. A titre d'illustration, les dispositions de l'article L. 442-6 du code de commerce ont pu être mises en œuvre dans les cas suivants :

- Mandant de représentation et de commercialisation dans le cadre d'une activité d'agent immobilier portant sur une activité de transaction immobilière en application des dispositions du décret n°72-678 du 20 juillet 1972 relatif à cette profession[1471] ;
- Mandat de démarchage financier en application de l'article L. 341-4 du code monétaire et financier[1472].

b) Conséquence sur l'appréciation de la relation entre le client du mandataire et le mandant

1238. Le mandataire est tributaire des décisions prises par son mandant, notamment eu égard à l'organisation commerciale que ce dernier entend utiliser pour commercialiser ses produits ou services. Dès lors, en l'absence d'autonomie commerciale du mandataire, et s'il est démontré que la rupture est la conséquence de la décision du mandant, il est alors possible d'imputer la faute de la rupture à ce dernier.

1239. Dans une affaire par exemple[1473], le mandant facturait et livrait les produits commandés par l'intermédiaire du mandataire, et a décidé de modifier son organisation commerciale en confiant la commercialisation de ses produits à un autre mandataire. Cependant, ce dernier n'ayant jamais répondu au détaillant qui l'a sollicité, la décision de la rupture relevait du choix initial du mandant.

1469 Ibid.

1470 Droit de la distribution (5ème édition, LITEC) – Didier Ferrier, §179 – voir aussi CA Paris du 5 juillet 2012 RG n°11/01618.

1471 CA Paris du 5 juillet 2012 RG n°11/01618 ; CA Toulouse du 19 février 2013 RG n°11/03456.

1472 CA Paris du 28 mai 2013 RG n°12/08492.

1473 CA Paris du 14 novembre 2012 RG n°09/18994.

F. Le statut d'agent commercial

1240. S'il peut être considéré que la relation entre dans le champ d'application de l'agent commercial, l'article L. 442-6 du code de commerce n'est pas applicable, car seules s'appliquent les dispositions de l'article L. 134-11 du code de commerce[1474]. Dans certains cas, l'invocation de ce statut par la partie se voyant notifier la rupture peut présenter des avantages non seulement pour bénéficier d'indemnités plus favorables[1475], mais aussi car il peut être plus difficile pour le mandant de s'exonérer de tout versement d'indemnité, étant notamment nécessaire de prouver une faute grave du mandataire[1476].

1241. Pour autant, et suivant une jurisprudence constante, « *l'application du statut d'agent commercial ne dépend ni de la volonté exprimée par les parties dans le contrat, ni de la dénomination qu'elles ont donnée à leurs conventions mais des conditions dans lesquelles l'activité est effectivement exercée* »[1477]. De plus, le fait que les accords entre les parties aient été poursuivis dans un intérêt commun n'est pas spécifique au contrat d'agent commercial[1478]. En définitive, l'analyse du seul contrat n'est donc pas suffisante pour attester ou écarter le statut d'agent commercial.

1242. Afin de pouvoir être considéré comme relevant du statut d'agent commercial, il est nécessaire que la société ait un pouvoir d'accomplir des actes juridiques, notamment par la capacité de négocier et de conclure des contrats au nom et pour le compte du mandant. Si par exemple, le mandataire avait conduit des réunions de négociation de prix avec des clients de son mandataire, et leur avait proposé à la vente des produits de ce dernier, alors il peut être déduit que le mandataire avait agi en tant qu'agent commercial[1479].

1243. A l'inverse, les éléments de faits peuvent aussi permettre de démontrer que la relation ne correspond pas à ce type de relation. Dans une affaire par exemple, la société se prétendant agent commercial n'apportait aucun élément de nature à démontrer qu'elle pouvait contracter au nom et pour le compte de son mandant, le contrat suggérant plutôt le contraire, les commandes devant être validées systématiquement par le mandant ou un de ses salariés[1480]. Dans une autre affaire[1481], si le contrat prévoyait la possibilité pour le mandataire de négocier pour le compte de son mandant, elle n'avait dans les faits jamais été mise en œuvre. De même[1482], si la société joue en dé-

---

[1474] Cass. Com. du 3 avril 2012 Pourvoi n°11-13.527. Un arrêt antérieur a toutefois eu une approche différente en considérant que le texte était applicable alors que la société [X] avait le statut d'agent commercial. Cependant, seul le caractère établi avait été discuté, et non le statut de la relation commerciale – Cass. Com. du 5 mai 2009 Pourvoi n°08-11.916.

[1475] En vertu de l'article L. 134-12 du code de commerce. A titre d'illustration, les indemnités peuvent équivaloir à plusieurs années de commissions (CA Aix en Provence du 25 janvier 2012 RG n°10/16390).

[1476] L. 134-13 du code de commerce.

[1477] Cass. Com. du 10 décembre 2003 Pourvoi n°01-11.923.

[1478] CA Nîmes du 9 février 2012 RG n°10/01695.

[1479] Cass. Com. du 3 avril 2012 RG n°11-13.527.

[1480] CA Douai du 29 avril 2010 RG n°09/00661.

[1481] CA Toulouse du 14 mars 2012 RG n°10/03815.

[1482] CA Paris du 14 novembre 2013 RG n°11/13886.

finitive un rôle d'assistance commerciale et de communication, dans le but de faciliter le développement de projets, sans disposer d'aucun pouvoir de présenter des offres au nom du mandant, le contrat ne peut être requalifié en contrat d'agent commercial.

1244. Suivant une approche analogue, le fait que les parties aient sans ambigüité choisi de placer le contrat sur le terrain de la réglementation spécifique aux intermédiaires en opération de banque (articles L. 519-1 et suivants du code monétaire et financier), limitant le rôle du mandataire à de l'intermédiation sans pouvoir de représentation peut être soulevé pour écarter l'application du bénéfice du statut d'agent commercial[1483].

1245. L'analyse peut aussi se poursuivre au regard des modalités de rémunération. Par exemple[1484], les conditions de rémunération en pourcentage des factures correspondant aux opérations conclues par l'intermédiaire tiers, définissent davantage un contrat de courtage. A plus forte raison, lorsque l'intermédiaire rachète les produits pour les revendre à ses clients, les contrats étaient conclus dans son seul intérêt, les relations ne relevant dès lors pas d'un contrat d'agent commercial[1485].

1246. Par ailleurs, la compensation découlant du statut d'agent commercial ne pourra selon toute vraisemblance pas être cumulée avec le dommage découlant d'un manquement délictuel au titre de l'article L. 442-6 du code de commerce, les deux indemnités tendant aux mêmes fins[1486].

Section 2.
L'imputabilité à une autre société que celle directement liée à la société [X]

1247. La société en relation commerciale directe avec la société [X] peut ne pas être autonome, au sens où elle applique une décision prise par sa maison mère (1), ou bien par la société dont elle dépend pour son activité (2).

1248. Dans ce cas, et sous certaines conditions, il est alors possible d'intimer directement cette société « *N+1* », seule ou en sus de la société « *N* » en relation commerciale directe avec la victime.

1483 CA Paris du 12 avril 2012 RG n°10/02726.

1484 CA Douai du 29 avril 2010 RG n°09/00661.

1485 CA Rennes du 7 février 2012 RG n°10/07550.

1486 CA Lyon du 3 décembre 2010 RG n°09/01176.

§1. La responsabilité de la maison-mère ou d'autres sociétés du groupe mis en cause

A. Responsabilité de la maison-mère

1249. La théorie de l'unité économique entre une maison-mère et sa filiale peut être pertinente pour mettre en cause la responsabilité de la maison-mère. Tel est le cas d'une société qui était en relation avec un GIE, et un de ses adhérents chargés de l'expertise en termes de formations interne, et ce, pour le compte d'un groupe plus important. En l'espèce, eu égard à l'absence d'autonomie de ces différentes structures, la responsabilité de la maison-mère à la tête du groupe a pu être recherchée[1487].

1250. La responsabilité de la maison-mère peut aussi être recherchée dès lors que la société [X], à qui incombe la charge de la preuve, a démontré que c'est bien la maison-mère qui a pris la décision de rompre au nom de plusieurs sociétés du groupe. Il n'est alors pas nécessaire que la société [X] ait attrait les sociétés filles dans la mesure où la responsabilité incombe pleinement à la maison-mère[1488]. A ce titre, le fait que la maison-mère définisse la politique du groupe et ait un intérêt direct dans la commercialisation des produits dans les magasins du groupe, peut être avancé[1489], mais ce seul constat n'est pas suffisant car il est nécessaire de préciser en quoi la maison-mère est intervenue dans le cadre du manquement, dans le cadre de la rupture ou de la conclusion du contrat litigieux par exemples[1490]. L'intervention de la maison-mère peut aussi se déduire du contexte dans lequel a évolué la relation commerciale, par exemple si c'est elle qui a formulé des demandes de subvention auprès de la région pour le compte de sa filiale, et qu'un de ses salariés participait aux discussions[1491]. Finalement, en l'absence de lien entre la maison-mère et la relation commerciale que sa filiale entretenait avec le demandeur, la responsabilité de la maison-mère ne peut être recherchée[1492].

1251. En tout état de cause, si la société n'a contracté qu'avec la maison-mère[1493], ou que la décision de la rupture émane directement de cette dernière[1494], il lui incombe de la mettre en cause, et non simplement la filiale française, qui est alors extérieure au litige.

1252. Il est aussi possible de viser la maison-mère si la société [X] était en relation avec deux chaînes d'un même groupe de télévision dont l'objet social indiquait que la holding « *définit les orientations stratégiques, coordonne et promeut les politiques de programme et*

1487 CA Paris du 24 mars 2011 RG n°07/07337.

1488 CA Amiens du 15 juin 2004 RG n°03/01857.

1489 CA Paris du 24 mars 2011 RG n°10/02616.

1490 Cass. Com. du 11 septembre 2012 Pourvoi n°11-17.458.

1491 CA Paris du 26 septembre 2013 RG n°11/09146.

1492 Cass. Com. du 23 octobre 2012 Pourvoi n°11-22.383.

1493 CA Versailles du 10 mai 2012 RG n°10/09040 ; CA Paris du 15 septembre 2010 RG n°08/19559.

1494 CA Paris du 11 décembre 2013 RG n°11/20120.

l'offre de service » de sorte qu'elle intervenait directement dans le choix des sociétés prestataires audiovisuelles, et ce, d'autant qu'elle avait créé un poste de supervision des programmes de ses filiales[1495].

1253. Enfin, indépendamment du fait que la décision soit imputable à l'une ou à l'autre, le principe de l'unité économique peut permettre de viser la maison-mère *in solidum* avec sa filiale, qu'elle soit française[1496] ou étrangère[1497] (voir § 1039 et suivants). En effet, s'il est démontré que les manquements relèvent par exemple d'une action concertée entre les deux filiales d'une maison-mère, cette dernière est alors au moins commercialement condamnable[1498].

B. Responsabilité d'une autre société du groupe [A]

1254. La responsabilité d'un manquement ne peut être étendue à une autre société du groupe dont [A] fait partie que si cette société est intervenue dans la pratique, et a pu engager sa responsabilité à ce titre[1499]. En effet, la responsabilité ne peut être présumée, et la seule allégation que la société tierce définisse la politique commerciale et ait un intérêt à la pratique n'est pas suffisant.

1255. En revanche, si l'intervention d'une autre société du groupe est démontrée, sa responsabilité peut alors être mise en cause. Tel peut être le cas par exemple si à la fois la centrale de référencement et la société propriétaire de la marque de l'enseigne de distribution sont intervenues dans le cadre du processus de rupture brutale avec le fournisseur[1500].

1256. Dans une autre affaire[1501], la centrale de référencement avait demandé à l'un de ses fournisseurs de surfacturer un produit, puis de reverser la somme correspondante à une autre société du groupe sous forme de ristourne ou de coopération commerciale. Les infractions retenues s'inscrivant dans la cadre de la politique commerciale du groupe de distribution en cause, la responsabilité des deux sociétés du groupe a pu être engagée.

1257. De même, si les contrats litigieux sont conclus par deux centrales de référencement pour le compte d'une même société, cette seule société a pu être visée dans le cadre d'une assignation eu égard à son rôle déterminant. En effet, la conclusion des contrats relevait d'une politique élaborée et coordonnée au niveau du groupe de distribution, les contrats reprenant la même trame et les mêmes clauses, les centrales de réfé-

---

1495 CA Paris du 8 octobre 2008 RG n°07/19021.

1496 TC Bobigny du 9 avril 2004 RG n°2001F01412 ; TC Roubaix Tourcoing du 12 février 2004 RG n°A2/1031.

1497 CA Paris du 18 janvier 2007 RG n°03/18220 ; CA Dijon du 25 juin 2013 RG n°12/00097.

1498 CA Nîmes du 13 septembre 2012 RG n°11/01434.

1499 Cass. Com. du 11 Septembre 2012 Pourvoi n° 11-17.458.

1500 CA Angers du 24 janvier 2006 RG n°05/00067.

1501 Cass. Crim. du 25 juin 2008 Pourvoi n°07-80.261 (cette affaire relève d'une qualification en faux et usages de faux).

rencement n'ayant en définitive aucune marge de manœuvre quant à la définition des services commerciaux proposés par le distributeur, ces prestations étant toujours définies par la maison-mère[1502]. Les contrats litigieux étaient ainsi signés pour le compte de la société visée laquelle exécutait les prestations de services afférentes (coopération commerciale et services distincts).

C. La responsabilité de la centrale de référencement

1258. Indépendamment de l'appréciation du caractère commercial de ses relations, une centrale limitant son rôle au référencement des produits ou des services, sans qu'il soit démontré qu'elle influe sur le choix des revendeurs de commercialiser ledit produit ou service référencé, n'entretient a priori pas de relation commerciale avec le fournisseur en question, et dans ces conditions, sa responsabilité dans le cadre d'une rupture peut donc être écartée (voir aussi § 1226).

1259. Tel est le cas par exemple d'une société [X] réalisant des prestations d'après-vente pour le compte des centrales d'achats régionales d'un distributeur, qui ne peut mettre en cause la responsabilité du distributeur qui l'a référencé au niveau national si elle n'apporte pas la preuve que ce dernier soit intervenu dans le cadre de la rupture, les relations commerciales s'établissant en pratique directement avec chaque centrale régionale[1503].

1260. En revanche, eu égard à ces considérations, s'il est démontré que la centrale de référencement ou le distributeur sont intervenus ou bien ont eu une incidence en pratique sur le comportement de la société [A], il est alors possible d'engager leur responsabilité sur cette base, ce qui n'est pas sans conséquence sur l'étendue du préjudice à prendre en considération (voir § 1294).

1261. Suivant le même raisonnement une centrale de référencement ne peut invoquer le fait de n'être qu'un mandataire pour justifier l'arrêt des commandes de ses magasins affiliés, sachant que parallèlement elle s'engage à son nom pour réaliser des prestations de coopération commerciale pour aider au développement des ventes des produits[1504].

§2. La responsabilité d'un tiers à l'origine du litige

A. Dans le cadre de relations verticales entre trois sociétés

1262. Dans certains cas, les relations des sociétés sont à ce point imbriquées que le manquement allégué - notamment en cas de rupture brutale - peut être dû à un autre partenaire commercial que celui directement en relation avec [X]. Il convient alors de s'interroger

[1502] Cass. Com. du 10 septembre 2013 Pourvoi n°12-21.804.

[1503] CA Versailles du 2 décembre 2004 RG n°03/04269.

[1504] CA Versailles du 27 octobre 2011 RG n°10/07215.

sur la méthode permettant de déterminer le niveau de responsabilité de la société au bout de la chaîne, dont la décision de rompre peut avoir des conséquences à l'autre bout de la chaîne[1505].

1263. Si cette appréciation est particulièrement importante dans le cadre de relations de sous-traitance, raison pour laquelle elle fait l'objet de développements spécifiques (voir § 616 à 630), elle peut être tout aussi importante dans d'autres circonstances, par exemple si la rupture des relations avec le détaillant fait suite à la réorganisation du réseau de distribution sélective d'un fabricant. De même, il n'est pas possible de viser uniquement la société qui n'est que l'agent commercial d'une autre société du groupe, et il convient dès lors de viser la société pour le compte de laquelle le contrat d'agent a été souscrit.

1. L'existence d'un lien commercial et/ou financier

1264. De même que dans le cadre des accords de sous-traitance, il est tout d'abord nécessaire qu'existe un lien commercial et/ou financier entre le fournisseur de rang 2 et le client final.

1265. Si tel est le cas, la responsabilité du fournisseur de rang 2, en l'occurrence un opérateur de téléphonie mobile, peut être engagée[1506]. En l'espèce, si ce dernier était en relation contractuelle uniquement avec un grossiste, il a été considéré que sa responsabilité pouvait être recherchée vis-à-vis des détaillants adhérents du grossiste en raison des nombreuses obligations contractuelles. En effet, les détaillants devaient être agréés individuellement par l'opérateur qui imposait un minimum de 60% de parts de marchés dans les points de vente, agrément dont la perte rendait impossible toute commercialisation des téléphones et abonnements de l'opérateur. De plus, les détaillants entraient eux-mêmes les informations nécessaires aux ouvertures d'abonnements sur le serveur de l'opérateur qui leur mettait à disposition un espace dédié et leur fournissait des codes d'accès spécifiques.

1266. En l'absence d'un tel lien, la mise en cause de la responsabilité du tiers à l'origine du litige peut être écartée si le tiers est le seul visé dans la procédure, il sera alors nécessaire de viser non seulement le tiers mais aussi le partenaire en lien commercial direct avec la victime. Dans le cadre de la réorganisation d'un réseau de distribution sélective par exemple[1507], le fabricant (ou fournisseur de rang 2) peut être à l'origine de la rupture avec le détaillant (ou client final), suite à sa décision de mettre fin au contrat de l'importateur national (ou fournisseur de rang 1) qui fournissait le détaillant. Si ce dernier pouvait rechercher la responsabilité de l'importateur, en incluant éventuellement en sus le fabricant,

---

1505 Par exemple, la décision par un client final de mettre fin à la relation commerciale avec son fournisseur de rang 1 peut avoir entraîné des conséquences sur son fournisseur de rang 2. Réciproquement, si le fournisseur de rang 2 décide d'arrêter de fournir des produits au fournisseur de rang 1, cela peut empêcher ce dernier de continuer à livrer ses propres produits au client final.

1506 CA Paris du 14 septembre 2011 RG n°10/03068.

1507 Cass. Com. du 3 novembre 2004 Pourvoi n°02-17.078 – Voir aussi CA Rennes du 26 janvier 2010 RG n°09/01888 : Néanmoins dans cette affaire, la cour a validé l'intérêt à agir du revendeur (client final) vis-à-vis du fournisseur (de rang 2) alors même qu'elle a elle-même considéré qu'il n'existait pas de relation commerciale établie, ce qui paraît contradictoire.

il ne pouvait en revanche viser uniquement le fabricant dans la mesure où il n'existait aucun rapport commercial entre les deux sociétés, ni en terme de produits, ni au titre du contrat de distribution sélective, le détaillant ne bénéficiant pas plus d'un droit de représentation.

2. Autres conditions

1267. Deux autres conditions semblent nécessaires pour que la responsabilité de la société intermédiaire (ou fournisseur de rang 1) puisse être écartée.

a) Le lien de causalité

1268. Il est nécessaire de démontrer un lien de causalité entre la décision du client final de mettre fin à la relation commerciale avec le fournisseur de rang 1 et celle de ce dernier de rompre à son tour avec son propre fournisseur de rang 2 (et réciproquement si la rupture a pour origine le fournisseur de rang 2).

1269. Tel est le cas par exemple d'une relation portant sur les droits de diffusion et de commercialisation de l'image d'un sportif, liant successivement ledit sportif, une société de production et un diffuseur[1508]. Si ce dernier décide de mettre fin à la relation commerciale, alors le sportif peut agir contre le diffuseur d'autant qu'il avait pris l'engagement par l'intermédiaire de la société de production de ne pas céder ses droits à un autre diffuseur.

1270. Tel est le cas aussi d'une relation entre un prestataire de service portant sur l'entretien de conteneurs chez un locataire de ces conteneurs, si la rupture est imputable uniquement au loueur ayant décidé d'imposer le prestataire de son choix. Dès lors que le loueur a pris la décision de rompre les relations, le locataire avait donc l'obligation de faire de même, et sa responsabilité n'a pu être recherchée[1509].

1271. En revanche, en l'absence de preuve d'un tel lien de causalité, l'intermédiaire ne peut se retrancher derrière la décision de ses clients de rompre pour mettre fin aux relations avec son propre fournisseur[1510].

b) L'impossibilité de poursuivre la relation commerciale

1272. Il est nécessaire que le fournisseur de rang 1 soit dans l'impossibilité de poursuivre la relation commerciale. Tel est le cas par exemple si la société est intervenue pour mettre en relation [A] et [X] en agissant uniquement en tant que mandataire[1511], ou si le fabricant représente une part significative de l'activité du détaillant du fait d'obligations contractuelles[1512].

1508 CA Paris du 14 février 2014 RG n°11/11546.

1509 CA Lyon du 26 septembre 2013 RG n°11/08090.

1510 CA Rennes du 21 février 2012 RG n°10/01759.

1511 CA Rennes du 16 janvier 2009 RG n°08/00159.

1512 CA Paris du 14 septembre 2011 RG n°10/03068.

B. Dans le cadre d'une relation tripartite

1273. La contrepartie ou le service financé par [X] et dont la société [A] a bénéficié indument peuvent être rendus par une société tierce. Néanmoins, une telle structure tripartite ne fait pas obstacle à l'application des dispositions de l'article L. 442-6 du code de commerce. Dans une affaire par exemple[1513], la responsabilité de la société [A] a pu être valablement mise en cause, car elle bénéficiait d'intérimaires financés par [X] par l'intermédiaire d'une société d'intérim, ce qui relevait d'avantage sans contrepartie.

C. La responsabilité du mandant

1274. Comme indiqué précédemment, la responsabilité du mandant peut être recherchée s'il est à l'origine du litige, en l'absence de choix pour son mandataire. La responsabilité du mandant peut aussi être recherchée suivant les circonstances, quand bien même la décision de rompre ait été prise par le seul mandataire, dans la mesure où il ressortait des écritures que le mandant entérinait totalement les opérations de son mandataire. Dans ce cadre, les deux sociétés, à savoir le mandant et le mandataire, peuvent être condamnés *in solidum*[1514].

1513 CA Douai du 17 décembre 2009 RG n°08/06361.

1514 CA Pau du 16 mai 2011 RG n°10/02116.

Chapitre 2
Les sanctions

1275. La société victime de pratiques relevant de n'importe quel manquement décrit par l'article L. 442-6 du code de commerce peut, dans tous les cas, demander des dommages et intérêts sur la base des principes généraux du code civil, soit, après avoir caractérisé le manquement, démontrer un préjudice ainsi que son lien de causalité avec le manquement en question. Pour autant, la démonstration d'un préjudice est plus particulièrement développée dans le cadre de la rupture brutale de relation commerciale (1).

1276. Indépendamment des dommages et intérêts, le texte prévoit aussi des demandes de réparation exorbitantes au régime commun. En premier lieu, au titre du trouble à l'ordre public économique, le ministre peut demander non seulement la restitution de l'indu (2), mais aussi une amende civile (3). En second lieu, tout demandeur peut formuler d'autres demandes comme la nullité des clauses par exemple (4).

Section 1.
Le calcul du préjudice en cas de rupture brutale de relation commerciale

1277. Le préjudice au titre des dommages et intérêts est généralement invoqué suite à la rupture brutale des relations commerciales, et il doit être déterminé conformément aux principes généraux applicables à la procédure civile en termes de dommages et intérêts. Il est donc nécessaire que les trois conditions suivantes soient remplies :

- l'existence d'une faute de la société [A], laquelle découle de la démonstration du caractère brutal de la rupture ;
- l'existence pour la société [X] d'un préjudice inhérent à l'absence de préavis raisonnable, et notamment la perte de chiffre d'affaires en résultant ;
- l'existence d'un lien causal entre la faute et le préjudice. A ce titre, la simple invocation d'un préjudice est insuffisante pour lui donne vie[1515].

1278. De manière générale, le préjudice n'a pas vocation à réparer le préjudice découlant de la rupture en elle-même, mais seulement de son caractère brutal[1516]. Il a ainsi pour objet de notam-

[1515] CA Aix en Provence du 7 septembre 2006 RG n°06/01066 ; CA Montpellier du 24 janvier 2006 RG n°04/05929.

ment compenser les moyens mis en place devenus sans objet, et les contraintes de réorganisation[1517].

1279. En plus du préjudice, la capitalisation des intérêts peut être demandée dans les conditions prévues par l'article 1154 du code civil[1518] qui précise : « *les intérêts échus des capitaux peuvent produire des intérêts, ou par une demande judiciaire, ou par une convention spéciale, pourvu que, soit dans la demande, soit dans la convention, il s'agisse d'intérêts dus au moins pour une année entière* ».

1280. En vertu de l'article 9 du code de procédure civile, « *il incombe à chaque partie de prouver conformément à la loi les faits nécessaires au succès de sa prétention* », ce qui signifie qu'outre la démonstration du caractère brutal de la rupture, il incombe aussi au demandeur [X] de prouver le préjudice en résultant. A ce titre, les juridictions ne statuent que sur les pièces versées au débat[1519]. C'est notamment pour cette raison que la saisine des services de la DGCCRF peut présenter un intérêt car elle peut permettre de verser au dossier des pièces complémentaires auxquelles la société [X] n'aurait pas eu nécessairement accès.

1281. S'il a pu arriver que le préjudice soit calculé sur la base de l'indemnité contractuellement prévue[1520], le préjudice est généralement déterminé sur la base de la perte de marge pendant la durée de préavis qui aurait dû être respectée[1521] (1). Par ailleurs, la société victime de la rupture peut aussi être dédommagée d'autres investissements ou d'autres coûts pour autant qu'elle prouve l'existence d'un lien de causalité entre le préjudice qu'elle soulève et la rupture brutale des relations commerciales avec son ancien partenaire (2). Pour autant si la société [X] s'est remboursée par compensation de la rupture du contrat litigieux, elle n'a alors pas subi de préjudice[1522].

1282. Le préjudice peut aussi découler de l'application de l'article 1382 du code civil, ce qui n'est pas sans conséquences (3). Enfin, si en réalité la rupture est due au comportement de la société [X], pour manquements graves par exemple, la société [A] peut avoir subi un préjudice dont elle peut demander réparation dans le cadre d'une demande reconventionnelle (4).

1516 CA Amiens du 2 avril 2009 RG n°07/01039 ; CA Aix en Provence du 8 février 2007 RG n°05/07696 ; CA Paris du 6 juillet 2007 RG n°05/14409 ; CA Aix en Provence du 25 janvier 2007 RG n°04/03925 ; CA Rouen du 14 décembre 2006 RG n°05/03484.

1517 CA Paris du 7 février 2013 RG n°10/24348.

1518 CA Douai du 29 septembre 2005 RG n°04/00265 et 04/0003.

1519 CA Nîmes du 12 février 2009 RG n°07/03631.

1520 CA Angers du 7 décembre 2010 RG n°09/02413. En l'occurrence le contrat prévoyait une indemnité égale à 8% du chiffre d'affaires pendant le préavis qui aurait dû être respecté.

1521 CA Bordeaux du 28 février 2005 RG n°04/02643.

1522 CA Paris du 28 janvier 2010 RG n°07/03213.

§1. Le préjudice lié à la perte de chiffre d'affaires

1283. Il s'agit du principal préjudice généralement octroyé au titre de la rupture brutale d'une relation commerciale.

A. La perte de chance financière comme base du calcul du préjudice

1. Lorsque la durée de préavis effectif est connue

a) La durée de préavis non réalisé

1284. En premier lieu, seule la durée durant laquelle le courant d'affaires était nul alors qu'il devait raisonnablement perdurer, doit être prise en compte. Il s'agit donc de la durée de préavis raisonnable retranchée de la durée de préavis éventuellement laissé en pratique par l'auteur de la rupture[1523] :

Nombre de mois du préavis non réalisé = nombre de mois du préavis raisonnable – nombre de mois du préavis effectif

b) Le coefficient de marge brute

1285. En second lieu, un coefficient est appliqué au chiffre d'affaires qui aurait dû être réalisé durant cette période, dont le mode de détermination peut être différent suivant qu'il s'agisse de biens ou de services.

1286. De manière générale, il est bien entendu possible de prendre attache d'experts comptables pour la détermination de ces coefficients[1524]. A ce titre, le taux à prendre en compte est bien celui de la société et non celui issu de statistiques agrégées qui pourraient être diffusés par une administration[1525]. L'expert peut ainsi être en mesure de déterminer la marge sur coût variable, qui peut être jugée davantage pertinente[1526].

1287. **Si la relation porte sur la fourniture de biens :** Pour les activités de fabrication ou de distribution de biens[1527], ce coefficient correspond généralement à la marge brute soit la différence entre les ventes, *i.e.* le chiffre d'affaires, et les achats de marchandises, *i.e.* les intrants nécessaires à la fabrication ou à la distribution des produits. Dans ce cadre, il a pu

---

1523 Cass. Com. du 11 juin 2013 Pourvoi n°12-22.229.

1524 CA Lyon du 28 janvier 2011 RG n°10/00271.

1525 CA Paris du 9 juin 2011 RG n°08/10448.

1526 CA Paris du 16 juin 2011 RG n°09/28449.

1527 CA Paris du 24 janvier 2008 RG n°06/06998 ; CA Paris du 9 avril 2008 RG n°06/05722 ; Cass. Com. du 11 juillet 2006 Pourvoi n°04-20.592 ; CA Paris du 17 juin 2009 RG n°07/05995 ; CA Paris du 24 juin 2009 RG n°09/02886 ; CA Douai du 6 juillet 2009 RG n°09/00519.

arriver que l'excédent brut d'exploitation serve de base à la détermination du préjudice[1528].

1288. Le fait que le niveau de marge brute utilisé soit faible ne remet pas en cause son utilisation si son niveau est justifié par le secteur, comme cela peut être le cas de la grande distribution par exemple, très exigeante en termes de prix[1529]. Par ailleurs, il n'est pas nécessaire d'intégrer dans le calcul les charges correspondant aux frais d'intérimaires et de sous-traitance, compte-tenu du délai de préavis que la société [X] était elle-même tenue de respecter pour mettre fin à sa relation avec ses propres sous-traitants[1530].

1289. Il a pu arriver que, de manière tout à fait marginale, le taux de marge nette uniquement soit pris en compte[1531].

1290. **Si la relation porte sur la fourniture de prestations de services :** Si la marge brute est systématiquement prise en compte dans le cadre d'activités de production de biens, la détermination de la base financière peut en revanche s'avérer plus délicate dans le cadre d'une prestation de services. Si dans la plupart des cas, la marge brute est utilisée pour le calcul du préjudice, son mode de calcul n'est pour autant pas toujours précisé[1532]. La marge brute est généralement égale au chiffre d'affaire déduit des coûts variables directement affectés à la prestation de service (frais de déplacement[1533], frais de gestion spécifiques[1534], ou partie variable du salaire et véhicule de fonction[1535] par exemples).

1291. Il a pu arriver à titre marginal que les charges fixes soient déduites de l'assiette du préjudice à prendre en compte, bien que ce mode de calcul paraisse discutable[1536]. A l'opposé, il a pu arriver que l'ensemble du chiffre d'affaires soit utilisé comme base financière comme l'illustrent les exemples suivants :

- Courtage en produits laitiers[1537], ou en vins[1538], la marge brute équivalant au chiffre d'affaires pour ce type d'activité ;
- Travaux d'impression, car l'accord interprofessionnel prévoit un calcul du préjudice sur la base du chiffre d'affaires[1539] ;

1528 CA Paris du 7 mars 2013 RG n°11/16439.

1529 CA Versailles du 2 décembre 2004 RG n°03/04269.

1530 CA Lyon du 1er juillet 2011 RG n°10/02378.

1531 CA Aix en Provence du 21 janvier 2010 RG n°09/04628.

1532 CA Douai du 26 février 2008 RG n°06/04408 ; CA Paris du 2 avril 2008 RG n°06/04013 ; CA Aix en Provence du 14 février 2008 RG n°06/14777 ; CA Paris du 19 février 2009 RG n°07/08169 ; CA Colmar du 10 mars 2009 RG n°07/03601 ; CA Lyon du 8 octobre 2009 RG n°07/07766 ; CA Paris du 16 novembre 2009 RG n°07/19387.

1533 CA Paris du 30 mai 2013 RG n°10/24267.

1534 CA Paris du 7 février 2013 RG n°11/04913.

1535 CA Versailles du 29 octobre 2013 RG n°12/01461.

1536 CA Caen du 2 juin 2005 RG n°03/03155 ; CA Versailles du 29 octobre 2013 RG n°12/01461.

1537 CA Toulouse du 8 janvier 2008 RG n°06/05098.

1538 CA Bordeaux du 12 avril 2010 RG n°08/06989.

1539 CA Rouen du 18 janvier 2007 RG n°05/04381.

- Prestation de communication en relations publiques[1540], de régie publicitaire[1541], ou de transport[1542], car le préjudice a été calculé sur la base des commissions qui auraient dues être perçues.

c) *L'assiette de chiffre d'affaires à prendre en considération*

1292. Dans le cas où le chiffre d'affaires est variable, ce dernier peut être moyenné sur plusieurs années[1543], notamment en cas de forte variabilité[1544]. D'ailleurs, cette moyenne peut aussi servir de base de comparaison par rapport à l'ancien niveau de chiffre d'affaires afin de démontrer une rupture brutale partielle, si l'activité a significativement baissé sur trois années par exemple[1545].

1293. En revanche, dans le cas où le chiffre d'affaires diminue régulièrement d'année en année du fait de problèmes liés au secteur, le chiffre d'affaires à prendre en compte pourra correspondre à celui de l'année de plein exercice, moins la baisse prévisible compte tenu des baisses moyennes des années précédentes. Dans une affaire[1546], le chiffre d'affaires a ainsi été défalqué de 40%. Une approche similaire a pu être menée dans l'hypothèse où la baisse corresponde au fait que la société victime de la rupture a elle-même souhaité diminuer le niveau de son activité[1547].

1294. L'assiette de chiffre d'affaires peut sous certaines conditions être étendue aux activités internationales de la société [A], quand bien même il s'agisse d'entités juridiques distinctes appartenant au même groupe. A cette fin, il est nécessaire de prouver que la société [A] a influencé de manière déterminante la décision des autres sociétés du groupe de mettre fin à la relation commerciale. Dans une affaire par exemple[1548], la rupture des relations commerciales par une entité d'un groupe de distribution auprès de l'un de ses fournisseurs [X] avait entraîné le déréférencement par les autres filiales étrangères du groupe de distribution fortement implanté en France, eu égard au rôle de leader de ses équipes en France vis-à-vis des filiales. La perte de chance résultant de la rupture a donc été étendue à l'ensemble de l'activité du groupe comprenant celle de ces filiales dans la mesure où la décision de rupture prise par les filiales résultait de celle initialement prise par l'entité

[1540] CA Paris du 14 décembre 2005 RG n°04/24526.

[1541] CA Paris du 4 mars 2011 RG n°09/22982.

[1542] CA Paris du 28 mai 2009 RG n°08/03312.

[1543] CA Lyon du 8 octobre 2009 RG n°07/07766.

[1544] Moyenne sur 3 ans et demi – CA Paris du 16 novembre 20005 RG n°05/07002 ; Moyenne sur 3 ans – CA Caen du 2 juin 2005 RG n°03/03155 ; Moyenne sur trois ans – CA Paris du 8 janvier 2009 RG n°06/22199 ; Moyenne du trois ans - CA Lyon du 4 juin 2009 RG n°08/02521 ; Moyenne sur trois ans – CA Amiens du 9 mai 2006 RG n°05/01540 ; Moyenne sur 3 ans – CA Versailles du 20 mai 2010 RG n°09/01420 – Moyenne sur 5 ans - CA Paris du 24 mars 2011 RG n°10/02616.

[1545] CA Paris du 24 juin 2009 RG n°09/02886.

[1546] CA Amiens du 9 mars 2010 RG n°06/03031.

[1547] CA Saint-Denis du 7 mars 2011 RG n°10/00390.

[1548] CA Paris du 5 juin 2008 RG n°05/22064 - Bien que la détermination du préjudice ait été réalisée sur la base de manquements à l'article 1382 du code civil, en prenant en compte que la responsabilité délictuelle nécessitait la réparation de l'intégralité du préjudice, les attendus semblent être transposables en cas d'application de l'article L. 442-6 du code de commerce.

française. En revanche, en l'absence d'une démonstration suffisamment probante du lien de causalité, le préjudice se limite alors à la relation entretenue avec la seule société [A], ce qui peut être le cas par exemple si elle agissait uniquement en qualité de mandataire pour le compte de ses sociétés sœurs[1549].

1295. De même, le chiffre d'affaire peut aussi être étendu à une activité connexe de la société victime si un lien de causalité existe entre les deux activités. A titre d'illustration[1550], la rupture des relations par un pétrolier avec une station-service impacte non seulement les ventes d'essence mais aussi celle de l'épicerie attenante, la perte de chance au titre de cette dernière activité devant dès lors être prise en compte dans le cadre de la détermination du préjudice.

1296. Par ailleurs, lorsque la relation concerne un site Internet et un moteur de recherche, le chiffre d'affaires pris en compte peut correspondre à celui du chiffre d'affaires réalisé par le site Internet, eu égard à l'importance de ce type de prestation pour les ventes en ligne[1551].

d) *La formule finale*

1297. Une fois ces différentes variables déterminées, le préjudice principal peut alors être calculé suivant la formule suivante :

P = marge brute (%) x CA annuel moyen x (nombre de mois du préavis non réalisé) / 12

1298. Notons que si l'activité a lieu durant une partie de l'année seulement, le ratio par rapport au nombre de mois de préavis peut être adapté. En l'espèce, la production animale ne se déroulait techniquement que sur 48 semaines, si bien que pour calculer la proportion de chiffre d'affaires à prendre en considération le juge a utilisé le ratio entre la durée de préavis (23 semaines) et la durée annuelle de relation de 48 semaines[1552].

2. Lorsque seul est connu le chiffre d'affaires post-rupture

1299. Il n'est pas toujours possible de déterminer une durée de préavis effectif, en cas de rupture partielle par exemple. Dans ce cas, le chiffre d'affaires réalisé sera pris en compte et défalqué du chiffre d'affaires qui aurait théoriquement dû être réalisé[1553], afin de déterminer le préjudice suivant la formule suivante :

P = marge brute (%) x [CA annuel moyen x (nombre de mois du préavis raisonnable) / 12 - CA réalisé]

[1549] CA Paris du 28 octobre 2005 RG n°03/19692.

[1550] CA Paris du 30 mai 2013 RG n°10/23488.

[1551] CA Paris du 16 novembre 2011 RG n°11/12595.

[1552] CA Amiens du 14 juin 2011 RG n°10/00406.

[1553] CA Douai du 25 mai 2004 RG n°03/05662 ; CA Amiens du 9 mai 2006 RG n°05/01540.

3. Prise en compte de la variation de stock–

1300. Dans certaines décisions[1554], la variation de stock a aussi été prise en compte dans la marge brute pour permettre une estimation la plus juste du préjudice, ce qui donne alors :

P = [marge brute +/- variation de stock] (%) x [CA annuel moyen x (nombre de mois du préavis raisonnable) / 12 - CA réalisé]

4. Les spécificités dans l'appréciation de la base financière à prendre en compte dans le calcul

1301. Pour des prestations de taxi, la marge brute a été calculée comme correspondant au chiffre d'affaire défalqué des frais d'essence[1555].

1302. Une société avait sous-traité auprès d'un prestataire une activité sur laquelle ce dernier avait consenti une remise de 30% eu égard à la quantité de travaux. La brutalité de la rupture ayant fait perdre ladite remise, la société étant alors dans l'obligation de s'adresser à des concurrents de son sous-traitant, le préjudice a été calculé en prenant comme base la perte de la remise de 30%[1556].

5. Les moyens de preuves des éléments financiers

1303. Pour déterminer la marge brute ou les autres éléments financiers nécessaires au calcul du préjudice découlant de la rupture brutale, la société [X] se doit de présenter les documents les plus objectifs possible. Ainsi, l'attestation produite par le propre conseil fiscal de la société peut présenter une objectivité incertaine[1557], de même qu'un simple listing non contradictoire de pièces pour la reprise du stock[1558]. En l'absence d'éléments plus objectifs, le juge peut même décider de n'accorder aucun préjudice ne disposant pas d'éléments fiables sur lesquels se baser[1559].

1304. En revanche, l'expertise d'un cabinet de conseil et d'audit réalisée à la demande de la société [X] peut utilement être prise en compte comme base de calcul, et ce, dès lors qu'elle est assortie de documents comptables, complétés par les observations de la société, et qu'il a été soumis à la libre discussion des parties[1560]. Il peut en aller de même de l'étude réalisée par l'expert-comptable de la société [X][1561] ou d'un commissaire aux comptes[1562].

1554 Cass. Com. du 11 juillet 2006 Pourvoi n°04-20.592 ; CA Versailles du 14 octobre 2004 RG n°03/04512 ; CA Paris du 8 janvier 2009 RG n°06/22199 ; CA Paris du 19 février 2009 RG n°07/08169.

1555 CA Paris du 4 avril 2012 RG n°09/25117.

1556 CA Toulouse du 20 juin 2012 RG n°08/04847.

1557 CA Lyon du 8 janvier 2009 RG n°07/08055.

1558 CA Besançon du 14 juin 2006 RG n°04/00674.

1559 CA Bordeaux du 28 février 2005 RG n°04/02643.

1560 Cass. Com. du 28 avril 2009 Pourvoi n°08-12.788 ; CA Besançon du 14 juin 2006 RG n°04/00674 ; CA Angers du 7 février 2006 RG n°05/00054.

1561 CA Douai du 26 février 2008 RG n°06/04408 ; CA Paris du 19 février 2009 RG n°07/08169.

1562 CA Versailles du 14 octobre 2004 RG n°03/04512.

B. Les éléments susceptibles d'atténuer le préjudice

1. La capacité pour [X] de trouver une alternative à sa relation avec [A]

1305. Si les circonstances de l'espèce permettaient à la société [X] de bénéficier d'une certaine latitude pour trouver une alternative à sa relation avec [A], cette capacité peut être prise en compte pour éventuellement venir atténuer le préjudice subi.

1306. En premier lieu, cette capacité est particulièrement avérée si la société [X] réalise une part très faible de son chiffre d'affaires avec [A][1563], ce qui peut lui permettre de finalement ne connaître aucune perte suite à la rupture[1564].

1307. En second lieu, quand bien même la société [X] réalise l'essentiel de son activité avec [A], sa capacité à se diversifier, si elle est avérée (voir § 360 à 395), peut contribuer à atténuer le préjudice en l'absence d'un état de dépendance économique[1565]. En effet, la situation ne résultait alors ni de la volonté de la société [A], ni d'une contrainte extérieure liée à la structure du marché ou à une contrainte technique. Dans une affaire par exemple[1566], le juge a ainsi considéré que la société [X] avait été négligente car elle n'avait commencé à prospecter pour diversifier son activité qu'après la rupture partielle des relations commerciales, si bien que le préjudice a été baissé de 25%. Dans une autre affaire[1567], la diminution a même été de 50% pour les mêmes raisons.

1308. Pour autant, cela n'est pas de nature à remettre en cause l'existence du manquement, car du moment où une rupture brutale est démontrée, il importe peu que la société [X] ait réussi à trouver des marchés de substitution avec un des concurrents de [A], lui permettant ainsi limiter son préjudice « *considérant que le législateur n'a pas introduit dans ce texte un système de justification ou d'explication et que l'obligation de prévenance est générale dès lors que la rupture peut être qualifiée de brutale* »[1568] (voir § 1113 et suivants).

2. Les circonstances de l'espèce

1309. L'intransigeance de la société [X] quant aux solutions proposées par [A] peut aussi être prise en compte afin d'atténuer le préjudice. Cette intransigeance peut se matérialiser par le fait que la société [X] avait refusé directement les solutions proposées, ou bien qu'elle avait proposé des prix exorbitants[1569], ou encore qu'elle n'avait pas fait de proposition commerciale sérieuse au repreneur du fonds de commerce de la société [A][1570].

1563 En l'occurrence 4% de son chiffre d'affaires - CA Lyon du 15 janvier 2004 RG n°02/03192.

1564 CA Versailles du 10 juin 2010 RG n°09/03185.

1565 CA Paris du 26 juin 2013 RG n°11/12273.

1566 CA Douai du 26 février 2008 RG n°06/04408.

1567 CA Amiens du 9 mars 2010 RG n°06/03031.

1568 CA Paris du 13 février 2009 RG n°07/02714.

1569 CA Rouen du 26 mai 2005 RG n°04/04404.

1570 CA Montpellier du 21 septembre 2004 RG n°02/02738.

1310. Réciproquement, il doit aussi être tenu compte du comportement de la société [A] si elle a tenté d'atténuer l'effet de la rupture. Dans une affaire par exemple[1571], la société [A] avait adressé postérieurement à la rupture brutale, un planning prévisionnel suite à l'assignation au tribunal par la société [X]. Si cela ne l'exonérait pas de sa responsabilité au titre de la brutalité de la rupture, cette volonté de prolonger à nouveau les relations commerciales peut toutefois être prise en compte dans le calcul du préjudice.

1311. La situation économique de la société [X] peut aussi avoir été dégradée par des facteurs exogènes à sa relation avec [A], ce qui peut alors conduire à atténuer le préjudice. Dans une affaire par exemple[1572], l'activité de la société [X] chutait du fait de la concurrence des pays de l'Est.

C. Les éléments indifférents sur la détermination du préjudice

1. Invoqués par la société [A] auteure de la rupture

1312. L'auteur de la rupture ne peut pas se défendre en invoquant que, dans le cadre d'une exclusivité entre le fournisseur [A] et le distributeur [X], ce dernier ait pu continuer à s'approvisionner dans une certaine mesure en produits [A] par le biais d'importations parallèles. Ce moyen a été jugé inopérant car cette situation relevait d'un effort commercial du distributeur, les conditions d'achats étant significativement moins avantageuses, ce qui ne prouvait pas que la société [X] n'ait subi aucun préjudice[1573].

2. Invoqués par la société [X] victime présumée

1313. Si la société [X] doit contester un élément du contrat pour augmenter son préjudice, elle doit l'avoir contesté avant d'avoir saisi la juridiction. Dans une affaire par exemple[1574], la société [X] s'était vue imposer par son fournisseur [A] une réduction de ses commissions, si bien qu'elle calculait par conséquent son préjudice par la différence entre les sommes qu'elle aurait dû toucher avec l'ancienne commission plus favorable, et celles effectivement versées suivant les nouvelles dispositions. Cependant, n'ayant jamais formulé de réclamation, le juge a considéré qu'elle avait tacitement accepté cette modification du contrat, et a rejeté cette partie du préjudice demandé.

1314. La société [X] ne peut pas non plus imputer à l'auteur de la rupture, la disparition de son activité commerciale, lorsqu'elle est due à des facteurs exogènes. Afin de le démontrer, il peut être utilement mis en avant que l'activité de [X] avait baissé avec l'ensemble de ses clients, et non seulement avec [A][1575]. Ainsi, la chute de l'activité peut être due à l'innovation technologique et le rejet d'une technologie alors obsolète, comme la com-

---

1571 CA Rouen du 26 mai 2005 RG n°04/04404.

1572 CA Caen du 2 juin 2005 RG n°03/03155.

1573 CA Douai du 7 décembre 2006 RG n°05/01333.

1574 CA Nancy du 22 mars 2006 RG n°04/01069.

1575 CA Paris du 11 janvier 2008 RG n°05/24025.

mercialisation de lecteurs VHS par exemple, progressivement remplacés par des lecteurs DVD[1576].

1315. Elle ne peut pas non plus être indemnisée en invoquant le fait qu'elle n'ait toujours pas réussi à reconstituer son chiffre d'affaires plusieurs années après la rupture, dans la mesure où cette diminution du chiffre d'affaires était la conséquence de la rupture et non de sa brutalité, des chiffres attestant de la baisse générale du secteur durant ces années-là[1577].

1316. Enfin, l'état de dépendance économique est généralement pris en compte dans le cadre de la détermination du préavis raisonnable. Dès lors, cette situation ne peut donner lieu à l'octroi d'un préjudice complémentaire de celui de la perte de marge pendant la durée de préavis, si la cour estime qu'aucun préjudice supplémentaire n'était démontré[1578].

§2. Le préjudice lié à d'autres pertes

1317. Il est possible d'inclure d'autres préjudices que la simple perte de marge issue de la baisse de l'activité car « *le préjudice ne se limite pas à l'indemnisation de la réduction d'activité pendant le seul délai de préavis qui aurait dû être respecté, les équilibres financiers et économiques [de la société X] ayant pu être plus brutalement et profondément affectés. Ce préjudice doit être réparé par le paiement d'une indemnité de brusque rupture. Cette indemnité comprend : l'indemnisation de la réduction d'activité pendant le seul délai de préavis qui aurait dû être respecté ; l'indemnisation de la rupture des équilibres financiers et économiques [de la société X] conséquence de la brusque rupture* »[1579].

1318. Pour autant, l'octroi d'un préjudice lié à la perte de marge brute englobe nécessairement les frais commerciaux, de recherche et développement, ou encore les frais administratifs ou de validation du cahier des charges supportés par la société [X] en vue de la distribution ou de la production des produits. Tous ces frais annexes sont donc compris dans la réparation découlant de la marge brute[1580], impliquant dès lors de particulièrement motiver toute demande de préjudice supplémentaire.

1319. De plus, les frais découlant uniquement de la rupture et non de son caractère brutal n'ont pas à être pris en compte. Tel est le cas par exemple des frais d'enlèvement du stand suite à l'arrêt de la relation[1581], ou des investissements en matériels et humains pour réaliser les opérations auparavant sous-traitées[1582] dans la mesure où ces coûts auraient dû être supportés dans tous les cas à la suite de la rupture. A ce titre, il est donc indispensable de

---

[1576] CA Paris du 1er juillet 2005 RG n°04/07876.

[1577] CA Versailles du 14 février 2012 RG n°09/02118.

[1578] Cass. Com. du 8 octobre 2013 Pourvoi n°12-22.958.

[1579] CA Douai du 25 mai 2004 RG n°03/05662.

[1580] CA Paris du 23 juin 2005 RG n°03/11769.

[1581] CA Paris du 10 décembre 2010 RG n°09/14884.

[1582] CA Aix en Provence du 2 avril 2013 RG n°12/02659.

préciser, en termes de motivation, en quoi l'absence de préavis a été de nature à engendrer ledit préjudice, sauf à priver la décision de base légale[1583].

A. L'atteinte à l'image de la société [X]

1320. Dans certains cas, la rupture brutale peut entraîner une gêne certaine à la société [X], qu'il s'agisse d'un distributeur, étant donné les difficultés pour réorganiser ses approvisionnements[1584], ce qui peut nuire à sa capacité à satisfaire ses clients, et dès lors à son image[1585] ou sa crédibilité commerciale[1586] ; ou qu'il s'agisse d'un fournisseur, dans la mesure où le référencement auprès du distributeur lui conférait une notoriété particulière auprès des consommateurs[1587].

1321. L'atteinte à l'image peut aussi être liée au mode de fonctionnement du secteur si par exemple la confiance constitue un critère prédominant dans les relations, ce qui peut être le cas par exemple dans la mise en relation d'entreprises dans le secteur de la mode[1588].

1322. Pour autant, ce préjudice est accordé dans un nombre limité de cas. A titre d'illustration, si la situation résulte du choix de la société [X] de ne pas avoir assez diversifié son activité, le préjudice lié à la perte d'image peut être écarté[1589].

B. La reprise du stock d'invendus

1323. La reprise du stock de marchandises peut aussi être ajoutée au préjudice, du fait que, suite à la rupture, le distributeur [X] ne disposait plus de la possibilité de réassortir son stock[1590], ou bien réciproquement du fait que le fournisseur [X] ne pouvait vendre les produits qu'à la société [A] du fait de leur spécificité[1591]. En effet, dans le cadre d'un processus industriel, il est souvent nécessaire de constituer un stock tampon pour répondre aux demandes des clients ainsi qu'aux exigences internes des cycles de production, si bien qu'il paraîtrait inéquitable de laisser à la société [X] la charge d'un stock qu'elle serait dans l'impossibilité d'écouler[1592], et ce, à plus forte raison si la société [A] était consciente du problème[1593].

1583 Cass. Com. du 15 janvier 2013 Pourvoi n°12-17.553.

1584 CA Bordeaux du 28 février 2005 RG n°04/02643 ; CA Bordeaux du 30 avril 2009 RG n°07/02409.

1585 CA Douai du 7 décembre 2006 RG n°05/01333 ; CA Paris du 11 octobre 2006 RG n°04/22481 ; CA Versailles du 17 décembre 2009 RG n°07/04811.

1586 CA Paris du 23 juin 2005 RG n°03/11769 ; CA Paris du 14 février 2013 RG n°11/03588.

1587 Cass. Com. du 2 décembre 2008 Pourvoi n°08-10.732.

1588 CA Paris du 7 mars 2013 RG n°11/00205.

1589 CA Reims du 23 janvier 2006 RG n°04/01716.

1590 CA Douai du 7 décembre 2006 RG n°05/01333 ; CA Bordeaux du 28 février 2005 RG n°04/02643 ; CA Rennes du 29 mars 2005 RG n°04/00195.

1591 CA Amiens du 9 mai 2006 RG n°05/01540 ; CA Paris du 8 janvier 2009 RG n°06/22199 ; CA Aix en Provence du 7 septembre 2006 RG n°06/01066.

1592 CA Angers du 26 octobre 2010 RG n°09/02138.

1593 CA Orléans du 12 janvier 2012 RG n°11/01356.

1324. De même, si le fabricant a noué un nouvel accord d'exclusivité[1594], ou a rompu le contrat de distribution sélective avec le distributeur[1595], le revendeur se trouve alors dans l'impossibilité de vendre les produits sauf à enfreindre les droits du fabricant, ou ceux concédés au nouveau distributeur. Dès lors, le fournisseur devra reprendre l'intégralité des stocks du fait de la rupture.

1325. La reprise du stock peut aussi être décidée sur la base de clauses contractuelles prévoyant cette possibilité[1596] ou d'avenants[1597], ou encore indépendamment de tout support contractuel. Sur ce dernier point, le juge dispose d'une certaine latitude pour éventuellement ordonner la reprise des invendus quand bien même les stipulations contractuelles ne soient pas rigoureusement remplies. Dans une affaire par exemple[1598], le retour était contractuellement soumis à l'accord du fournisseur [A] et pouvait être réalisé pour toute nouvelle commande. Bien que les conditions ne soient pas remplies, le juge a estimé que le retour des marchandises devait être supporté par [A] dans la mesure où le fournisseur n'avait pas démontré avoir déjà refusé la reprise de produits par le passé dans le cadre d'une relation commerciale normale d'une part, et car il avait empêché toute nouvelle commande du fait de la brutalité de la rupture des relations d'autre part.

1326. Pour autant, dans l'hypothèse où la situation permette à la société [X] d'en écouler au moins une partie, cette dernière peut être déduite de la reprise de stock qui sera ordonnée par le juge[1599].

1327. Plus spécifiquement à l'activité logistique, si la société [X] dispose d'un solde de palettes créditeur, la société [A] peut avoir à rembourser cette somme supplémentaire[1600].

C. La liquidation de la société [X] comme conséquence de la rupture brutale

1328. En cas de liquidation, il est nécessaire de démontrer le lien causal entre la brutalité de la rupture et l'arrêt de l'activité de la société [X], le préjudice ayant vocation à dédommager le caractère brutal et non la rupture en elle-même.

1329. A ce titre, le fait que la liquidation n'intervienne finalement que plusieurs mois après la rupture brutale des relations commerciales ne s'oppose pas à l'existence d'un lien de causalité, si ce décalage est en réalité la conséquence des mesures énergiques prises par le responsable de la société [X] parmi lesquelles la fermeture de l'essentiel de ses points de vente[1601].

1594 CA Orléans du 8 mars 2012 RG n°11/00431.

1595 CA Paris du 11 avril 2013 RG n°10/21433.

1596 CA Versailles du 17 décembre 2009 RG n°07/04811.

1597 CA Dijon du 18 mars 2010 RG n°09/00431.

1598 CA Rennes du 29 mars 2005 RG n°04/00195.

1599 CA Caen du 7 octobre 2010 RG n°09/01387.

1600 TC Paris du 24 juin 2009 RG n°2007066678.

1601 CA Paris du 2 juillet 2009 RG n°06/08865.

1330. Le lien de causalité n'apparaît en revanche pas du tout évident si les difficultés financières de la société dataient de plusieurs années avant la rupture, sans que cette dernière ne justifie d'aucune mesure de redressement avant la rupture des relations[1602].

1. En cas de dépendance économique

1331. La démonstration de ce lien causal peut être facilitée par l'existence d'un état de dépendance économique de [X] vis-à-vis de la société [A]. Dans ce cas, la liquidation résultant de la brutalité de la rupture, la responsabilité de la situation peut être imputée à l'auteur de la rupture[1603] donnant dès lors naissance à un préjudice supplémentaire à la perte de marge durant le préavis raisonnable. Ce préjudice peut correspondre à la perte de chance de la société [X] de continuer son activité pendant une période donnée, laquelle peut être bien plus longue que la durée de préavis raisonnable[1604].

1332. Pour autant, l'état de dépendance économique ne suffit pas nécessairement pour considérer la liquidation comme une conséquence directe de la brutalité de la rupture, en l'absence d'éléments supplétifs[1605]. En l'espèce[1606], le passif de la société [X] était déjà très important (représentant en l'espèce plus d'un an de chiffre d'affaires) ce qui a conduit le juge à considérer que la rupture avec [A] n'était pas la cause exclusive de la liquidation judiciaire bien qu'un état de dépendance économique ait pu être démontré. De même dans une autre affaire[1607], le juge a tenu un raisonnement similaire eu égard aux conclusions de l'expert démontrant que la situation de l'entreprise était déficitaire, et que la poursuite de l'activité dans ces conditions ne pouvait conduire qu'à une cessation des paiements.

2. En l'absence de dépendance économique

a) Si une alternative viable existe

1333. En tout état de cause, en l'absence de dépendance économique, et si la faculté pour la société [X] de se diversifier ne paraît pas compromise, une telle alternative peut au contraire lui être opposée pour le cas échéant atténuer le préjudice dont elle se dit victime[1608]. Une telle alternative paraît en effet peu compatible avec la démonstration d'un lien de causalité entre la rupture et la perte du fonds de commerce, la perte de chance de réussir sa reconversion étant initialement liée au choix de la société [X][1609]. Ainsi, à titre

---

1602 CA Pau du 20 janvier 2011 RG n°09/01606.

1603 CA Paris du 2 juillet 2009 RG n°06/08865 ; CA Angers du 7 février 2006 RG n°05/00054.

1604 En l'occurrence, la durée de préavis raisonnable était de 6 mois, et la cour a estimé que la brutalité de la rupture avait privé la société [X] de pouvoir exploiter sa société pendant une durée de 18 mois. - CA Paris du 2 juillet 2009 RG n°06/08865.

1605 Cass. Com. du 11 juin 2013 Pourvoi n°12-20.846.

1606 CA Aix en Provence du 25 janvier 2007 RG n°04/03925.

1607 CA Nancy du 20 juin 2012 RG n°10/01183.

1608 Il convient toutefois de relever que dans cette affaire la société [X] n'avait pas cherché à sécuriser son activité en la diversifiant, en l'absence de contrat avec [A] (voir §1307 - CA Douai du 26 février 2008 RG n°06/04408).

1609 CA Aix en Provence du 7 septembre 2006 RG n°06/01066.

d'illustration, le lien de causalité entre la rupture et la disparition du fonds de commerce n'a pas été retenu dans les cas suivants :

- si la société [X] ne réalisait qu'une partie de son activité avec [A], et que son activité globale baissait régulièrement[1610], ou que le redressement judiciaire était intervenu deux ans après la rupture[1611] ;
- si la société [X] réalisait très peu de bénéfices et qu'un facteur certain (fin du bail) allait entraîner une hausse de ses coûts[1612] ;
- si la société [X] importait des produits qui étaient soumis à une forte concurrence, ce qui pouvait lui permettre d'établir des liens avec les concurrents de son fournisseur tout en conservant sa propre clientèle[1613];
- en l'absence de tout document susceptible d'illustrer la situation financière de la société [X][1614].

b) Si la possibilité de se diversifier apparaît limitée pour [X]

1334. Néanmoins, si la possibilité de diversification apparaît limitée en raison du contexte économique et/ou du secteur, et bien qu'aucun état de dépendance économique ne puisse être caractérisé au sens de la jurisprudence, l'impact indéniable qu'aurait alors la rupture sur la pérennité de l'activité de [X] peut être pris en compte. Dans une affaire par exemple[1615], le fournisseur [X] réalisait l'essentiel de son activité avec [A] suivant un rythme de deux saisons annuelles, et ce, dans le secteur très spécifique de la mode de luxe, soit un marché aux débouchés intrinsèquement limités. La mise en sommeil de la société [X] a donc été jugée comme étant la conséquence de la brutalité de la rupture, et à ce titre, le donneur d'ordre [A] s'est donc vu imputer les frais de licenciement et la perte sur la vente du matériel.

D. La dépréciation du fonds de commerce de la société [X]

1335. Dans certains cas[1616], la dépréciation de la valeur de la société [X] a pu être prise en compte quand elle était liée à la brutalité de la rupture des relations commerciales avec [A]. Par analogie, la moins-value de la vente des actifs de la société du fait du caractère brutal a aussi pu être prise en considération. Tel est le cas par exemple de la perte subie par une société vendant des manèges, qu'elle n'a pu proposer à la

---

1610 CA Paris du 11 janvier 2008 RG n°05/24025.

1611 CA Paris du 28 avril 2011 RG n°08/18618.

1612 CA Paris du 16 septembre 2009 RG n°07/13021.

1613 CA Lyon du 8 janvier 2009 RG n°07/08055.

1614 CA Paris du 29 février 2008 RG n°06/03934.

1615 CA Paris du 3 juillet 2009 RG n°06/10552.

1616 CA Paris du 11 octobre 2006 RG n°04/22481 ; CA Pau du 5 avril 2005 RG n°03/02538 ; CA Toulouse du 15 septembre 2010 RG n°08/00313.

vente que démontés du fait de la rupture brutale, ce qui entraînait suivant les usages une décote directe de 30%[1617].

1336. Pour autant, si la liquidation résulte de l'évolution du marché, laquelle n'a pas été suffisamment anticipée par le partenaire, la responsabilité de son cocontractant ne saurait être recherchée. Cette situation peut par exemple se présenter pour un gérant vendant des appareils photo qui a subi le passage de l'argentique vers le numérique[1618].

1337. En tout état de cause, si la rupture n'est pas brutale, il ne peut exister de préjudice lié à la valorisation du fonds de commerce, seul le caractère brutal, et non la rupture elle-même, pouvant donner lieu à l'octroi d'un préjudice. A ce titre, le franchiseur n'est pas tenu à une obligation d'assistance au franchisé en vue de sa reconversion[1619].

E. Le préjudice lié aux licenciements

1338. Dans certains cas, la brutalité de la rupture peut avoir entraîné des licenciements, et donc occasionné des frais pouvant donner lieu à un dédommagement[1620]. Néanmoins, toujours suivant le même principe, la charge de la preuve incombe au demandeur qui se prétend victime du préjudice. C'est pourquoi aucun préjudice supplémentaire à la perte de marge brute ne sera accordé si les éléments de preuve ne sont pas jugés suffisants[1621].

1. Les conditions à remplir pour invoquer ce préjudice

1339. La première condition, comme pour tout préjudice, est la démonstration d'un lien de causalité univoque entre le licenciement et le caractère brutal de la rupture[1622], et non avec la rupture en elle-même. Ainsi, dans l'hypothèse où la rupture a été prononcée en donnant un préavis raisonnable et qu'il a été respecté, aucun préjudice ne peut être tiré de la rupture, quand bien même elle donne lieu à des licenciements[1623]. Il en va de même si le salarié avait émis le souhait de quitter la société avant la rup-

---

[1617] CA Amiens du 14 janvier 2010 RG n°08/01311.

[1618] CA Rennes du 25 septembre 2012 RG n°10/01473.

[1619] CA Paris du 12 janvier 2005 RG n°03/02283.

[1620] Dans une affaire, le juge a néanmoins considéré que les postes de coûts directement liés à la production qu'il s'agissent de l'élaboration de nouveaux modèles, ou des licenciements et du chômage technique étaient couverts par la marge brute. Pour autant, les coûts de licenciements étaient traités au sein d'une liste plus longue de demandes jugées irrecevables ce qui peut être de nature à expliquer ce jugement. Dans le cas contraire, il paraît pour le moins surprenant de considérer que la marge brute, calculée sur une base d'une situation ordinaire, puisse compenser les frais de licenciements qui eux relèvent d'une situation extraordinaire à partir du moment où leur causalité avec le caractère brutal a été démontrée. - CA Versailles du 18 mai 2006 RG n°04/08829.

[1621] CA Douai du 25 mai 2004 RG n°03/05662.

[1622] CA Riom du 10 novembre 2004 RG n°03/00257.

[1623] CA Reims du 24 novembre 2008 RG n°08/01512.

ture[1624], ou si la procédure de licenciement a été mise en œuvre immédiatement sans chercher à poursuivre les relations[1625], dans la mesure où dès lors il n'existe pas de lien causal entre la rupture et le licenciement. La seconde condition est l'impossibilité pour la société [X] de reclasser les salariés en question dans son activité, car dans le cas contraire, et si le juge décide d'imputer à [A] une partie ou la totalité des frais de licenciement, la décision peut être privée de base légale[1626].

2. La prise en charge des coûts de licenciement

1340. La prise en charge des frais de licenciement peut être totale lorsque la société [X] est en état de dépendance économique à l'égard de la société [A][1627], ou que les personnels concernés étaient affectés spécifiquement à l'activité réalisée pour le compte de la société [A] (activité de chromage[1628] ou transport de marchandises[1629]), les salariés ayant alors été licenciés pour cause économique.

1341. La prise en charge des frais de licenciement peut aussi n'être que partielle[1630]. Notamment, lorsque les licenciements étaient inéluctables, le préjudice ne saurait être constitué par la totalité du coût, mais par la perte de chance de pouvoir organiser la restructuration sociale pendant le préavis raisonnable[1631]. Dans une affaire[1632], la cour a même considéré que la société [X] avait déjà bénéficié du non-versement des salaires pendant la période n'ayant pas donné lieu à préavis, si bien qu'elle a écarté le versement d'une indemnité au titre des frais de licenciement.

1342. Enfin, si des salaires ont été spécifiquement versés avant la notification de la rupture en prévision de la relation commerciale, en cas de rupture brutale, la société [X] peut être fondée à en demander la prise en charge. Dans une affaire par exemple[1633], la société [X] avait versé des salaires et charges sociales spécifiques en prévision d'un tournage qui a finalement été annulé du fait de la rupture brutale des relations commerciales par la société [A].

1343. Par ailleurs, le préjudice peut aussi naître du manque à gagner résultant de l'affectation d'un salarié. Par exemple, dans le cadre d'une prestation de service rompue brutalement, le salarié peut ne pas être affecté sur d'autres projets du fait de la brutalité de la rupture, ce qui peut ouvrir droit à réparation[1634].

1624 CA Paris du 14 mars 2013 RG n°10/17628.

1625 CA Toulouse du 7 juin 2011 RG n°09/04482.

1626 Cass. Com. du 15 septembre 2009 Pourvoi n°08-10.020.

1627 Cass. Com. du 15 juin 2010 Pourvoi n°09-66.761.

1628 CA Orléans du 29 mai 2008 RG n°07/01118.

1629 CA Versailles du 6 mai 2010 RG n°09/05024 ; CA Versailles du 26 juillet 2012 RG n°11/05276.

1630 25% des frais de licenciement - CA Reims du 24 novembre 2008 RG n°08/01512.

1631 CA Bourges du 23 février 2012 RG n°11/00593.

1632 CA Amiens du 14 janvier 2010 RG n°08/01311.

1633 CA Paris du 16 novembre 2005 RG n°04/13227.

1634 CA Toulouse du 6 juillet 2010 RG n°08/04419.

F. Le préjudice résultant du non-versement d'avantages différés (spécifique au distributeur)

1344. Dans le cas particulier où [X] est un distributeur, le préjudice peut aussi naître du non-versement d'avantages différés, lorsque cette situation est la conséquence directe de la rupture. Par exemple, si une ristourne était liée à la réalisation d'un certain volume de chiffre d'affaires dont le niveau n'avait pu être atteint à cause de la rupture, elle aurait tout de même dû être versée au distributeur [X], la non-réalisation de l'objectif lui étant extérieure[1635].

1345. L'approche est la même en ce qui concerne la coopération commerciale car, dans le cas contraire, cela priverait le distributeur d'une source de revenus conséquente, sachant qu'en l'espèce il n'était pas prouvé que ce dernier n'aurait pas été en mesure de réaliser les prestations[1636]. Le fournisseur ne peut donc se prévaloir de la notification du préavis pour ne plus signer le contrat de coopération commerciale qu'il signait régulièrement chaque année.

G. Le préjudice résultant d'investissements

1. La prise en charge totale des investissements

1346. Si la société [X] apporte la preuve que des investissements réalisés spécifiquement dans le cadre de la relation commerciale avec [A] ont été perdus du fait du caractère brutal de la rupture, ces investissements peuvent être pris en compte dans le calcul du préjudice. Le dédommagement total ou partiel des investissements suivants a ainsi pu être obtenu :

- Les investissements spécifiquement dédiés afin de répondre à l'appel d'offres de la société [A][1637] ;
- Les frais de promotion ou de communication soit engagés du fait de la rupture commerciale brutale pour assurer la pérennité de l'activité[1638], ou engagés en pure perte du faut du caractère brutal de la rupture[1639] ;
- Les frais fixes liés à l'affectation d'un poids lourd au bénéfice exclusif de la relation commerciale avec [A][1640], ou liés à l'affectation d'un niveau de main d'œuvre significatif[1641] ;
- Le fait que la société [X] ait dû constituer un stock auprès d'autres fournisseurs dans un contexte où elle venait d'engager un responsable commercial[1642] ;

1635 CA Rennes du 29 mars 2005 RG n°04/00195.

1636 CA Versailles du 5 décembre 2007 RG n°07/05922 et 07/06396 – Voir aussi CA Rennes du 29 mars 2005 RG n°04/00195.

1637 CA Rouen du 14 décembre 2006 RG n°05/03484.

1638 CA Aix en Provence du 7 janvier 2010 RG n°08/14912.

1639 CA Aix en Provence du 8 janvier 2010 RG n°07/19443.

1640 CA Colmar du 10 mars 2009 RG n°07/03601 ; CA Douai du 26 février 2008 RG n°06/04408.

1641 CA Bordeaux du 7 février 2007 RG n°05/06654.

- L'investissement incorporel résultant du travail de prospection, de création et de suivi des relations commerciales effectué par un importateur [X] pour le compte de son fournisseur [A] peut être pris en compte si la brutalité de la rupture l'empêche d'utiliser ce relationnel avec d'autres fournisseurs[1643].

1347. De même, si la société victime apporte la preuve que la rupture lui a occasionné des frais spécifiques, ces derniers peuvent alors être pris en compte dans le cadre du calcul du préjudice. Il en va ainsi par exemple d'une société organisant un salon qui, du fait de l'annulation, doit notamment supporter des frais de promotion supplémentaires[1644], ou de la prise en charge d'une partie des frais de déménagement de la société victime du fait de la perte de chance de mettre fin à la convention d'occupation de manière non précipitée[1645].

2. La prise en charge partielle dans le cas d'amortissements non amortis

1348. Les amortissements non réalisés durant la période de préavis peuvent aussi être pris en compte[1646]. La cour d'appel considère en effet que « *le préjudice découlant du caractère brutal de la rupture doit inclure l'incidence d'investissements non encore amortis spécifiquement engagés pour satisfaire un besoin explicite du partenaire commercial, qu'il soit transformateur ou distributeur* »[1647].

1349. Dans cette affaire, du fait du cahier des charges de l'acheteur de la coopérative, les producteurs avaient dû mettre en place un système d'irrigation spécifique à la relation commerciale, laquelle représentait l'intégralité de leurs débouchés. Les demandes d'indemnisation au titre de la perte d'amortissement sur l'année de préavis qui aurait dû être octroyé ont donc été acceptées.

1350. Il est toutefois nécessaire de démontrer un lien de causalité entre le caractère irrécupérable des investissements non amortis et la brutalité de la rupture, et non la rupture elle-même[1648]. Dans ce cadre, le fait que les investissements avaient été spécifiquement engagés par la société à la demande de son partenaire commercial, peut corroborer ce lien de causalité. En l'absence d'une telle condition, si par exemple la société [X] n'apporte pas la preuve que ses machines étaient spécifiquement dédiées à la société [A], le préjudice lié aux investissements non-amortis peut être écarté[1649].

1351. Par ailleurs, les amortissements au titre des frais de développements ne constituent pas un préjudice distinct de celui réparé par la perte de marge dans la mesure où ils auraient été amortis si le contrat s'était poursuivi pendant la durée du préavis[1650]. Il est donc possible

---

1642 CA Lyon du 30 avril 2008 RG n°07/00791.

1643 CA Versailles du 2 décembre 2004 RG n°03/04269.

1644 CA Aix en Provence du 7 janvier 2010 RG n°08/14912.

1645 CA Bourges du 23 février 2012 RG n°11/00593.

1646 CA Amiens du 14 janvier 2010 RG n°08/01311.

1647 CA Amiens du 21 juin 2012 RG n°11/01055.

1648 CA Paris du 10 avril 2013 RG n°12/05389.

1649 CA Versailles du 18 mai 2006 RG n°04/08829.

1650 CA Rouen du 24 juin 2010 RG n°09/02193.

que les juridictions considèrent que l'indemnisation réclamée au chef des investissements non amortis fasse double emploi avec la perte de marge subie pendant la période de préavis[1651].

1352. En définitive, la possibilité pour le demandeur de se faire indemniser au titre des investissements non amortis paraît possible sous réserve d'une part que les investissements n'aient effectivement pas été amortis avant la rupture des relations, et d'autre part que le demandeur démontre que l'investissement exigé par son cocontractant dans le cadre de leur relation représentera un coût irrécupérable.

1353. En pratique, le préjudice peut être calculé directement sur la base du montant investi, en considérant que l'investissement doit être remboursé en fonction du montant d'investissement qui a déjà pu être amorti avant la rupture brutale. Le préjudice peut aussi être calculé indirectement, en estimant les conséquences financières de la perte de l'investissement, comme par exemple les frais de reconversion[1652].

H. L'effet de la rupture sur les activités annexes de [X] ou celles d'une de ses filiales

1. L'activité avec [A] comme support de l'activité principale

1354. La rupture des relations commerciales peut avoir, non un impact direct sur l'activité de [X], mais plutôt un impact indirect si le produit ou le service rendu par [A] sert de support à l'activité principale de la société victime. Néanmoins, le caractère indirect de l'effet ne fait pas obstacle à sa prise en compte dans le cadre du calcul du préjudice.

1355. Tel est le cas par exemple d'un organisme de soutien scolaire qui achète des emplacements publicitaires pour promouvoir son activité, et qui brutalement, ne peut plus assurer la promotion de son activité. En l'espèce[1653], l'éditeur avait refusé sans préavis l'insertion d'annonces alors qu'il l'avait permis durant de nombreuses années, ce qui avait impacté négativement l'activité de l'organisme de soutien scolaire. Le préjudice a ainsi été calculé en estimant la perte de chance sur les nouvelles inscriptions d'élèves pouvant découler du refus de l'éditeur.

2. L'activité avec [A] nécessaire à une activité connexe

1356. La rupture peut impacter non seulement l'activité principale de son partenaire commercial mais aussi son activité connexe, s'il existe un lien entre les deux activités. Dans ce cas, l'effet de la connexité entre les deux activités pourra alors être pris en compte dans le cadre du calcul du préjudice.

1651 CA Montpellier du 10 juillet 2012 RG n°11/01990.

1652 CA Douai du 6 juillet 2009 RG n°09/00519 faisant suite à Cass. Com. du 2 décembre 2008 Pourvoi n°08-10.732.

1653 CA Paris du 29 février 2008 RG n°06/03934 ; Pour autant dans d'autres jugements pour le même type de prestation la marge brute a été retenue – CA Versailles du 5 novembre 2009 RG n°08/06136.

1357. Tel est le cas par exemple d'une société [X] qui vendait non seulement du matériel neuf qu'elle achetait auprès de la société [A], mais aussi du matériel d'occasion obtenu suite à des reprise liées à la vente de matériel neuf[1654]. L'ensemble de sa marge brute pour les deux activités a donc servi de base au calcul du préjudice, l'activité annexe de vente de matériel d'occasion étant directement liée à celle de vente de matériel neuf.

1358. La prise en compte de l'effet de la rupture sur une activité connexe ne se limite pas au périmètre d'activité de la société [X], mais peut aussi sous certaines conditions être étendu à l'activité de ses filiales. En effet, l'activité entre les deux partenaires peut avoir une incidence sur d'autres sociétés du groupe [X] dans le cas où l'activité d'une de ses filiales est la conséquence de la relation commerciale principale avec [A]. Dans une affaire par exemple[1655], la société [X] fabriquait des vêtements pour le compte d'un client [A], une de ses filiales réalisant le lavage des produits. Par conséquent, la baisse d'activité dans la filiale étant la conséquence de l'arrêt de l'activité principale, la société auteure de la rupture brutale a aussi dû dédommager la filiale de la société [X].

I. Le préjudice spécifique à la MDD

1359. Etant donné la spécificité du produit sous marque de distributeur, le fait de ne pouvoir écouler ni les produits, ni certains de ses composants, peut être pris en compte dans le calcul du préjudice. A titre d'illustration, les frais suivants ont été octroyés en plus du préjudice lié à la perte de marge brute :

- Reprise de la valeur du stock de produits à marque de distributeur[1656] sur la base du coût de revient et non du prix de revente[1657] ;
- Reprise de la valeur du stock d'étiquettes spécifiques au produit MDD[1658] ;
- Frais de stockage des produits MDD[1659] ;
- Frais d'homologation du produit MDD (produit chimique) qui n'a pu être rentabilisé du fait de la brutalité de la rupture[1660].

J. Cas particuliers

1360. Dans certains cas[1661], un préjudice moral, distinct de l'atteinte à l'image de l'entreprise, a pu être octroyé à la société victime de la rupture brutale. Un tel préjudice peut par exemple découler du comportement vexatoire de la société [A] qui n'a pas fait part à son

---

1654 CA Paris du 6 mai 2009 RG n°07/04848.

1655 CA Amiens du 30 novembre 2001 RG n°00/00407.

1656 CA Angers du 24 janvier 2006 RG n°05/00067; CA Paris du 16 février 2005 RG n°03/09634.

1657 CA Rennes du 3 février 2009 RG n°08/04789.

1658 CA Angers du 24 janvier 2006 RG n°05/00067; CA Paris du 16 février 2005 RG n°03/09634.

1659 CA Paris du 16 février 2005 RG n°03/09634.

1660 CA Rennes du 3 février 2009 RG n°08/04789.

1661 CA Douai du 6 juillet 2009 RG n°09/00519 - CA Paris du 22 janvier 2009 RG n°07/05197.

partenaire de longue date, de sa décision de ne pas poursuivre la relation commerciale, alors qu'elle n'avait soulevé aucun reproche[1662].

1361. Dans l'hypothèse où le fournisseur [A] fautif refuse de lever la clause de non-concurrence le liant à son ancien distributeur, ce dernier peut éventuellement obtenir une compensation complémentaire sur cette base, la clause étant en l'espèce très large géographiquement car concernait l'ensemble du territoire français[1663].

1362. Si la rupture brutale a entraîné des ruptures en produits au détriment de la société [X], et que cette dernière a dû s'acquitter de pénalités à ce titre, il est possible que ce montant soit ajouté au préjudice subi par la société victime de la rupture, ces pénalités résultant de la rupture d'approvisionnement immédiate du fournisseur[1664].

1363. Il n'est pas possible dans le cadre d'une procédure de sauvegarde de compenser le paiement de factures impayées avec celui d'une indemnité au titre du préjudice découlant d'une rupture brutale[1665]. En effet, il s'agit dans un cas de créances délictuelles et dans l'autre de créances contractuelles, lesquelles ont deux fondement distincts, et ne remplissent donc pas l'obligation de connexité prévue par l'article L. 622-7 du code de commerce[1666].

1364. Par ailleurs, l'octroi d'un préjudice au titre du caractère brutal de la rupture ne fait pas obstacle à ce que l'indemnité de fin de contrat prévue soit versée[1667].

§3. L'effet de l'utilisation des dispositions de l'article 1382 du code civil

1365. Comme précisé *supra* (voir § 35), l'action basée sur l'article L. 442-6 du code de commerce peut aussi être accompagnée d'une action fondée sur l'article 1382 du code civil[1668]. Les dispositions de l'article 1147 du même code[1669] peuvent être invoquées à titre surabondant, mais seulement s'il existe un contrat régissant la relation commerciale[1670], et que ce contrat est toujours en vigueur[1671].

1662 CA Paris du 22 janvier 2009 RG n°07/05197.

1663 CA Aix en Provence du 26 mars 2010 RG n°08/01077.

1664 CA Paris du 18 septembre 2013 RG n°12/01982.

1665 CA Aix en Provence du 19 février 2010 RG n°03/10107.

1666 Qui précise « *Le jugement ouvrant la procédure emporte, de plein droit, interdiction de payer toute créance née antérieurement au jugement d'ouverture, à l'exception du paiement par compensation de créances connexes* ».

1667 CA Versailles du 17 décembre 2009 RG n°07/04811.

1668 Qui précise « *Tout fait quelconque de l'homme, qui cause à autrui un dommage, oblige celui par la faute duquel il est arrivé à le réparer* ». CA Paris du 16 juin 2012 RG n°10/24787.

1669 Qui précise « *Le débiteur est condamné, s'il y a lieu, au paiement de dommages et intérêts soit à raison de l'inexécution de l'obligation, soit à raison du retard dans l'exécution, toutes les fois qu'il ne justifie pas que l'inexécution provient d'une cause étrangère qui ne peut lui être imputée, encore qu'il n'y ait aucune mauvaise foi de sa part* ».

1670 CA Reims du 23 janvier 2006 RG n°04/01716.

1671 CA Paris du 16 novembre 2009 RG n°07/19387.

1366. La mise en œuvre des dispositions du code civil peut permettre dans certains cas l'octroi d'un préjudice résultant de la rupture quand bien même elle n'ait pas été brutale, par exemple si la société [A] a laissé entendre à son partenaire que la relation se poursuivrait et ainsi manquer à son obligation de loyauté[1672]. Dans une affaire par exemple[1673], la cour a estimé que la société [A] avait rompu ses relations uniquement devant le refus de la société [X] de mettre fin à une procédure judiciaire à son encontre qui datait de plusieurs années. Il a alors été considéré que la rupture des relations résultait de la mauvaise foi de la société [A] laquelle a donc été condamnée à verser des dommages et intérêts au titre de l'article 1382 du code civil, et ce, bien que le délai de préavis eut été jugé raisonnable.

1367. Sa mise en œuvre peut aussi ouvrir droit à davantage de compensation en cas de manquement de l'un des partenaires commerciaux, en ajoutant à la perte certaine de chiffre d'affaire, la perte de chance probable de développer l'activité avec d'autres clients dans le futur[1674], en cas de rupture abusive par exemple. Il est aussi possible d'ajouter la réparation résultant du non-respect d'un préavis contractuel pour la durée excédant le préavis raisonnable consenti au titre de l'article L. 442-6 du code de commerce[1675].

1368. Inversement, la mise en œuvre de l'article L. 442-6 du code de commerce peut ouvrir droit à une indemnisation alors qu'une demande au titre contractuel est impossible, par exemple en l'absence de contrat, ou si le contrat a été résilié à son terme et suivant les stipulations contractuelles[1676].

1369. Ces différents exemples illustrent la diversité de situation où la mise en œuvre de ces dispositions peut présenter un intérêt au bénéfice du demandeur. Néanmoins, s'agissant de dispositions du code civil par ailleurs largement commentées, la présente étude se limite à l'application des dispositions particulières de l'article L. 442-6 du code de commerce, et il doit simplement être gardé à l'esprit que les dispositions du code civil peuvent aussi être utilisées dans le cadre d'un contentieux.

§4. La demande reconventionnelle de la société [A]

1370. Dans le cas où la société [X] ait commis des manquements justifiant la rupture des relations commerciales par [A], cette dernière peut aussi avoir subi un préjudice notamment au titre de l'atteinte à son image auprès de ses clients, qu'il conviendra dès lors de réparer.

1672 CA Versailles du 9 juin 2011 RG n°10/03910.

1673 CA Paris du 5 juin 2008 RG n°05/22064.

1674 CA Versailles du 10 mars 2011 RG n°08/00072.

1675 CA Rennes du 28 juin 2011 RG n°10/01515.

1676 CA Paris du 6 septembre 2012 RG n°10/05573.

1371. Tel est le cas par exemple d'un sous-traitant refusant de livrer des pièces impliquant un recours en urgence auprès d'autres sous-traitants, et des pertes sur la famille de produits considérée[1677], ou d'une société [X] qui avait envoyé des courrier aux clients de [A] mettant en cause la qualité de ses prestations dans la mesure où elle n'apportait pas la preuve des fautes invoquées[1678].

Section 2.
La restitution de l'indu

1372. Sur ce point, l'article précise : « *lors de cette action, le ministre chargé de l'économie et le ministère public peuvent demander à la juridiction saisie d'ordonner la cessation des pratiques mentionnées au présent article. Ils peuvent aussi, pour toutes ces pratiques, faire constater la nullité des clauses ou contrats illicites et* demander la répétition de l'indu » (soulignement ajouté).

1373. La restitution de l'indu a fait l'objet de nombreux débats mais comme indiqué *infra* (voir § 1066 et suivants), les plus hautes juridictions ont finalement légitimé l'action du ministre, quand bien même les fournisseurs ne soient pas partie à l'instance. Par conséquent, si l'obligation prohibée découle d'un contrat, l'action en restitution de l'indu peut reposer sur le fait que si un manquement est caractérisé, la clause prévoyant l'obligation est illicite[1679], et donc nulle au sens de l'article 1131 du code civil[1680], la restitution de l'indu étant finalement la conséquence du prononcé de la nullité des clauses[1681] (voir § 1416 et suivants). Néanmoins, le prononcé d'une demande en restitution de l'indu n'implique pas nécessairement la conclusion d'un contrat.

1374. Les demandes en restitution de l'indu sont aussi conformes à l'article 7 de la CESDH, suivant lequel la loi pénale doit être prévisible, les dispositions de l'article L. 442-6 du code de commerce définissant de manière claire et sans ambiguïté le comportement visé[1682].

1375. Par ailleurs, le versement de sommes sans contrepartie ne peut être justifié par le fait qu'elles aient pu être compensées par les fournisseurs par l'augmentation de leurs prix de vente au distributeur car « *les PME sont confrontées à des difficultés croissantes pour obtenir le référencement de leurs produits par les distributeurs, en particulier pour celles commercialisant leurs produits sous marques propres, et qu'elles subissent un rapport de force de plus en plus déséquilibré face aux groupes de la grande distribution qui s'est traduit par une tendance à la diminution des prix de cession nets qu'elles obtenaient de la part desdits distributeurs. Il est donc illusoire*

[1677] CA Reims du 4 mai 2005 RG n°03/02437.

[1678] CA Aix en Provence du 13 janvier 2006 RG n°03/15547.

[1679] CA Nîmes du 25 février 2010 RG n°07/00606.

[1680] Qui précise : « *l'obligation sans cause, ou sur une fausse cause, ou sur une cause illicite, ne peut avoir aucun effet* ».

[1681] CA Reims du 5 novembre 2007 RG n°06/01898.

[1682] Cass. Com. du 12 juillet 2011 Pourvoi n°10-21.551.

de considérer [...] que les PME peuvent à loisir revoir leurs tarifs à la hausse pour compenser les demandes de rémunérations abusives de services auxquelles elles se trouvent confrontées dans leurs négociations avec les fournisseurs »[1683]. Au demeurant, la prise en compte d'un tel moyen parait en tout état de cause peu compatible avec le caractère *per se* des manquements (voir § 1113 et suivants).

1376. D'un point de vue pratique, les sommes sont recouvrées par le Trésor public qui se charge ensuite de les reverser aux parties lésées. Ce processus a pu être critiqué, mais il demeure conforme au droit en l'état de la jurisprudence actuelle[1684].

1377. Dans un contexte où un mouvement de fond n'est pas nécessaire entre les deux parties en cause (1), les modalités de calcul de l'indu peuvent différer suivant les manquements considérés (2).

§1. Un mouvement de fond n'est pas nécessaire

1378. Pour qu'une demande en restitution de l'indu soit jugée recevable, il n'est pas nécessaire que l'avantage indu dont ait bénéficié la société [A] se soit concrétisé par un mouvement de fonds, et une telle demande est donc applicable à un avantage en nature.

1379. Si dans un premier temps, la cour d'appel[1685] avait estimé le contraire en se basant sur l'article 1376 du code civil[1686] qui subordonne le succès de l'action à l'existence d'un paiement indu, la cour de cassation[1687] a finalement invalidé ce raisonnement. Par conséquent, un service consistant pour un fournisseur à rémunérer des intérimaires pour réaliser l'inventaire de leur client distributeur peut donner lieu à une restitution de l'indu, quand bien même ce dernier n'ait alors bénéficié d'aucun mouvement de fond[1688].

1380. L'indu devra ensuite être calculé suivant des modalités de calcul qui dépendront généralement du manquement considéré ainsi que des circonstances de l'espèce, ce qui fait l'objet des développements ci-après.

1683 CA Paris du 2 février 2012 RG n°09/22350.

1684 Cass. Com. du 16 décembre 2008 Pourvoi n°08-13.162.

1685 CA Douai du 17 décembre 2009 RG n°08/06361.

1686 Qui précise : « *Celui qui reçoit par erreur ou sciemment ce qui ne lui est pas dû s'oblige à le restituer à celui de qui il l'a indûment reçu* ».

1687 Cass. Com. du 18 octobre 2011 Pourvoi n°10-15.296.

1688 CA Douai du 17 décembre 2009 RG n°08/06361.

§2. Modalités de calcul de l'indu

1381. Les modalités de calcul de l'indu pourront différer suivant qu'il s'agisse d'un manquement en avantage sans contrepartie (A), d'un avantage disproportionné (B) ou encore d'un manquement en déséquilibre significatif (C).

A. En cas d'avantage sans contrepartie

1382. Si la restitution de l'indu peut théoriquement s'appliquer à tous les manquements prévus par l'article L. 442-6 du code de commerce, la majorité des décisions concernent l'avantage sans contrepartie. Dans le cadre d'un tel manquement, à partir du moment où la rémunération de l'opérateur n'a pas de contrepartie, elle doit alors être restituée dans son intégralité[1689].

1383. Le calcul de la restitution de l'indu s'en trouve dès lors simplifié : il s'agit soit de la totalité des sommes versées au titre des services non-rendus, soit de la somme correspondant au trop perçu par rapport à ce qui était contractuellement prévu[1690].

1384. Pour autant, si la rémunération de plusieurs services est globalisée, et que seulement une partie d'entre eux n'a pas été rendue, il peut être difficile de distinguer la part revenant à chacun pour le calcul de l'indu. Dans une affaire[1691], le juge a tranché en considérant que trois des quatre services prévus au contrat n'ayant pas été rendus, 75% de la somme devait être restituée au titre de l'indu.

B. En cas d'avantage disproportionné

1385. La détermination de l'indu est plus complexe en cas d'obtention d'avantages manifestement disproportionnés. Dans ce cas, l'indu se déduit généralement de la démonstration du caractère disproportionné, le plus souvent établi à travers la comparaison entre ce qui a été perçu et ce qui aurait dû être perçu (soit théoriquement eu égard au contrat, soit d'un point de vue raisonnable sur la base d'autres comparaisons).

1. Eu égard au contrat

1386. La première méthode consiste à analyser le contrat, et voir si par le truchement de dispositions contractuelles un des partenaires n'obtient pas un avantage disproportionné. Dans une affaire par exemple[1692], un distributeur pouvait être rémunéré par son fournisseur soit

---

[1689] Cass. Com. du 20 février 2007 Pourvoi n°04-20.449 ; Cass. Com. du 8 juillet 2008 Pourvoi n°07-13.350 ; Cass. Com. du 16 décembre 2008 Pourvoi n°07-20.099 ; Cass. Com. du 5 mai 2009 Pourvoi n°08-15.264.

[1690] En l'occurrence, il s'agissait de la différence entre le taux moyen promotionnel exigé et le taux moyen promotionnel théorique du contrat cadre initialement conclu en vertu de l'article L. 441-7 du code de commerce (TC Arras du 27 mars 2009 RG n°2007/249).

[1691] CA Rennes du 20 janvier 2009 RG n°07/07013.

[1692] TGI Hazebrouck du 7 mai 2008 RG n°06/00167 ; Suivant la même approche voir aussi TC Lille du 4 mars 2008 RG n°2006-03753.

sur la base d'un forfait, soit sur la base d'un pourcentage de chiffre d'affaires négocié et fonction de la surface du magasin. Au cas d'espèce, le distributeur choisissait systématiquement le mode de calcul qui lui était le plus favorable (le forfait en l'occurrence), et ce, sur une base de surface erronée car prenant en compte des surfaces commerciales étrangères au magasin concerné. L'indu a donc été calculé comme la différence entre ce qui avait été payé et ce qui aurait dû être payé en prenant le pourcentage négocié et non le forfait, ainsi que la surface correspondant réellement à celle du magasin.

2. Eu égard à d'autres comparaisons

1387. La seconde méthode consiste à comparer les sommes versées avec d'autres valeurs pertinentes.

1388. **Le chiffre d'affaires.** La disproportion entre la rémunération versée et le service peut être à ce point manifeste que, bien qu'ayant retenu un avantage disproportionné, la cour a considéré que les rémunérations à prendre en compte pour les services étaient négligeables, et partant que l'indu correspondait à la totalité des sommes versées[1693].

1389. **Le prix de prestations comparables.** L'indu peut aussi se déduire de la comparaison des sommes versées avec le prix moyen d'une prestation comparable, en l'occurrence de panélistes qui proposaient des statistiques de vente[1694]. A cet égard, le prix moyen pris en compte pour la prestation des panélistes correspondait à la moyenne payée pour ce service par plusieurs fournisseurs, l'indu correspondant ainsi à la différence entre la somme versée au distributeur pour le service litigieux et ce prix moyen.

1390. **Le prix payé par d'autres concurrents pour le même service.** La comparaison des montants payés par plusieurs fournisseurs pour le même service peut aussi être utilisée pour démontrer la disproportion. Par exemple[1695], un fournisseur payait 2% de son chiffre d'affaires pour un service qu'il n'utilisait pas alors qu'un autre payait pour le même service uniquement 0,3%. La différence de 1,7% a donc servi de base à la démonstration de la disproportion, et donc au calcul de l'indu imputable à la société [A].

1391. **L'appréciation discrétionnaire du juge.** Il est possible de qualifier un manquement au titre de l'avantage manifestement disproportionné sur la seule base d'un faisceau d'indice. Dans ce cadre, le juge pourra user de son pouvoir discrétionnaire pour apprécier le montant qui aurait dû être raisonnablement payé. Dans une affaire par exemple[1696], il a ainsi estimé souverainement que la partie disproportionnée correspondait à 50% des rémunérations, l'indu étant ainsi calculé sur cette base.

1693 CA Aix en Provence du 29 juin 2011 RG n°10/02209 ; Cass. Com. du 16 décembre 2008 Pourvoi n°08-13.162 confirmant CA Nîmes du 17 janvier 2008 RG n°05/01724 ; Suivant la même approche voir aussi CA Bourges du 10 décembre 2009 RG n°09/00464 (réformé partiellement CA Orléans du 12 avril 2012 RG n°11/02284).

1694 CA Paris du 2 février 2012 RG n°09/22350.

1695 CA Nîmes du 25 février 2010 RG n°07/00606.

1696 Cass. Com. du 11 septembre 2012 Pourvoi n°11-14.620 voir aussi pour davantage de précision le jugement en appel CA Paris du 19 janvier 2011 RG n°07/22152.

C. En cas de déséquilibre significatif

1392. Une seule décision a prononcé une restitution d'indu à l'encontre d'un distributeur[1697]. En l'espèce, il s'agissait de clauses jugées déséquilibrées car elles modifiaient rétroactivement les conditions d'achats, donnant ainsi lieu à l'obtention d'avoirs par le distributeur. Ce dernier a donc dû rembourser l'ensemble des avoirs litigieux, à l'exception de ceux concernant un fournisseur dont les contrats n'avaient pas été produits, car l'absence du contrat ne permettait pas de vérifier que les clauses s'appliquant à ce fournisseur étaient identiques aux clauses litigieuses. Par ailleurs, cette décision illustre la minceur de la frontière qui peut exister dans certains cas entre avantage sans contrepartie et déséquilibre significatif.

Section 3.
L'amende civile

1393. Sur ce point, l'article précise : « *le ministre chargé de l'économie et le ministère public peuvent demander à la juridiction saisie [...] le prononcé d'une amende civile dont le montant ne peut être supérieur à 2 millions d'euros. Toutefois, cette amende peut être portée au triple du montant des sommes indûment versées* ». Le but de l'amende civile est non seulement de réparer le trouble à l'ordre public économique, mais aussi de dissuader la société condamnée de réitérer les pratiques prohibées au regard des dispositions de l'article L. 442-6 du code de commerce[1698].

1394. En raison du caractère sanctionnable *per se* des manquements prévus par cet article, il n'est pas nécessaire de démontrer l'effet des pratiques (1), si bien que l'amende civile est ainsi principalement déterminée sur la base du préjudice ou de l'indu estimés (2). Le niveau d'amende civile peut varier à la hausse (3) comme à la baisse (4) suivant certains facteurs. Pour autant, il est possible que les juridictions s'attachent à instiguer dans le futur davantage de cohérence dans les critères commandant la détermination de l'amende civile, dans la mesure où la cour d'appel de Paris semble esquisser la prise en compte de critères similaires à ceux utilisés en cas de pratique anticoncurrentielle. Dans un arrêt en particulier, la cour d'appel estimait que *« l'amende civile doit viser à prévenir et dissuader les pratiques restrictives prohibées, mais lucratives en matière commerciale [...] la gravité du comportement en cause et le dommage à l'économie en résultant doivent être pris en compte »*[1699].

[1697] TC Bobigny du 29 mai 2012 RG n°2009F01541.

[1698] TC Epernay du 23 décembre 2008 RG n°2007/006391.

[1699] CA Paris du 18 septembre 2013 RG n°12/03177

§1. L'incidence du caractère sanctionnable *per se* des pratiques

1395. A partir du moment où un manquement à l'une des dispositions prévue par l'article L. 442-6 est démontré, du fait de leur caractère *per se* (voir § 1113 et suivants), il n'est donc en théorie pas nécessaire de démontrer l'effet du manquement sur le marché, si bien que la demande en amende civile au titre du trouble à l'ordre public économique, effectuée par la ministre, est alors recevable.

1396. Néanmoins, des considérations complémentaires peuvent être prises en compte afin d'illustrer le trouble à l'ordre public économique :

- La désorganisation et la restructuration sociale de la société victime de la rupture[1700] ;
- Le fait la société ait dû à son tour rompre ses relations commerciales avec certains de ses clients[1701], ou réciproquement que la rupture ait affecté l'équilibre de ses relations avec ses fournisseurs (cas d'un restaurateur ayant rompu brutalement son approvisionnement auprès d'un grossiste en fruits et légumes[1702]) ;
- La réduction indue de la marge de la société [X] qui peut entraîner des répercussions générales sur les tarifs pratiqués par l'entreprise, et fausser le libre jeu de la concurrence[1703].

§2. L'influence de la restitution de l'indu sur le niveau de l'amende civile

1397. Le montant de l'amende civile « *ne doit pas être calculé au prorata du préjudice subi par la victime directe du comportement fautif* »[1704]. Dans ce cadre, l'amende civile dépend davantage de la gravité des manquements et du montant des bénéfices réalisés par [A][1705]. Son montant n'est donc pas nécessairement lié aux montants perçus indument, ayant pour objet de restaurer l'ordre public économique troublé par les pratiques commerciales restrictives[1706].

1398. Ceci est parfaitement illustré par le fait que l'analyse des décisions rendues entre 2003 et 2013 ne permet pas d'établir une relation claire entre le montant de l'amende civile et celui de l'indu. Aussi si l'indu peut servir de point de repère, il ne semble pas pouvoir servir

---

1700 CA Reims du 24 novembre 2008 RG n°08/01512.

1701 TMC Basse-Terre du 24 septembre 2008 RG n°07/00219.

1702 CA Versailles du 2 février 2006 RG n°04/09265.

1703 CA Nîmes du 25 février 2010 RG n°07/00606.

1704 CA Caen du 29 octobre 2009 RG n°08/01874.

1705 Le montant des bénéfices estimés de la société [A] a aussi servi de base pour le calcul de l'amende civile dans une autre affaire (TC Lille du 18 novembre 2004 RG n°2003/04770).

1706 CA Nîmes du 10 mars 2011 RG n°08/04995.

de base au calcul. Il en va de même pour les dommages et intérêts versés au titre du préjudice en cas de rupture brutale de relation commerciale.

1399. Durant la période et hors rupture de relation commerciale, sur 39 affaires ayant donné lieu à la restitution d'un indu, la comparaison du montant de l'amende civile avec celui de l'indu montre qu'en moyenne le montant de l'amende civile est égal à 97,5 % du montant de l'indu finalement accordé par le juge.

1400. S'agissant plus particulièrement des ruptures de relations commerciales, sur 16 affaires où le ministre est intervenu entre 2003 et 2013, la comparaison du montant de l'amende civile avec celui des dommages et intérêts montre qu'en moyenne le montant de l'amende civile est égal à 44,3 % du montant des dommages et intérêts finalement accordés par le juge.

1401. Néanmoins ces résultats ne semblent pas exploitables étant donné la forte variabilité de ces proportions, comme le montrent les résultats suivants :

	Nombre d'affaires	**Ratio [Amende civile / Indu]**	**Ecart-type**
Hors rupture brutale de relation commerciale	39	97,7 %	0,81
Rupture des relations commerciales	16	44,3 %	1,07

Ratio
amende civile / indu suivant le type d'affaire

1402. Le fait que les pratiques commerciales restrictives soient une matière relativement nouvelle constitue un premier facteur d'explication de tels écarts. Un deuxième facteur d'explication vient du fait que de nombreuses juridictions et services administratifs ont eu à connaître de ces différentes affaires, et à ce titre ont pu avoir une approche différente sur les déterminants du montant d'amende civile. Un troisième facteur vient du fait que dans certains cas, aucun chiffrage de préjudice, et susceptible de constituer une base de travail pour le juge, n'a été réalisé par le demandeur[1707]. Désormais, un resserrement de la jurisprudence devrait pouvoir être observé en raison de la centralisation du traitement de l'ensemble des affaires, que ce soit en appel par la cour d'appel de Paris, ou en première instance avec la réduction du nombre de juridictions compétentes[1708].

1403. Dans le cas particulier de l'avantage disproportionné, il est possible que la détermination du montant indument perçu soit difficile, notamment au regard de la difficulté

1707 C'est notamment le cas des décisions relatives au « *déséquilibre significatif* » dans lesquelles seules les clauses ont été visées : TC Lille du 7 septembre 2011 RG n°2009/05105 ; TC Lille du 6 janvier 2010 RG n°2009/05184 ; TC Meaux du 6 décembre 2011 RG n°2009/02295 ; TC Meaux du 24 janvier 2012 RG n°2009/02296.

1708 Article 4 du Décret n°2011-1878 du 14 décembre 2011, portant sur les juridictions compétentes pour connaître, en application de l'article L. 442-6, des procédures applicables aux personnes qui sont commerçants ou artisans.

d'apprécier le coût réellement supporté par le distributeur ou de déterminer d'autres bases de comparaison pertinentes. Dans ce cas, il est possible que le distributeur soit uniquement condamné à une amende civile, déterminée notamment au regard de la somme qui a été versée au titre du service[1709].

1404. En tout état de cause, le texte prévoit depuis la LME que le montant de l'amende civile puisse être porté à trois fois le montant des sommes indument versées, ce qui peut engendrer des conséquences financières sensibles pour l'auteur des manquements[1710].

§3. Les autres facteurs susceptibles d'influer sur la détermination de l'amende civile

A. Le comportement de la société [A]

1405. Le fait que la société persiste à ne pas vouloir changer son comportement ou ses clauses contractuelles[1711] ou qu'elle n'ait pas modifié son comportement au cours de la procédure[1712] peuvent contribuer à augmenter le montant de l'amende civile.

1406. Inversement, le fait que la loi applicable soit récente, nécessitant dès lors une certaine période d'adaptation, ajouté au comportement de la société laquelle a fait preuve de loyauté tout au long de l'enquête, ce qui l'a conduit à changer dès qu'elle le pouvait les dispositions contractuelles, a pu être mis en avant pour réduire l'amende civile, les manquements n'ayant eu lieu en l'espère que pendant une seule année[1713].

1407. De même, sans toutefois exonérer la société [A] de sa responsabilité, le fait qu'elle reconnaisse les faits et s'engage à rembourser les sommes indument perçues peut permettre d'atténuer le montant de l'amende civile[1714]. Il en va de même en cas de coopération de la société visée avec l'administration afin de faire évoluer ses pratiques[1715].

1408. Dans le prolongement de ces considérations, il n'est pas exclu que si la société s'engage au préalable à mettre en conformité ses pratiques à l'avenir, cela puisse être pris en compte par le juge lors de la détermination de l'amende.

1709 TC Compiègne du 26 février 2013 RG n°08/00492.

1710 A titre d'illustration, dans plusieurs affaires le montant de l'indu était de plusieurs dizaines de millions d'euros.

1711 TC Lille du 7 septembre 2011 RG n°2009/05105.

1712 TC Evry du 14 octobre 2009 RG n°2008F00380 confirmé par CA Paris du 2 février 2012 RG n°09/22350.

1713 TC Lille du 6 janvier 2010 RG n°2009-05184.

1714 TC Honfleur du 19 décembre 2008 RG n°07/2252.

1715 TC Lille du 6 janvier 2010 RG n°2009/05184.

B. La capacité contributive

1409. Pour l'amende civile, il est possible de prendre en compte la situation financière de l'entreprise, par analogie à la capacité contributive utilisée en pratiques anticoncurrentielles. Dans une affaire par exemple[1716], la situation financière avait été analysée au travers des disponibilités, des valeurs mobilières de placement, au regard de la somme demandée au titre de la restitution de l'indu. Si dans cette affaire le juge a estimé que la société [A] avait les ressources nécessaires pour acquitter du montant de la sanction, il n'est pas exclu que dans le cas contraire, la peine pu avoir été réduite.

C. La responsabilité éventuelle de la société [X]

1410. Le fait que la responsabilité de la société [X] puisse être en partie mise en cause peut conduire à minimiser le montant de l'amende civile finalement accordé. Dans une affaire par exemple[1717], les fournisseurs négociaient en début d'année un taux moyen promotionnel pour l'année. Si le fait pour le distributeur de réclamer la différence entre la somme prévue et celle effectivement versée, en la compensant unilatéralement sur les factures de marchandises, peut relever d'un avantage sans contrepartie, il appartenait en revanche au fournisseur de se rapprocher du distributeur dans la mesure où il n'avait pas totalement respecté ses engagements. Dans ce contexte, seule 50% de l'amende civile initialement demandée (correspondant au montant d'indu) a finalement été accordée.

D. Le contexte de la relation commerciale

1411. Les circonstances de l'espèce peuvent conduire à écarter tout trouble à l'ordre public économique. Par exemple, le fait que la société [A] ait rompu ses relations avec la société [X] pour faire face à une lourde crise du secteur a pu être pris en compte pour conclure à l'absence de trouble à l'ordre public économique. En l'espèce[1718], implantée dans le secteur textile, la société avait décidé de transférer sa production vers des marchés à prix plus compétitifs en raison du caractère hautement concurrentiel du secteur. Dans le même esprit, la société [X] réalisant une part très faible de son activité avec [A] (moins de 5%), cet élément a aussi permis de conclure à l'absence de trouble à l'ordre public économique.

1412. Les circonstances de l'espèce peuvent aussi conduire à simplement réduire le montant d'amende civile. Dans une affaire par exemple[1719], la décision de rompre les relations commerciales avait été prise suite à un audit ayant pour objectif de déterminer les causes de la baisse d'activité. Une telle révision des relations commerciales étant jugées « *salutaire et nécessaire* » afin de développer les ventes, l'amende civile a finalement été réduite à 6 000 euros.

1716 CA Grenoble du 17 décembre 2009 RG n°07/03290.

1717 TC Arras du 27 mars 2009 RG n°2007/249.

1718 CA Versailles du 18 mai 2006 RG n°04/08829.

1719 CA Basse-Terre du 31 janvier 2011 RG n°08/01691.

1413. Inversement, les circonstances peuvent aussi augmenter le niveau d'amende civile, lorsque par exemple les clauses s'appliquent à un très grand nombre d'opérateurs, comme dans le cadre de l'utilisation de contrats-types[1720]. Une telle pratique, en ce qu'elle est généralisée, est donc de nature à renforcer l'importance du trouble à l'ordre public économique.

Section 4.
Les mesures alternatives

1414. Le texte précise : « *lors de cette action, le ministre chargé de l'économie et le ministère public peuvent demander à la juridiction saisie d'ordonner la cessation des pratiques mentionnées au présent article. Ils peuvent aussi, pour toutes ces pratiques, faire constater* la nullité des clauses ou contrats illicites *[...] La juridiction peut ordonner* la publication, la diffusion ou l'affichage de sa décision *ou d'un extrait de celle-ci selon les modalités qu'elle précise. Elle peut également ordonner* l'insertion de la décision ou de l'extrait de celle-ci dans le rapport établi sur les opérations de l'exercice *par les gérants, le conseil d'administration ou le directoire de l'entreprise. Les frais sont supportés par la personne condamnée.* La juridiction peut ordonner l'exécution de sa décision sous astreinte » (soulignement ajouté).

1415. La demande en nullité des clauses est la plus courante (1) et peut être demandée par le demandeur lui-même et pas seulement par le ministre. D'autres mesures complémentaires peuvent aussi être demandées mais leur mise en œuvre est plus rare (2).

§1. Sur la nullité des clauses

1416. Si la nullité des clauses peut être demandée par le ministre, elle peut aussi être demandée par le demandeur lui-même dans certains cas plus restreints.

A. Demandée par le ministre

1417. La demande en nullité des clauses à l'appui des dispositions de l'article L. 442-6 III du code de commerce ne peut être initiée que par le ministre. Ce dernier peut donc demander la nullité de toute clause impliquant n'importe quel manquement prévu par l'article L. 442-6 du code de commerce, ceux mentionnés au I[1721], et les clauses prévues au II (voir § 1419 et suivants).

1418. Par conséquent, si le contrat régissant la relation commerciale entre les deux opérateurs prévoit un service qui ne correspond à aucune contrepartie[1722] ou qui induit un déséquilibre entre les droit et les obligations des parties, alors la clause prévoyant le service est prohibée et donc nulle, ce qui peut avoir certaines conséquences sur la restitution de

[1720] TC Meaux du 6 décembre 2011 RG n°2009/02295.

[1721] CA Reims du 5 novembre 2007 RG n°06/01898 ; CA Paris du 6 mars 2008 RG n°06/07933.

[1722] Soit parce qu'il n'a pas été rendu, soit parce qu'il relève de la fonction inhérente du partenaire.

l'indu (voir § 1371 et suivants) ou plus généralement sur les demandes en réparation de la société lésée. En effet, l'article 1131 du code civil précise : « *l'obligation sans cause, ou sur une fausse cause, ou sur une cause illicite, ne peut avoir aucun effet* »[1723]. A ce titre, la nullité de la clause n'entraîne pas la nullité de l'ensemble du contrat[1724].

B. Demandée par la victime ou par le ministre

1419. La nullité des clauses peut aussi être demandée par la victime elle-même, mais dans un cadre plus restrictif dans la mesure où elle est alors limitée aux clauses énoncées au II de l'article L. 442-6 du code de commerce, *i.e.* lorsque les clauses prévoient les possibilités suivantes pour leur bénéficiaire :

« *a) De bénéficier rétroactivement de remises, de ristournes ou d'accords de coopération commerciale ;*

b) D'obtenir le paiement d'un droit d'accès au référencement préalablement à la passation de toute commande ;

c) D'interdire au cocontractant la cession à des tiers des créances qu'il détient sur lui ;

d) De bénéficier automatiquement des conditions plus favorables consenties aux entreprises concurrentes par le cocontractant ;

e) D'obtenir d'un revendeur exploitant une surface de vente au détail inférieure à 300 mètres carrés qu'il approvisionne mais qui n'est pas lié à lui, directement ou indirectement, par un contrat de licence de marque ou de savoir-faire, un droit de préférence sur la cession ou le transfert de son activité ou une obligation de non-concurrence post-contractuelle, ou de subordonner l'approvisionnement de ce revendeur à une clause d'exclusivité ou de quasi-exclusivité d'achat de ses produits ou services d'une durée supérieure à deux ans ».

1420. De manière générale, quand bien même des échanges aient eu lieu au préalable, seul le contrat fait foi, en référence à l'article 1316-4 du code civil qui précise : « *la signature nécessaire à la perfection d'un acte juridique identifie celui qui l'appose. Elle manifeste le consentement des parties aux obligations qui découlent de cet acte* ».

1. Le bénéfice rétroactif d'avantages

1421. Le caractère rétroactif a notamment pu se déduire de la date de signature des conventions[1725], si elles sont signées en fin d'année, alors que les conventions avaient vocation à s'appliquer sur l'ensemble de l'année écoulée, ou encore du fait que la société [A] avait

---

1723 Cette approche peut être utile par exemple si la société rompant la relation commerciale met en avant des manquements contractuels si ces derniers relèvent d'un manquement à l'article L. 442-6. Dans ce cas, la clause étant nulle, le manquement contractuel ne peut être opposé à la société victime de la rupture, et la dispense de préavis ne peut donc être accordée. CA Versailles du 2 février 2006 RG n°04/09265.

1724 CA Paris du 2 février 2012 RG n°09/22350.

1725 CA Rennes du 5 novembre 2008 RG n°07/04842.

tenté de bénéficier d'une ristourne dans le but de compenser les hausses de prix pratiquées par ses fournisseurs[1726].

2. Le droit de référencement

1422. Le fait pour un fournisseur de payer pour obtenir un référencement peut être abordé de plusieurs manières par le dispositif de l'article L. 442-6 du code de commerce. S'il est généralement invoqué sous l'angle plus souple de l'avantage sans contrepartie, il peut aussi être abordé sous l'angle de la nullité de la clause.

1423. Dans une affaire par exemple[1727], le fournisseur avait payé 1 million d'euros pour être référencé par une centrale travaillant pour la restauration collective. Le service supposé était libellé comme suit « *en contrepartie de la priorité donnée au Fournisseur dans l'approvisionnement des Etablissements de Restauration du Périmètre de Référencement, du caractère exceptionnel du partenariat [...] et des prestations réalisées par [la centrale de référencement] dans le cadre de la mise en place des approvisionnements et de la mise à disposition de son savoir-faire [le fournisseur lui] verse [...] une rémunération de un million d'euros HT* ». Or, la priorité avancée ne correspondait à aucun engagement contractuel sérieux, les établissements affiliés étant libres de choisir le fournisseur de leur choix. De plus, le savoir-faire invoqué ne correspondait en réalité qu'à la transmission par la centrale du cahier des charges de sa nouvelle organisation logistique, soit les obligations nouvelles que le fournisseur devra respecter. Dès lors, il a été considéré que la somme versée ne correspondait en réalité qu'à un droit de référencement illicite, ce qui impliquait sa restitution.

§2. Les autres mesures

A. L'injonction

1424. Il est possible de procéder à une injonction vis-à-vis de la société ayant commis un manquement au regard de l'article L. 442-6 du code de commerce. Cela a notamment pu être le cas par la demande de retraits des produits de la vente vis-à-vis de produits vendus en dehors du réseau de distribution sélectif légal[1728].

B. L'exécution sous astreinte

1425. L'exécution du jugement sous astreinte est possible dans le cadre d'une action sur la base de l'article L. 442-6 du code de commerce. Dans une affaire[1729], les services avaient été partiellement rendus, mais le juge a estimé que les éléments n'étaient pas suffisants pour

[1726] CA Versailles du 2 février 2006 RG n°04/09265.

[1727] CA Paris du 24 mai 2012 RG n°09/10725.

[1728] CA Aix en Provence du 11 mars 2010 RG n°08/03694.

[1729] TC Orléans du 11 décembre 2009 RG n°2008/7224.

donner lieu à une restitution de l'indu. Il a ainsi choisi d'astreindre la société [A] à modifier ses clauses afin de les mettre en conformité avec les services effectivement rendus d'une part, et d'en clarifier le contenu d'autre part.

1426. Dans une autre affaire[1730], l'astreinte était nécessaire pour laisser le temps aux agriculteurs d'adapter leur outil productif, dans un contexte où la manipulation des produits chimiques (engrais) imposait des conditions restrictives quant à leur manipulation, limitant dès lors les alternatives possibles pour les agriculteurs.

C. La publication du jugement

1427. La publication du jugement dans la presse[1731] ou sur les sites internet des sociétés [A][1732] peut être ordonnée.

D. L'anatocisme

1428. L'indemnité au titre de l'article L. 442-6 du code de commerce ayant un fondement délictuel, elle ne peut être assortie de la condamnation du bénéfice de la capitalisation des intérêts prévue à l'article 1154 du code civil au titre des obligations contractuelles[1733].

1730 CA Paris du 13 octobre 2010 RG n°10/16947.

1731 CA Douai du 8 septembre 2005 RG n°04/01257.

1732 TGI Paris du 9 juillet 2008 RG n°07/06464.

1733 CA Orléans du 31 mars 2011 RG n°10/02363.

Bibliographie

Ouvrages généraux

FERRIER D., *Droit de la distribution*, 5ème édition, Paris, LITEC, 2008, 385 p.

LEFORT C., *Procédure civile*, 2ème édition, Paris, DALLOZ, 2007, 505 p.

MARTIN M., *Le droit français de la transparence et des pratiques restrictives de concurrence*, Presse Universitaire Aix-Marseille, 2012, 480 p.

Etudes

BUNDESKARTELLAMT, *Summary of the final report of the sector inquiry into the food retail sector*, 24 septembre 2014, 27 p.

Commission Européenne, Livre vert sur les pratiques commerciales déloyales dans la chaîne d'approvisionnement alimentaire et non-alimentaire interentreprises en Europe, 31 janvier 2013, COM(2013) 37, 25 p.

RENDA A., CAFAGGI F., IAMICELI P., CORREIA A., PUSTILLI F., BEBBER L., *Study on the legal framework covering Business-to-Business unfair trading practices in the retail supply chain*, DG MARKT/2012/049/E, 26 février 2014, 468 p.

Commission d'Examen des Pratiques Commerciales

Rapports d'activités

Rapport d'activité 2006 comprenant le bilan des décisions judiciaires faisant suite à une action du ministre (DGCCRF) et celui des actions déclenchées dans le cadre classique (Faculté de droit de Montpellier) sur 2004, 2005 et le 1er semestre 2006, 154 p.

Rapport d'activité 2007 comprenant le bilan des décisions judiciaires faisant suite à une action du ministre (DGCCRF) et celui des actions déclenchées dans le cadre classique (Faculté de droit de Montpellier) sur le 2nd semestre 2006 et 2007, 184 p.

Rapport d'activité 2008 comprenant le bilan des décisions judiciaires faisant suite à une action du ministre (DGCCRF) et celui des actions déclenchées dans le cadre classique (Faculté de droit de Montpellier) sur 2008, 144 p.

Rapport d'activité 2009 comprenant le bilan des décisions judiciaires faisant suite à une action du ministre (DGCCRF) et celui des actions déclenchées dans le cadre classique (Faculté de droit de Montpellier) sur 2009, 272 p.

Rapport d'activité 2010 comprenant le bilan des décisions judiciaires faisant suite à une action du ministre (DGCCRF) et celui des actions déclenchées dans le cadre classique (Faculté de droit de Montpellier) sur 2010, 154 p.

Rapport d'activité 2011 comprenant le bilan des décisions judiciaires faisant suite à une action du ministre (DGCCRF) et celui des actions déclenchées dans le cadre classique (Faculté de droit de Montpellier) sur 2011, 118 p.

Rapport d'activité 2012 comprenant le bilan des décisions judiciaires faisant suite à une action du ministre (DGCCRF) et celui des actions déclenchées dans le cadre classique (Faculté de droit de Montpellier) sur 2012, 176 p.

Rapport d'activité 2013 comprenant le bilan des décisions judiciaires faisant suite à une action du ministre (DGCCRF) et celui des actions déclenchées dans le cadre classique (Faculté de droit de Montpellier) sur 2013, 188 p.

Autres

Engagement de clarification des relations commerciales de la grande distribution alimentaire du 5 octobre 2010

Index des décisions

Décisions émanant des juridictions commerciales

Les numéros renvoient aux paragraphes

Cour européenne des Droits de l'Homme

Cour de justice de l'Union européenne

Conseil constitutionnel

Conseil d'Etat

Cour de cassation

Chambre commerciale

Chambre criminelle

Chambre civile

Cour d'appel

Tribunal de commerce

Tribunal de grande instance

Tribunal maritime de commerce

Autorité de la concurrence

Décisions

Avis

Commission d'examen des pratiques commerciales

Avis

Recommandation

Index alphabétique

Les numéros renvoient aux paragraphes.

A

C

D

E

F

Table des matières

Concurrences
Revue des droits de la concurrence

Revue Concurrences

Une revue trimestrielle dédiée aux droits interne et européen de la concurrence

Concurrences est une revue universitaire trimestrielle dédiée aux droits interne et européen de la concurrence. Créée en 2004 par Laurence Idot, Frédéric Jenny et Nicolas Charbit, la revue est un forum de discussions entre universitaires, magistrats et praticiens du droit de la concurrence. Son rayonnement en dehors du champ des spécialistes est tel que plusieurs personnalités publiques de premier plan ont publié des points de vue dans ses colonnes : Jacques Attali, Elie Cohen, François Hollande, Christine Lagarde, Nicolas Sarkozy...

COMITÉ SCIENTIFIQUE ET COMITÉ INTERNATIONAL

Un Comité scientifique, présidé par Laurence Idot assure l'indépendance de la revue et sélectionne les articles soumis à la revue sur des critères de rigueur de la démonstration et d'objectivité. Un Comité international, présidé par Frédéric Jenny, contribue à la diffusion de la revue à l'international et à l'organisation des conférences hors de l'Europe.

CONTRIBUTEURS

Plus de 1150 contributeurs provenant de 15 pays ont publié dans la revue Concurrences. Ces contributeurs sont universitaires, magistrats ou représentants d'autorités de concurrence, avocats ou conseils juridiques, tous spécialisés en droit ou en économie de la concurrence.

VERSION ÉLECTRONIQUE

Depuis 2004, Concurrences a publié 42 numéros totalisant 14000 articles (au 1er septembre 2015). La version électronique reprend l'intégralité des articles parus dans la version imprimée depuis 2004 ainsi qu'environ 25 % d'articles supplémentaires. Ce supplément électronique correspond à des contributions publiées exclusivement sur le site de la revue notamment en raison de leur ampleur : actes de colloques, articles de fond, contributions économiques...

INSTITUT de
droit de la concurrence
Revues, conférences, bases de données

Institut de droit de la concurrence

L'Institut de droit de la concurrence est un éditeur juridique créé en 2004 dédié au droit de la concurrence et de la régulation économique. L'objectif de l'Institut est de promouvoir la recherche en droit de la concurrence et de la régulation. L'Institut édite à cette fin des revues et bases de données en langues française et anglaise et organise des conférences en Europe et aux Etats Unis. Afin d'assurer indépendance, rigueur et objectivité, chacune de ces publications et conférences est placée sous la supervision d'un comité scientifique et/ou d'un comité éditorial. Grâce à ses travaux, l'Institut est devenu en quelques années un groupe de réflexion et un centre de recherches de référence en droit de la concurrence et de la régulation.

DOMAINES D'ACTION

Droit de la concurrence, droit de la régulation économique, et, économie industrielle.

COMITÉS SCIENTIFIQUES ET ÉDITORIAUX

Eleanor Fox, Laurence Idot, Frédéric Jenny, Bill Kovacic, Bruno Lasserre, Mario Monti, Wouter Wils, Richard Whish...

CONTRIBUTEURS

3800 contributeurs dans 45 pays.

PARTENAIRES

- Universités : King's College London, Paris Panthéon Assas/Sorbonne, Queen Mary College, University College London...
- Cabinets d'avocats : DLA Piper, Jones Day, Skadden Arps, Van Bael & Bellis, White & Case ...

SÉMINAIRES

Plus de 200 évènements depuis 2004 à Paris, Bruxelles, Londres, New York, Singapour et Washington.

www.ingramcontent.com/pod-product-compliance
Lightning Source LLC
LaVergne TN
LVHW052137041026
849558LV00042B/531
* 9 7 9 1 0 9 4 2 0 1 0 5 3 *